IMPRIMERIE DE LACHEVARDIERE FILS,
RUE DU COLOMBIER, N° 30.

TROISIÈME RACE.

BRANCHE DES BOURBONS.

RÈGNE DE LOUIS XVI,

Publié par M. Jourdan.

TOME II DU RÈGNE.

Du 20 mai 1776 au 10 mai 1777.

RECUEIL GÉNÉRAL
DES
ANCIENNES LOIS FRANÇAISES,

DEPUIS L'AN 420 JUSQU'A LA RÉVOLUTION DE 1789.

PAR MM.

JOURDAN, Docteur en Droit, Avocat à la Cour royale de Paris ;
ISAMBERT, Avocat aux Conseils du Roi et à la Cour de cassation ;
DECRUSY, ancien Avocat à la Cour royale de Paris.

> « Voulons et Ordonnons qu'en chacune Chambre de nos Cour
> » de Parlement, et semblablement ès Auditoires de nos Baillis et
> » Sénéchaux y ait un livre des Ordonnances, afin que si aucune
> » difficulté y survenait, on ait promptement recours à icelles. »
>
> (Art. 79 de l'ord. Louis XII, mars 1498, 1re de Blois.)

DU 20 MAI 1776 AU 10 MAI 1777.

PARIS,
BELIN-LEPRIEUR, LIBRAIRE-ÉDITEUR,
QUAI DES AUGUSTINS, N° 55;

VERDIÈRE, LIBRAIRE,
QUAI DES AUGUSTINS, N° 25.

JANVIER 1826.

ORDONNANCES DES BOURBONS.

SUITE DU RÈGNE DE LOUIS XVI.

462. — Lettres patentes *contenant acceptation des offres faites par les supérieurs de la congrégation de la doctrine chrétienne pour diriger et gouverner le collége de La Flèche.*

Versailles, 20 mai 1776. Reg. en parlement le 5 juillet. (R. S. C.)

V. déclaration, 1ᵉʳ février 1776. Ordonnance 30 juillet; 23 septembre 1814; [se]ptembre 1815; 31 décembre 1817.

Louis, etc. Après nous être occupé des moyens de perfection[ner] l'éducation et l'instruction des jeunes gentilshommes qui se [des]tinent à la profession des armes, il ne nous reste plus qu'à faire [con]noître nos intentions sur ceux qui se trouveront appelés à l'é[tat] ecclésiastique, ou aux fonctions honorables de la magistrature, [qui] ne sont pas moins dignes de notre attention. C'est princi[pa]lement en leur faveur que, par l'article 8 de notre déclaration [du] premier février dernier, nous nous sommes réservé de nous [ex]pliquer sur l'ancienne fondation du collège royal de La Flèche. [Ce] monument respectable de la bienfaisance d'Henri IV, de glo[rie]use mémoire, nous a paru d'autant plus propre à remplir nos [vu]es, qu'il a été destiné par son auguste fondateur à l'éducation [gra]tuite de la pauvre noblesse, et qu'en affectant les places que [nous] nous proposons d'y établir, aux enfants de tous les gentils[hom]mes de notre royaume, sans mettre de différence entre ceux [qui] nous auront servi dans nos armées, dans la magistrature et dans [les au]tres professions également utiles à l'état, nous donnerons une [nou]velle preuve de notre affection aux différentes classes dont [not]re noblesse est composée. Nous aurions désiré pouvoir laisser [ce] collége sous l'administration qui y a été établie en 1764; mais, après nous être fait rendre compte de l'état de ses biens et [de] ses charges, ainsi que des mémoires qui nous ont été adre[ssés] par notre cour de parlement, nous avons reconnu que, mal[gré] les grandes libéralités des rois nos prédécesseurs, les reve[nus] dont il jouit ne seroient pas suffisants pour l'entretien de c[ent] jeunes gentilshommes, conformément au vœu d'Henri IV, [si] nous ne prenions les mesures capables d'en simplifier et di[mi]nuer les dépenses. C'est par ces considérations que nous a[vons] favorablement reçu la proposition qui nous a été faite par la c[on]grégation de la doctrine chrétienne, de se charger de l'admi[nis]tration dudit collége, d'y entretenir dès aujourd'hui cinqu[ante] gentilshommes, et d'en augmenter le nombre jusqu'à cent, [à] proportion de la diminution des charges et de l'amélioration [des] revenus; mais comme, au moyen de ce nouvel arrangeme[nt] l'affiliation de notredit collége à notre université de Paris [ne] peut plus avoir lieu suivant l'article 9 des lettres patentes [du] avril 1767, nous nous sommes déterminé à l'affilier à notre [uni]versité d'Angers, et nous sommes persuadé qu'elle sentira [tout] le prix de cette nouvelle marque de notre bienveillance. Enfin [no]tredit collége de La Flèche se trouvant situé dans l'étendu[e de] l'apanage de notre très cher et très amé frère Louis-Stanis[las] Xavier, nous nous sommes porté avec plaisir à lui donner [une] nouvelle marque de notre tendresse, en lui accordant dès au[jour]d'hui la présentation de douze des gentilshommes qui seront [éle]vés audit collége.

1. Nous avons accepté et approuvé, acceptons et approuv[ons] offres et soumissions qui nous ont été faites par les supérieur[s ma]jeurs de la congrégation de la doctrine chrétienne, de régir, [gou]verner et administrer notre collége de La Flèche sous l'inspe[ction] de notre secrétaire d'état ayant le département de la guerre, [ainsi] qu'il est porté en leur délibération du 11 du mois de mars der[nier] laquelle demeurera annexée sous le contre-scel des présen[tes;] voulons en conséquence qu'à compter du 1er juillet prochain [la]dite congrégation soit mise en possession et jouissance de [tous] les biens et revenus qui ont été déclarés appartenir audit co[llége] par des lettres patentes du 7 avril 1764, et desquels il a été e[nvoyé] en possession par l'arrêt de notre cour de parlement du 2[1] suivant, de tout le mobilier qui existera audit collége, lo[rs de] leur prise de possession, comme aussi de toutes les acquis[itions] et constructions qui ont été faites des fonds de l'école royal[e mi]litaire, tant dans la ville et le collége de La Flèche, qu'aux envi[rons]

2. Ladite congrégation sera tenue de satisfaire à toutes les charges desdits biens, d'en acquitter les fondations, d'entretenir de toutes réparations les bâtiments, fermes, métairies en dépendant, et d'administrer tous lesdits biens et revenus en bons et sages administrateurs.

3. Ladite congrégation acquittera annuellement, entre les mains de l'économe séquestre des bénéfices de notre royaume, la somme de vingt mille livres jusqu'au 1ᵉʳ janvier 1785, et celle de quinze mille livres pendant les dix années suivantes, desquelles sommes ledit collége a été chargé par l'article 27 des lettres patentes du 7 avril 1764, pour la contribution aux pensions des jésuites.

4. Voulons pareillement que ladite congrégation soit tenue d'établir dans ledit collége un pensionnat du même genre que ceux que nous avons désignés pour les élèves de notre école militaire, de se charger de l'enseignement de la grammaire, des humanités, de la rhétorique, de la philosophie, et même de la théologie, et d'entretenir en outre tous les autres maîtres nécessaires à l'exécution du plan d'instruction et d'éducation que nous avons approuvé, et que nous voulons être commun aux externes et aux pensionnaires.

5. L'affiliation et agrégation dudit collége à l'université de Paris ne pouvant plus avoir lieu à l'avenir, aux termes de l'article 9 des lettres patentes du 7 avril 1767, voulons que notredit collége soit et demeure agrégé et affilié à notre université d'Angers, et qu'en conséquence ceux qui auront fait leurs cours de philosophie et de théologie dans le collége de La Flèche puissent se présenter aux examens dans notre université d'Angers, et qu'ils y obtiennent, s'ils sont jugés capables, les degrés de maîtres-ès-arts et ceux de bacheliers et licenciés en théologie, comme s'ils avoient étudié dans notre université d'Angers.

6. Les deux professeurs de philosophie jouiront de 1800 livres pour appointements, logement et nourriture, et ladite somme sera payée annuellement à chacun d'eux, ainsi que les pensions d'é- mérite qu'ils seront dans le cas d'obtenir, aux termes de la déclaration du 7 avril 1767, sur les revenus de l'école royale militaire.

7. Avons accordé et accordons au sieur Lambert, principal du collége, en récompense de ses services, une pension de 600 livres ; à l'égard des sous-principaux, régents et autres maîtres de l'université qui y sont employés depuis plus de dix ans, ils joui-

ront de la pension d'émérite de 500 livres, comme s'ils avoient rempli lesdites places pendant vingt ans; ceux qui les auront remplies pendant moins de dix années ne jouiront que de 300 livres de pension : lesdites pensions, ainsi que celle ci-devant accordée au sieur Le Morre, ancien professeur de sixième, seront payées sur les revenus de l'école royale militaire, et ne commenceront à courir que du jour que chacun d'eux aura cessé de remplir ses fonctions ordinaires.

8. Ce qui restera des biens et revenus dudit collège royal de La Flèche, après l'acquittement de toutes les charges énoncées aux articles ci dessus, sera employé par ladite congrégation à la nourriture, éducation et entretien des jeunes gentilshommes, à raison de 700 livres pour la pension de chacun d'eux.

9. Le nombre desdites places de gentilshommes sera porté dès aujourd'hui à cinquante, et il sera augmenté successivement en proportion de l'amélioration des revenus et de la diminution des charges, nous réservant de procurer à ladite congrégation les moyens de porter le nombre desdites places jusqu'à cent, conformément au vœu d'Henri-le-Grand de glorieuse mémoire, fondateur dudit collège.

10. Lesdites places seront remplies par les enfants de tous gentilshommes de notre royaume, sans distinction des emplois civils ou militaires qu'ils auront exercés; ils pourront être reçus dans ledit collège dès l'âge de huit ans, sans pouvoir y être admis passé l'âge de dix; et seront les dispositions de nos édits et déclarations concernant les preuves de noblesse requises pour être admis à l'école militaire, exécutées pour l'admission desdits gentilshommes dans ledit collège de La Flèche.

11. Pour donner à notre très cher et très amé frère Louis-Stanislas-Xavier un nouveau témoignage de notre affection, nous lui avons concédé le choix de douze desdites places; et en conséquence voulons que dès à présent, et sans attendre que le nombre en soit porté jusqu'à cent, il puisse nous présenter douze gentilshommes que nous nommerons sur sa présentation, ce qui aura lieu à chaque vacance desdites places pendant sa vie : à l'égard du surplus desdites places, il y sera par nous nommé sur la présentation qui nous en sera faite par notre secrétaire d'état ayant le département de la guerre.

12. Les élèves de l'école royale militaire qui, n'étant pas destinés à la profession des armes, sortiront des colléges désignés par notre déclaration du 1ᵉʳ février dernier, à l'âge de quator-

quinze ans accomplis, seront envoyés audit collége de La Flèche, pour y continuer leurs études, jusqu'à la philosophie inclusivement; et dans le cas où il n'y auroit pas de places vacantes, ils y seront nourris et entretenus pendant ledit temps aux frais de la fondation de l'école royale militaire, à raison de 700 livres chacun pour chaque année, nous réservant de continuer la dite pension à ceux qui voudront prendre les degrés de docteur ou de licencié, conformément à l'article 4 de notredite déclaration.

13. La congrégation de la doctrine chrétienne sera tenue de rendre compte à notre secrétaire d'état ayant le département de la guerre, de tout ce qui concerne la discipline intérieure et l'instruction des élèves, et de tout ce qui concernera la régie et manutention des biens, au bureau d'administration établi par notre déclaration du 1er janvier dernier; elle ne pourra faire aucun emprunt, aliénation ni changement dans les biens en dépendants, non plus que dans les acquisitions et constructions qui y ont été faites des fonds de l'école royale militaire, si ce n'est du sentiment dudit bureau d'administration; voulons, en conséquence, que le bureau d'administration établi par l'article 8 des lettres patentes du 7 avril 1764 demeure supprimé aussitôt après que ladite congrégation aura pris possession dudit collége.

14. Dans le cas où ladite congrégation ne rempliroit pas ses obligations envers nous et ledit collége, elle sera tenue de nous remettre tous les biens dudit collége en bon état de réparations, ensemble les titres de propriété et les meubles qui lui auront été confiés; à l'effet de quoi il sera dressé un état de tous les bâtiments, et fait inventaire et description des titres de propriété et des meubles, avec estimation d'iceux, dont et du tout elle se chargera au bas desdits état et inventaires, avant d'en prendre possession.

15. Confirmons, en tant que de besoin, notredit collége dans tous les priviléges, droits et exemptions qui lui ont été accordés par les rois nos prédécesseurs; voulons qu'il continue d'en jouir comme par le passé, et que les actes de fondation et dotation dudit collége, ensemble les édits, déclarations et lettres patentes le concernant, soient exécutés selon leur forme et teneur, en tout ce qui n'a pas été dérogé par notre présente déclaration.

Si donnons en mandement à nos amés et féaux, les gens tenant notre cour de parlement de Paris, etc.

N° 463. — LETTRES PATENTES *pour autoriser la sortie des grains et farines par tous les ports et villes du ressort du parlement de Toulouse et du conseil de Roussillon.*

Versailles, 25 mai 1776. Reg. le 26 juin au parl. de Toul. (Recueil des édits sur l'ordre judiciaire Dupleix, Toulouse, 1784.)

V. décl. du 25 février 1776 et la note au bas.

N° 464. — ARRÊT *du conseil, portant règlement sur les dépenses du curage du port et de l'entretien des quais de la ville de Marseille.*

Versailles, 27 mai 1779. (R. S.)

Le roi s'étant fait représenter l'arrêt du 16 janvier 1687, portant que le capitaine du port de Marseille auroit soin de faire placer les vaisseaux des marchands dans les lieux les plus commodes pour leur commerce, et de prendre les précautions nécessaires pour prévenir les accidents de feu et autres qui pourroient arriver ; de placer les engins pour le curage du port, et de faire généralement toutes les fonctions qui appartiennent aux capitaines de ports, dans les autres ports du royaume où ils sont établis ; et que les devis et marchés qui se feroient pour le curage du port et réparations des quais seroient arrêtés au bureau dudit port par l'intendant des galères et par les échevins de ladite ville, qui signeroient lesdits devis, marchés et ordonnances de paiement et arrêtés de compte avec ledit intendant : que dans ledit bureau tous les ordres seroient donnés pour l'entretien des palissades ; que le capitaine du port y auroit séance et voix délibérative ; qu'on continueroit d'entretenir un ingénieur et contrôleur de port avec les quatre gardes : et sa majesté étant informée que, depuis la suppression de l'intendance des galères de Marseille, le service du bureau du port de cette ville auroit souffert diverses interruptions : vu l'arrêt du conseil du 21 juillet 1766, par lequel il auroit été ordonné qu'à compter du 1ᵉʳ janvier 1773 la chambre du commerce demeureroit déchargée de la réparation des quais, ainsi que des frais du curage du port de ladite ville ; et sa majesté s'étant fait rendre compte des contestations survenues à cette époque, pour raison desdites dépenses, entre la communauté de Marseille et la chambre du commerce, sa majesté voulant établir un ordre dans cette partie, capable de prévenir tout inconvénient : ouï le rapport, etc. etc., et tout considéré :

1. Les dépenses du curage du port et de l'entretien des quais de la ville de Marseille, seront désormais à la charge de la chambre du commerce.

2. Le bureau du port, établi à Marseille par l'arrêt du 16 janvier 1687, pour les objets relatifs au service du port, sera supprimé; la chambre du commerce établie en ladite ville y sera subrogée, et pourvoira à tout ce qui regarde ledit service, après y avoir délibéré en la même forme et manière qui est pratiquée pour les autres parties d'administration dont elle est chargée. Veut néanmoins, sa majesté, que le capitaine de port ait séance et voix délibérative dans les bureaux qui seront tenus pour raison desdits objets, et qu'il ait la troisième place lorsque le maire y assistera, et la seconde en l'absence dudit maire; ce qui sera exécuté, soit que l'inspecteur du commerce préside lesdits bureaux ou qu'il ne s'y trouve pas.

3. La chambre passera les marchés pour le curage du port et entretien des quais et autres ouvrages relatifs à ce service, comme elle estimera convenable pour le plus grand bien; lesquels marchés seront convenus et déterminés dans une assemblée de la chambre, sur l'état et devis qui lui sera présenté, et ensuite envoyés au secrétaire d'état ayant le département de la marine, pour être revêtu de son approbation.

4. La police du port de Marseille continuera d'être dévolue au capitaine de port, sous les ordres du commandant dudit port; il donnera les ordres nécessaires pour l'arrangement des bâtiments et pour prévenir les incendies; il tiendra la main à l'exécution de l'ordonnance du roi du 14 août 1719, qui établit les précautions à prendre en cas d'accident de feu.

5. La chambre du commerce entretiendra quatre bateaux à pompes, fera réparer ceux qui sont hors de service, se pourvoira des pompes nécessaires auxdits bateaux, et veillera exactement à ce que ce service n'éprouve ni retardement ni interruption.

6. Pourra la chambre de commerce proposer au capitaine de port de faire placer les pontons dans les parties du port où elle les estimera nécessaires, et cet officier donnera ses ordres en conséquence : la chambre se conciliera avec lui pour tous les objets relatifs à la police du port.

7. L'administration des fonds qui seront destinés au service du port sera entièrement dévolue à la chambre du commerce; le capitaine du port ni aucun autre officier ne pourront s'en mêler, non plus que de la direction des ouvrages.

8. Il n'y aura plus d'ingénieur pour la direction et inspection des ouvrages du port ; la chambre fera choix de deux inspecteurs qui seront chargés de suivre les ouvrages sous les ordres des députés de la chambre, et de leur en rendre compte ; ces deux officiers seront désormais proposés par la chambre, et approuvés par le secrétaire d'état ayant le département de la marine.

9. Les ouvrages faits audit port seront payés par la chambre sur les certificats qui seront délivrés à l'entrepreneur par les deux inspecteurs; lesquels certificats seront visés par deux députés de ladite chambre, qui seront nommés chaque année pour suivre cette partie.

10. La dépense générale du service du port ne pourra excéder chaque année 25,000 livres, y compris le curage du port, l'entretien des quais, les appointements des deux inspecteurs et les salaires des quatre gardes du port : ladite dépense sera diminuée à mesure que l'état de ce service le permettra, et il ne pourra en être fait aucune sans l'autorisation de l'inspecteur du commerce.

N° 465. — RÈGLEMENT *sur l'administration des fourrages de la cavalerie, en 28 articles.*

Versailles, 31 mai 1776. (R. S. C.)

N° 466 — LETTRES PATENTES *sur ordonnance des évêques de l'île de Corse, portant réduction des fêtes dans ladite île.*

Versailles, 31 mai 1776. (Code corse.)

N° 467. — RÈGLEMENT *sur l'habillement et l'équipement des troupes* (1).

Versailles, 31 mai 1776. (Ord. milit. cons. d'état.)

N° 468. — ORDONNANCE *sur l'administration des fourrages pour les chevaux de la cavalerie.*

Versailles, 31 mai 1776. (Ord. mil. cons. d'état.)

N° 469. — ORDONNANCE *portant règlement pour l'exercice des troupes d'infanterie.*

Versailles, 1ᵉʳ juin 1776. (Ord. mil. cons. d'état.)

---

(1) C'est par cette ordonn. que l'uniformité fut établie. *Législation militaire* par Durian, tom. I.

JUIN 1776.

n° 470. — ARRÊT *du conseil qui déclare commune aux baux à nourriture des mineurs, l'exemption des droits du centième denier et de franc-fief, que l'arrêt du 2 janvier 1775 a accordée aux baux à ferme ou à loyer dont la durée n'excède pas 29 années, qui ont pour objet des fonds de terre et autres héritages situés dans la campagne* (1).

Versailles, 16 juin 1776. (R. S.)

n° 471. — RÈGLEMENT *sur les compagnies détachées de l'hôtel des Invalides* (2).

Versailles, 17 juin 1776. (R. S. C.)

V. Ord. du même jour ci-après.

Sa majesté s'étant fait représenter les ordonnances précédemment rendues, concernant les compagnies détachées de l'hôtel, et notamment celles des 26 février et 30 novembre 1764, 21 mai, 1er et 15 décembre 1766, elle a jugé nécessaire de fixer d'une manière invariable le nombre et la composition desdites compagnies, qui seront entretenues à l'avenir dans les places et forts du royaume; en conséquence, elle a ordonné et ordonne ce qui suit:

1. Sa majesté continuera d'entretenir dans les villes, places et forts du royaume, seize compagnies de bas-officiers, huit compagnies de canonniers, et soixante-cinq compagnies de fusiliers.

2. Il sera affecté onze compagnies de bas-officiers, lesquelles seront employées à la garde des Tuileries, du Louvre, de l'Arsenal, de la Bastille, du château de Vincennes, de l'École royale militaire et de l'hôtel royal des Invalides; elles seront établies sur le même pied, et avec la même solde attribuée à celles qui existent actuellement.

3. Les huit compagnies de canonniers, détachées sur les côtes, seront conservées sur le pied actuel, et avec leur même solde.

4. Les cinq compagnies de bas-officiers que sa majesté conserve pour être détachées dans les provinces du royaume, seront augmentées, à l'époque du 1er juillet prochain, d'un troisième lieutenant; mais il ne sera rien changé à leur composition actuelle et à la solde qui leur a été attribuée.

---

(1) V. a. d. c. 2 janvier 1775; loi du 22 frimaire an 7, art. 69, § 2 n° 5.
(2) Commencent en 1696. Règ. de 1717; ord. 1768.

5. Les soixante-cinq compagnies de fusiliers que sa majesté juge à propos de conserver sur les frontières, dans les villes et châteaux de l'intérieur du royaume, seront composées, à compter du 1ᵉʳ juillet prochain, de deux sergents, deux caporaux, deux appointés, quarante-trois fusiliers et un tambour, et commandées par un capitaine et trois lieutenants.

6. Sa majesté étant informée que les officiers, bas-officiers et soldats des compagnies détachées, vivent difficilement de la solde qui leur étoit attribuée précédemment, elle veut que les appointements et solde leur soient payés, à compter du 1ᵉʳ juillet prochain, sur le pied :

	Par jour.	Par mois.	Par an.
A chaque capitaine, deux livres seize sous, ci...............	2ˡ 16ˢ »ᵈ	84ˡ »ˢ »ᵈ	1008 »
A chacun des trois lieutenants, une livre deux sous sept deniers, ci...	1 2 7	33 17 6	406 10
A chacun des deux sergents, onze sous deux deniers, ci........	» 11 2	16 15 »	201 »
A chacun des deux caporaux, huit sous deux deniers, ci........	» 8 2	12 5 »	147 »
A chacun des deux appointés, sept sous deux deniers, ci........	» 7 2	10 15 »	129 »
A chacun des quarante-huit fusiliers, et au tambour, six sous deux deniers, ci...............	» 6 2	9 5 »	111 »

7. Veut et entend, sa majesté, que les sergents qui se trouveront supprimés au moyen de la nouvelle composition desdites compagnies, jouissent de la solde et remplissent les fonctions attribuées à leur grade, en attendant leur remplacement dans lesdites compagnies. Sa majesté veut bien également conserver aux caporaux et aux appointés qui se trouveront dans le même cas la solde attribuée à leur grade ; mais son intention est que lesdits caporaux remplissent, en attendant leur remplacement, les fonctions d'appointés, et que les appointés remplissent celles de premier fusilier dans chaque compagnie.

8. Les quatre deniers pour livre de la solde des sergents, caporaux, bas-officiers et soldats des compagnies de fusiliers, seront affectés, ainsi qu'ils l'étoient précédemment, sur les appointements des capitaines desdites compagnies.

9. Les sergents, caporaux, appointés et soldats, s'entretiendront de linge et chaussure, au moyen des huit deniers par jour

qu'on retiendra sur leur solde, et dont on leur fera le décompte tous les six mois.

10. Les officiers, sergents, bas-officiers et soldats des compagnies détachées, continueront de recevoir tous les trois ans un habillement que sa majesté leur fera délivrer sur les états que les capitaines enverront de six mois en six mois au secrétaire d'état ayant le département de la guerre.

11. Les troisièmes lieutenants dont sa majesté juge à propos d'augmenter les compagnies de bas-officiers et de fusiliers, détachés dans les provinces, seront proposés au secrétaire d'état ayant le département de la guerre, par le gouverneur de l'hôtel, et choisis, dans ce moment-ci, dans le nombre des officiers existants à l'hôtel; l'intention de sa majesté étant à l'avenir, qu'il ne puisse être nommé aux compagnies et aux lieutenances qui deviendront vacantes dans lesdites compagnies détachées, que des officiers pensionnés, lesquels cesseront de jouir de leur pension à l'époque de leur remplacement.

12. La nouvelle constitution que sa majesté juge à propos de donner aux compagnies détachées de l'hôtel sera constatée par les procès verbaux des commissaires des guerres sous la police desquels elles se trouveront au moment de l'exécution de la présente ordonnance; ils joindront aux revues qu'ils adresseront au secrétaire d'état ayant le département de la guerre, au gouverneur de l'hôtel, aux intendants de leurs départements, et aux trésoriers des troupes, des expéditions desdits procès verbaux.

13. L'intention du roi est que les commissaires des guerres se conforment pour les revues qu'ils feront desdites compagnies à tout ce qui leur est prescrit par le titre XIII du règlement du 25 mars 1776, et l'ordonnance du 20 mars 1764.

14. Veut, sa majesté, que les ordonnances précédemment rendues, concernant les compagnies détachées de l'hôtel royal des Invalides, aient leur entière exécution pour tout ce qui ne seroit pas contraire aux dispositions de la présente.

Mande et ordonne, sa majesté, au sieur comte de Saint-Germain, secrétaire d'état ayant le département de la guerre, directeur et administrateur de l'hôtel royal des Invalides, au gouverneur dudit hôtel, aux gouverneurs et commandants dans ses villes et places, aux intendants en ses provinces, aux commissaires des guerres, etc., etc.

N° 472. — **Règlement** *sur la constitution et administration de l'hôtel des Invalides* (1).

Versailles, 17 juin 1776. (R. S. C.)

Sa majesté étant informée que les dépenses de l'hôtel royal des Invalides excèdent considérablement les revenus qui lui sont affectés, et qu'il est devenu indispensable de prendre chaque année, sur les fonds de l'extraordinaire des guerres, ceux nécessaires à l'acquittement des pensions des officiers, bas-officiers et soldats invalides retirés dans les provinces, elle s'est fait représenter les anciens règlements de l'hôtel royal des Invalides : et voulant rappeler à son institution primitive un établissement aussi digne de sa bienfaisance et de sa protection, elle a ordonné et ordonne ce qui suit :

Titre Ier. — *Suppression et rétablissement de l'administration de l'hôtel.*

1. Tous les officiers de l'état-major, de l'administration de l'hôtel, y compris le clergé, la prevôté, les officiers de santé, les employés dans les bâtiments, dans les bureaux, les personnes aux gages de l'hôtel, et généralement toutes celles employées de quelque espèce qu'elles puissent être, et qui se trouvent à la charge dudit hôtel, seront et demeureront supprimés à l'époque du 1er juillet prochain, fixée pour l'exécution de la présente ordonnance : sa majesté se réservant d'accorder aux officiers militaires et de l'administration, et aux autres employés qui ne seront pas remplacés, les pensions sur les revenus de l'hôtel, dont ils seront susceptibles par l'ancienneté de leurs services.

2. Sa majesté désirant rétablir la constitution, l'administration, la police et la discipline de l'hôtel royal des Invalides, de la manière la plus conforme à l'esprit des anciens règlements, elle veut et entend que ledit hôtel soit constitué, administré et gouverné à l'avenir ainsi qu'il sera détaillé ci-après.

---

(1) Hôtel établi, édit d'avril 1674. V. ord. 25 mars 1776, tit. 15; lett. pat. 24 août 1777; ord. du 9 mars 1778; 6 novembre 1779; lett. pat. 15 septembre 1782; ord. 7 juin et 16 septembre 1783; décl. 11 septembre 1786.
Suppression de l'état-major, 15 mai 1791; organisation, 23 mai, 6 juin 1792; arrêtés 7 fructidor an VIII; 19 frimaire et 8 germinal an IX. V. décr. du mars 1811; ord. du 12 septembre 1814; 12 décembre 1814; 10 janvier 1816; 20 mai et octobre 1819; 4 mai 1820.

3. L'état-major de l'hôtel sera composé, à compter du 1er juillet prochain, savoir :

Grand état-major : — D'un gouverneur, lequel sera choisi dans le nombre des officiers généraux; d'un directeur, lequel sera choisi dans le nombre des commissaires des guerres; d'un major, lequel sera choisi dans le nombre des lieutenants colonels; de quatre aides-majors, lesquels seront choisis dans le nombre des capitaines; d'un trésorier; d'un secrétaire garde des archives.

Petit état-major : — D'un curé et quatre prêtres; un organiste, un serpent et quatre enfants de chœur; d'un médecin; d'un architecte; d'un piqueur; d'un chirurgien-major; d'un second gagnant maîtrise, et deux élèves; d'un apothicaire gagnant maîtrise; d'un garde-magasin; de quatre suisses; d'un facteur; d'un économe; d'un chef de cuisine; de quatre aides; de douze garçons; de douze valets; de deux balayeurs.

L'intention de sa majesté est qu'il ne puisse y avoir à l'avenir d'autres employés à la charge de l'hôtel, que ceux désignés dans le présent article.

4. A compter du jour de l'exécution de la présente ordonnance, sa majesté n'entretiendra à l'hôtel que six lieutenants-colonels, douze commandants de bataillon, ou majors; soixante capitaines de la première et seconde classe, deux cents lieutenants, soixante maréchaux-des-logis, deux cent douze bas-officiers et neuf cent cinquante soldats : son intention étant que le nombre n'en puisse être augmenté sous quelque prétexte que ce soit, elle entend que parmi les officiers, bas-officiers et soldats désignés, il y ait, proportionnellement à leur grade, cent places vacantes, uniquement destinées, pendant le courant de chaque année, aux officiers, bas-officiers ou soldats invalides, dont l'admission à l'hôtel ne pourroit être différée par le genre de leurs infirmités ou de leurs blessures. Les invalides pensionnés qui ne se trouveroient pas dans le cas expliqué ci-dessus, et qui auroient besoin cependant d'être admis dans les hôpitaux de charité, continueront à y être reçus, conformément aux dispositions de l'article 28 de l'ordonnance du 17 avril 1772.

5. L'hôtel royal des Invalides ne pouvant entretenir à l'avenir que les quinze cents hommes désignés par l'article précédent, y compris les cent places vacantes, défend expressément, sa majesté, que le nombre des quinze cents hommes puisse être augmenté à l'avenir, dans quelques circonstances et sous quelque prétexte que ce puisse être.

6. Aucun officier, bas-officier ou soldat ne pourra être admis à l'hôtel royal des Invalides, à moins qu'il n'ait des blessures ou des infirmités qui le rendent impotent, au point de le priver de tous les moyens de pourvoir, par son travail ou son industrie, à sa subsistance.

Au défaut des hommes désignés ci-dessus, lesquels obtiendront toute préférence, sa majesté n'admettra aux places vacantes que les officiers, bas-officiers ou soldats qui auront soixante-dix ans révolus; défendant expressément au gouverneur de l'hôtel et au directeur, de recevoir et de reconnoître à l'avenir aucun officier, bas-officier ou soldat invalide qui obtiendroit son admission, et qui ne se trouveroit pas dans le cas expliqué dans le présent article.

7. Aucun officier, bas-officier ou soldat invalide, ne pourra être admis à l'hôtel sans un ordre exprès du secrétaire d'état ayant le département de la guerre, lequel fera mention des blessures, des infirmités ou de l'âge qui le rendront susceptible d'y être admis, conformément aux dispositions de l'article précédent.

8. Il ne pourra y avoir, dans le courant de l'année, d'autres admissions que celles relatives aux cent places vacantes, expressément réservées aux cas prévus par l'article 4.

9. Il sera dressé chaque année, à l'époque du premier décembre, par le directeur de l'hôtel, un état des remplacements à faire indépendamment des cent places réservées, lequel sera approuvé par le gouverneur dudit hôtel, et adressé au secrétaire d'état de la guerre, qui ordonnera seul les remplacements; et que l'état approuvé de lui sera parvenu au gouverneur de l'hôtel, il proposera à chacun des intendants des provinces le nombre d'officiers, bas-officiers et soldats invalides, qui pourront être admis audit hôtel, proportionnellement à celui des invalides retirés dans leurs généralités; et lesdits intendants se feront rendre compte, par les commissaires des guerres employés dans la généralité, des hommes qu'ils croiront les plus susceptibles de cette grâce, conformément aux dispositions de l'article 6.

10. Dès que les propositions mentionnées dans l'article précédent seront parvenues au gouverneur de l'hôtel, et qu'elles auront été approuvées par le secrétaire d'état de la guerre, il fera adresser à chaque intendant les routes sur lesquelles les invalides se rendront à l'hôtel.

11. Les hommes hors d'état de continuer leurs services, et qui conformément aux dispositions de l'article 9 du titre VIII de l'

…nance d'administration, auront opté pour l'hôtel royal des Invalides, ne seront admis audit hôtel qu'autant qu'il se trouvera des places vacantes, et en attendant jouiront dans le lieu où ils se retireront de la pension militaire attribuée à leur grade, en se conformant aux dispositions de l'ordonnance du 17 avril 1772.

12. Les infirmeries de l'hôtel devant être proportionnées à l'avenir au nombre d'hommes existant, tel qu'il est fixé par l'article 4, défend, sa majesté, au gouverneur et au directeur, d'admettre, sous quelque prétexte que ce soit, aucun officier, bas-officier et soldat pensionné, étranger, ou commensal de la maison du roi, à moins que ce ne soit pour des circonstances particulières, et sur un ordre exprès du secrétaire d'état ayant le département de la guerre; l'intention de sa majesté étant alors de pourvoir particulièrement à la dépense de ces admissions, afin qu'elles ne puissent être à la charge des fonds de l'hôtel.

13. L'hôtel royal des Invalides continuera de jouir des privilèges qui lui ont été successivement accordés, l'intention du roi étant que les officiers supérieurs et autres de l'état-major, les officiers, bas-officiers et soldats, et les employés audit hôtel, soient maintenus et conservés dans lesdits priviléges, en tout ce qui ne seroit pas contraire aux dispositions de la présente ordonnance.

Titre II. — *Administration et police.*

1. Le secrétaire d'état ayant le département de la guerre gouvernera supérieurement l'hôtel royal des Invalides, en sa qualité d'administrateur général; et le gouverneur de l'hôtel remplira, sous ses ordres, toutes les fonctions relatives à son gouvernement, et à l'inspection générale qui lui est conservée des compagnies détachées et des invalides pensionnés du royaume.

2. Le directeur de l'hôtel veillera, sous les ordres du gouverneur, à la police générale de l'hôtel et à tout ce qui peut concerner l'exécution de la présente ordonnance, dont il rendra compte au secrétaire d'état ayant le département de la guerre et audit gouverneur: l'intention de sa majesté est que le trésorier de l'hôtel ne puisse faire aucun paiement que sur les ordonnances particulières du directeur, lesquelles seront toujours motivées, et ne pourront être reconnues par ledit trésorier qu'autant qu'elles seront approuvées du gouverneur.

3. Le major remplira les fonctions du gouverneur en son ab-sence, et veillera sous ses ordres, de concert avec le directeur, à tout ce qui aura rapport à la police dudit hôtel.

4. L'aide-major le plus ancien remplira les fonctions du major en son absence, l'intention du roi étant que le major reçoive directement les ordres du gouverneur, et que les aides-majors ne puissent se dispenser, sous aucun prétexte que ce soit, d'exécuter ceux qui leur seront donnés directement par le major.

5. Tous les officiers supérieurs de l'administration et tous les employés au service de l'hôtel, seront aux ordres du gouverneur et du directeur.

6. Veut, sa majesté, que tout employé qui ne remplira pas ses fonctions avec le zèle et l'exactitude prescrits pour le service du roi, soit privé sur-le-champ de son emploi, et qu'il soit proposé au secrétaire d'état ayant le département de la guerre à son remplacement par le directeur, avec l'approbation du gouverneur.

7. L'intention de sa majesté est que tous les officiers supérieurs de l'état-major, et ceux désignés dans le petit état-major par l'article 3 du titre Ier ne puissent se dispenser, sous aucun prétexte, d'habiter journellement à l'hôtel et d'y occuper les logements qui leur seront destinés : défendant expressément sa majesté au directeur, de faire payer leurs appointements à ceux qui contreviendroient aux dispositions du présent article; enjoignant au gouverneur de l'hôtel d'en rendre compte au secrétaire d'état de la guerre, afin qu'il soit nommé à leur emploi.

8. L'intention de sa majesté étant de ne permettre, sous quelque prétexte que ce soit, qu'il soit accordé à l'avenir des logements à l'hôtel à d'autres personnes qu'à celles employées à son service, et désignées par la présente ordonnance, elle défend expressément au gouverneur et au directeur d'en laisser occuper à qui que ce soit, sous peine d'en répondre personnellement.

9. Sa majesté veut bien permettre que les femmes des officiers du grand état-major, et celles du médecin, de l'architecte, du chirurgien-major, partagent avec leurs maris les logements qui leur sont destinés; mais elle défend expressément aux autres employés d'occuper avec leurs femmes les logements qui leur sont affectés, sous peine d'être privés de leurs emplois; dispense néanmoins de la rigueur de cet article les femmes qui habitent actuellement dans l'hôtel.

10. Les deux cent soixante-dix-huit officiers conservés à l'hôtel par l'article 4 du titre Ier seront distribués en trois divisions, lesquelles seront chacune sous le commandement de deux officiers nommés par le gouverneur : l'intention du roi étant que les commandants de division se conforment à tout ce qui leur sera prescrit par le gouverneur ; qu'ils veillent à la police des officiers qui seront sous leurs ordres, et qu'ils rendent compte journellement au major de l'hôtel et aux aide-major de service, de tout ce qui aura rapport à leur division concernant la police des officiers, et les plaintes qu'ils pourroient avoir à faire sur leur subsistance et leur entretien.

11. Le major de l'hôtel rendra journellement compte au gouverneur des rapports des commandants de division, et informera le directeur des plaintes relatives à l'administration, afin qu'il y soit pourvu sur-le-champ.

12. Les douze cent vingt-deux maréchaux-des-logis, bas-officiers et soldats, conservés à l'hôtel, seront distribués en douze divisions, lesquelles seront commandées chacune par un capitaine, deux lieutenants, quatre maréchaux-des-logis et huit bas-officiers ; de manière que chaque bas-officier puisse avoir douze hommes environ sous son inspection, le maréchal-des-logis vingt-cinq hommes, le lieutenant cinquante hommes : et que les comptes, graduellement rendus au capitaine, lui donnent une connoissance exacte de tout ce qui pourra avoir rapport à la police et à l'administration de sa division, de laquelle il informera le major ou l'aide-major de service, ainsi qu'il est prescrit par l'article 10.

13. Aucun officier ne pourra découcher de l'hôtel sans en avoir obtenu la permission du gouverneur, sur la demande qui en sera faite par le commandant de sa division ; tout officier qui ne se rendra pas aux heures indiquées pour les repas sera réputé absent pour les distributions : ordonne, sa majesté, qu'ils ne puissent être servis qu'en commun, et proportionnellement à leur nombre effectif, à l'heure indiquée pour chaque repas.

14. Les maréchaux-des-logis, bas-officiers et soldats classés dans chaque division, ne pourront découcher de l'hôtel sans une permission signée du capitaine de la division, approuvée du gouverneur, visée du directeur et du major ; et dans le cas où ils ne se trouveroient pas à l'appel, qui sera fait tous les soirs par les commandants des divisions après la retraite, ils seront arrêtés par la garde, et consignés à l'hôtel pendant quinze jours.

15. Tous les commandants de division seront tenus de faire trois appels par jour, lesquels seront signés d'eux, afin qu'ils puissent répondre personnellement de leur exactitude; le premier à l'heure du lever, le second au dîner, et le troisième au souper : il sera fait, à chacune de ces époques, une inspection par l'aide-major de service, lequel recevra lesdits appels des commandants de division, en formera ensuite le rapport général, dont le major remettra une expédition au gouverneur, et en fera passer un double au directeur, signé de lui.

16. Les maréchaux-des-logis, bas-officiers et soldats, qui ne se trouveront pas aux appels prescrits pour les heures des repas, seront privés de leur subsistance; l'intention du roi étant qu'ils ne puissent vivre qu'en commun; qu'il ne leur soit fait aucune distribution particulière, et qu'ils ne puissent, sous aucun prétexte, rien emporter hors des salles destinées à leurs repas, à l'exception de leur pain.

Ceux qui seront arrêtés sortant de l'hôtel avec telle espèce de subsistance que ce puisse être seront mis sur-le-champ en prison, et punis plus ou moins rigoureusement par le gouverneur, suivant l'exigence des cas.

17. Les employés attachés au service de l'hôtel dans les cuisines, et les valets qui voleront des meubles, ustensiles, effets, linge ou vaisselle, appartenants au roi, et qui seront pris en flagrant délit, seront mis au conseil de guerre sur la réquisition du major, et condamnés aux galères, d'après les charges résultantes de l'information.

18. Tout employé dans les cuisines, ou valet, qui emportera des subsistances hors de l'hôtel, telles que du pain ou de la viande, sera arrêté par la garde, mis en prison, et chassé par le gouverneur et le directeur, après avoir subi la peine à laquelle il sera provisoirement condamné suivant l'exigence des cas.

19. Il sera fourni tous les jours aux cuisiniers des différentes divisions d'officiers, sur le certificat du commandant de chaque division, signé de lui, et certifié par l'aide-major de service, une ration pour chacun des présents et effectifs, laquelle sera composée d'une livre un quart de pain blanc, de cinq demi-setiers de vin, et d'une livre et demie de viande; sa majesté voulant bien convertir en légumes, la demi-livre de viande qu'ils avoient de plus précédemment. La consommation du bois affecté à la cuisine de chaque division sera réglée d'après le compte qui en sera rendu au secrétaire d'état de la guerre.

20. Il sera également fourni tous les jours aux bas-officiers chargés du détail de chaque division une ration pour chacun des hommes présents et effectifs, laquelle sera composée d'une livre six onces de pain bis-blanc, d'une demi-livre de viande, d'une portion de légumes, d'une chopine de vin pour les soldats, et d'une chopine et demie pour les maréchaux-des-logis et bas-officiers. Le bois nécessaire aux marmites affectées à chaque division sera également réglé sur un état arrêté par le secrétaire d'état de la guerre.

21. Les distributions d'aliments, d'habillements, de linge et autres, seront toujours faites à des heures expressément indiquées par le gouverneur et le directeur : enjoint, sa majesté, aux aide-major qui seront chaque jour de service, de ne se dispenser, sous aucun prétexte, d'être présents auxdites distributions d'en signer les reçus avec les commandants des divisions ; et lorsqu'il sera délivré par les fournisseurs, des aliments ou autres fournitures quelconques, qui ne leur paroîtroient pas recevables, l'intention du roi est qu'il en soit rendu compte au gouverneur et au directeur, lesquels feront remplacer lesdites fournitures aux dépens de l'entrepreneur, le condamneront à une amende suivant l'exigence des cas, et en rendront compte au secrétaire d'état ayant le département de la guerre : déclarant, sa majesté, qu'elle rendra les aide-major de jour, responsables de l'inexactitude qu'ils pourroient apporter dans les fonctions qui leur sont prescrites.

22. Le directeur et le major vérifieront toutes les fois qu'ils le jugeront à propos les appels des commandants de division, et s'assureront de l'exactitude avec laquelle les aide-major rempliront les fonctions qui leur sont prescrites par les articles 14, 15, 16, 19, 20 et 21 ; l'intention de sa majesté étant qu'ils puissent renouveler en leur présence lesdits appels, ensemble ou séparément, toutes les fois qu'ils le croiront nécessaire.

23. Lorsque le gouverneur jugera à propos de faire une inspection générale ou particulière de chaque division et des fournitures qui leur seront destinées, il en fera prévenir le directeur, et se rendra avec lui auxdites divisions, accompagné du major et de l'aide-major de service.

24. Les infirmeries de l'hôtel seront assujetties, pour leur administration et police, à tout ce qui s'observe dans les hôpitaux militaires du royaume ; elles seront journellement inspectées, quant à la partie médicale, par le médecin et le chirurgien-

major, lesquels seront tenus, chacun en ce qui le concerne, de donner un rapport signé d'eux, au gouverneur et au directeur, dans la forme qui leur sera indiquée. L'aide-major de jour sera tenu également de remettre chaque jour au major un rapport signé de lui, lequel constatera les visites qu'il sera tenu de faire le matin et le soir aux infirmeries; lesdits rapports, visés du major, seront remis chaque jour par lui au gouverneur, et les doubles adressés au directeur de l'hôtel.

25. Sa majesté jugeant à propos de régler définitivement les gratifications des officiers de l'hôtel, qui n'étoient que de trois livres indistinctement pour chaque officier par mois, avant l'ordonnance du 9 septembre 1749, elle a fixé à l'avenir à douze livres par mois celle des lieutenants-colonels des première et seconde classes ; à neuf livres par mois celle des commandants de bataillon ou majors ; à six livres par mois celle des capitaines des première et seconde classes; à trois livres par mois celle des lieutenants; à une livre quatre sous, seize sous et douze sous celle des maréchaux-des-logis, des bas-officiers et soldats.

L'intention du roi étant de ne point priver les officiers, maréchaux-des-logis, bas-officiers et soldats, qui resteront à l'hôtel au moment de l'exécution de l'ordonnance, des gratifications dont ils jouissent, celles fixées par le présent article seront successivement accordées aux officiers, maréchaux-des-logis, bas-officiers et soldats qui y rempliront les places vacantes.

26. Les fournitures d'habillement, linge et chaussure, continueront d'être faites telles qu'elles l'étoient précédemment, et aux mêmes époques ; mais elles seront uniquement bornées aux officiers, maréchaux-des-logis, bas-officiers et soldats existants à l'hôtel : sa majesté se réservant de pourvoir, sur les fonds de l'extraordinaire des guerres, à ce qu'elle jugera à propos de statuer sur l'habillement des soldats qui ont obtenu de grands congés.

27. Le directeur et le major feront tous les mois une visite exacte des lits, meubles et effets renfermés dans les chambres occupées par les officiers, maréchaux-des-logis, bas-officiers et soldats ; ils constateront également le nombre et la qualité des effets nécessaires aux cuisines et au service des salles à manger; et il sera pourvu sur-le-champ, d'après les états qui en seront dressés et signés du major, à la réparation et au remplacement desdits effets par le directeur, sur le compte qu'il en rendra au gouverneur.

28. Le directeur et le major feront également, à la fin de

chaque mois, accompagnés de l'architecte de l'hôtel et du piqueur, une visite générale des bâtiments de l'hôtel, et il sera pourvu sur-le-champ aux menues réparations, sur le devis qui en sera dressé par l'architecte, signé du major et approuvé du directeur, lequel en ordonnera la dépense, après en avoir rendu compte au gouverneur : quant aux grosses réparations, il en sera seulement dressé un devis dans la forme prescrite ci-dessus; mais la dépense ne pourra en être ordonnée par le directeur, et approuvée par le gouverneur, qu'autant qu'elle sera autorisée par le secrétaire d'état de la guerre, d'après le compte qui lui en sera rendu.

29. Toutes les fournitures relatives au service de l'hôtel qui seront jugées pouvoir être mises en entreprise, d'après les décisions du secrétaire d'état ayant le département de la guerre, seront affichées et insérées dans les papiers publics, un mois avant leur adjudication; on y indiquera le notaire chargé de recevoir les soumissions, et à l'époque de l'adjudication, qui se fera à l'hôtel, en présence du gouverneur, du directeur, du major, des aide-major, du trésorier et du secrétaire, lesdites fournitures seront allouées aux fournisseurs qui, en donnant des cautions valables, se réduiront aux prix les plus avantageux au service du roi; lesdits marchés seront passés par le secrétaire garde des archives, signés du major et du trésorier, visés par le gouverneur, arrêtés par le directeur, et approuvés par le secrétaire d'état ayant le département de la guerre.

30. L'intention de sa majesté étant que le trésorier de l'hôtel ne puisse éprouver aucun retard dans la rentrée des sommes affectées à ses revenus, elle ordonne aux trésoriers généraux de l'ordinaire et de l'extraordinaire des guerres, à ceux de l'artillerie, des maréchaussées, des compagnies des gardes de Monsieur et de Monsieur le comte d'Artois, de payer tous les deux mois au trésorier de l'hôtel les trois deniers pour livre des sommes provenant de la solde des troupes sur les revues des commissaires des guerres; défendant, sa majesté, au trésorier de l'hôtel, de recevoir autrement qu'en argent comptant lesdits paiements, sous peine d'en répondre personnellement : les différentes sommes assujetties aux trois deniers pour livre, autres que celles mentionnées ci-dessus, et qui se paient par lesdits trésoriers généraux, pour le service des troupes, seront constatées par le secrétaire d'état ayant le département de la guerre, lequel fera passer au trésorier de l'hôtel royal des Invalides les ordonnances en vertu des-

quelles il recevra des trésoriers généraux les trois deniers pour livre desdites sommes.

31. Le directeur de l'hôtel formera à la fin de chaque mois un état de la dépense générale de l'hôtel pendant ledit mois, dans lequel il distinguera les objets fixes et journaliers, et les dépenses extraordinaires qui ne pourront être comprises dans ledit état qu'autant qu'elles auront été autorisées par des bons du secrétaire d'état ayant le département de la guerre, lesquels serviront de pièces justificatives : chaque état de mois sera fait double, certifié du directeur, visé du gouverneur, et présenté par eux au secrétaire d'état, qui, après l'avoir examiné et approuvé, en remettra une expédition signée de lui au directeur : les états de mois constateront la situation de l'hôtel, et, par la balance des recettes et dépenses, établiront la situation du trésorier.

32. La réunion des états mentionnés dans l'article précédent devant servir, à la fin de chaque année, à la rédaction du compte général de recette et de dépense de l'hôtel, ledit compte sera présenté par le gouverneur et le directeur au secrétaire d'état ayant le département de la guerre, avec les différentes pièces à l'appui, lesquelles seront visées d'eux, et resteront, avec une expédition dudit compte approuvé du secrétaire d'état ayant le département de la guerre, dans les archives de l'hôtel, pour y avoir recours au besoin : l'intention du roi étant que l'arrêté du secrétaire d'état, mis au bas du compte général, termine valablement et définitivement, chaque année, la comptabilité relative à l'administration dudit hôtel.

33. Étant nécessaire de constater définitivement la situation générale de l'hôtel, par rapport à ses recouvrements, à ses dépenses et à ses charges, depuis le dernier compte rendu jusqu'à l'époque de l'exécution de la présente ordonnance, l'intention de sa majesté est qu'il soit nommé sur-le-champ, par le secrétaire d'état ayant le département de la guerre, des commissaires, à l'effet de procéder sans délai à l'examen et apurement des comptes ; lesquels arrêtés et approuvés par lui, en sa qualité d'administrateur général dudit hôtel, opéreront la décharge valable du trésorier, et seront déposés dans les archives.

Titre III. — *Appointements et traitements des officiers du grand et du petit état-major, et des employés à l'hôtel.*

1. L'intention de sa majesté est que les officiers du grand et du

petit état-major, ainsi que les employés de l'hôtel, jouissent des appointements et du traitement qui leur sera réglé ci-après :

Grand état-major. — Au sieur baron d'Espagnac, gouverneur, 24,000 liv. Au sieur de la Ponce, directeur, 10,000 liv. Au sieur de Gilibert, major, 7,000 liv. Aux sieurs de la Coudre, Donney, de la Pommeraye, de la Jeannière, aides-major, non compris leur nourriture comme capitaines, 500 liv. chacun : 2000 liv. Au sieur de Freminville, trésorier, 8,000 liv. Au sieur Hecquet, secrétaire-garde des archives, 4,000 liv.

Ces officiers jouiront, indépendamment de leurs appointements, des traitements qui leur seront réglés pour abonnement du bois, lumière et blanchissage, ainsi que pour les frais des bureaux du gouverneur, directeur, major, trésorier et secrétaire.

Petit état-major. — Un curé, quatre prêtres, un serpent et quatre enfants de chœur, y compris le luminaire de l'église et l'entretien des ornements, 10,000 liv. Un organiste, 700 liv. Un médecin, 3,000 liv. Un architecte, 2,000 liv. Un chirurgien-major, 3,000 liv. Un second, gagnant maîtrise, 350 liv. Deux élèves, gagnant maîtrise, à chacun 100 liv., 200 liv. Un apothicaire, gagnant maîtrise, 500 liv. Un piqueur, lequel sera nourri à l'hôtel, 400 liv. Un garde-magasin nourri à l'hôtel, 600 liv. Quatre suisses nourris à l'hôtel, à chacun 200 liv., 800 liv. Un facteur, 300 liv. Un économe nourri à l'hôtel, 1,200 liv. Un chef de cuisine nourri à l'hôtel, 800 liv. Quatre aides nourris à l'hôtel, à chacun 200 liv., 800 l. Douze garçons nourris à l'hôtel, à chacun 150 liv., 1,800 l. Douze valets nourris à l'hôtel, à chacun 100 liv., 1,200 fr. Deux balayeurs nourris à l'hôtel, à chacun 100 fr., 200.

2. Sa majesté voulant bien donner au sieur d'Aston, ci-devant lieutenant-de-roi de l'hôtel, une marque de satisfaction de ses anciens services, elle lui conserve les appointements dont il jouit, et les droits honorifiques de sa place.

Veut bien pareillement, sa majesté, accorder au sieur Le Ray de Chaumont, ci-devant intendant dudit hôtel, une pension de 12,000 livres, et le titre d'intendant honoraire.

3. L'intention du roi étant également de ne point priver le médecin et le chirurgien du traitement dont ils jouissent actuellement, elle veut bien leur accorder en gratification annuelle l'excédant des sommes qui leur sont fixées en appointements par l'article 1er.

Titre IV. — *Service et discipline de l'hôtel.*

1. L'intention de sa majesté est que le service militaire se fasse à l'hôtel conformément aux dispositions de l'ordonnance concernant le service des places : elle enjoint en conséquence au gouverneur d'y assujettir les officiers, maréchaux-des-logis, bas-officiers et soldats admis à l'hôtel, en tout ce qui pourra être applicable au service dudit hôtel, et déclare que les maréchaux-des-logis, bas-officiers et soldats seront également assujettis aux différentes dispositions de celle concernant les crimes et délits militaires, relativement aux anciens règlements de l'hôtel.

2. Sa majesté jugeant à propos de supprimer la compagnie de fusiliers de l'hôtel, portée à cent trois hommes par l'ordonnance du 30 octobre 1741, il sera envoyé à l'hôtel deux compagnies de bas-officiers invalides; lesdites compagnies y vivront de leur solde et seront seulement casernées audit hôtel : l'intention du roi étant qu'elles soient entretenues et payées sur les fonds de l'extraordinaire des guerres, à l'instar de celle établie à l'arsenal, sur les revues qu'en fera tous les deux mois le directeur de l'hôtel.

3. Les compagnies établies dans l'article précédent fourniront chaque jour les gardes nécessaires à la garniture des postes et à la police et discipline intérieure de l'hôtel.

4. Tout particulier, étranger à l'hôtel, qui y commettra un délit, sera provisionnellement mis en prison, et renvoyé par le gouverneur à la justice civile, pour y être puni suivant l'exigence du cas.

Titre V. — *Admission aux récompenses militaires.*

1. Tout officier, maréchal-des-logis, bas-officier, soldat, cavalier, dragon, chasseur et hussard, admis à l'hôtel, ne pourra en sortir pour reprendre la pension dont il jouissoit, et passer aux compagnies détachées.

2. Tout officier, maréchal-des-logis, bas-officier, soldat, cavalier, dragon, chasseur et hussard, qui aura opté pour la pension de récompense militaire, pourra être admis à l'hôtel, lorsqu'il y aura des places vacantes, conformément à l'article 14, titre VIII de l'ordonnance portant règlement sur l'administration.

3. Sa majesté ayant fait connoître ses intentions dans les articles 5, 8, 9, 10, 11, 13, 14, 15 et 16 du titre VIII de l'ordonnance du 25 mars, sur les blessures, les infirmités et l'âge avant

qui pourront rendre susceptibles les officiers, soldats, cavaliers, dragons, chasseurs et hussards, des pensions de récompense militaire ou de leur admission à l'hôtel, d'après les certificats des chirurgiens-majors des régiments, lesquels constateront l'impossibilité absolue de continuer à servir le roi, elle entend que si lesdits certificats étoient jugés inexacts par le médecin et chirurgien-major de l'hôtel pour les hommes qui y seront admis, ou par les médecins et chirurgiens des provinces dans lesquelles se retireront les bas-officiers, soldats, dragons, chasseurs et hussards pensionnés, lesdits invalides seront alors rejetés de l'hôtel ou privés de leurs pensions dans les provinces et renvoyés chez eux : l'inexactitude des certificats dont il est parlé ici sera constatée à l'hôtel par le procès verbal du directeur, sur le rapport du médecin et chirurgien de l'hôtel, et il en sera rendu compte sur-le-champ au secrétaire d'état de la guerre. Les commissaires des guerres employés dans les provinces, constateront chacun dans leurs départements l'inexactitude des certificats donnés aux bas-officiers, soldats, dragons, chasseurs et hussards pensionnés qui s'y retireront, et en rendront compte aux intendants des provinces; l'intention de sa majesté étant de faire punir, suivant l'exigence des cas, les chirurgiens-majors des régiments, lesquels, étant obligés de signer lesdits certificats, répondront personnellement de leur fidélité.

4. L'intention de sa majesté étant de ne plus accorder à l'avenir les gratifications sur l'extraordinaire des guerres, dont jouissent quelques officiers invalides pensionnés attachés à la suite des places, des compagnies détachées ou autrement, elle veut bien conserver celles comprises dans l'état des six derniers mois 1775, mais elle entend qu'elles soient éteintes à l'avenir : se réservant d'avoir égard à la situation de quelques officiers, qui, ne pouvant être admis à l'hôtel, mériteroient la bienfaisance du roi.

5. Les capitaines et lieutenants, qui se trouveront, d'après les dispositions de la présente ordonnance, excéder le nombre de ceux qui seront conservés à l'hôtel, jouiront, sur les fonds de l'extraordinaire des guerres, des pensions d'invalides attachées à leur grade, et seront employés à la suite des compagnies détachées avec le logement, en attendant leur remplacement dans lesdites compagnies; à l'égard des maréchaux-des-logis, bas-officiers et soldats, ils seront envoyés dans les compagnies détachées pour les compléter, ou admis à la pension d'invalide de leur grade, en attendant leur remplacement dans lesdites compagnies détachées. Sa majesté considérant que les maréchaux-des-logis, bas-

officiers et soldats qui jouiront desdites pensions, en vertu des dispositions du présent article, se trouvent, attendu leur sortie involontaire de l'hôtel, dans une exception favorable, donnera ses ordres aux intendants des provinces où ils se retireront, pour qu'il leur soit accordé, à leur arrivée dans lesdites provinces, une gratification extraordinaire; elle se fera remettre également, par le gouverneur de l'hôtel, l'état des maréchaux-des-logis, bas-officiers et soldats qui se trouveroient, par des considérations particulières, plus susceptibles encore des secours qu'ils doivent attendre de sa bienfaisance et de ses bontés.

6. Sa majesté prévoyant qu'en temps de guerre le nombre d'hommes fixé pour l'hôtel pourroit devenir insuffisant, elle se réserve de placer provisoirement les infirmes et les blessés dans les hôpitaux militaires du royaume, en attendant qu'ils puissent être admis à l'hôtel.

TITRE VI. — *Exécution de l'ordonnance.*

1. Dès que le gouverneur de l'hôtel aura reçu les ordres du roi, il sera dressé, par le commissaire des guerres chargé de l'exécution de la présente ordonnance, un procès verbal qui constatera la nouvelle composition et constitution de l'hôtel; il y joindra des états séparés, certifiés du gouverneur, lesquels désigneront nominativement le nombre d'officiers, maréchaux-des-logis, bas-officiers et soldats destinés à rester à l'hôtel, à passer dans des compagnies détachées, ou à jouir des pensions attachées à leurs grades dans les provinces où ils déclareront vouloir se retirer; il sera délivré des routes de la cour aux officiers, maréchaux-des-logis, bas-officiers et soldats, sur lesquelles ils se rendront à leurs différentes destinations.

2. L'intention de sa majesté est que les anciens règlements de l'hôtel, et les ordonnances précédemment rendues, notamment celles des 1er février 1763, 26 février et 30 novembre 1764, 21 mai, 1er et 15 décembre 1766, 1er janvier 1768, 16 avril, 4 août et 9 décembre 1771, et 17 avril 1772, aient leur exécution en tout ce qui ne se trouvera pas contraire aux dispositions de la présente.

Mande et ordonne, sa majesté, au sieur comte de Saint-Germain, secrétaire d'état ayant le département de la guerre, directeur et administrateur général de l'hôtel royal des Invalides; au sieur baron d'Espagnac, maréchal-de-camp, gouverneur, et au directeur dudit hôtel; aux gouverneurs et commandants de ses villes et places, aux intendants en ses provinces, aux commissaires des guerres, et à tous autres ses officiers qu'il appartiendra, etc., etc.

N° 473. — ARRÊT du parlement qui fait défense aux porteurs d'eau de puiser ailleurs que dans les endroits où il y aura puisards et planches établies à cet effet.

Paris, 19 juin 1776. (R. S.)

N° 474. — RÈGLEMENT sur les fonctions des officiers-généraux de l'artillerie, la visite des arsenaux et des fortifications, les enchères et adjudications des ouvrages, et les fournitures à faire aux troupes.

Marly, 27 juin 1776. (R. S. C.)

V. 31 décembre 1776.

N° 475. — ARRÊT du conseil portant que les règlements sur les épizooties seront exécutés dans la Flandre et l'Artois.

Marly, 27 juin 1776. (R. S. C.)

V. a. d. c., 18 décembre 1774.

N° 476. — ARRÊT du conseil sur le cautionnement en argent des comptables de la régie des poudres et salpêtres.

Marly, 29 juin 1776. (R. S. C.)

V. a. d. c., 28 mai 1775.

N° 477. — LETTRES PATENTES qui réunissent au duché d'Alençon différents objets dépendants des domaines d'Argentan et d'Exmes, pour jouir par Monsieur, frère du roi, desdits objets réunis, comme faisant partie du duché d'Alençon.

Marly, 30 juin 1776. (R. S.)

V. édit avril 1777.

N° 478. — **Arrêt du conseil portant suppression de diverses loteries et création d'une nouvelle, sous le nom de Loterie royale de France** (1).

Marly, 30 juin 1776. (R. S.)

Sur ce qui a été représenté au roi, étant en son conseil, que les différentes loteries établies jusqu'à présent dans le royaume n'auroient pu empêcher ses sujets de porter leurs fonds dans les pays étrangers, pour y courir les hasards et tenter fortune dans le jeu des loteries qui y existent; que la loterie que sa majesté avoit concédée à l'école royale militaire, quoique présentant au public un jeu semblable à celles de Rome, Gênes, Venise, Milan, Naples et Vienne en Autriche, n'avoit pas arrêté ce versement de l'argent du royaume dans d'autres loteries étrangères, duquel il résulte un préjudice sensible pour l'état, et qui mérite d'autant plus l'attention de sa majesté, que le montant, d'après des informations certaines, forme un objet considérable, et qu'il ne pourroit qu'augmenter à l'avenir par les différentes chances que les états voisins cherchent à mettre dans ces sortes de jeux; elle auroit jugé que la prohibition ne pouvant être employée contre les inconvénients de cette nature, il ne pouvoit y avoir d'autre remède que de procurer à ses sujets une nouvelle loterie dont les différents jeux, en leur présentant les hasards qu'ils veulent chercher, soient capables de satisfaire et de fixer leur goût. En conséquence, sa majesté auroit fait examiner, par les personnes les plus versées en ce genre, le projet d'une loterie

---

(1) En 1700, arrêt du conseil qui crée la première loterie royale; loteries étrangères défendues, 9 avril 1752; loterie des Enfants-trouvés et de Piété, 2 août 1776; employés à la loterie privilégiés, 4 août; loteries étrangères et autres défendues, 20 septembre; suppression des primes, 5 décembre; colporteurs, 21 décembre 1776; loteries en rentes viagères et perpétuelles, édit de janvier, a. d. c., 18 janvier; administration, 20 juillet 1777; emprunt en forme de loterie, 31 octobre 1780; échange des billets, 21 avril 1781; privilége des employés, 12 mai 1783; loterie de secours en faveur de ceux qui ont souffert de la grêle, 26 juillet et 26 septembre 1788. — Loteries maintenues, loi du 28 vendémiaire; supprimées, 25 brumaire an II; rétablies, 9 vendémiaire; organisées, 17 vendémiaire; taux des mises, 7 brumaire, 4 frimaire; loteries clandestines et étrangères, 9 germinal, 5 fructidor an VI; arrêté du 7 ventôse an VIII; tirages dans diverses villes, arrêt du 4 vendémiaire an IX; loteries modifiées, Code pénal de 1810, art. 110. V. avis du conseil d'état du 4 février 1812. — Confirmées, ord. 17 mai, loi 21 décembre 1814; administration, ord. 24 mai, 9 décembre 1815. (Pension des employés, 9 décembre 1814; Isambert, 1824.)

laquelle plusieurs chances ont été ajoutées à celle de l'é-[cole] militaire et à toutes celles qui existent dans les pays étran-[gers], dont les tirages seront plus fréquents pour la ville de Paris, pourront être exécutés dans les principales villes et frontières [du] royaume, à l'effet d'empêcher plus sûrement l'exportation, préjudiciable à l'état, de l'argent dans les pays étrangers ; et ce [pro]jet ayant été jugé le plus propre à remplir les vues de sa ma-[jes]té, elle se seroit portée à l'adopter et à supprimer en consé-[quen]ce la loterie de l'école royale militaire, en hypothéquant le [pro]duit de la nouvelle loterie à cette école, jusqu'à concurrence [de] la somme annuelle à laquelle il a été reconnu que pouvoit [mon]ter celui de la concession qui lui avoit été faite, et pour le [tem]ps seulement qui reste à courir de ladite concession : sa ma-[jes]té ayant considéré que la multiplicité des autres loteries exis-[tan]tes à Paris porte un préjudice notable aux unes et aux autres, [et] occasione, en pure perte, des frais considérables pour leur [ré]gie, elle auroit déterminé de supprimer trois des cinq loteries [par]ticulières qui se tirent dans ladite ville, et de réunir les deux [au]tres sous la même administration, à laquelle sera confiée la [ré]gie de la nouvelle loterie ; mais sa majesté a voulu en même [tem]ps conserver à l'hôtel de ville de sa bonne ville de Paris, et [aux] autres communautés et établissements publics et utiles, [aux]quels lesdites loteries ont été concédées, les secours qu'ils en [re]tirent. A cet effet, l'intention de sa majesté est d'assurer à cha-[cu]n d'eux, pour le temps de leur concession, le montant du [pro]duit net qu'ils en ont retiré, tel qu'il se trouvera constaté [pa]r le relevé des dix dernières années. Sa majesté ne bornant pas [se]s soins paternels aux établissements de charité et de piété qui [ex]istent et qui sont dignes de sa protection, elle auroit résolu [d']appliquer une partie du produit de la nouvelle loterie à for-[m]er un fonds qui sera employé à des objets de soulagements et [de] secours, conformément aux intentions que sa majesté se ré-[se]rve de faire connoître. La sûreté nécessaire des fonds qui seront [ver]sés dans la nouvelle loterie, et l'exécution la plus exacte des [en]gagements de sa régie envers le public, exigeant des fonds [d']avance et des cautionnements considérables, les détails de la [ré]gie et administration de cette nouvelle loterie, plus compli-[qu]ée et étendue qu'aucune de celles qui ont existé jusqu'à pré-[sen]t, ne pouvant d'ailleurs être que très multipliés, sa majesté [a ju]gé nécessaire de commettre un nombre de personnes choisies [et] dignes de la confiance publique par leur fortune et leur bonne réputation, pour, avec un intendant qui sera nommé par [sa] majesté, régir et administrer lesdites loteries en qualité d'ad[mi]nistrateurs généraux, sous les ordres du contrôleur général [des] finances. A quoi voulant pourvoir, ouï le rapport du sieur [de] Clugny, etc.

1. La loterie établie par arrêt du conseil du 15 octobre 17[76] sous le nom de loterie de l'école royale militaire, sera et de[meu]rera éteinte et supprimée, à compter du 6 août prochain, et [sera] remplacée à la même époque pour le temps de trente an[nées] par la loterie que sa majesté a créée et crée sous le nom [de] *Loterie royale de France*, conformément au plan qui sera a[n]nexé au présent arrêt.

2. L'indemnité due à l'école militaire pour raison de la su[p]pression de sa loterie sera fixée par sa majesté, et versée, sui[vant] ce qui sera réglé, dans la caisse du caissier de ladite école m[ili]taire, jusqu'au 1er novembre 1787, époque à laquelle doit expi[rer] son privilége.

3. La loterie royale sera régie et administrée, sous les ord[res] du sieur contrôleur général des finances, par un intendant [qui] sera nommé par sa majesté, et par douze administrateurs sou[s le] nom d'*Antoine Blanquet*. Nomme, sa majesté, pour administ[ra]teurs généraux, les sieurs d'Autmarre-Dervillé, Semonin, [de] Perreux, de Boullougne, de Pange, Dangé, d'Arlincourt, R[o]bert, Préaudeau, de la Combe, Mazières et Darboulin de [Châ]chebourg.

4. La loterie de l'hôtel de ville de Paris, la loterie géné[rale] d'association et celle des communautés religieuses, seront [et] demeureront éteintes et supprimées, à compter du 1er août, [et] les tirages desdites loteries cesseront dans le courant du mois [de] juillet prochain.

5. Les loteries des enfants trouvés et de piété, que sa maje[sté] confirme et maintient jusqu'à ce qu'il en soit par elle autreme[nt] ordonné, seront réunies à la régie de la loterie royale, à comp[ter] du 1er août prochain; à cet effet, les administrateurs généra[ux] prendront possession desdites loteries audit jour, sous le no[m] d'*Antoine Blanquet;* et seront tenus les régisseurs et receve[urs] d'icelles, de donner auxdits administrateurs généraux comm[u]nication des registres et états qui ont servi à la régie desdi[tes] loteries. Veut et entend, sa majesté, que les tirages desdites lo[te]ries des enfants trouvés et de piété soient faits aux époques accoutumées, et dans le même lieu où sera fait le tirage de [la]

royale, en présence du sieur lieutenant général de police et des intendants et administrateurs de ladite loterie royale.

6. Ordonne, sa majesté, que, par le caissier général de la loterie royale, il sera payé annuellement, pour le temps de leur concession seulement, à l'hôtel de ville de Paris, et aux corps, communautés et établissements, auxquels lesdites loteries supprimées ou réunies avoient été accordées, la somme à laquelle se trouvera monter, pour chacun, l'année commune formée sur les dix dernières du produit net desdites loteries, déduction faite de tous frais de régie; à l'effet de quoi, seront tenus les régisseurs, receveurs ou autres préposés d'icelles, de remettre entre les mains du sieur contrôleur général des finances les registres, états et comptes de recettes et dépenses des dix dernières années de leur puissance.

7. Le dernier tirage de la loterie de l'école royale militaire supprimée sera fait en la forme et manière ordinaire, le 5 du mois d'août prochain; et le premier tirage de la loterie royale de France à Paris aura lieu le 1ᵉʳ du mois de septembre suivant.

8. Il sera établi des tirages de la loterie royale de France dans celles des principales villes et frontières du royaume qui seront jugées convenables. Le nombre des tirages, à Paris, sera porté à vingt-quatre par an, lesquels seront fixés aux 1ᵉʳ et 16 de chaque mois; les tirages de ladite loterie royale, à Paris, seront faits publiquement dans une des salles de l'hôtel de la compagnie des Indes, en présence du sieur lieutenant général de police, ainsi que de l'intendant et des administrateurs généraux de ladite loterie; et, dans les principales villes et frontières, les tirages seront faits publiquement dans les hôtels de ville, en présence, tant de l'intendant et commissaire départi, que des maire et échevins, et du directeur de la loterie.

9. Les administrateurs déposeront entre les mains du caissier général de ladite loterie, et sur son récépissé, par forme de cautionnement, une somme de trois millions six cent mille livres, à raison de cent mille écus pour chacun d'eux; et l'intérêt leur en sera payé à raison de cinq pour cent, à compter du 1ᵉʳ du mois dans lequel la remise en aura été faite.

10. Tous les receveurs, tant dans la ville de Paris que dans les provinces, déposeront également un cautionnement en espèces, dont le montant sera déterminé par le sieur contrôleur général, en proportion de celui de leur recette, duquel cautionnement l'intérêt leur sera payé à raison de cinq pour cent.

11. Il restera en tout temps, entre les mains du caissier gé[né]ral de l'administration, un million en espèces pour faire [face] aux évènements; et, dans le cas où ladite somme ne suffiroit [pas,] les administrateurs seront tenus d'y pourvoir sur-le-cha[mp,] de manière qu'il n'y ait aucun retard dans l'acquitte[ment] des lots.

12. Il sera prélevé sur le bénéfice net de ladite régie et ad[mi]nistration, et après l'acquittement des sommes qui seront [dues] pour les indemnités dues pour raison de la suppression des [au]tres loteries, deux sous pour livre pour en former un fonds [dont] sa majesté s'est réservé la disposition particulière; à l'eff[et de] quoi lesdits deux sous pour livre du bénéfice, toutes cha[rges] généralement quelconques prélevées, seront versés par le cai[s]sier général de la régie entre les mains du trésorier qui [sera] nommé par sa majesté.

13. Les arrêts et règlements rendus concernant les régie[s et] administration, tant de la loterie de l'école royale milita[ire] que de celle des enfants trouvés et de piété, continuer[ont] d'être exécutés pour la loterie royale de France, ainsi que p[our] lesdites loteries réunies, suivant leur forme et teneur, en ce [qui] n'est pas contraire au présent arrêt.

14. Les sieurs intendants et commissaires départis dans [les] provinces et généralités du royaume, et le sieur lieuten[ant] général de police pour la ville et faubourgs de Paris, con[noî]tront de toutes les contestations relatives auxdites loteries [et] l'administration d'icelles, sa majesté leur attribuant toute c[our] et juridiction nécessaire à cet effet, sauf l'appel au conseil: [fait] défenses, sa majesté, à toutes ses cours et autres juges de p[ren]dre connoissance desdites contestations, et aux parties [de se] pourvoir ailleurs que par-devant lesdits sieurs commissai[res,] sous peine de nullité et cassation des procédures, et de t[ous] dépens, dommages et intérêts.

---

*Plan de la loterie composée dans les principes de celles étab[lies] à Gênes, Rome, Venise, Milan, Naples, Vienne, Bru[xel]les, Berlin, etc., avec l'addition des chances d'extrait déter*miné, d'ambe déterminé, de quaterne, de quine, et de p[lu]sieurs primes gratuites, accordées en proportion de la [va]leur des mises.*

1. On suivra, dans le tirage de cette loterie, la méthode [qui] s'observoit ci-devant dans les tirages de la loterie de l'é[cole] royale militaire.

Le jour du tirage, on enfermera dans la roue de fortune quatre-vingt-dix étuis d'égale grandeur, forme et poids. Chacun de ces étuis contiendra un carré de vélin, sur lequel sera inscrit chaque numéro, depuis le numéro 1 jusques et compris le numéro 90.

Tous les numéros, avant d'être placés dans leurs étuis, seront exposés aux yeux de tous les assistants. Après cette formalité, on mêlera les quatre-vingt-dix étuis dans la roue de fortune, et on tirera *cinq numéros* seulement. Le tirage de ces cinq numéros sera nommé *tirage des lots*, et déterminera le montant des lots de tous ceux qui auront pris intérêt à la loterie.

2. Immédiatement après ce tirage des lots, il sera fait successivement quatre autres tirages, qui seront appelés *tirages des primes gratuites*, et seront désignés par les noms de *première, seconde, troisième et quatrième classe*. Pour y procéder avec célérité, on exposera de nouveau aux yeux du public les *cinq* numéros qui seront sortis de la roue de fortune; et chacun d'eux, suivant l'ordre de sa sortie, sera jeté une seconde fois dans la roue de fortune, pour y être mélangé avec les quatre-vingt-cinq numéros restants. La même opération se répètera jusqu'à quatre fois consécutives.

3. Tous les lots et primes gratuites seront payés au bureau général de l'administration, trois jours après le tirage; et l'on continuera de les payer sans interruption jusqu'à leur entier acquittement, sans autre formalité que celle de rapporter le billet original.

4. Tous porteurs de billets gagnants jouiront, à dater de l'époque du jour du tirage, d'un terme de six mois pour recevoir le paiement des lots et primes qui leur seront échus, passé lequel lesdits billets seront et demeureront nuls.

5. L'on délivrera à l'actionnaire une reconnoissance provisionnelle, pour être échangée contre le billet original. La reconnoissance et le billet original émaneront d'une même souche, et se rapprocheront par une légende, contenant ces mots: *Loterie royale de France*. En échange de la reconnoissance, il sera fourni à l'actionnaire, sous le plus bref délai, le billet original pour constater son titre, et ce ne sera que sur la représentation de ce titre qu'il pourra prétendre au paiement du lot ou des primes qui lui seront échus.

6. Chacun des actionnaires sera libre de placer sa mise sur tel numéro et telle quantité de numéros qu'il lui plaira choisir, depuis le numéro 1 jusques et compris le numéro 90. A l'égard des différentes chances à courir, on peut s'intéresser à cette loterie de sept manières différentes: savoir.

1° Sur un seul numéro, qui s'appelle communément.... Extrait simple.
2° Sur un seul numéro, dont l'ordre de sortie doit être fixé, et qu'on appellera.......................... Extrait déterminé.

3° Sur deux numéros liés ensemble, qui s'appellent communément... Ambe simple.
4° Sur deux numéros liés ensemble, dont l'ordre de sortie pour chacun d'eux doit être désigné, et qu'on appellera... Ambe déterminé.
5° Sur trois numéros liés ensemble, qui s'appellent communément.. Terne.
6° Sur quatre numéros liés ensemble, qui s'appelleront. Quaterne.
7° Sur cinq numéros liés ensemble, qui s'appelleront... Quine.

7. A l'égard du montant total des billets qui pourront être pris sur chaque chance, il en sera délivré : savoir.

Sur chaque extrait simple, depuis un sou jusqu'à la somme de dix mille liv.
Sur chaque extrait déterminé, depuis douze sous jusqu'à la somme de mille liv.
Sur chaque ambe simple, depuis six deniers jusqu'à la somme de quatre cent liv.
Sur chaque ambe déterm., depuis six deniers jusqu'à la somme de cent vingt liv.
Sur chaque terne, depuis six deniers jusqu'à la somme de cent cinquante liv.
Sur chaque quaterne, depuis six deniers jusqu'à la somme de douze liv.
Et sur chaque quine, depuis six deniers jusqu'à la somme de trois liv.

On ne délivrera néanmoins aucun billet au-dessous de la valeur de *douze sous* pour le total de la mise.

8. L'actionnaire gagnera pour chaque lot qui lui sera échu au tirage des lots : savoir.

Par extrait simple...............................	15 fois la mise.
Par extrait déterminé...........................	70
Par ambe simple.................................	270
Par ambe déterminé..............................	4900
Par terne.......................................	5200
Par quaterne....................................	70000
Par quine.......................................	1000000

9. Indépendamment de tous les lots qui résultent des différentes chances ci-dessus, les actionnaires porteurs des billets composés, soit d'*ambes déterminés*, soit de *ternes*, soit de *quaternes*, soit de *quines*, participeront aux tirages des *primes gratuites*, accordées en raison de leurs mises, ainsi qu'il est expliqué dans l'article 10 ci-après, et sous les conditions y énoncées.

10. 1° Chaque billet d'*ambe déterminé*, qui sera composé d'une colonne de 6 numéros et au-dessus, jusqu'à 20 numéros inclusivement ; chaque billet de *terne*, ou de *quaterne*, ou de *quine*, qui sera composé d'une colonne de 10 numéros et au-dessus, jusqu'à 20 numéros inclusivement, pourra se prendre à raison de chaque combinaison qui résultera de la quantité de numéros choisis, sur le pied de *trois deniers*.

2° Chaque billet d'*ambe déterminé*, de *terne*, de *quaterne*, ou de *quine*, qui sera composé d'une colonne de 21 numéros et au-dessus, jusqu'à 40 numéros inclusivement, pourra se prendre à raison de chaque combinaison qui résultera de la quantité des numéros choisis, sur le pied d'*un denier*.

3° Chaque billet d'*ambe déterminé*, de *terne*, de *quaterne*, ou de *quine*, qui sera composé d'une colonne de 31 numéros et ci-dessus, jusqu'à volonté, pourra se prendre à raison de chaque combinaison qui résultera de la quantité des numéros choisis, sur le pied d'*un douzième de denier*. Dans tous les cas, le fort denier restera au profit de la loterie.

Tout porteur de billet, soit d'*ambe déterminé*, soit de *terne*, soit de *quaterne*, soit de *quine*, composé dans les formes prescrites au présent article, participera, sans être soumis à aucun nouveau déboursé, aux *primes gratuites* énoncées à l'article 2; et quant au montant desdites primes, il sera payé, pour la rencontre d'une ou de plusieurs chances déterminées; *savoir*:

Pour chaque ambe dét. au tir. de la 1re cl. de pr., à raison de   500 f. la m.
Pour chaque terne au tir. de la 1re classe des primes, à raison de   500
              au tirage de la 2e classe des primes, à raison de   300
Pour chaque quat. au tirage de la 1re classe des primes à raison de   15000
              au tirage de la 2e classe des primes à raison de   9000
              au tirage de la 3e classe des primes à raison de   6000
Pour chaque quine au tirage de la 1re classe des primes, à raison de   80000
              au tirage de la 2e classe des primes, à raison de   60000
              au tirage de la 3e classe des primes, à raison de   40000
              au tirage de la 4e classe des primes, à raison de   20000

De cette manière, l'actionnaire pourra gagner, sur la chance de l'ambe déterminé, deux fois de suite.

Pour la totalité de 10 ambes qui peuvent résulter des cinq numéros sortis:

Au tirage des lots, ainsi qu'il est mentionné à l'article 8...... 40000 mises.
Au tirage de la 1re classe des primes gratuites.............. 5000

Sur la chance du terne, trois fois de suite.

Pour la totalité des 10 ternes qui peuvent résulter des cinq numéros sortis:

Au tirage des lots, ainsi qu'il est mentionné à l'article 8..... 52000 mises.
Au tirage de la 1re classe des primes gratuites............. 5000
Au tirage de la 2e classe des primes gratuites............. 3000

Sur la chance du quaterne, quatre fois de suite.

Pour la totalité des 5 quaternes qui peuvent résulter des cinq numéros sortis:

Au tirage des lots, ainsi qu'il est mentionné à l'article 8.... 350000 mises.
Au tirage de la 1re classe des primes gratuites............. 75000
Au tirage de la 2e classe des primes gratuites............. 45000
Au tirage de la 3e classe des primes gratuites............. 30000

Sur la chance du quine, cinq fois de suite.

Pour le quine qui peut résulter des cinq numéros sortis:

Au tirage des lots ainsi qu'il est mentionné à l'art. 8....... 1000000 mises.
Au tirage de la 1re classe des primes gratuites............ 80000
Au tirage de la 2e classe des primes gratuites............ 60000
Au tirage de la 3e classe des primes gratuites............ 40000
Au tirage de la 4e classe des primes gratuites............ 20000

Modèle du billet original.

Bureau n° 14.   *Enregistré 9.*
*Tirage du   mil sept cent
              soixante-seize.*

Pour le paiement fait par le porteur du présent billet, de la somme de *vingt-cinq livres quatorze sous trois deniers*; il lui sera payé par l'administration de la Loterie royale de France, suivant la mise ci-dessous spécifiée, savoir :

Pour chaque lot.

Par extrait simple	15 fois la mise.
extrait déterminé	70
ambe simple	270
ambe déterminé	4900
terne	5200
quaterne	70000
quine	1000000

Indépendamment des lots, les primes gratuites seront payées comme ci-après, savoir :

Pour chaque

	ambe déter.	terne.	quat.	quine
Tirage de la 1re classe	500	500	15000	80000
Tirage de la 2e classe	»	500	9000	60000
Tirage de la 3e classe	»	»	6000	40000
Tirage de la 4e classe	»	»	»	20000

2100 Ambes déterm. à 3 d.. 13 l. 15 s. d.
165 Ternes...... à 3.... 2   2   3
330 Quaternes... à 3.... 4   2   6 } 28 l. 15 s. 3 d.
462 Quines...... à 3.... 5   15   6

13. *Treize* .... Françoise Piffet.
14. *Quatorze* .... Nicole Rousseau.
15. *Quinze* .... Françoise Renaud.
16. *Seize* .... Marie Boucher.
17. *Dix-sept* .... Claude Vitry.
18. *Dix-huit* .... Marguerite Follet.
19. *Dix-neuf* .... Louise Petitpas.
80. *Quatre-vingt* .... Dosithée Servil.
81. *Quatre-vingt-un* .. Marguerite Lemoine.
82. *Quatre-vingt-deux* . Marguerite de Bidas.
83. *Quatre-vingt-trois* . Jeanne de Rouzier.

Modèle de la reconnoissance.

Bureau n° 14.   Enregistré
*Tirage du   mil sept
              soixante seize.*

J'ai reçu la somme de vingt-cinq l. quatorze sous trois deniers, pour p... tirage prochain de la Loterie royale de ... sur les nombres ci-après, 13, 14, 15, ... 18, 19, 80, 81, 82 et 83.

La présente reconnoissance doit être portée et échangée contre le billet ... attendu que les lots seront payés sur le... lets et non sur les reconnoissances; ... tionnaires s'assureront de l'uniformit... leurs reconnoissances et les regist... feront foi et seront admis en preu... dans le cas de quelque différence ... reconnoissances et les registres, le... naires ne pourront prétendre ... que la restitution de leurs mises.

à raison de
{
Extrait simple.
Extrait déterminé.
Ambe simple.
2100 ambe. dét. à 3 d.. 13 l. 15 s. d.
165 Ternes.. à 3.... 2   2   3
330 Quatern. à 3.... 4   2   6
462 Quines.. à 3.... 5   15   6
}

LOTERIE ROYALE DE FRANCE.

N° 480. — **Lettres patente** sen *forme d'édit, portant réunion de la justice de Villepreux au bailliage de Versailles.*

Versailles, juin 1776. Reg. au parlement le 17 août 1776. (R. S.)

N° 481. Édit *portant établissement à Versailles d'un dépôt de papiers publics des colonies* (1).

Versailles, juin 1776. Reg. en la chambre des comptes le 15 avril 1777, au conseil du Cap le 27 novembre 1776, et à celui du Port-au-Prince le 28 du même mois, au parl. du Dauph. 22 mars 1777; de Lorr. 14 avril. (R. S. C. Lorr. Dauph de S. M. code des iles de France et de Bourbon, de la Martinique.

Louis, etc. Les papiers publics des colonies françaises de l'Amérique, de l'Afrique et de l'Asie, ont été, de tous les temps, exposés, par l'effet du climat, à plusieurs causes de destruction. Les actes d'une génération se conservent à peine, sans être altérés pour la génération suivante; et l'état civil, comme les propriétés de ceux de nos sujets qui habitent ces pays, se trouvent sans cesse compromis. L'inutilité des moyens essayés jusqu'à ce jour sur les lieux, pour conserver des titres qui intéressent aussi essentiellement le repos et la sûreté des familles, ne nous laisse de ressource que dans l'établissement, en France, d'un dépôt où seront apportées des expéditions légales et authentiques, tant des registres de baptêmes, mariages et sépultures, que de tous actes judiciaires et extrajudiciaires, concernant les personnes et les propriétés pour le passé et pour l'avenir, des *duplicata* des actes qui auront lieu après l'enregistrement du présent édit. Les originaux laissés sur les lieux pourront aussi être suppléés, en cas de perte ou d'autres accidents, par des copies de ces expéditions ou *duplicata*, lesquelles seront envoyées dans les colonies où il en sera besoin. Un autre effet de cet établissement sera encore de fournir, sur l'existence de nos sujets qui passent dans lesdites colonies, des renseignements que le trop grand éloignement ne permet de se procurer qu'avec peine, et dont le défaut arrête souvent des arrangements intéressants pour les familles. A ces causes, etc. etc.

1. Il sera établi à Versailles, pour la conservation et sûreté des papiers publics de nos colonies, un dépôt sous le nom de *dépôt des chartres des colonies*, dont la forme sera déterminée par le présent édit.

2. Il sera fait incessamment, par les greffiers des conseils supérieurs, un relevé sommaire des enregistrements faits avant cet

(1) En vigueur, ord. du 17 décembre 1823. Ord. local., Is. 1819, p. 449, 531.

édit, des lois émanées de notre autorité et des expéditions, ta[nt] des règlements faits par les gouverneurs généraux et intendan[ts], avec mention sommaire de leurs enregistrements, que des règle[]ments faits par les conseils supérieurs. On remontera à un te[mps] aussi reculé que l'état des registres pourra le permettre. Ces rele[]vés et expéditions seront signés par lesdits greffiers, et visés p[ar] le président de chaque conseil.

3. Les curés ou desservants les paroisses feront aux frais d[es] paroisses un double signé d'eux, et légalisé par le supérieur e[c]clésiastique, des registres de baptêmes, mariages et sépultu[res] dont ils seront dépositaires; et les préposés aux hôpitaux civil[s] un double des registres d'inhumations qui auront précédé l'en[re]gistrement du présent édit, pour être remis ainsi qu'il sera d[it] ci-après.

4. Les curés ou desservants les paroisses seront, en cas de re[fus] ou de négligence, contraints, à la poursuite de nos procureu[rs], par la saisie de leur temporel, ou de celui des missions dont [ils] relèvent, à la remise desdits registres. Les préposés aux hôpi[taux] civils seront contraints par des amendes qu'ils ne pourront répé[ter] sur les biens desdits hôpitaux.

5. Les greffiers feront aussi incessamment expéditions sign[ées] d'eux, et visées par le premier officier du siège, sans frais, [des] registres de baptêmes, mariages et sépultures, déposés en le[urs] greffes, dont le premier double ne se sera pas trouvé ès-mains [du] curé ou desservant de la paroisse, avec lequel ils vérifieront [le] nombre et les années des registres dont il se trouvera dépositai[re]; à quoi les greffiers seront contraints par interdiction, à la pou[r]suite de nos procureurs.

6. Enjoignons aux gouverneurs généraux et intendants aux co[n]seils supérieurs, et à nos procureurs généraux, de tenir la m[ain] à ce que les expéditions ci-dessus prescrites se fassent avec [le] plus de diligence et d'exactitude qu'il sera possible, et soie[nt] tous les trois mois, remises aux greffes des intendances et sub[dé]légations, suivant les résidences, avec des états dans la forme [de] ceux mentionnés ci-après.

7. Les parties intéressées à des actes, jugements ou arrêts [de] date antérieure à l'enregistrement du présent édit, pourront, p[our] leur sûreté, remettre, à leurs frais, aux greffiers des conseils s[u]périeurs ou des juges des lieux, des expéditions desdits actes, j[u]gements ou arrêts, signées et collationnées par les notaires [ou] greffiers dépositaires des minutes, et visées par le président [du]

...il ou par le juge ordinaire, sans frais. Il sera fait sommairement mention du dépôt, par lesdits greffiers, sur un registre tenu à cet effet, coté et paraphé par le président du conseil ou par le juge des lieux, sans frais; et pour ladite mention, il sera payé pour chaque dépôt aux greffiers, un droit de *cinq sous*, monnoie de France, dans les colonies où les paiements se font en cette monnoie, et de *sept sous six deniers* dans les autres colonies.

8. Les officiers des classes, dans les colonies françaises, feront incessamment un relevé des passagers arrivés de France ou autres lieux, et de ceux qui seront partis desdites colonies, soit pour France, soit pour une autre colonie, depuis l'année 1749 inclusivement, autant que l'état des registres tenus et des rôles d'équipages expédiés au bureau jusqu'à ce jour pourra le permettre. Il sera pareillement adressé, par le secrétaire d'état ayant le département de la marine, des ordres aux officiers des classes des ports de France où se font les embarquements pour les colonies, de faire un relevé, par année, depuis et compris 1749, des rôles d'équipages, en ce qui concerne seulement les passagers qui y sont portés, soit en allant, soit en revenant; lesquels relevés seront visés, tant dans les colonies que dans les ports de France, par les officiers supérieurs d'administration, et adressés par ces derniers au secrétaire d'état ayant le département de la marine.

9. Après l'enregistrement du présent édit, les greffiers des conseils supérieurs feront expédition des lois qui émaneront à l'avenir de nous, et des règlements qui seront faits par les gouverneurs généraux et intendants, avec mention des arrêts d'enregistrement, ainsi que des arrêts de règlement faits par les conseils supérieurs; et ces expéditions seront visées des présidents de chaque conseil supérieur.

10. Les curés ou desservants les paroisses tiendront à l'avenir, aux frais de la paroisse, un troisième registre pour les baptêmes, mariages et sépultures, dans la forme prescrite par les ordonnances, et leur signature sera légalisée au bas de la dernière page, par le supérieur ecclésiastique. Les préposés aux hôpitaux civils tiendront aussi un troisième registre des inhumations faites auxdits hôpitaux, et leur signature sera légalisée au bas de la dernière page, par le juge des lieux, sans frais.

11. Les notaires retiendront, aux frais des parties, deux minutes des différents actes qu'ils recevront, dont l'une sera destinée pour le dépôt, et visée sans frais par le juge des lieux. Exceptons néanmoins de la nécessité de la seconde minute, les actes d'inven-

taires, de partages ou de ventes sur inventaires, sauf aux parties à remettre, à leurs frais, expéditions desdits actes, aux termes de l'article 7, lorsqu'elles le croiront nécessaire pour leur sûreté.

12. Exceptons pareillement de la nécessité des deux minutes la rédactions des testaments, si les circonstances ne permettent pas de dresser sur-le-champ une seconde minute : voulons, en ce cas, que la seconde minute soit remplacée aux frais des parties par une expédition faite et signée dans les quinze jours de l'ouverture et publication desdits testaments, et visée par les juges des lieux, sans frais.

13. Les greffiers des conseils supérieurs et des siéges inférieurs retiendront par-devers eux, aussi aux frais communs des demandeurs et des défendeurs, des expéditions des arrêts et des jugements définitifs rendus contradictoirement ou par défaut, en matière civile seulement; lesquelles expéditions seront visées par les présidents des conseils et par les juges des lieux, sans frais; exceptons de la disposition du présent article, les jugements rendus sur action purement personnelle entre parties présentes ou domiciliées dans la colonie.

14. Les greffiers du tribunal terrier retiendront également, aux frais des parties, des expéditions des jugements définitifs rendus contradictoirement ou par défaut, lesquelles expéditions seront visées par le président du tribunal.

15. Pourront, les parties intéressées aux concessions des terrains dans les campagnes, et des emplacements en ville, et aux procès verbaux d'arpentage et placement desdites concessions antérieures ou postérieures à l'enregistrement du présent édit, déposer aux greffes des lieux de leur résidence, aux termes de l'article 7, des expéditions desdits actes, lesquelles seront signées par les dépositaires des minutes et visées; savoir, les concessions, par les gouverneur général et intendant, et les procès verbaux d'arpentage ou de placement, et tous autres actes de cette nature, par le juge des lieux, sans frais.

16. Les greffiers des intendances ou subdélégations retiendront pareillement, aux frais des parties, une seconde minute des actes d'affranchissement, qui sera visée par les gouverneur et intendant; et il sera permis aux libres et aux affranchis de remettre, aux termes de l'article 7, expédition des actes d'affranchissements accordés précédemment à eux ou à leurs auteurs, signée du greffier de l'intendance ou subdélégation, dépositaire de la minute, et visée par les gouverneur et intendant.

17. Les curés ou desservants les paroisses, les préposés aux hôpitaux civils, les greffiers des différents tribunaux et les notaires seront, à la diligence de nos procureurs généraux et de leurs substituts, tenus de remettre dans le premier mois de chaque année, au greffe de l'intendance ou de la subdélégation, le plus prochain de leur résidence, les doubles des registres de baptêmes, mariages et sépultures, les doubles des registres d'inhumations faites aux hôpitaux civils, les expéditions des lois et des règlements, les doubles minutes ou expéditions des actes ou jugements retenus ou reçus par eux, dans le cours de l'année précédente. Chacun de ces dépositaires dressera en même temps trois états sommaires des registres et pièces qu'il aura à déposer, contenant le nombre et l'année des registres, la date des arrêts et jugements, la nature et la date des actes, avec les noms des parties.

18. Ces états seront certifiés par les déposants, et visés sans frais; ceux des desservants des paroisses, des préposés aux hôpitaux civils, et des greffiers des sièges royaux, civils et d'amirauté, par les juges des lieux; ceux des greffiers des intendances ou subdélégations, du tribunal terrier et des conseils supérieurs, par les présidents respectifs.

19. Deux de ces états seront remis au greffe de l'intendance ou de la subdélégation, suivant la résidence du déposant; l'un sera envoyé en France; le second restera en dépôt au greffe de l'intendance ou de la subdélégation, pour y avoir recours en cas de besoin; le troisième demeurera ès mains du déposant, pour lui servir de décharge; à l'effet de quoi le greffier de l'intendance ou de la subdélégation certifiera, sans frais, au bas de ce troisième état, que remise lui a été faite des pièces y mentionnées.

20. Les officiers des classes tiendront à l'avenir un registre coté et paraphé par l'officier supérieur de l'administration, qui contiendra les noms et qualités des passagers arrivés de France ou d'autres lieux dans la colonie; les noms des navires sur lesquels ils auront passé, et la date de leur arrivée, ainsi que les noms et qualités des passagers qui partiront des colonies, le nom des navires sur lesquels ils passeront, et la date de leur départ, avec mention de leur destination pour France, pour une autre colonie ou autre lieu quelconque; duquel registre il sera fait un relevé qui sera visé par l'officier supérieur de l'administration, et déposé dans le premier mois de chaque année au greffe de l'intendance, pour être envoyé en France. Il sera également tenu

dans les ports de France, par les officiers des classes, pareil registre contenant les noms et qualités des passagers allant aux colonies ou venant d'icelles; dont le relevé fait, en la même forme, sera adressé tous les ans au secrétaire d'état ayant le département de la marine.

21. Le greffier de l'intendance ou de la subdélégation dressera un état général sommaire des papiers qui lui auront été remis ou envoyés, par chapitres séparés, où seront distingués les registres de baptêmes, mariages ou sépultures, les arrêts et jugements, les actes passés devant notaires, les actes remis par les parties, les affranchissements, les concessions, la qualité et la résidence du déposant, et la date de la remise en son greffe; et cet état général sera visé de l'intendant.

22. Les relevés, doubles minutes et expéditions ordonnés par les articles précédents, seront écrits sur papier à la tellière, en écriture courante, et seront payés à raison de *vingt sous* le rôle dans les colonies où les paiements se font en monnoie de France, et de *trente sous* dans les autres colonies, le rôle contenant deux pages de vingt-quatre lignes chacune, et la ligne au moins quinze syllabes; les pièces marquées par les articles 7, 11, 13, 14, 15, 16, seront payées par les parties intéressées. L'intendant pourvoira sur ce pied aux frais du domaine, au paiement des relevés et expéditions ordonnés par les articles 2, 5, 9, et sur un pied modéré, au paiement des états et frais de transport marqués par les articles 17 et 21, et aux dépenses nécessaires pour l'exécution des articles ci-après; desquels paiements il sera annuellement, par l'intendant, envoyé un état au secrétaire d'état ayant le département de la marine.

23. Tous lesdits papiers, avec les états généraux et particuliers d'iceux, seront mis et emballés avec soin dans une ou plusieurs caisses scellées du sceau de l'intendant, et chargés, par les ordres dudit intendant, sur un ou plusieurs navires avec connoissement; le procès verbal de scellé et le connoissement seront envoyés par l'intendant au secrétaire d'état ayant le département de la marine. Les clefs des caisses seront confiées à l'officier d'administration embarqué sur l'un de nos vaisseaux, ou aux capitaines de navires marchands qui auront signé les connoissements. Enjoignons audit officier d'administration et auxdits capitaines, de veiller avec la plus grande attention à la conservation de ces papiers, et à ce que les caisses les contenant soient placées dans l'endroit le plus sain; à peine contre les officiers d'administration,

d'interdiction, et contre les capitaines des bâtiments marchands, d'être privés de commandement pendant une année pour la première fois, et pour toujours en cas de récidive. Leur permettons, en cas de nécessité, d'ouvrir les caisses pour en déplacer les papiers ; de quoi il sera dressé un procès verbal signé par les officiers de l'état-major de nos vaisseaux ou par les officiers des navires marchands, et envoyé au secrétaire d'état ayant le département de la marine.

24. Ces caisses seront remises avec les clefs au premier officier d'administration du port de l'arrivée, lequel en déchargera le connoissement après avoir vérifié les scellés ; et s'ils ne paroissent pas entiers, ou si des évènements ont donné lieu à quelques avaries ou déplacement pendant la traversée, il en sera donné avis au secrétaire d'état ayant le département de la marine, sur les ordres duquel il sera dressé dans le port, s'il y échet, procès verbal de l'état des caisses, et de la nature et des suites des avaries.

25. L'officier d'administration adressera lesdites caisses, par la messagerie, au secrétaire d'état ayant le département de la marine, lequel ordonnera la levée des scellés, après qu'ils auront été reconnus sur les procès verbaux faits dans les colonies, dans les bâtiments de transport, ou dans les ports du débarquement, et la vérification du contenu desdites caisses, par confrontation des états ordonnés par les articles 17 et 21 du présent édit ; de quoi il sera dressé procès verbal, au pied duquel, et sur l'ordre du secrétaire d'état ayant le département de la marine, le directeur du dépôt, que nous commettrons par un brevet particulier, prendra charge des papiers y contenus, dont il lui sera remis un double souscrit dudit secrétaire d'état.

26. Ceux qui auront intérêt à demander expédition de quelques pièces faisant partie du dépôt s'adresseront au directeur d'icelui, en lui justifiant de leur droit ou qualité, soit par des titres, soit par le certificat en bonne forme des juges de leur domicile.

27. Les expéditions visées par le directeur du dépôt feront foi en justice ; elles seront délivrées sans frais, sur papier commun, et ne seront sujettes au contrôle, comme étant représentatives de titres et actes passés et reçus dans les pays où le papier timbré ni le contrôle n'ont pas lieu, à moins qu'il n'en soit fait usage en justice réglée ; auquel cas lesdites expéditions seront contrôlées, et les droits acquittés dans les bureaux les plus prochains, con-

formément à la déclaration du 6 décembre 1707, et à l'article 97 du tarif du contrôle du 29 septembre 1722.

V. loi 28 avril 1816, art. 58.

Si donnons en mandement à nos amés et féaux conseillers les gens tenant notre chambre des comptes de Paris, etc.

N° 482. — LETTRES PATENTES, *en forme d'édit, portant, en faveur de M. le comte d'Artois, remplacement de différents comtés, vicomtés faisant partie du duché d'Angoulême, par les duchés de Berry et de Châteauroux, le comté d'Argenton et la seigneurie d'Henrichemont.*

Versailles, juin 1776. Reg. au parlement le 5 juillet 1776. (R. S.)

N° 483. — LETTRES PATENTES *portant confirmation des priviléges des juifs Portugais.*

Juin 1776. Reg. au parlement de Bordeaux le 8 mars 1777. Au conseil du Cap le 22 juin 1782. (M. de S. M. Merlin 3. 743.)

Louis, etc. Par lettres patentes de Henri II, du mois d'août 1550, en forme de chartes, enregistrées au parlement de Paris le 22 décembre de la même année, et par plusieurs autres lettres patentes de règne en règne pour la confirmation de ces premières, et notamment par Henri III, au mois de novembre 1575; par Louis XIV, notre très honoré seigneur et aïeul, au mois de décembre 1656; et par Louis XV, notre très honoré seigneur et aïeul au mois de juin 1723; lesdites lettres enregistrées en notre parlement de Bordeaux, il a été permis, etc. Lesdits marchands portugais nous ont très humblement fait exposer, par ledit sieur Rodriguez Pereyre, leur agent à Paris, membre de la Société royale de Londres, notre pensionnaire, et notre amé secrétaire interprète pour les langues espagnole et portugaise, que leur admission en France et la confirmation de leurs priviléges, qui depuis plus de deux siècles leur a été accordée de règne en règne, ont été justifiées, tant par leur attachement inviolable pour les rois nos prédécesseurs, et pour notre personne sacrée, que par leur application et leurs talents dans le commerce, à la prospérité et à l'étendue duquel ils ont contribué dans notre royaume, par le moyen de leurs relations au dedans et au dehors, et qu'ils ont même étendu par les nouvelles branches qu'ils y ont ajoutées, le tout à l'avantage du public et de nos revenus, sans qu'il soit jamais résulté de leur séjour en France et de leurs usages particuliers aucun inconvénient pour nos autres sujets; et voulant

...blement traiter lesdits exposants, après nous être assuré... la bonne conduite desdits marchands portugais dans les lieux ...ils se sont établis, et les ayant reconnus pour bons, utiles et ...les sujets, nous avons bien voulu, à l'exemple des rois nos prédécesseurs, leur accorder des marques de notre bienveillance et ...notre royale protection; à ces causes, etc.

Confirmons tous et chacuns priviléges, franchises et immunités, qui ont été accordés auxdits marchands portugais par les lettres patentes, en forme de chartes, données en leur faveur ...mois d'août 1550, et par les autres lettres patentes des rois ...prédécesseurs, maintenons lesdits marchands portugais, ...ceux qui sont déjà établis et domiciliés dans notre royaume, ...terres et seigneuries de notre obéissance, que ceux qui ...vendront y venir dans la suite, dans la pleine possession et paisible jouissance desdits priviléges, à la charge de se faire immatriculer par-devant les juges des lieux qu'ils auront choisis pour ...résidence; leur permettons d'y demeurer et vivre suivant ...usages, ainsi qu'à leurs femmes et enfants, commis, facteurs et serviteurs à perpétuité: voulons qu'ils soient traités et regardés ainsi que nos autres sujets nés en notre royaume, et réputés tels, tant en jugement que dehors; faisant très expresses inhibitions et défenses de leur donner aucun trouble ni empêchement.

Si donnons en mandement à nos amés et féaux conseillers, les gens tenant notre cour de parlement à Bordeaux, présidents, trésoriers de France, généraux de nos finances, et à tous autres officiers et justiciers qu'il appartiendra, etc.

N° 484. — ÉDIT *concernant la forme et la publication des monitoires dans le duché de Lorraine.*

Marly, juin 1776. Reg. au parlement de Lorraine. (R. de ce parlement.)

N° 485. — RÈGLEMENT *sur les rangs des officiers et sous-officiers de la compagnie des cent-suisses de la garde* (1).

Marly, 2 juillet 1776. (R. S. C.)

Sa majesté ayant reconnu que la compagnie des cent-suisses de sa garde a toujours été regardée comme militaire, depuis sa création, par son origine et sa composition, par les expressions

---

(1) Licenciés 16 mars 1792; rétablis 15 juillet 1814; 23 janvier et 14 décembre 1815; changement de nom, 21 mai 1817.

des ordonnances et règlements qui la concernent, et des commissions des capitaines-colonels, par le service qu'elle a fait en temps de guerre, par le traitement qui lui a été réglé dans les routes, lorsqu'elle a été commandée pour aller en campagne, et par les grades et décorations militaires que plusieurs de ses officiers ont obtenus en différents temps; elle auroit jugé nécessaire de fixer les grades dont les officiers et bas-officiers de cette compagnie, jouiront dans ses troupes d'infanterie, soit pour la faire participer aux avantages accordés aux différents corps militaires de sa maison, en proportion de leur composition, soit pour leur marquer la satisfaction des services qu'ils rendent auprès de sa personne, et reconnoître la fidélité avec laquelle cette compagnie a servi les rois ses prédécesseurs; en conséquence, elle a ordonné et ordonne ce qui suit:

1. Le capitaine-colonel de la compagnie des cent-suisses de sa garde aura rang de colonel d'infanterie, du jour de sa nomination à sa charge, s'il n'a pas alors ce grade, et la commission lui en sera expédiée de ce jour, pourvu toutefois qu'il ait alors huit ans de service au moins, dont trois comme officier subalterne et cinq comme capitaine.

2. Les lieutenants de cette compagnie auront aussi le rang de colonel d'infanterie, et les commissions leur en seront expédiées des jours qu'ils seront pourvus de leurs charges, à condition qu'ils auront alors au moins dix ans de service en qualité d'officiers dans les troupes, dont sept en qualité de capitaine, ou comme officiers dans la compagnie.

3. Les enseignes auront rang de lieutenant-colonel, du jour qu'ils seront pourvus de leurs charges, et les commissions leur en seront expédiées s'ils ont alors au moins huit ans de service comme officiers dans la compagnie, ou dans les troupes aussi comme officiers, dont cinq en qualité de capitaine; et après quatre années de service dans leurs charges, à compter de la date de leurs commissions de lieutenant-colonel, ils auront rang de colonel.

4. Les aide-major qui, par leurs charges, ont le rang d'exempt dans la compagnie, auront, du jour qu'ils en seront pourvus, le rang attribué à la charge d'exempt, et successivement celui de lieutenant-colonel ou de colonel, dans le cas où sa majesté auroit jugé à propos de leur accorder le rang d'enseigne ou de lieutenant dans la compagnie, après toutefois qu'ils auront acquis l'ancienneté de service réglée par la présente or-

..., pour rendre les officiers de chaque classe susceptibles de ces grades.

5. Les exempts auront le rang de capitaine, s'ils ont auparavant servi trois ans en qualité d'officiers dans les troupes ou dans la compagnie; et après sept ans de service dans leurs charges ou trois dans leurs charges et sept dans les troupes, dont quatre en qualité de capitaine, ils auront le rang de lieutenant-colonel, dont la commission leur sera expédiée quand ils auront rempli ces conditions : l'intention de sa majesté étant que leur avancement soit borné à ce grade, à moins qu'ils ne passent à des charges d'enseigne ou de lieutenant dans ladite compagnie.

6. Les fourriers auront le rang de lieutenant d'infanterie, s'ils ont auparavant servi trois ans dans les troupes ou six dans la compagnie; et quand ils auront servi douze ans dans leurs charges, ils auront le rang de capitaine d'infanterie, dont alors la commission leur sera expédiée, sans qu'ils puissent dans l'état de fourrier prétendre à d'autres grades militaires.

7. Les trois premiers caporaux qui auront servi pendant vingt-quatre ans au moins dans la compagnie auront le rang de lieutenant d'infanterie, et les trois autres auront celui de sous-lieutenant après vingt ans de service aussi dans la compagnie.

8. Il ne sera point expédié aux fourriers et caporaux des ordres de lieutenant et sous-lieutenant, dont ils doivent tenir rang en vertu de la présente ordonnance, eu égard à l'ancienneté de leurs services.

9. N'entend au surplus, sa majesté, que les grades militaires, qu'elle veut bien accorder aux officiers de ladite compagnie, puissent préjudicier aux grades supérieurs dont ils pourroient être pourvus, ni à l'ancienneté que quelques uns d'eux pourroient avoir par des commissions particulières; voulant qu'il continuent de jouir des rangs qui leur ont été précédemment accordés ou qui leur seroient accordés par la suite, et qu'ils puissent dès à présent faire valoir leurs services dans la compagnie, pour être pourvus des grades militaires dont leur état actuel et leur ancienneté peuvent les rendre susceptibles en vertu de la présente ordonnance.

N° 486. — RÈGLEMENT *portant création d'un corps de soldats pionniers.*

Marly, 2 juillet 1776. (R. S.)

Sa majesté jugeant utile au bien de son service d'établir des compagnies de pionniers, qui, étant exercées et soumises à la discipline militaire, puissent être employées pendant la paix à des travaux publics, et servir en temps de guerre à la suite de l'état-major de ses armées, elle a ordonné et ordonne ce qui suit.

1. Il sera successivement formé et établi tel nombre de corps de troupes que sa majesté jugera nécessaire, sous la dénomination de *soldats pionniers*, lesquels seront employés pendant la paix aux travaux publics dans les différentes provinces du royaume, et en temps de guerre à la suite de l'état-major des armées; l'intention de sa majesté étant que lesdits corps soient assujettis à la discipline et police militaire établies par ses ordonnances, et notamment par celle concernant les crimes et délits militaires.

2. Chacun desdits corps sera composé de deux bataillons, et chaque bataillon de sept compagnies.

3. Chaque compagnie sera commandée par un capitaine, un capitaine en second, un lieutenant, un sous-lieutenant; composée de quatre sergents, huit caporaux, un frater, cent quarante-quatre pionniers, dont vingt-quatre ouvriers, et deux tambours, formant un total de cent soixante-trois hommes, y compris les officiers.

4. L'état-major de chacun desdits corps sera composé d'un commandant ayant rang de lieutenant-colonel, d'un major, d'un ingénieur ayant rang de lieutenant, d'un quartier-maître trésorier, d'un adjudant, d'un chirurgien-major, d'un aumônier et d'un prevôt.

5. Les appointements et solde des officiers, bas-officiers et soldats seront payés en paix comme en guerre, etc. (*suit le détail.*)

L'intention de sa majesté est que les appointements et solde réglés ci-dessus soient payés en temps de paix auxdits officiers, bas-officiers et soldats, sur le produit des travaux auxquels ils seront employés; se réservant, sa majesté, de pourvoir audit paiement en temps de guerre, quand elle jugera à propos de les employer dans ses armées.

6. Les sommes provenantes du prix des travaux de chaque compagnie, excédant celles nécessaires à leur solde, formeront une masse générale, dont la moitié sera spécialement affectée à l'entretien du linge et chaussure, de l'habillement, équipement et armement, des outils, des meubles et du logement, et aux frais d'hôpitaux; ladite masse sera administrée par le

..., qui sera tenu d'en rendre compte à l'état-major et au commissaire des guerres chargé de la police desdites compagnies.

L'autre moitié de ladite masse aura la destination expliquée dans l'article ci-après.

7. Il sera fait, en temps de paix seulement, une retenue d'un cinquième des appointements de tous les officiers des compagnies, laquelle sera jointe avec l'autre moitié de la masse générale établie par l'article précédent, pour en former une seconde masse qui sera administrée par l'état-major, et employée au remboursement des frais d'établissement et de formation des compagnies, au renouvellement des effets et aux dépenses des recrues.

8. Sa majesté se réserve de pourvoir en temps de guerre aux dépenses mentionnées dans les deux articles précédents, comme elle le jugera convenable au bien de son service, ainsi qu'aux gratifications dont pourront être susceptibles les officiers et soldats desdits corps lorsqu'ils seront employés à des travaux qui pourront les leur faire mériter.

9. Indépendamment des soldes ci-dessus réglées pour le temps de paix, il sera prélevé sur la portion qui restera libre de la masse générale établie par l'article 6, une somme affectée pour les gratifications des sergents, caporaux et soldats qui en seront les plus susceptibles, proportionnément à leur travail : l'intention de sa majesté étant qu'il soit également pris, sur les fonds libres de ladite masse, une seconde gratification pour chacun des hommes qui en seront susceptibles à l'époque de l'expiration de leurs congés.

10. L'uniforme dudit corps sera de drap bleu, habit croisé sans poches, parements, collet et doublure blanche, boutons plats avec une fleur de lis au milieu, veste et culotte blanches, chapeau bordé de blanc ; il sera fourni en outre un gilet de tricot blanc croisé du bas en haut, une culotte de coutil à la matelotte, et un bonnet pour le travail.

11. L'armement des sergents et caporaux sera composé d'un fusil, d'une baïonnette et d'un sabre.

Les soldats n'auront que le fusil et la baïonnette, mais ils porteront les outils nécessaires à leur travail.

12. L'intention de sa majesté étant, comme il a été dit ci-dessus, que les officiers, bas-officiers et soldats desdites compagnies, soient assujettis à la discipline et police réglées pour ses autres troupes par ses ordonnances, elle veut que lesdites

ordonnances leur soient lues par les commissaires des guerres qui seront chargés du maintien de ladite police, à ce qu'aucun n'en puisse prétendre cause d'ignorance, et que les officiers, bas-officiers et soldats desdites compagnies, ne puissent être payés que sur les revues que lesdits commissaires des guerres en feront tous les deux mois.

N° 487. — Brevet d'abolition pour les sieurs M...

Marly, 6 juillet 1776. Entér. au cons. du Port-au-Prince, juin 1777. (M. S. M.)

Aujourd'hui 6 juillet 1776, le roi étant à Marly, sur la très-humble supplication faite à sa majesté par Jean-Pierre et François M..., habitants des Anses, partie du sud de Saint-Domingue, portant qu'ils auroient été compliqués dans le procès criminel instruit par le conseil supérieur du Port-au-Prince, contre les auteurs des troubles élevés dans la colonie en l'année 1769, occasionés par le rétablissement des milices; que lesdits M.... frères, qui ayant vu trois habitants condamnés à mort par un conseil de guerre, se seroient réfugiés dans les colonies étrangères en ladite année 1769, auroient ensuite été contumacés, déclarés atteints et convaincus d'avoir fomenté et favorisé la sédition, et condamnés à mort par arrêt du conseil supérieur du 18 février 1771; que les charges de la procédure sur laquelle ledit arrêt seroit intervenu n'auroient pu résulter que des dispositions des habitants de la colonie généralement opposés au rétablissement des milices, et que de tels témoins se seroient sans doute attachés dans leurs dépositions à écarter les preuves qu'ils auroient à en craindre en aggravant les fautes commises par lesdits M.... frères, absents et fugitifs; mais que le feu roi auroit, par lettres patentes données de son propre mouvement au mois de mars 1773, imposé silence à ses procureurs généraux et à ses juges, sur toutes les suites de ce qui se seroit passé dans la colonie relativement à cette sédition; que quoique lesdits M..... frères, condamnés seulement par contumace pourroient se regarder comme implicitement compris dans cette disposition des lettres patentes, ils auroient très humblement fait supplier sa majesté, etc.; à quoi ayant égard, préférant miséricorde à la rigueur des lois, et voulant en outre effacer dans ladite colonie jusqu'au souvenir desdits troubles, ainsi que des délits qu'ils ont occasionés, et qui y ont été réparés par le zèle que les habitants de ladite colonie ont montré depuis plusieurs années dans le

des milices, sa majesté a relevé, et relève par le présent brevet signé de sa main, lesdits Jean-Pierre et François M....., de la mort civile qu'ils ont encourue par le laps de plus de cinq années écoulées depuis leur condamnation; et de sa grâce spéciale, pleine puissance et autorité royale sa majesté a aboli, quitté et pardonné, abolit, quitte et pardonne le crime de rébellion commis par lesdits Jean-Pierre et François M....., avec toutes peines, amendes et offenses, corporelles, civiles et criminelles qu'ils peuvent avoir pour raison de ce encourues envers sa majesté et justice; met et restitue lesdits impétrants en leur bonne renommée et en leurs biens, nonobstant toutes confiscations; met au néant tous décrets, défauts, contumaces, jugements et arrêts qui peuvent s'en être ensuivis; impose, sa majesté, par ce silence à son procureur-général, ses substituts présents et à venir et à tous autres; mande et ordonne, sa majesté, à ses officiers du conseil supérieur du Port-au-Prince, que le présent brevet d'abolition et pardon ils aient à entériner aux formes ordinaires, et du contenu en icelui faire jouir et user les impétrants pleinement, paisiblement et perpétuellement, cessant et faisant cesser tous troubles et empêchements contraires, à la charge par eux de se mettre en état et de présenter ledit brevet pour l'entérinement d'icelui dans le délai d'un an, vu l'éloignement des lieux, et à peine de nullité; et, pour témoignage de sa volonté, sa majesté m'a ordonné d'expédier le présent brevet, etc.

N° 488. — CONVENTION (1) *entre la France et le prince évêque de Liége et son église, concernant un échange ultérieur.*

Versailles, 6 juillet 1776. (Kock. 2. 401.)

(*Articles ultérieurs convenus entre S. M. T. C. et S. A. le prince évêque de Liége et son église, et ajoutés au traité du 4 mai 1772, et aux articles postérieurs signés le 9 décembre 1773.*)

Le roi ayant cédé, par l'article premier du traité du 2 mai 1772, au prince évêque et à l'église de Liége la souveraineté sur une partie de terrain située depuis l'embouchure du ruisseau de Bas-Sambre, jusqu'au-dessus du ruisseau de l'Ile-à-Moudrin, à l'effet de pouvoir y établir un bac sur la Meuse, pour passer

___

(1) V. ci-dessus 4 juin 1774.

de l'une à l'autre rive, et cette partie de terrain étant démontré ne pouvoir pas convenir à l'objet auquel elle a été destinée, le prince évêque de Liége, pour remplir ledit objet, a supplié sa majesté de lui céder et à son église la partie du territoire français qui se trouve renfermé entre la Meuse, la limite actuelle du territoire de Liége, et le ruisseau au pont de Jaspe, et située au dessous de ce ruisseau, moyennant l'équivalent offert de sa part dans l'arrondissement de Philippeville, et sa majesté ayant bien voulu donner son consentement à cet échange, à ces causes le roi et le prince évêque de Liége ont nommé; savoir, le roi le sieur Charles Gravier de Vergennes, chevalier, comte de Toulongeon, etc., conseiller du roi en tous ses conseils, commandeur de ses ordres, ministre et secrétaire d'état et des commandements des finances de sa majesté; et le prince évêque de Liége le sieur d'Arget son conseiller intime, et son ministre près sa majesté, lesquels, après s'être dûment communiqué leurs pleins pouvoirs sont convenus des articles suivants.

1. Le roi cède au prince et à l'église de Liége, et leur transporte à perpétuité la souveraineté du terrain qui se trouve entre le ruisseau au pont de Jaspe, la limite actuelle du territoire de Liége, et la Meuse; lequel ruisseau de Jaspe, le premier au dessous de l'Ile-à-Moudrin, fixera désormais dans cette partie la limite entre le royaume de France et l'état de Liége. Les commissaires qui seront nommés par les deux parties contractantes, pour l'exécution du présent échange, feront mesurer ledit terrain pour déterminer le nombre de bonnières de terre qu'il contient; lequel terrain sera incorporé à perpétuité à la principauté de Liége, sous la mouvance du saint empire romain, avec tous les droits de souveraineté quelconque, rien réservé ni excepté, qui ont appartenu ou pu appartenir à titre de souveraineté au royaume et à la couronne de France.

2. En échange et en compensation de la cession ci-dessus, le prince évêque et l'église de Liége cèdent et transportent à perpétuité à sa majesté, au royaume et à la couronne de France, la souveraineté sur pareil espace et quantité de terrain dans l'arrondissement de Philippeville, avec toutes appartenances et dépendances et tous leurs droits quelconques, rien réservé ni excepté, de tout ce qui leur y a appartenu ou pu appartenir à titre de souveraineté, pour être le tout uni et incorporé à perpétuité au royaume et à la couronne de France.

3. Le domaine et la seigneurie foncière desdites parties

cédées réciproquement par les articles ci-dessus n'étant pas compris dans ladite cession, le roi, le prince évêque et l'église de Liége, sont convenus qu'on suivroit, à cet égard, les mêmes règles qui ont été établies dans les conventions précédentes.

4. Au surplus, les stipulations contenues dans les différents articles du traité conclu le 24 mai 1772, et dans ceux arrêtés et signés le 9 décembre 1773, seront censées répétées et insérées au long dans la présente convention et addition pour être appliquées, en tant qu'il appartiendra, et dans le cas y prévus, aux cessions ci-devant énoncées; la présente addition et convention sera ratifiée de part et d'autre, et l'échange des ratifications se fera dans l'espace de quinze jours à compter du jour de la signature, ou plus tôt si faire se peut.

N° 489. — LETTRES PATENTES *portant que les maîtres et marchands étrangers arrivant dans un port, soit en relâche soit pour le commerce, qui sauront la langue française sont dispensés de se servir d'interprète-courtiers.*

Marly, 10 juillet 1776. Reg. en parlement le 17 août. (R. S. C.)

V. Merlin, v° *Court. de mar.* A. d. p., 31 janvier 1777; art. 80 du code de commerce.

Louis, etc. Nous sommes instruits qu'il s'est élevé des contestations entre Pierre Bonnin, interprète-courtier, conducteur de navire, établi en la ville de Saint-Martin de l'île de Ré, et plusieurs marchands-commissionnaires de la même ville; que ledit Bonnin, en vertu de sa commission, a réclamé le droit exclusif d'accompagner les capitaines et marchands étrangers qui ne savent pas la langue française, tant au greffe de l'amirauté, qu'au bureau des fermes, pour les assister et leur servir d'interprète dans leurs déclarations, et lorsqu'ils vont y prendre leurs expéditions; que les marchands de ladite ville de Saint-Martin ont prétendu, au contraire, avoir la faculté de remplir ces fonctions, relativement aux navires qui leur sont adressés, comme l'interprète-courtier-conducteur, et borner celui-ci aux seules fonctions exclusives d'assister les étrangers, et de faire les traductions dans les procès intentés et poursuivis en justice. Que cette contestation ayant été portée successivement devant les officiers de l'amirauté de France, il est intervenu, sur l'appel des marchands de Saint-Martin, le 11 août dernier, un arrêt de notre cour de parlement de Paris, qui a ordonné, avant faire droit, que les parties se retireroient par-devers nous, à l'effet de nous supplier d'interpréter l'ordonnance de la marine de 1681, relativement aux interprètes-courtiers et conducteurs de navires, notamment les articles 7 et 14 du titre 7 au livre 1ᵉʳ, et voulant faire connoître nos intentions à cet égard et mettre les parties dans le cas d'obtenir la justice qu'elles réclament.

A ces causes, etc., expliquant, en tant que de besoin, l'article du titre VII, livre 1ᵉʳ de ladite ordonnance du mois d'août 1681, avons ordonné, et par ces présentes, signées de notre main, ordonnons que les maîtres et marchands qui arriveront dans un port, soit en relâche, soit pour y faire commerce de leurs cargaisons, qui sauront la langue française et qui voudront agir par eux-mêmes, ne seront tenus de se servir des interprètes-courtiers pour faire leurs déclarations dans les greffes et dans les différents bureaux, et tous autres actes publics; avons maintenu et maintenons les interprètes-courtiers-conducteurs de navires, dans le droit exclusif d'assister les capitaines et marchands étrangers qui ne sauront pas la langue française, et de leur servir d'interprètes pour faire lesdites déclarations et autres actes publics. Ordonnons au surplus que l'ordonnance du mois d'août 1681 sera exécutée selon sa forme et teneur.

Si donnons en mandement à nos amés et féaux conseillers les gens tenant notre cour de parlement à Paris, etc.

N° 490. — ORDONNANCE *de police concernant les serruriers, taillandiers, ouvriers travaillant à la forge, revendeurs et crieurs de vieilles ferrailles.*

Paris, 10 juillet 1776. (R. S.)

N° 491. — ARRÊT *de la cour des aides, contenant règlement sur le commerce au Pecq, des cendres, soudes et gravelées, et les formalités requises à ce sujet.*

Paris, 12 juillet 1776. (R. S.)

V. let. pat., 24 juin 1754.

191. — *Arrêt du parlement, qui ordonne l'exécution de l'ordonnance du bureau de la ville du 19 juin 1755, et contient règlement sur la vente des charbons pour l'approvisionnement de Paris.* (1)

Paris, 16 juillet 1776. (R. S.) Mars 2, 3, 4, 5; Dupin, code des bois et charbons 446.

Louis, etc. Savoir faisons, que vu par notre cour de parlement l'ordonnance rendue par les officiers du bureau de la ville le 19 juin 1755, par laquelle il a été prononcé l'exécution des ordonnances et règlements concernant le charbon de bois amené par terre; il a été enjoint en conséquence à tous marchands qui en amèneront en charrette, de les faire voiturer en bannes seulement, et non en sacs, et de les conduire ès lieux indiqués; il leur a été fait défenses d'en vendre et distribuer sur les routes; il leur a été enjoint de représenter leurs lettres de voiture aux officiers municipaux, à peine de cinq cents livres d'amende, et de saisie des charbons, charrettes, chevaux et harnois: la requête présentée par Claude Turlin et autres marchands faisant le commerce de charbon pour la provision de Paris, sur les rivières d'Yonne, de Marne, de Seine, et autres y affluentes, à ce qu'il plût à notredite cour homologuer ladite ordonnance du 19 juin 1755, pour être exécutée selon sa forme et teneur, ainsi que l'ordonnance du mois de décembre 1772, registrée en notredite cour le 20 février 1773, que les suppliants seroient et demeureroient autorisés à poursuivre en leur nom et à leur requête l'exécution de l'arrêt qui interviendroit contre les contrevenants, et que ledit arrêt seroit imprimé, publié et affiché partout où besoin seroit à leurs frais, poursuite et diligence: l'arrêt de notredite cour du 6 février dernier, qui a ordonné que ladite requête seroit communiquée aux prevôt des marchands et échevins de la ville de Paris: autre arrêt rendu sur la requête de notre procureur général, le 15 mars 1776, qui a ordonné que la requête des marchands de charbon par eau fût pareillement communiquée au substitut du procureur général au bureau de la ville: l'avis du prevôt des marchands et échevins de la ville de Paris du 1er mars 1776, pour que l'ordonnance du 19 juin 1755 soit homologuée; l'avis du substitut de notre procureur

---

(1) En vigueur, ord. de police du 2 décembre 1812; V. 28 juin 1778.

général au bureau de la ville du 28 du même mois; la requête présentée à notredite cour par ledit Claude Turlin et consorts, pour qu'il plût à notredite cour, en homologuant la délibération du bureau de la ville, du 1ᵉʳ mars, leur adjuger les conclusions prises par leur première requête, ladite requête signée Levasseur, procureur, ensemble l'ordonnance du bureau de la ville, dont la teneur suit : (*Suit l'ordonnance de* 1755.)

Notredite cour ordonne que l'ordonnance du bureau de la ville dudit jour, 19 juin 1755, sera homologuée pour être exécutée selon sa forme et teneur; enjoint au substitut du procureur général au bureau de la ville, de tenir la main à l'exécution du présent arrêt; permet audit Claude Turlin, et autres marchands de charbon pour la provision de Paris par eau, de faire constater les contraventions par des procès verbaux, qu'ils pourront faire faire à leur requête, pour, sur la dénonciation qui sera par eux faite desdits procès verbaux au substitut du procureur général au bureau de la ville, être fait les poursuites qu'il appartiendra contre les contrevenants; ordonne que l'ordonnance dudit jour, 19 juin 1755, et le présent arrêt seront imprimés, publiés et affichés partout où besoin sera, tant à la requête du substitut du procureur général du roi au bureau de la ville, qu'à la requête, poursuite et diligence dudit Claude Turlin et consorts.

N° 493. — TRAITÉ *portant abolition réciproque du droit d'aubaine, entre le roi et l'électeur de Saxe* (1).

Versailles, 16 juillet 1776. Reg. au parl. de Paris, de Lorr. 18 décembre; Dauph. 7 septembre; en Corse, 7 novembre. (R. S. C. Rec. Lorr., Dauph., Code corse.)

N° 494. — DÉCLARATION *du roi, concernant la composition et le service de la chambre des vacations de la cour des monnoies.*

Versailles, 16 juillet 1776. Reg. cour des monnoies, le 31 juillet 1776. (R. S.)

---

(1) Ratifié par lettres patentes du 20 du même mois; confirmé par le traité de Paris du 30 mai 1814, art. 38, selon Gaschon, Code des aubains, pag. 176.

N° 495. — LETTRES PATENTES *en forme d'édit, qui ordonnent que les deux offices d'avocat du roi en la sénéchaussée et siège présidial de La Flèche demeureront désunis à perpétuité.*

Versailles, le 20 juillet 1776. Reg. parl. le 6 septembre 1776. (R. S.)

N° 496. — ARRÊT *du conseil, qui ordonne une nouvelle répartition, à compter de 1777, de la somme d'un million deux cent mille livres, imposée sur les pays d'élections et les pays conquis pour subvenir à la dépense des convois militaires.*

Versailles, le 23 juillet 1776. (R. S.)

V. 27 août 1775.

Le roi s'étant fait représenter, en son conseil, l'arrêt rendu en icelui le 29 août 1775, par lequel sa majesté auroit ordonné, pour le soulagement de ses peuples, qu'à compter de 1776 il seroit imposé, au marc la livre de la taille, sur les vingt généralités des pays d'élections, une somme d'un million cent quatorze mille quatre cent quatre-vingt-dix-sept livres, et celle de quatre-vingt-cinq mille cent trois livres, sur les départements de Metz, Lorraine, et sur le comté de Bourgogne, au marc la livre de la subvention, pour être, ces deux sommes, formant ensemble celle d'un million deux cent mille livres, employées au paiement de la dépense des convois militaires dans ces provinces : sa majesté a considéré que si, au lieu d'adopter pour la répartition de cette imposition la base qui a été choisie, on la déterminoit, d'après la consommation que les troupes font dans ces provinces, lors de leur passage, la dépense seroit, en quelque sorte, proportionnée avec les fonds qu'y répand la fourniture de l'étape payée en argent, et l'imposition pour les convois militaires deviendroit moins onéreuse aux peuples : en conséquence, sa majesté, sans cesse occupée de tout ce qui peut adoucir leur sort, a jugé nécessaire d'expliquer ses intentions à ce sujet.

A quoi voulant pourvoir, ouï le rapport du sieur de Clugny, le roi en son conseil a ordonné et ordonne : qu'à compter de l'année prochaine 1777, il sera imposé à l'avenir, et jusqu'à ce qu'il en soit autrement ordonné, dans le deuxième brevet des impositions accessoires de la taille des vingt généralités des pays d'élections, un million seize mille cent quarante-six livres, au lieu de la somme d'un million cent quatorze mille quatre cent quatre-vingt-dix sept livres, imposée en la présente année 1776; et qu'il sera de même annuellement imposé sur le département de Metz, sur celui de Lorraine, et sur le comté de Bourgogne, une somme de cent quatre-vingt-trois mille huit cent cinquante-quatre livres, au lieu de celle de quatre-vingt-cinq mille cinq cent trois livres, qui avoit été pareillement imposée la présente année; revenant les deux sommes à celle d'un million deux cent mille livres; laquelle, non compris les taxations ordinaires, qui seront également imposées, conformément à l'arrêt du 29 août 1775, sera répartie de la manière suivante. (*Suit le détail de la répartition.*)

Seront, lesdites sommes ci-dessus fixées pour chacune desdites vingt généralités de pays d'élections, et pour les départements de Metz, Lorraine et Bar, et du comté de Bourgogne, levées, au lieu et place de celles dont la perception avoit été ordonnée par ledit arrêt du 29 août 1775, par les collecteurs et autres préposés au recouvrement des impositions, et par eux remises ès mains des receveurs des impositions, qui en verseront le montant aux receveurs généraux des finances, et ceux-ci au trésorier royal. seront, lesdites sommes, employées sans aucun divertissement, pendant la durée du marché passé aux entrepreneurs généraux des étapes, au paiement de la dépense qu'occasionera le service des convois militaires et transport des équipages des troupes dont ils sont chargés : se réservant, au surplus, sa majesté, dans le cas où des circonstances particulières apporteroient des changements marqués dans les mouvements ordinaires des troupes, de faire connoître ses intentions sur les mesures qu'il pourra être alors convenable de prendre, afin de maintenir la proportion et l'égalité dans cette répartition :

Enjoint, sa majesté, aux sieurs intendants et commissaires départis, etc.

V. édit de mars 1758.

N 497. — *Arrêt du conseil, qui ordonne qu'à compter de 1777, il sera imposé, pendant l'espace de cinq années seulement, et conjointement avec la capitation, le six deniers par livre du principal de cette imposition sur tous les justiciables du ressort du parlement de Paris sujets à la capitation, pour subvenir à la reconstruction et réparation des bâtiments du Palais de Paris incendiés au mois de janvier 1776.*

Versailles, le 26 juillet 1776. (R. S.)

N° 498. — LETTRES PATENTES *en forme d'édit, portant ratification du contrat d'échange entre le roi et le comte d'Artois, de la forge de Ruelle, en Angoumois, contre les domaine et bois de Saint-Dizier, Vassy et Sainte-Ménehould* (1).

Versailles, juillet 1776. (R. S. Bajot.)

N° 499. LETTRES PATENTES *qui ordonnent que les procès criminels seront instruits en première instance aux îles de France et de Bourbon par trois juges, et qui, à défaut de ce nombre, autorisent les juges à se faire assister par cinq notables habitants.*

Versailles, juillet 1776. (Code des îles de France et de Bourbon.)

N° 500. — ARRÊT *du conseil d'état, portant que le tirage de la loterie des enfants trouvés se fera le 8 de chaque mois, et celui de la loterie de la Piété* (2), *le 24 et que si les jours fixés se trouvent être des jours de fêtes ou de dimanches, le tirage sera remis au lendemain, et que si le lendemain se trouve pareillement être fête ou dimanche, le tirage sera effectué la veille desdits jours de fête et de dimanche.*

Versailles, 2 août 1776. (R. S.)

N° 501 — ARRÊT *du conseil d'état qui ordonne que les employés de l'administration de la loterie royale jouiront des privilèges accordés aux commis des fermes par l'ordonnance du mois de juillet 1681.*

Versailles, le 4 août 1776. (R. S.)

N° 502. — LETTRES PATENTES *du roi, portant que le trésorier* (3) *de l'école royale militaire sera rétabli.*

Versailles, le 10 août 1776. Reg. en parlement le 6 septembre 1776. (R. S.)

V. art. 9, décl. 1er février 1776.

---

(1) Les commissaires pour procéder à l'évaluation des biens échangés avoient été nommés par lettres patentes du 28 juillet 1776.
(2) Ces deux loteries avoient été réunies à la loterie royale le 30 juin 1776.
(3) Créé par édit d'août 1760.

N° 503. — LETTRES PATENTES, *qui ordonnent que la déclaration du 1er septembre 1775, concernant les audiences de la seconde et troisième chambre de la cour des aides, continuera d'être exécutée jusqu'aux vacances de l'année 1777.*

Versailles, le 10 août 1776. Reg. du 21 août 1776. (R. S.)

N° 504. — DÉCLARATION *concernant la répartition de la taille dans la généralité de Paris.*

Versailles, 11 août 1776. Reg. au parl. le 23. (R. C. R. S.)

V. décl. 4 juillet 1781; brevet annuel invariable, 13 février 1780; mode de perception, 28 novembre 1788; réclamations, 23 avril 1778.

Louis, etc. Nous avons, par nos lettres patentes du 1er janvier 1775, confirmé les opérations qui avoient été faites pendant les trois années précédentes dans la généralité de Paris, pour parvenir à une meilleure répartition de la taille; mais étant nécessaire de pourvoir pour l'année 1776 et les suivantes, à la suite de ces opérations, nous avons cru devoir y donner la sanction de notre autorité, afin de leur procurer une exécution complète. Nous avons néanmoins jugé à propos d'en borner le terme, et de le fixer à six années, pendant lesquelles nous nous ferons rendre compte avec soin des effets qu'elles auront produit, afin d'en étendre l'exécution à toutes les provinces de notre royaume, s'il y a lieu; ou, au contraire, d'y faire les changements que l'expérience aura fait reconnoître nécessaires. A ces causes, etc., etc.

PREMIÈRE PARTIE. — *De la formation des rôles.*

1. Les dispositions de l'édit du mois d'août 1715 et des déclarations des 13 avril 1761 et 7 février 1768, concernant les commissaires pour la confection des rôles de la taille et impositions accessoires, seront exécutées : en conséquence, l'intendant et commissaire départi dans la généralité de Paris pourra continuer de faire procéder, soit en sa présence, ou en présence de tel commissaire qu'il subdéléguera à cet effet, à la confection des rôles des villes, bourgs et paroisses taillables de ladite généralité, et ce en tel nombre qu'il jugera à propos, à la charge seulement d'en faire déposer chaque année un état au greffe des élections qui contiendra les noms et domiciles desdits commissaires, et les paroisses dont chacun d'eux sera chargé.

2. Il sera procédé dans chaque paroisse, dans les formes prescrites par les déclarations des 1ᵉʳ août 1716 et 9 août 1723, et suivant l'ordre des tableaux ordonnés par lesdites déclarations, à la nomination des collecteurs dès le premier dimanche du mois d'avril de l'année qui précédera celle de l'imposition qu'ils seront chargés de percevoir, afin que les commissaires aient plus de temps pour faire leurs travaux, et puissent parcourir les paroisses dans une saison plus favorable, et où les habitants de la campagne soient le plus rassemblés. Les collecteurs nommés seront admis à se pourvoir contre leurs nominations dans les formes ordinaires; mais les jugements qui y seront relatifs ne pourront être rendus en première instance dans les élections, passé le premier août, et par appel en notre cour des aides, plus tard que le 7 septembre.

3. Lorsque les nominations des collecteurs seront faites, les commissaires, qui auront été nommés par ledit intendant et commissaire départi, se transporteront dans les villes, bourgs et paroisses, pour y dresser des procès verbaux de l'état desdites paroisses, et des déclarations des biens et facultés des contribuables, ou pour y faire le récolement des procès verbaux qui auroient été rédigés précédemment. Et seront tenus, à cet effet, d'annoncer leur transport aux officiers municipaux des villes, et aux syndics des paroisses, au moins huit jours avant leur arrivée, par un mandement qui indiquera le jour, le lieu et l'heure qu'ils auront choisis pour leurs opérations, et qui sera affiché, à la diligence du syndic, à la principale porte de l'église paroissiale.

4. A leur arrivée dans les paroisses, les commissaires feront sonner la cloche : seront tenus, le syndic, les collecteurs de l'année courante et de l'année suivante, de comparoître devant eux, à peine de vingt livres d'amende, laquelle amende sera prononcée par l'intendant, et sera déposée entre les mains du receveur des impositions, pour être distribuée en moins imposée sur la taille de l'année suivante. Seront tenus pareillement tous les autres habitants, de comparoître lorsqu'il s'agira de faire de nouveaux procès verbaux, à peine, par ceux des habitants qui ne paroîtront point, d'être imposés sur la déclaration des autres habitants : et ne pourront les non comparants être admis à se pourvoir contre les impositions qui auront été faites d'après les déclarations des autres habitants, à moins qu'ils ne justifient d'avoir fourni ou fait signifier depuis au commissaire une dé-

claration signée d'eux, laquelle sera communiquée à la paroisse avant le département, pour être par elle avouée ou contredite.

5. Les commissaires prendront la déclaration générale des habitants assemblés, sur la situation de la paroisse, sa population, le nom des seigneurs, sa juridiction, la proportion des mesures, et sur les autres renseignements généraux qui leur seront nécessaires. Ils détermineront, de concert avec les habitants, les différentes classes qui divisent le territoire de la paroisse et les cantons ou portions de cantons qui doivent composer ces classes. Enfin, ils se procureront les renseignements les plus exacts sur tout ce qui pourra conduire à la juste estimation des biens imposables, ou du prix commun des loyers des différentes classes, pour en faire leur rapport au département. Seront tenus, au surplus, lesdits commissaires, de prendre les autres instructions prescrites par l'édit du mois de mars 1600, celui de janvier 1634, et les déclarations des mois d'avril 1761 et 7 février 1768.

6. Après avoir rédigé dans leurs procès verbaux les différents objets dont il vient d'être fait mention, les commissaires procèderont à la réception de la déclaration, soit verbale, soit écrite, de chaque contribuable; ils la rédigeront en présence du déclarant, des collecteurs et des habitants, la feront signer par le déclarant, lorsqu'il saura signer; sinon ils feront mention qu'il ne sait signer, et l'avertiront que sa déclaration doit être exacte et sans fraude, à peine du doublement de cote.

7. Les déclarations de chaque contribuable contiendront, 1° les noms et surnoms du déclarant, et sa profession; 2° le détail des biens propres qu'il exploite sur la paroisse, en distinguant la différente nature des biens, et les différents cantons ou portions du canton où ils seront situés, afin de les comprendre dans les classes qui pourront avoir été faites; et dans le cas où la totalité de ces biens, ou partie d'iceux, seroient chargés de rente, il en sera fait mention, ainsi que des noms et demeures de ceux à qui elles sont dues; 3° les biens qu'il exploite à loyer, avec la même distinction, le prix de la location, et les noms et demeures des propriétaires; 4° ce qu'il exploite dans les paroisses voisines, soit en propre, soit à loyer, avec les distinctions indiquées ci-dessus; 5° la maison dans laquelle habite le taillable, en distinguant si elle lui appartient en propre, ou s'il la tient à rente ou à loyer; et, dans les deux derniers cas, il sera fait mention de la quotité de la rente ou loyer, et des noms et demeures de ceux à qui ces rentes ou loyers sont payés; 6° les revenus actifs soit en

[...]isons, de terres ou rentes de toute nature, et les [noms] et demeures de ceux par qui ces revenus sont payés; 7° le [...] ou l'industrie de chaque taillable, dont le produit im[posa]ble sera établi d'après le gain net, déduction de tous les frais, [sans] qu'en aucun cas les marchands puissent être tenus de représenter leurs livres et écritures de commerce; seront insérés dans [la dé]claration, autant qu'il sera possible, l'âge du déclarant, le [nombre], le sexe et l'âge de ses enfants, son état de santé ou d'in[firmi]té, et les bestiaux qu'il a de toute espèce.

8. Les déclarants auront la faculté d'assurer leurs déclarations [par] pièces justificatives, telles que baux, quittances, contrats, [parta]ges, et surtout par la représentation des reconnoissances [aux] terriers des seigneurs.

9. Chaque déclaration sera lue aux syndic, collecteurs et ha[bit]ants assemblés qui pourront les contredire; et dans le cas où [le dé]clarant n'auroit pas appuyé sa déclaration de pièces justi[fic]atives, la contradiction de la paroisse l'emportera sur l'asser[tion] particulière du déclarant; et si les habitants arguoient les [indic]es de fraude, le commissaire en référera à l'intendant, qui [ordon]nera un arpentage, ou telle autre vérification qu'il jugera [conv]enable, dont les frais seront supportés par ceux des décla[ran]ts ou des habitants dont l'assertion aura été reconnue fausse. [Pour]ra même, le commissaire, lorsque la multitude des fausses [déc]larations le rendra nécessaire, provoquer un arpentage géné[ra]l qui sera ordonné par ledit sieur intendant, et dont les frais [ser]ont répartis sur ceux qui auront fait de fausses déclarations. [N']entendons néanmoins que, sous prétexte desdites vérifica[tio]ns, les intendants puissent connoître des inscriptions de faux [qui] seroient formées contre certaines pièces, soit en faux prin[cip]al, soit en faux incident, lesquelles ils seront tenus de ren[vo]yer par-devant les élections, et par appel en notre cour des [aides].

10. Après la réception et discussion des déclarations, le com[mis]saire terminera son procès verbal, en signera la minute, et [la] fera signer aussi par les syndics, collecteurs et principaux [habit]ants; et seront, tous les procès verbaux dressés par le [com]missaire, clos et terminés au plus tard au 15 juin de [cha]que année.

11. Lorsque les procès verbaux de situation des paroisses et [les] déclarations des contribuables auront été régulièrement et [léga]lement faits, ils ne pourront être renouvelés pendant les-

dites six années; il en sera fait seulement chaque a[nnée par les] commissaires un récolement en présence des syndics et [collec-]teurs, auquel pourront se présenter les habitants qui vo[udront] rectifier ou changer leurs déclarations; lesquelles décla[rations] seront contredites, s'il y a lieu, en la forme ci-dessus pre[scrite.] Seront tenus aussi de se présenter, à la réquisition du co[mmis-]saire, ceux desdits habitants qu'il croira devoir appeler[, pour] vérifier avec eux les augmentations à faire à leurs déclara[tions] dont il auroit eu connoissance particulière, et ce, à pein[e de] supporter ladite augmentation sans pouvoir être admis à [s'en] plaindre, à moins qu'ils ne fournissent ou fassent signifier, [com-]me il est ordonné ci-dessus, au commissaire, une décla[ration] signée, laquelle sera communiquée à la paroisse avant [son dé-]partement.

12. Lorsque les procès verbaux de chaque paroisse a[uront] acquis la perfection et le degré de certitude convenables, o[n] formera des matrices de rôles qui seront déposées entre [les] mains de celui des taillables qui sera choisi par les habitan[ts;] chaque rôle sera formé sur cette matrice, et on ne pourra [s'en] écarter, sous quelque prétexte que ce soit, à moins qu'on [ne] soit autorisé par arrêt, jugement ou commission particu[lière.] Sera tenu, le dépositaire de ladite matrice, de faire note des ch[an-]gements qui pourroient survenir pendant le courant de l'a[nnée] dans les possessions ou l'existence des individus de la paro[isse,] lesquelles seront constatées au passage du commissaire, e[n pré-]sence des syndics, collecteurs et habitants, et il en sera d[ressé] procès verbal pour être annexé à la matrice du rôle.

13. Le dépositaire de la matrice du rôle sera tenu d'en do[nner] communication à chaque contribuable, toutes les fois qu'il [en] sera requis, et même de délivrer en papier non timbré des [ex-]traits ou des copies des déclarations y contenues; il sera [tenu] aussi de fournir au bureau de l'intendant et au greffe de l'é[lec-]tion, copie en forme de ladite matrice, et chaque année p[areil-]lement, copie du procès verbal des changements qui y s[ont] survenus.

14. D'après les procès verbaux des commissaires, et sur l[eur] rapport, le prix du loyer des terres, prés, vignes, bois et a[utres] [esp]èces de revenus, sera fixé au département, et l'état par[ti-]culier en sera affiché dans l'auditoire de chaque élection; [en] co[nsé]quence chaque commissaire apportera au département [les] minutes de ses procès verbaux et les projets des rôles des pa[roisses]

AOUT 1776.

[...] aura été chargé, en y laissant en blanc seulement [la co]tisation de la taille qui doit porter sur les fonds; et pour [les paro]isses dont les rôles n'auront pas été faits en présence des [comm]issaires, les receveurs des impositions auront soin de se [pro]curer et de rapporter au département les rôles de l'année [pré]cédente, et l'extrait certifié par le dépositaire de la matrice [rô]le, des changements survenus dans le courant de l'année [qui] pourroient influer sur la fixation de la taille.

15. Aussitôt après le département, il sera procédé définitivement, soit par les collecteurs seuls, dans les paroisses où il n'auroit point été nommé de commissaires, soit par les collecteurs, en présence des commissaires, dans les autres, à la répartition du montant de la taille portée par la commission.

16. Comme au moyen des principes établis, et des formes prescrites par les présentes, on ne pourra s'écarter des règles de la justice, et que toutes les opérations se réduiront à des calculs relatifs aux déclarations signées par chaque contribuable, et avouées ou discutées par les collecteurs et habitants, les collecteurs ne pourront se dispenser, sous quelque prétexte que ce soit, de signer la minute du rôle; elle sera signée pareillement par le commissaire qui aura soin de la parapher à chaque page.

17. La minute du rôle sera remise ensuite aux collecteurs, sous leur reconnoissance, pour en faire faire les deux expéditions conformes à icelle, l'une pour servir au recouvrement, après qu'elle aura été vérifiée et rendue exécutoire par l'officier de l'élection à ce préposé; et l'autre pour être déposée au greffe de l'élection. Et ne pourront lesdits collecteurs, sous prétexte de faire copier lesdites minutes, les garder plus de huitaine, après lequel délai ils seront tenus de les rapporter au commissaire. Faisons très expresses inhibitions et défenses auxdits collecteurs de faire ni souffrir qu'il soit fait aucun changement auxdites minutes, de quelque nature et sous quelque prétexte que ce soit, à peine d'être poursuivis extraordinairement comme faussaires.

18. Lorsque les deux expéditions des rôles seront faites et signées du commissaire et des collecteurs, elles seront portées par lesdits collecteurs, avec la commission, à l'officier de l'élection préposé pour en faire la vérification et les rendre exécutoires. Voulons que, conformément aux anciens règlements, les officiers chargés de ladite vérification y vaquent sans délai, et ne puissent garder les rôles que trois jours au plus, aux peines portées

par lesdits règlements, qui ne seront regardées comme comminatoires, mais de rigueur.

SECONDE PARTIE. — *Des principes de la répartition.*

1. Chaque cote de taille, dans le rôle, sera divisée en deux parties, celle de la taille réelle et celle de la taille personnelle.

2. La partie de la taille réelle sera composée des objets suivants, dans l'ordre où ils seront rangés dans le présent article; savoir, 1° des terres labourables, prés, vignes, bois et autres biens de cette nature, exploités par les taillables, soit en propre, soit à loyer; 2° des moulins et usines qu'ils font valoir; 3° des dîmes ou champarts, rentes ou droits seigneuriaux qu'ils tiennent à ferme; 4° des maisons ou corps de ferme que les taillables occupent.

3. Le taux d'occupation des maisons sera, dans l'élection de Paris, et dans toutes les villes de la généralité, au sou pour livre du prix de la location ou de l'évaluation comparée avec la location, pour celles qui ne sont pas louées, ou dont le prix ne peut être connu, et de six deniers pour livre seulement dans les campagnes des autres élections.

4. Les moulins et autres usines, les dîmes, champarts et droits seigneuriaux, tenus à ferme, seront imposés au taux de la paroisse sans déduction.

5. Les terres labourables, prés, vignes, bois et autres biens de pareille nature, seront imposés uniformément entre les mains de tous ceux qui en feront l'exploitation, au taux de la paroisse, suivant l'estimation donnée à l'arpent dans la classe où ils se trouveront, et sans avoir égard à la redevance portée par les baux.

6. Le taux de la taille réelle, ou la proportion de l'imposition avec les revenus contribuables, sera fixé au département; il servira de base à l'imposition, et on ne pourra s'en écarter dans la répartition particulière.

7. La partie de la taille personnelle sera composée: savoir, 1° du revenu des moulins et usines, et des maisons en propre données à loyer ou occupées, sur lesquelles on déduira le quart en considération des réparations dont les propriétaires sont chargés; 2° des revenus des terres données à loyer, suivant la redevance, ou de celles exploitées en propre, suivant le prix du loyer des classes dans lesquelles elles se trouveront; 3° des rentes actives

4° du bénéfice de l'industrie, ou du dixième du prix des journées de la profession à laquelle chacun des contribuables adonne.

8. Tous les revenus ou facultés résultants des objets ci-dessus seront imposés au sou pour livre, en telle manière, à l'égard des journées par exemple, que si un artisan ou journalier est censé gagner deux cents journées par an, ces journées ayant été tirées par vingt dans l'évaluation des facultés, comme journalier, il ne sera imposé qu'au prix d'une seule de ces journées.

9. La permission accordée par la déclaration du 17 février 1728 aux contribuables, de se faire imposer dans le lieu de leur domicile, pour les biens qu'ils exploitent dans d'autres paroisses de la même élection, ne pouvant se concilier avec la fixation de l'imposition de chaque paroisse, nous avons révoqué et révoquons par ces présentes, pour la généralité de Paris seulement, ladite déclaration du 17 février 1728. En conséquence, ordonnons que les contribuables aux tailles qui exploiteront dans plusieurs paroisses d'une même élection, seront imposés à la taille dans chacune desdites paroisses, pour les exploitations qu'ils y feront. À l'égard de leur cote personnelle, ils la paieront dans la seule paroisse de leur domicile, et non dans celle où ils feront seulement des exploitations.

10. Voulons que la déclaration du 13 avril 1761, l'édit du mois de juillet 1766, la déclaration du 7 février 1768, et autres règlements sur le fait de nos tailles, continuent d'être exécutés en ce qui n'est pas contraire aux présentes. N'entendant au surplus, par icelles, rien innover sur les privilèges des ecclésiastiques, des nobles, des officiers de nos cours, et de tous les privilégiés, qui continueront d'en jouir conformément aux édits, déclarations et lettres patentes donnés à cet effet, ni donner aucune atteinte aux droits, fonctions et juridiction des élections et de nos cours des aides, qui continueront de les exercer avec l'autorité et dans les formes accoutumées.

Si donnons en mandement à nos amés et féaux conseillers, les gens tenant notre cour des aides à Paris, etc., etc.

N° 505. — Déclaration *qui rétablit l'ancien usage observé pour les réparations des grands chemins.*

Versailles, 11 août 1776. Reg. le 19 au parlement de Paris. (R. C. S. Réc. Toul. Lor. Dauph.)

V. l'édit de février 1776. Merlin, v° *Chemins.*

Louis, etc. La nécessité de réparer, avant l'hiver, les grandes routes de notre royaume nous a engagé à examiner les moyens d'y pourvoir; et nous avons reconnu qu'il était impossible de mettre en usage ceux qui sont ordonnés par notre édit du mois de février dernier; nous avons cru d'ailleurs devoir donner une attention particulière aux représentations de nos cours, sur les inconvénients qui pourroient résulter des dispositions de notre édit, suivant la réserve que nous en avons faite. La résolution que nous avons prise de faire examiner le tout en notre conseil, ne nous permettant pas, avant le temps destiné aux travaux nécessaires pour les réparations et l'entretien des chemins, de pouvoir prendre un parti définitif sur un objet aussi essentiel au bien général de nos sujets, et considérant d'un autre côté combien il importe que ces réparations et entretiens, négligés et presque entièrement suspendus depuis près de deux ans, ne souffrent pas un plus long retardement, nous avons jugé plus convenable de rétablir par provision l'ancien usage observé pour les réparations des grands chemins. Nous y sommes déterminé d'autant plus volontiers, qu'occupé du bonheur de nos peuples, nous nous proposons de porter une attention particulière à leur procurer des soulagements réels sur cette partie essentielle du service public.

A ces causes, etc., nous avons dit, déclaré et ordonné, et par ces présentes, signées de notre main, disons, déclarons et ordonnons, voulons et nous plaît, qu'immédiatement après les récoltes, tous travaux et ouvrages nécessaires pour les réparations et entretiens des grandes routes continuent d'être faits dans les diverses provinces de notre royaume comme avant notre édit du mois de février dernier.

Si donnons en mandement à nos amés et féaux conseillers les gens tenant notre cour de parlement à Paris, etc.

N° 506. — Règlement *sur le service de la marine et de l'armée dans les ville et port de Brest.*

Versailles, 11 août 1776. (R. C. ord. mil.)

AOUT 1776.

N° 507. — LETTRES PATENTES *portant établissement d'un tarif* (1) *sur la branche ancienne du canal de Saint-Quentin.*

Versailles, 11 août 1776. (Archives du royaume.)

N° 508. — LETTRES PATENTES *portant permission aux propriétaires des héritages voisins des lieux où l'on établira de nouveaux moulins de planter tels bois montant qu'ils jugeront à propos, malgré la disposition de la coutume de Bergues Saint-Winock* (2).

Versailles, 13 août 1776. Reg. au parlement de Flandre le 8 novembre 1776. (Merlin, v° *Moulin.*)

N° 509. — ÉDIT *portant rétablissement du bailliage et siége présidial d'Auxerre.*

Versailles, 14 août 1776. Reg. parl. le 25 août 1776. (R. S.)

N° 510. — ARRÊT *de règlement du parlement de Flandre sur la vaine pâture dans le Cambraisis.*

14 août 1776. (Le Pasquier, *Législ. de la vaine pâture*, pag. 23.)

V. édit de septembre 1777, 10 mars 1780.

N° 511. — DÉCLARATION *qui proroge le délai accordé par la déclaration du 11 mars 1776, pour la représentation à la cour des aides, des titres et pièces qui y ont été ci-devant registrés, concernant la noblesse et les priviléges des communautés séculières et régulières.*

Versailles, 15 août 1776. Reg. cour des aides, le 21 août 1776. (R. S.)

V. 27 mars 1777.

N° 512. — ARRÊT *du conseil, qui remet l'exploitation des messageries entre les mains des fermiers généraux, sous l'inspection de l'administration des postes, et fixe le prix des places à 16 sous par lieue* (3).

Versailles, 17 août 1776. (R. S.)

1. L'exploitation de tous les objets réunis au domaine de sa majesté, en vertu des arrêts des 7 août et 11 décembre 1775, car-

(1) Remplacé par ord. du 31 décembre 1817.
(2) « Quiconque a quelques bois montants plantés à 100 verges, près d'un moulin au grain, il est tenu de l'ôter en dedans six semaines après qu'il en a été judiciairement requis, etc., etc. » Coutume de Bergues, art. 21.
(3) V. arrêts du 23 janvier, 16 avril 1777, 20 octobre 1782, 20 décembre 1783.

rosses, diligences, même les voitures de Versailles et coches d'eau, demeureront réunis à la ferme générale des postes.

2. La sous-ferme des messageries exploitera pour son compte tous les objets compris dans la réunion au domaine du roi, prononcée par les arrêts du conseil des 7 août 1775 et suivants, en vertu du bail qui lui en sera passé, pour neuf ans et quatre mois, par la ferme des postes, que sa majesté autorise à cet effet; en renonçant par lesdits anciens sous-fermiers à toutes indemnités résultantes de la cessation de leurs précédents baux.

3. Lesdits fermiers seront tenus de continuer les établissements de diligences en poste, même d'en former de nouveaux dans tous les lieux qui en seront susceptibles; leur permettant à cet effet de se servir de chevaux de poste partout où les maîtres de poste voudront entreprendre ce service, en leur payant les chevaux à raison de vingt-cinq sous par poste chacun, et de six chevaux pendant les six mois d'été, et de huit pendant les six mois d'hiver; les postillons sur le pied de dix sous par poste : au moyen duquel paiement de vingt-cinq sous par cheval, lesdits maîtres de poste ne pourront rien prétendre sur le sixième du prix des places des diligences, qui leur étoit accordé par l'article 7 de l'ordonnance du 12 août 1775.

4. Dans les lieux où les maîtres de poste se refuseroient à ce service, lesdits fermiers pourront y établir des relais de chevaux, après toutefois en avoir pris l'autorisation de l'intendant général des postes, à qui la police de l'administration des messageries et postes est et demeure réservée.

5. Le prix des places dans les voitures conduisant en poste sera fixé, à compter du 1er septembre prochain, à seize sous par personne et par lieue, au lieu de treize sous, prix fixé par les précédents arrêts, attendu l'augmentation ci-devant accordée aux maîtres de poste.

6. Lesdits sous-fermiers seront tenus d'établir sur toutes les routes où il sera jugé nécessaire, même sur celles où il y a des établissements de diligences, des fourgons en faveur des voyageurs qui ne sont pas en état de payer le prix fixé pour les diligences et pour la conduite des prisonniers, ainsi que de voiturer toutes les marchandises qui leur sont confiées, pour être rendues à leur destination, aux prix et suivant les tarifs qui seront fixés et arrêtés par sa majesté.

7. Ne pourront percevoir en attendant, lesdits sous-fermiers, pour les places dans lesdits fourgons et le transport des effets,

que les prix fixés et perçus par la régie établie par les arrêts du août 1775.

8. Lesdits sous-fermiers ne pourront exiger aucune somme pour l'expédition des permis de messageries, dans les lieux et sur les routes où ils n'auront pas formé des établissements de diligences ou d'autres voitures allant à petites journées.

9. Permet, sa majesté, auxdits fermiers de messageries, de faire exploiter à leur profit le courtage, non exclusif, du roulage, dans toute l'étendue du royaume, aux prix qui seront fixés par un tarif arrêté par sa majesté : au moyen desquels prix, ils demeureront responsables, en leur propre et privé nom, de tous les effets qui leur seront confiés, dont ils seront obligés de tenir des registres du lieu de leur destination, et du jour de leur arrivée à ladite destination, desquels registres ils seront tenus de donner connoissance à toute réquisition. Leur permet en outre, sa majesté, de faire voiturer toutes lesdites marchandises par leurs voitures de terre et d'eau, partout où ils auront des voitures à eux propres à les transporter.

10. Seront libres lesdits fermiers de tenir ou de résilier, à leur choix, les baux et sous-baux qui auroient été faits par les administrateurs de la régie des messageries, en dédommageant de gré à gré, ou à dire d'experts ; leur permettant pareillement de faire des sous-baux de toutes les parties dont ils ne pourront pas faire l'exploitation par eux-mêmes.

11. Les sous-fermiers desdites messageries seront obligés de payer les droits de péages, passages, traites-foraines, pontonages, travers, leyde, et autres de même nature, ainsi qu'ils faisoient avant la cessation de leurs baux, et ce, nonobstant l'exemption qui en a été accordée à ladite régie par l'article 4 de l'arrêt du conseil du 7 août 1775.

12. Les priviléges accordés aux directeurs, receveurs, inspecteurs, contrôleurs et autres commis de ladite régie, auront également lieu en faveur desdits sous-fermiers, leurs commis et préposés, dans toute l'étendue du royaume.

13. Ne seront tenus, lesdits sous-fermiers, d'aucun autre prix de bail que du montant de celui qui leur sera passé par la ferme générale des postes ; sa majesté prenant sur son compte le montant du prix de leurs anciens baux envers les concessionnaires desdits carrosses, diligences et coches d'eau, dont elle fera faire le paiement, par quartier, auxdits concessionnaires, par la ferme des postes, en déduction du prix de son bail ; et ce,

jusqu'à la représentation de leurs titres, entre les mains [des] commissaires nommés par l'arrêt du conseil du 7 août 1775, jusqu'à leur liquidation; après laquelle, l'intérêt du montant d'icelle, jusqu'au remboursement, dans les termes qui ser[ont] fixés par sa majesté, sera payé, ainsi que ledit remboursement, par la ferme des postes, aussi en déduction du prix de son b[ail].

14. La régie des messageries, établie au profit de sa majesté par arrêt du conseil du 7 août 1775, demeurera supprimée, [à] compter du 1er septembre prochain; en conséquence, les ad[mi]nistrateurs d'icelle seront tenus de remettre entre les mains [des] sous-fermiers des messageries, et sur leurs récépissés, tous [les] effets appartenants à sa majesté, pour l'exploitation de la[dite] régie; quoi faisant, lesdits administrateurs en demeureront b[ien] et valablement déchargés; et lesdits sous-fermiers seront ten[us] de payer, dans le courant de décembre prochain, au trésor ro[yal] le montant desdits effets, suivant les prix et estimations qui a[u]ront été arrêtés par sa majesté.

15. Seront au surplus exécutés tous les règlements, arrê[ts et] déclarations rendus en faveur des anciennes messageries, mê[me] ceux rendus pendant la durée de ladite régie, en ce qui n'y [est] pas dérogé par le présent arrêt.

N° 513. — ARRÊT *du conseil d'état, qui ordonne que les toil[es] cirées peintes, étrangères, continueront de payer à tou[tes] les entrées du royaume, comme merceries, le droit de dou[ze] livres dix sous par quintal.*

Versailles, 20 août 1776. (R. S.)

N° 514. — RÈGLEMENT *sur la réception et le service des ca[dets] gentilshommes dans les régiments.*

Versailles, 20 août 1776. (R. C. S.)

V. 25 mars 1776.

N° 515. — LETTRES PATENTES *qui autorisent tous les créan[-]ciers domiciliés en la ville de Saint-Dizier, qui ont é[té] compris dans l'incendie du 20 août de l'année derniè[re], à se faire délivrer une seconde grosse des contrats pass[és] à leur profit.*

Versailles, 25 août 1776. Reg. parl. le 16 décembre 1776. (R. S.)

Louis, etc. Nous sommes instruit que l'incendie arrivé le 20 août dernier en notre ville de Saint-Dizier a consumé la plu[s]

...dérable partie des maisons de cette ville; que tous les effets qu'elles renfermoient ont été la proie des flammes, et que les habitants n'ont pu sauver de ce désastre leurs titres les plus précieux: et sur ce qui nous a été représenté que ceux qui ont des créances à exercer se trouveroient exposés à des dépenses considérables, s'il falloit avoir recours aux formalités ordinaires, prescrites par l'article 178 de l'ordonnance de 1539, pour se faire délivrer de nouvelles grosses de contrats passés devant notaires; et que même, conformément à cette ordonnance, ils n'auroient hypothèque qu'à la date de cette nouvelle expédition, ce qui leur feroit perdre l'antériorité d'hypothèque qu'ils doivent avoir du jour de la date de leurs contrats; nous avons cru, dans de pareilles circonstances, qu'il étoit de notre justice et de notre bonté de dispenser ces habitants de la rigueur des règles établies sur cette matière, d'autant plus qu'on ne peut leur imputer aucune négligence.

A ces causes, etc. Nous avons autorisé, et par ces présentes, signées de notre main, autorisons tous créanciers domiciliés en la ville de Saint-Dizier, et qui ont été compris dans l'incendie du 20 août dernier, à se faire délivrer une seconde grosse des contrats passés à leur profit, de leurs auteurs, ou ayant cause, antérieurement au jour de l'incendie, et ce par les notaires et tabellions dépositaires des minutes desdits contrats, en présence des débiteurs, ou eux dûment appelés. Enjoignons auxdits notaires et tabellions de délivrer lesdites secondes grosses à la première requisition, encore qu'il ne soit point ainsi ordonné par justice, à peine de toutes pertes, dépens, dommages et intérêts contre lesdits notaires et tabellions. Voulons que les secondes grosses ainsi délivrées aient le même effet et produisent la même hypothèque que les premières; dérogeant, quant à présent seulement et sans tirer conséquence, à l'ordonnance de 1539, et à toutes choses à ce contraires.

Si donnons en mandement à nos amés et féaux conseillers, les gens tenant notre cour de parlement à Paris, etc.

N° 516. — **Arrêt du conseil d'état, par lequel sa majesté, conformément à l'article 22 de l'édit du mois de février dernier, portant suppression des jurandes, et à l'article 42 de celui du présent mois, portant nouvelle création de six corps et communautés, ordonne qu'il sera procédé dans la ville de Lyon à la vente des effets des corps et communautés de commerce, pour le produit en être employé à l'acquittement de leurs dettes, suivant la liquidation prescrite par l'arrêt du conseil du 20 avril dernier.**

Versailles, 26 août 1776. (R. S.)

N° 517. — **Édit portant modification de l'édit de février 1776, sur la suppression des jurandes.**

Versailles, août 1776. Reg. au parl. le 28 août.

V. 31 janvier, 27 février, 15 mars, 25 avril 1777, 26 janvier, 29 mars 1778, 31 octobre 1782, 4 août 1783, 5 août 1784, 11 juillet 1785.

Louis, etc. Notre amour pour nos sujets nous avoit engagé à supprimer, par notre édit du mois de février dernier, les jurandes et communautés de commerce, arts et métiers. Toujours animé du même sentiment et du désir de procurer le bien de nos peuples, nous avons donné une attention particulière aux différents mémoires qui nous ont été présentés à ce sujet, et notamment aux représentations de notre cour de parlement; et ayant reconnu que l'exécution de quelques unes des dispositions que cette loi contient pouvoient entraîner des inconvénients, nous avons cru devoir nous occuper du soin d'y remédier, ainsi que nous l'avions annoncé. Mais persévérant dans la résolution où nous avons toujours été de détruire les abus qui existoient avant notre édit dans les corps et communautés d'arts et métiers, et qui pouvoient nuire au progrès des arts, nous avons jugé nécessaire, en créant de nouveau six corps de marchands et quelques communautés d'arts et métiers, de conserver libres certains genres de métiers ou de commerces qui ne doivent être assujettis à aucuns règlements particuliers; de réunir les professions qui ont de l'analogie entre elles; et d'établir à l'avenir des règles dans le régime desdits corps et communautés, à la faveur desquelles la discipline intérieure et l'autorité domestique des maîtres sur les ouvriers seront maintenues, sans que le commerce, les talents et l'industrie soient privés des avantages attachés à cette liberté, qui doit exciter l'émulation, sans introduire la fraude et la licence. La concurrence établie pour des objets de commerce, fabrication et façon d'ouvrages, produira une partie de ces heureux effets, et le rétablissement des corps et communautés fera cesser les inconvénients résultants de la confusion des états. Les professions qu'il sera libre à toutes personnes d'exercer indistinctement continueront d'être une ressource ouverte à la partie la plus indigente de nos sujets. Les droits et fais pour parvenir à la réception dans lesdits corps et communautés, réduits à un taux très modéré, et proportionné au genre et à l'utilité du commerce et de l'industrie, ne seront plus un obstacle pour y être admis. Les filles et femmes n'en seront pas exclues. Les professions qui ne sont pas incompatibles pourront être cumulées. Il sera libre aux anciens maîtres de payer des droits peu onéreux, au moyen desquels leurs anciennes prérogatives leur seront rendues. Ceux qui ne voudront pas les acquitter n'en jouiront pas moins du droit d'exercer, comme avant notre édit, leur commerce ou profession. Les particuliers qui ont été inscrits sur les livres de la police, en vertu de notre dit édit, jouiront aussi, moyennant le paiement qu'ils feront chaque année d'une somme modique, du bénéfice de cette loi. La facilité d'entrer dans lesdits corps et communautés, les moyens que notre amour pour nos sujets et des vues de justice nous inspireront, feront cesser l'abus des priviléges. Nous nous chargerons de payer les dettes que lesdits corps et communautés avoient contractées; et, jusqu'à ce qu'elles soient entièrement acquittées, leurs créanciers conserveront leurs droits, priviléges et hypothèques. Nous pourvoirons aussi au paiement des indemnités qui pourroient être dues à cause de la suppression des corps et communautés. Les procès qui existoient avant ladite suppression, demeureront éteints ; et nous prendrons des mesures capables d'arrêter les contestations fréquentes qui étoient si préjudiciables à leurs intérêts et au bien du commerce. En rectifiant ainsi ce que l'expérience a fait connoître de vicieux dans le régime des communautés, en fixant par de nouveaux statuts et règlements un plan d'administration sage et favorable, lequel dégagera des gênes que les anciens statuts avoient apportées à l'exercice du commerce et des professions, et détruisant des usages qui avoient donné naissance à une infinité d'abus, d'excès et de manœuvres dans les jurandes, et contre lesquelles nous avons dû faire un usage légitime de notre autorité, nous conserverons de ces anciens établissements les avantages capables d'opérer le bon ordre et la tranquillité publique. A ces causes, etc.

1. Les marchands et artisans de notre bonne ville de Paris seront classés et réunis, suivant le genre de leur commerce, profession ou métier; à l'effet de quoi nous avons rétabli et rétablissons, en tant que besoin est, créons et érigeons de nouveau six corps de marchands, y compris celui des orfèvres, et quarante-quatre communautés d'arts et métiers. Voulons que lesdits corps et communautés jouissent, exclusivement à tous autres, du droit et faculté d'exercer les commerces, métiers et professions qui leur sont attribués et dénommés en l'état arrêté en notre conseil, lequel demeurera annexé à notre présent édit.

2. En ce qui concerne les autres commerces, métiers et professions, dont la liste sera pareillement annexée à notre présent édit, il sera permis à toutes personnes de les exercer, à la charge seulement d'en faire préalablement leur déclaration devant le sieur lieutenant général de police; ladite déclaration sera inscrite sur un registre à ce destiné; elle contiendra les noms, surnoms, âge et demeure de celui qui se présentera, et le genre de commerce ou travail qu'il se proposera d'exercer. En cas de changement de profession ou de demeure, comme aussi en cas de cessation, lesdits particuliers seront pareillement tenus d'en faire leur déclaration, le tout sans aucun droit ni frais.

3. N'entendons comprendre dans les dispositions des articles précédents, le corps des apothicaires, nous réservant de nous expliquer particulièrement sur ce qui concerne la profession de la pharmacie.

4. Il ne sera rien innové en ce qui concerne la communauté des maîtres barbiers-perruquiers-étuvistes, lesquels continueront de jouir de leurs offices comme par le passé, jusqu'à ce qu'il en soit par nous autrement ordonné; permettons néanmoins aux coiffeuses de femmes d'exercer leur profession, à la charge seulement d'en faire la déclaration ordonnée par l'article.

5. Les marchands des six corps jouiront de la prérogative de parvenir au consulat et à l'échevinage, ainsi qu'en jouissoient ci-devant les six anciens corps de marchands; le tout suivant les conditions portées aux articles subséquents.

6. Ceux qui voudront être admis dans les corps ou communautés créés par l'article premier, seront tenus de payer indistinctement, pour tout droit d'admission ou réception, les sommes fixées par le tarif que nous avons fait arrêter en notre conseil, et qui sera annexé à notre présent édit.

7. Ceux qui avoient été reçus maîtres dans les anciens corps

communautés, et leurs veuves, pourront continuer d'exercer leur commerce ou profession, sans payer aucuns droits; mais ils ne pourront être admis comme maîtres dans les nouveaux corps et communautés, ni faire un nouveau commerce, ni participer aux avantages et priviléges desdits corps et communautés, qu'en payant, et ce dans trois mois pour tout délai, les droits de confirmation, de réunion ou d'admission dans les six corps que nous avons fixés; savoir, le droit de confirmation, au cinquième des droits de réception, celui de réunion d'un commerce ou d'une profession, dans lequel se trouvera compris le droit de confirmation, au quart de ladite fixation, au tiers, lorsqu'il se trouvera plus d'un genre de commerce ou de profession réuni; et enfin celui d'admission dans l'un des six corps, lequel sera indépendant du droit de confirmation et de réunion, au tiers de ladite fixation, le tout conformément au tarif qui sera annexé à notre présent édit.

8. Les marchands et artisans de l'un et de l'autre sexe qui ont été inscrits sur les livres de police, depuis le mois de mars dernier, pourront continuer d'exercer librement leur commerce ou profession, à la charge seulement de payer annuellement à notre profit, et tant qu'ils continueront ledit exercice, un sixième du prix fixé par le tarif pour l'admission dans chacun des corps ou communautés, dont dépendra le commerce ou la profession pour lequel ils se sont fait enregistrer; si mieux ils n'aiment se faire recevoir maîtres aux conditions portées en l'article 6, et de la manière qui sera ordonnée ci-après.

9. Les maîtres et maîtresses des corps et communautés qui désireront cumuler deux ou plusieurs commerces ou professions dépendants de différents corps ou communautés seront tenus de se présenter au lieutenant général de police; et, dans le cas où il jugera que lesdits commerces ou professions ne sont point incompatibles, et que leur réunion ne peut nuire à la police ni à la sûreté publique, il leur sera délivré, sur les conclusions de notre procureur au Châtelet, une permission sur laquelle ils seront reçus et admis dans lesdits corps et communautés, en payant toutefois les droits fixés par le tarif pour l'admission et réception dans chacun desdits corps et communautés.

10. Les filles et femmes seront admises et reçues dans lesdits corps et communautés, en payant pareillement les droits fixés par ledit tarif; sans cependant qu'elles puissent, dans les communautés d'hommes, être admises à aucune assemblée ni exer-

cer aucunes des charges. Les hommes ne pourront pareillement être admis aux assemblées, ni exercer aucunes charges dans les communautés de femmes.

11. Les veuves des maîtres qui seront reçues par la suite pourront continuer plus d'une année, à compter du jour du décès de leurs maris, leurs commerces ou leurs professions, à moins que dans ledit délai elles ne se fassent recevoir maîtresses dans le corps ou la communauté de leurs maris; et dans ce cas elles ne paieront que la moitié des droits fixés par le tarif; ce qui sera pareillement observé pour les hommes qui deviendront veufs d'une maîtresse.

12. Nul ne pourra être admis à la maîtrise avant l'âge de vingt ans pour les hommes, s'il n'est marié, et de dix-huit ans pour les filles, à peine de nullité des réceptions et de perte des droits payés pour icelles; sauf à nous à accorder, dans des cas favorables, telles dispenses que nous jugerons convenables.

13. Les étrangers pourront être admis dans lesdits corps et communautés aux conditions portées aux articles précédents; et, dans ce cas, voulons qu'ils soient affranchis de tout droit d'aubaine pour leur mobilier et leurs immeubles fictifs seulement.

14. Les maîtres et maîtresses qui auront payé les droits, et ceux qui seront reçus par la suite, jouiront dans nos provinces du droit qui étoit attaché aux maîtrises supprimées; ils pourront en conséquence exercer librement dans tout notre royaume leur commerce ou profession, à la charge par eux de se faire enregistrer sans frais, au bureau du corps ou de la communauté de la ville en laquelle ils voudroient faire leur résidence.

15. Il sera fait, dans chaque corps ou communauté, trois tableaux différents. Le premier contiendra les noms, par ordre d'ancienneté, de tous ceux qui auront payé les droits de confirmation, de réunion et d'admission dans les six corps, et les droits de confirmation et de réunion dans les autres communautés. Le second tableau contiendra les noms des anciens maîtres qui n'auront pas acquitté les droits ci-dessus. Et enfin le troisième tableau contiendra les noms de ceux qui ont été enregistrés depuis le mois de mars dernier sur les livres de la police. Ceux ou celles qui seront reçus à l'avenir dans lesdits corps et communautés seront inscrits à la suite du premier tableau; et seront, lesdits tableaux, arrêtés chaque année, sans frais, par le lieutenant général de police.

16. Les anciens maîtres qui, n'ayant point acquitté dans les [ ] mois les droits établis par l'article 7, seront compris dans [ ] tableau, ne seront admis à aucune assemblée; ils ne [parti]ciperont point à l'administration ni à aucune des préroga[tives des] corps et communautés; ils seront tenus de se renfermer [dans] les bornes du commerce ou de la profession qu'ils avoient [droit] d'exercer avant la suppression des maîtrises, et ce néan[moins] sous l'inspection des gardes, syndics et adjoints des corps [et com]munautés auxquels ils seront agrégés pour l'exercice de [ce] commerce ou profession seulement, ainsi que pour le paie[men]t des impositions.

17. A l'égard des particuliers qui se trouveront inscrits sur les [regis]tres de la police, ils seront pareillement tenus de se renfer[mer] dans l'exercice du commerce ou de la profession pour les[quels] ils ont été inscrits, sans pouvoir participer ni aux préroga[tives] ni à l'administration des corps et communautés auxquels ils [ne] seront pareillement qu'agrégés; et, faute par eux de payer [les] droits portés en l'article 8, ils seront de plein droit déchus [de] l'exercice de tout commerce et profession dépendants desdits [corps] et communautés, rayés du tableau, et réputés ouvriers sans [qua]lité.

18. Lesdits corps et communautés seront représentés par des [dé]putés au nombre de vingt-quatre pour les corps et commu[naut]és qui seront composés de moins de trois cents maîtres, et [de] trente-six pour ceux qui seront composés d'un plus grand [no]mbre. Lesdits députés seront présidés par des gardes ou syndics [ou] leurs adjoints, et pourront seuls s'assembler et délibérer sur [les] affaires qui intéresseront les droits des corps et communautés. [Les] délibérations qui seront prises dans lesdites assemblées, [ob]ligeront tout le corps ou la communauté, et ne pourront [néan]moins être exécutées qu'après avoir été homologuées ou [au]torisées par le lieutenant général de police.

19. Lesdits députés seront choisis dans des assemblées qui [ser]ont indiquées à cet effet tous les ans par le lieutenant général [de] police; elles se tiendront dans le lieu qui sera par lui désigné. [Vou]lons qu'elles ne soient composées que de la classe des mem[bres] qui seront imposés à la plus forte taxe d'industrie, au [nom]bre de deux cents pour les corps et communautés qui seront [com]posés de moins de six cents maîtres; et de quatre cents maî[tres] pour ceux qui seront composés d'un plus grand nombre: [vou]lons pareillement que les députés ne puissent être choisis

que dans ladite classe et nommés par la voix du scrutin, [pouvoir] être continués.

20. Et afin que les assemblées dans lesquelles il sera pro[cédé] au choix et à la nomination des députés ne soient ni trop [nom]breuses, ni tumultueuses, voulons que, dans les corps et c[om]munautés dont les assemblées seront composées de plus de [cent] maîtres, lesdites assemblées soient faites divisément et par [cen]taine, et qu'il soit formé à cet effet, par le lieutenant g[énéral] de police, une division de notre bonne ville de Paris et de[s] faubourgs en quatre quartiers; et les maîtres domiciliés [dans] chacun de ces quartiers, ou dans deux quartiers réunis, [choisi]ront et nommeront séparément, et en des jours différents, [les] députés de chaque division.

21. Il y aura dans chacun des six corps, trois gardes et t[rois] adjoints; et dans chaque communauté, deux syndics et d[eux] adjoints, lesquels auront la régie et administration des affai[res] et la manutention des revenus desdits corps et communautés, [et] seront chargés de veiller à la discipline des membres et à l'[exé]cution des règlements; ils exerceront conjointement leurs f[onc]tions pendant deux années consécutives, la première en qu[alité] d'adjoints, et la seconde en qualité de gardes ou syndics. Le[s] gardes et syndics seront nommés, pour la première fois se[ule]ment, par le lieutenant général de police, et leur exercice [ne] durera qu'une année, après laquelle ils seront remplacés par [les] adjoints, qui seront pareillement nommés, pour cette fois s[eu]lement, par le sieur lieutenant général de police.

22. Dans les trois jours qui suivront la nomination des dépu[tés,] ils seront tenus de s'assembler; savoir, ceux des six corps, [au] bureau de leur corps, et ceux des communautés, en l'hôte[l de] notre procureur au Châtelet, pour y procéder, par la voie [du] scrutin, et en sa présence, à l'élection des adjoints qui rempla[ce]ront ceux qui, ayant géré en ladite qualité en l'année précéde[nte,] passeront, en leur seconde année, aux places de gardes ou s[yn]dics; lesquels adjoints ne pourront être choisis que parmi l[es] membres qui auront été députés dans les années précédentes.

23. Les gardes, syndics et adjoints ne pourront procéder [à] l'admission d'un maître ou d'une maîtresse qu'après qu'il a[ura] prêté le serment accoutumé devant notre procureur au Châtel[et,] à l'effet de quoi deux desdits gardes, syndics ou adjoints, se[ront] tenus de se rendre, avec l'aspirant, en son hôtel; et il [sera] fait mention de ladite prestation de serment dans l'acte d[e]

[...]strement de la réception sur le livre de la communauté.

24. Les gardes, syndics et adjoints procéderont seuls à l'admission des maîtres et à l'enregistrement de leur réception sur [le] livre de la communauté; et les honoraires qui leur seront attribués pour les réceptions seront partagés également entre eux; [leur] défendons d'exiger ou de recevoir des récipiendaires, sous [quel]que prétexte que ce puisse être, aucune autre somme que [cel]les qui leur seront attribuées, ainsi qu'à la communauté, [mê]me d'exiger ou recevoir desdits récipiendaires, à titre d'honor[ai]re ou de droit de présence, aucun repas, jetons ou autres [pré]sents, sous peine d'être procédé contre eux extraordinairement [com]me concussionnaires, sauf aux récipiendaires à acquitter par [eux-]mêmes le coût de leurs lettres de maîtrise et de droit de l'hôp[i]tal, duquel droit ils seront tenus de représenter la quittance [av]ant d'être admis à la maîtrise.

25. Les droits dus aux officiers de notre Châtelet, pour l'élec[tio]n des adjoints et la réception des maîtres et maîtresses, sont [et] demeureront fixés; savoir, à notre procureur au Châtelet, [pour] l'élection des trois adjoints dans chacun des corps, y com[p]ris son transport à leur bureau, à la somme de quarante-huit [liv]res; pour l'élection des deux adjoints dans les communautés, [à] celle de vingt-quatre livres; et pour chaque réception de maître [ou] maîtresse, à la somme de vingt-quatre livres, lorsque les droits [de] réception excéderont celle de quatre cents livres, et à douze livres [lors]que lesdits droits seront de quatre cents livres et au-dessous: [au]x substituts de notre procureur au Châtelet à quatre livres [pour] chaque élection des adjoints, et quatre livres pour chaque [ré]ception; et au greffier, pour chacune desdites élection et récep[ti]on, cinq livres, en ce non compris les droits de scel et signature.

26. Le quart des droits de réception à la maîtrise dans lesdits [co]rps et communautés sera perçu par les gardes, syndics et [ad]joints, et sera employé à la déduction du cinquième dudit [qu]art, que nous leur attribuons pour leurs honoraires, aux dé[pen]ses communes du corps ou de la communauté. Dans le cas [où] le produit dudit quart ne se trouveroit pas suffisant pour [su]bvenir à ladite dépense, l'excédant sera imposé sur tous les [m]embres du corps ou de la communauté, par un rôle de répar[ti]tion qui sera au marc la livre de l'industrie, et déclaré exécu[to]ire par le lieutenant général de police.

27. Les trois autres quarts seront perçus à notre profit, et [se]ront employés, avec le produit de la vente qui a été ou sera

faite du mobilier et des immeubles des anciens corps et communautés, à l'extinction et à l'acquittement des dettes et rentes que lesdits corps et communautés pouvoient avoir contractées, tant envers nous qu'envers des particuliers, ainsi qu'au paiement des indemnités qui pourroient être dues, à quelque titre que ce soit, à cause de la suppression desdits corps et communautés, et enfin à l'acquittement des pensions à titre d'aumône que quelques uns des anciens corps et communautés étoient autorisés à faire à leurs pauvres maîtres et à leurs veuves.

28. Les gardes, syndics ou adjoints ne pourront former aucune demande en justice, autre que celle en validité des saisies faites de l'autorité du lieutenant général de police, appeler d'une sentence, ni intervenir en aucune cause, soit principale, soit d'appel, qu'après y avoir été spécialement autorisés par une délibération des députés du corps ou de la communauté, et ce, sous peine de répondre en leur propre et privé nom de l'événement des contestations, si mieux ils n'aiment cependant poursuivre lesdites affaires pour leur compte personnel, et ce à leurs risques, périls et fortune.

29. Les gardes, syndics et adjoints ne pourront faire aucun accommodement sur des saisies qui seront causées par des contraventions à leurs statuts et règlements, qu'après y avoir été autorisés par le sieur lieutenant général de police, et aux conditions par lui réglées, sous peine de destitution de leurs charges et de trois cents livres d'amende, dont moitié à notre profit et l'autre moitié à celui de la communauté; et, lorsque le fond des droits du corps ou de la communauté sera contesté, ils ne pourront transiger qu'après une délibération des députés du corps ou de la communauté, revêtue de l'autorisation du lieutenant général de police, sous peine de nullité de la transaction, et de pareille amende.

30. Ils ne pourront faire aucunes dépenses extraordinaires, autres que celles qui seront fixées par la suite par des règlements particuliers, ni obliger le corps ou la communauté, pour quelque cause ou en quelque manière que ce puisse être, qu'après y avoir été autorisés par une délibération dûment homologuée, ou une ordonnance spéciale du lieutenant général de police, et ce, sous peine de radiation desdites dépenses dans leurs comptes, et d'être tenus personnellement des obligations qu'ils auroient contractées pour le corps ou la communauté. Défendons aussi auxdits corps et communautés de faire aucuns emprunts, s'ils n'y sont auto-

...par des édits, déclarations ou lettres patentes dûment enregistrés.

31. Les gardes, syndics et adjoints seront tenus, deux mois après la fin de chaque année de leur exercice, de rendre compte de leur gestion et administration aux adjoints qui auront été élus pour leur succéder, et aux députés du corps ou de la communauté qui auront élu lesdits nouveaux adjoints ; lequel compte sera par eux examiné, contredit, si le cas y échet, et arrêté, et le reliquat sera remis provisoirement aux gardes, syndics et adjoints lors en charge, nous réservant de prescrire la forme en laquelle il sera procédé à la révision des comptes desdits corps et communautés. Défendons au surplus très expressément d'y porter aucune dépense pour présents à titre d'étrennes, ou sous quelque prétexte que ce puisse être, sous peine de radiation desdites dépenses, dont lesdits gardes, syndics et adjoints demeureront responsables en leur propre et privé nom.

32. Toutes les contestations à naître concernant les corps des marchands et communautés d'arts et métiers, et la police générale et particulière desdits corps et communautés continueront d'être portées en première instance aux audiences de police de notre Châtelet en la manière accoutumée, sauf l'appel en notre parlement.

33. Les ordonnances et règlements concernant le colportage, seront exécutés ; en conséquence, faisons défenses aux maîtres et maîtresses des corps et communautés, à ceux qui leur seront agrégés, et à tous gens sans qualité, de colporter, crier et étaler aucunes marchandises dans les rues, places et marchés publics, et de les porter de maison en maison pour les y annoncer, sous peine de saisie et de confiscation desdites marchandises, et d'amende. N'entendons comprendre dans lesdites défenses les marchandises de fruiterie, les légumes, herbages et autres menues denrées et marchandises dont l'étalage et le colportage dans les rues ont été de tout temps permis, ainsi que celles dont le débit tient aux professions libres, et qui sont comprises dans la liste annexée à notre présent édit.

34. Voulons néanmoins que les pauvres maîtres et veuves de maîtres qui ne seront point en état d'avoir une boutique, puissent, après avoir obtenu les permissions requises et ordinaires, tenir une échoppe ou étalage couvert et en lieu fixe, dans les rues, places et marchés, pourvu qu'ils n'embarrassent point la voie publique, à la charge par eux d'en faire leur déclaration au bureau

de leur corps ou communauté, même de renouveler ladite déclaration à chaque changement de place, et d'avoir, dans l'endroit le plus apparent de leur échoppe ou étalage, un tableau sur lequel seront imprimés en gros caractères leurs noms et qualités; et dans ce cas, lesdits maîtres ou veuves de maîtres seront tenus de faire personnellement par eux-mêmes, leurs femmes et enfants, leur commerce, sans pouvoir se faire représenter par aucun autre préposé auxdites échoppes ou étalages, sous les peines portées en l'article précédent. N'entendons comprendre dans les marchandises qui pourront être ainsi étalées, celles de matières d'or et d'argent, ainsi que les armes offensives et défensives, dont nous défendons l'étalage et le colportage.

35. Les maîtres et agrégés ne pourront louer leur maîtrise, ni prêter leur nom directement ou indirectement à d'autres maîtres, et particulièrement à des gens sans qualité, sous peine d'être destitués de leurs maîtrises, et privés du droit qu'ils avoient d'exercer leur commerce ou profession, même d'être condamnés à des dommages et intérêts, et à une amende envers le corps et la communauté.

36. Défendons à toutes personnes sans qualité d'entreprendre sur les droits et professions desdits corps et communautés, à peine de confiscation des marchandises, outils et ustensiles trouvés en contravention, d'amende et de dommages et intérêts, le tout applicable, savoir, les trois quarts aux corps et communautés, et l'autre quart aux gardes, syndics et adjoints qui auront fait la saisie. Permettons néanmoins à tout particulier de faire le commerce en gros, lequel demeurera libre, comme par le passé. Voulons pareillement que tous les habitants de notre bonne ville de Paris puissent tirer directement des provinces, et en acquittant les droits qui peuvent être dus, les denrées et marchandises qui leur seront nécessaires pour leur usage et leur consommation seulement.

37. Tous les maîtres et agrégés dans chaque corps ou communauté pourront s'établir et ouvrir boutique partout où ils jugeront à propos, sans avoir égard à la distance des boutiques ou ateliers; à l'exception cependant des garçons ou compagnons, lesquels, en s'établissant, seront tenus de se conformer, à l'égard des maîtres chez lesquels ils auront servi et travaillé, aux usages admis dans chaque corps et communauté, et aux règlements qui seront faits à ce sujet.

38. Les maîtres ne pourront, s'ils n'y sont expressément autorisés

par leurs statuts, donner aucun ouvrage à faire en ville, ni employer aucun apprenti, compagnon ou ouvrier, hors de leurs boutiques, magasins ou ateliers, et ce, sous quelque prétexte que ce puisse être, si ce n'est pour poser et finir les ouvrages qui leur auront été commandés dans les lieux pour lesquels ils seront destinés, sous peine de confiscation desdits ouvrages ou marchandises, et d'amende : leur défendons pareillement, et sous la même peine, de tenir et d'avoir plus d'une boutique ou atelier, à moins qu'ils n'aient obtenu la permission de cumuler deux professions dans plusieurs corps ou communautés.

39. Il sera procédé à de nouveaux statuts et règlements pour chacun des six corps et des quarante-quatre communautés créés par le présent édit, par lesquels il sera pourvu sur la forme et la durée des apprentissages qui seront jugés nécessaires pour exercer quelques unes desdites professions, sur les visites que les gardes, syndics et adjoints seront tenus de faire chez les maîtres, pour y constater les défectuosités ou mal façons des ouvrages et marchandises, faire la vérification des poids et mesures, et sur tout ce qui pourra intéresser lesdits corps et communautés, et qui n'aura pas été prévu par les dispositions de notre présent édit; à l'effet de quoi, les gardes, syndics, adjoints et députés remettront dans l'espace de deux mois, au lieutenant général de police, les articles des statuts et règlements qu'ils estimeront devoir proposer, pour, sur l'avis dudit lieutenant général de police, et de notre procureur au Châtelet, être lesdits statuts et règlements, revêtus, s'il y a lieu, de nos lettres, qui seront adressées à notre cour de parlement en la forme ordinaire.

40. Les règlements concernant la police des compagnons d'arts et métiers et notamment les lettres patentes du 2 janvier 1749, seront exécutés; en conséquence, défendons auxdits compagnons de quitter leurs maîtres sans les avoir avertis dans le temps fixé par lesdits règlements, et sans avoir obtenu d'eux un certificat de congé, dans lequel les maîtres rendront compte de la conduite et du travail desdits compagnons ; défendons aux maîtres de refuser lesdits certificats, après le temps de l'avertissement expiré, sous quelque prétexte que ce puisse être; voulons qu'à leur refus, les gardes, syndics ou adjoints, ou au refus de ceux-ci, le lieutenant général de police, puissent, après avoir entendu le maître, délivrer au compagnon une permission d'entrer chez un autre maître; défendons pareillement à tous les maîtres de recevoir aucun compagnon qu'il ne leur ait représenté le certificat de congé ci-dessus

prescrit, ou la permission qui en tiendra lieu, et sous telle p[eine] qu'il appartiendra contre les maîtres, garçons ou compag[nons].

41. Tous ceux qui se prétendront créanciers des anciens c[orps] et communautés seront tenus de remettre, si fait n'a été, d[ans] deux mois pour tout délai, à compter du jour de l'enregistre[ment] et publication de notre présent édit, au lieutenant général de p[o-] lice de la ville de Paris, les titres de leurs créances, ense[mble] toutes les pièces justificatives de leur propriété, ou copies d'ic[elles] dûment collationnées par-devant notaire, pour être procédé [par] ledit lieutenant général de police à la liquidation desdites cré[an-] ces, et pourvu, sur ses ordonnances, au paiement des arr[érages] de rentes, ainsi qu'au remboursement des capitaux.

42. Il sera procédé à la vente des immeubles réels et fictifs [qui] appartenoient auxdits corps et communautés par-devant ledit lie[u-] tenant général de police, à la requête, poursuite et diligence [de] notre procureur au Châtelet, et ce, en la forme prescrite p[our] l'aliénation des biens des gens de mainmorte, pour, les deni[ers] en provenant, être employés à l'acquittement des dettes des[dits] corps et communautés, et aux indemnités auxquelles nous n[ous] réservons de pourvoir. Exceptons néanmoins de ladite vente [les] immeubles appartenants au corps des orfèvres qui n'ont point é[té] supprimés, ainsi que les maisons que nous jugerons nécessair[es à] aucuns des autres corps, pour y tenir leurs bureaux. Voulons q[ue] ce qui restera du prix desdites ventes, ainsi que les trois qu[arts] des droits de réception à la maîtrise, lesquels seront perçus à no[tre] profit, demeurent spécialement affectés au paiement des princ[i-] paux, arrérages de rentes et accessoires, jusqu'à l'extin[ction] d'iceux.

43. Faisons défenses auxdits corps et communautés, comp[a-] gnons, apprentis et ouvriers, d'établir ou renouveler les conf[ré-] ries et associations que nous avons ci-devant éteintes et suppr[i-] mées, ou d'en établir de nouvelles, sous quelque prétexte que [ce] soit; sauf à être pourvu par le sieur archevêque de Paris, en [la] forme ordinaire, à l'acquit des fondations, et à l'emploi des bie[ns] qui y étoient affectés.

44. Tous les procès qui existoient entre les corps et comm[u-] nautés de notre bonne ville de Paris, au jour de leur suppressi[on,] ou pour saisies faites à leur requête, demeureront éteints et asso[u-] pis à compter dudit jour; sauf à être pourvu, si fait n'a été, p[ar] le lieutenant général de police, à la restitution des effets saisis [et] au paiement des frais faits jusques audit jour.

45. Supprimons les lettres domaniales qui étoient ci-devant accordées en notre nom, et moyennant une redevance à notre profit, pour la vente en regrat de la marchandise de fruiterie, de bière, de l'eau-de-vie, et autres menues marchandises; nous réservant de pourvoir à cet égard à l'indemnité de qui il appartiendra. Voulons que lesdites marchandises en regrat soient vendues librement, à l'exception néanmoins de la bière, du cidre et de l'eau-de-vie, dont la vente en boutique appartiendra, savoir, celle de la bière, aux limonadiers et vinaigriers en concurrence avec les brasseurs, et le cidre et l'eau-de-vie auxdits limonadiers et vinaigriers exclusivement; notre intention étant que le débit de l'eau-de-vie à petite mesure puisse se faire sur la permission du sieur lieutenant général de police, délivrée sans frais, dans les rues et sur des tables hors desdites boutiques, et dans des échoppes.

46. Tous ceux qui étoient en possession d'accorder des priviléges d'arts et métiers seront tenus de remettre, dans un mois pour tout délai, entre les mains du contrôleur général de nos finances, leurs titres et mémoires, pour être par nous pourvu, soit à la conservation de leur droit, soit à leur indemnité; et, jusqu'à ce, voulons qu'ils ne puissent concéder aucun nouveau privilége.

47. A compter du jour de la publication de notre présent édit, nul ne pourra se faire inscrire sur les registres de la police pour avoir le droit d'exercer un commerce ou une profession dépendants desdits corps et communautés: exceptons néanmoins les habitants du faubourg Saint-Antoine et des autres lieux jouissants de priviléges; et pour leur donner une nouvelle marque de notre protection, leur accordons un délai de trois mois, à compter dudit jour, pour se faire inscrire sur lesdits registres; au moyen de quoi, et en se conformant aux dispositions de l'article 8, ils jouiront du droit d'exercer leur commerce et profession, tant dans ledit faubourg Saint-Antoine et autres lieux prétendus privilégiés, que dans l'intérieur de notre bonne ville de Paris; passé lequel délai de trois mois, ceux desdits habitants qui ne se seront pas fait inscrire ne seront plus admis à ladite inscription, et ils ne pourront exercer aucun commerce ni profession dépendants desdits corps et communautés, à peine de saisie, amende et confiscation, à moins qu'ils ne se fassent recevoir à la maîtrise.

48. Maintenons et confirmons, en tant que de besoin, les seigneurs, tant ecclésiastiques que laïques, propriétaires de hautes justices, dans notre bonne ville, faubourgs et banlieue de Paris,

en tous les droits qui y sont inhérents. Voulons néanmoins que pour le bien et la sûreté du commerce, et le maintien de la police générale, les marchands et artisans qui sont établis ou qui voudroient s'établir dans l'étendue desdites justices, territoires, enclos de leurs maisons et autres lieux en dépendants, soient tenus de se faire inscrire sur les registres de la police, dans le même délai de trois mois, ou de se faire recevoir à la maîtrise, et ce, aux conditions, et sous les peines portées aux articles précédents, sauf à être par nous pourvu, s'il y a lieu, envers lesdits seigneurs, à telle indemnité qu'il appartiendra.

49. Avons pareillement maintenu et confirmé, maintenons et confirmons l'hôpital de la Trinité et celui des Cent-Filles dans les droits et priviléges dont ils jouissoient avant la suppression des maîtrises dans les corps et communautés d'arts et métiers. Voulons en outre qu'il soit payé à l'avenir audit hôpital de la Trinité la moitié du droit dû à l'hôpital général par chaque récipiendaire, lequel sera aussi tenu d'en représenter la quittance avant de pouvoir être admis à la maîtrise.

50. Nous nous réservons, au surplus, d'étendre, s'il y a lieu, les dispositions de notre présent édit aux corps et communautés d'arts et métiers des différentes villes de notre royaume, ou d'y pourvoir par des règlements particuliers, sur le compte que nous nous serons fait rendre de l'état et situation desdits corps et communautés.

V. édit, février 1776 et janvier 1777.

51. Avons dérogé et dérogeons, par le présent édit, à tous édits, déclarations, lettres patentes, arrêts et règlements contraires à icelui.

Si donnons en mandement à nos amés et féaux conseillers, les gens tenant notre cour de parlement à Paris, etc.

Six corps.

1. Drapiers-merciers. 2. Épiciers. 3. Bonnetiers, pelletiers, chapeliers. 4. Orfèvres, batteurs d'or, tireurs d'or. 5. Fabricants d'étoffes et de gazes, tissutiers, rubaniers. 6. Marchands de vins.

44. *Communautés. — Dénominations.*

1. Amidonniers. 2. Arquebusiers, fourbisseurs, couteliers. 3. Bouchers. 4. Boulangers. 5. Brasseurs. 6. Brodeurs, passementiers, boutonniers. 7. Cartiers. 8. Charcutiers. 9. Chandeliers. 10. Charpentiers. 11. Charrons. 12. Chaudronniers, balanciers, potiers d'étain. 13. Coffretiers, gainiers. 14. Cordonniers. 15. Cou-

...ières, découpeuses. 16. Couvreurs, plombiers, carreleurs, pa... 17. Écrivains. 18. Faiseuses et marchandes de modes, plu... 19. Faïenciers, vitriers, potiers de terre. 20. Ferrailleurs, ...; épingliers. 21. Fondeurs, doreurs, graveurs sur mé... 22. Fruitiers orangers, grainiers. 23. Gantiers, boursiers, ...inturiers. 24. Horlogers. 25. Imprimeurs en taille-douce. 26. Lapidaires. 27. Limonadiers, vinaigriers. 28. Lingères. 29. Maçons. 30. Maîtres en fait d'armes. 31. Maréchaux-ferrants, épe...onniers. 32. Menuisiers-ébénistes, tourneurs, layetiers. 33. Pau...iers. 34. Peintres, sculpteurs. 35. Relieurs, papetiers-colleurs ...eu meubles. 36. Selliers, bourreliers, 37. Serruriers, taillan...iers ferblantiers, maréchaux grossiers. 38. Tabletiers, luthiers, éventaillistes. 39. Tanneurs, hongroyeurs, corroyeurs, peaus...iers, mégissiers, parcheminiers. 40. Tailleurs, fripiers d'habits et de vêtements, en boutique ou échoppe. 41. Tapissiers, fripiers en meubles et ustensiles, miroitiers. 42. Teinturiers en soie, etc., du grand teint, du petit teint. Tondeurs, foulons. 43. Tonneliers, Boisseliers. 44. Traiteurs, rôtisseurs, pâtissiers.

Professions rendues libres.

Bouquetières. Brossiers. Boyaudiers. Cardeurs de laine et coton. Coiffeuses de femmes. Cordiers. Fripiers-brocanteurs, achetant et vendant dans les rues, halles et marchés, et non en place fixe. Faiseurs de fouets. Jardiniers. Linières filassières. Maîtres de danse. Nattiers. Oiseleurs. Pain-d'épiciers. Patenôtriers-bouchonniers. Pêcheurs à verge. Pêcheurs à engin. Savetiers. Tisserands. Vanniers. Vidangeurs. Sans préjudice aux professions qui ont été jusqu'à présent libres, et qui continueront à être exercées librement.

N° 518. — Édit *du roi, portant rétablissement du second office d'avocat du roi en la sénéchaussée et siége présidial de Gueret.*

Versailles, août 1776. Reg. au parlement le 27 août 1776. (R. S.)

N° 519. — Édit *du roi, portant rétablissement des deux siéges du bailliage et de l'élection dans la province du Mâconnais.*

Versailles, août 1776. Reg. au parlement le 27 août 1776. (R. S.)

N° 520. — **Lettres patentes**, en forme d'édit, qui ratifient le procès verbal d'évaluation fait par la chambre des comptes de Paris, des objets échangés entre le feu roi et M. Menard de Chouzy, et qui lui abandonnent de nouveaux objets (1) pour le remplir de sa soulte.

Versailles, août 1776. Reg. chambre des comptes 6 septembre 1776. (R. S.)

N° 521. — Édit, qui convertit en une redevance annuelle, au profit de la maison royale de Saint-Cyr, l'obligation des abbayes et monastères de filles, de recevoir, à chaque changement d'abbesse ou prieure titulaire, telle personne de ladite maison que le roi jugera à propos d'y nommer.

Versailles, août 1776. Reg. au parlement le 6 septembre 1776. (R. S.)

N° 522. — Édit portant affiliation du grand séminaire de Toul à l'université de Nancy.

Versailles, août 1776. Reg. au parl. de Lorr., 2 décembre. Rec. Lorr.

N° 523. — Déclaration (2) pour la nouvelle administration des bâtiments et palais du Roi.

Versailles, 1er septembre 1776. Reg. au parl. le 7 du même mois.

Louis, etc. L'intérêt que l'administration de nos bâtiments présente pour l'économie de nos finances et pour le progrès des arts que nous désirons encourager, nous a porté à nous faire rendre un compte approfondi de tous les détails de ce département; nous avons reconnu, par l'examen que nous avons fait, qu'il est indispensable de renouveler ou modifier la plupart des règlements intervenus sur le fait de ladite administration, et même de substituer à des établissements anciens, qui ne peuvent plus répondre suffisamment à la sagesse des vues de ceux qui les ont formés, des établissements nouveaux plus convenables aux circonstances actuelles. En prenant la résolution d'y pourvoir, nous avons consi-

---

(1) Les commissaires sur l'évaluation desdits objets ont été nommés par lettres patentes du 30.

(2) C'est une réunion de toutes les lois sur la matière. Un arrêt du conseil du 29 mars 1773 met à la charge des villes, où ces cours et juridictions sont établies, les bâtiments où les parlements et autres cours ou juridictions royales tiennent leurs séances. V. a. d. c. 18 décembre 1783; loi du 8 novembre 1814.

déré d'abord l'état, l'autorité et les fonctions de l'administrateur préposé par nous sous titre de directeur et ordonnateur général de nos bâtiments. Cette administration a reposé long-temps dans les mains d'un officier pourvu avec le titre de surintendant. Cet office, après avoir été éteint et supprimé par édit du mois d'août 1708, et avoir été ensuite rétabli par édit de janvier 1716, enregistré en notre cour de parlement, le 7 septembre de la même année, auroit été définitivement supprimé par autre édit du mois d'août 1726, registré en notre parlement le 30 août de la même année, et par lequel le feu roi, notre très honoré seigneur et aïeul, réserva de pourvoir à la direction générale des bâtiments ainsi qu'il le jugeroit convenable au bien de son service ; ce fut en conséquence de cette disposition que le sieur duc d'Antin, sur la tête duquel le titre de l'office de surintendant se trouvoit supprimé, obtint la commission de directeur et ordonnateur général. Cette commission, renouvelée depuis à chaque mutation, a attribué à chaque directeur toutes les fonctions et toute l'autorité du surintendant, à l'exception de la délivrance des fonds qui ne peut plus être faite que sur les ordres émanés de nous : et comme le bien de notre service exige que les fonctions attachées au titre de directeur et ordonnateur général de nos bâtiments acquièrent, à l'égard de tous ceux qu'elles peuvent intéresser, un caractère aussi public qu'il est positif dans nos intentions, nous avons cru devoir les expliquer de manière qu'il ne puisse y avoir aucun doute pour l'avenir. Nous avons été également informé qu'il existe différents offices attachés à l'administration de nos bâtiments, avec exercice triennal, dont trois sous titre d'intendants et ordonnateurs généraux, et trois sous titre de contrôleurs généraux ; lesquels offices d'intendants et contrôleurs généraux ont été créés, avec plusieurs autres offices étrangers à nosdits bâtiments, par édit de mai 1645, registré en notre parlement le 7 septembre suivant. Après avoir vérifié les procédés suivis depuis plus de quatre-vingts ans, nous ne pouvons nous dissimuler que ces offices, dont les fonctions ont été déterminées d'une manière plus apparente que réelle par ledit édit de 1645, sont absolument inutiles, d'autant plus que leurs fonctions se trouvent restreintes à de pures formes extérieures, et que les besoins de notre service sont remplis par de simples employés amovibles ; ce n'est même qu'à la faveur de ces places ou emplois que les titulaires desdits offices peuvent avoir un travail suivi, et obtenir des émoluments que le seul exercice de leur office ne pourroit leur procurer. Cette cumulation de deux titres, naturellement incompatibles, puisque la subordination que l'[...] exige détruit le caractère qui dérive de l'autre, nous présente d[...] leurs la possibilité d'inconvénients que nous jugeons devoir p[...] venir en supprimant des offices dont l'existence ne peut [...] qu'onéreuse, dès que leurs fonctions ne peuvent avoir d'objet in[...] ressant; nous nous déterminons à ordonner cette suppression d[...] tant plus volontiers qu'en indemnisant pleinement ceux qui[...] sont titulaires, et dont les services nous sont agréables, nous [...] rons à portée d'établir un nouvel ordre qui réunira le dou[...] avantage d'entretenir plus d'émulation parmi les artistes, et [...] ramener dans le détail des opérations un concert d'examen, [...] discussion et d'activité qui ne peuvent exister suffisamment d[...] l'état actuel des choses. Mais nous ne remplirions qu'imparfa[...] ment les vues de la sage économie que nous nous proposons d[...] l'administration de nos bâtiments, tant pour ce qui est du pa[...] que pour l'avenir, si nous différions d'expliquer nos inten[...] par rapport à différentes petites possessions tenues sous l'ad[...] nistration de nos bâtiments, et éparses en divers lieux de [...] châteaux, maisons de plaisance, places et édifices publics, [...] leur proximité, et qui sont demeurés sans aucune destinati[...] d'utilité pour notre service. Ces terrains bâtis ou non bâtis, a[...] fait partie de propriétés plus étendues acquises par le direct[...] général de nos bâtiments en vertu des ordres des rois nos préd[...] cesseurs pour l'exécution des plans ou projets confiés à son adm[...] nistration, et n'étant point entrés dans les constructions ou pl[...] arrêtés à cet égard, nous avons considéré que, si ces différent[...] possessions restoient plus long-temps en nos mains, non seu[...] ment elles ne pourroient former aucun objet d'utilité pour not[...] domaine, mais qu'elles pourroient au contraire servir de préte[...] à une surcharge nouvelle toujours onéreuse à nos finances, do[...] l'amélioration, par le retranchement de toutes charges ou d[...] penses superflues, sera toujours l'objet le plus cher à notre cœu[...] Conduit par ces motifs, nous avons fait rechercher ce qui a p[...] être pratiqué en cette matière, et nous avons reconnu qu[...] Louis XIV, de glorieuse mémoire, en acquérant l'emplacem[...] de l'hôtel de Vendôme et autres adjacents, assis rue Saint-Honor[...] pour former la place de ce nom, déclara expressément par s[...] lettres patentes du mois d'avril 1698, registrées en notre parl[...] ment le 6 mai suivant, que son intention n'étoit point de reten[...] ces emplacements en son profit, encore moins de les réunir à s[...] domaine, mais seulement de les abandonner pour l'exécution [...]

place qu'il avoit résolu de former sur cet emplacement, et de disposer du surplus en faveur des particuliers qui se présenteroient pour les acquérir volontairement. En conséquence, et par une déclaration du 7 avril 1699, régistrée pareillement en notre parlement le 29 des mêmes mois et an, ce prince ordonna d'abondant que les excédants de ces emplacements, ainsi acquis et ensuite rendus, ne pourroient être censés ni réputés faire partie de son domaine; nous avons cru devoir adopter, sans hésiter, un plan conforme à nos vues, et qui a même été suivi en quelques cas particuliers par notre très honoré seigneur et aïeul, et en former une loi générale, tant pour les portions superflues et non employées utilement des acquisitions ainsi faites par le passé, que pour celles qui pourroient rester à l'avenir d'acquisitions que nous ordonnerions en vue de projets du ressort de l'administration des bâtiments. A ces causes et autres à ce nous mouvant, de l'avis de notre conseil et de notre certaine science, pleine puissance et autorité royale, nous avons dit, déclaré et ordonné, et par ces présentes signées de notre main, disons, déclarons et ordonnons, voulons et nous plaît ce qui suit :

1. Confirmons au titre et état de directeur et ordonnateur général de nos bâtiments, jardins, arts, académies et manufactures royales, et au pourvu dudit état présent et à venir, tous les honneurs, autorité, prérogatives, pouvoirs, fonctions, prééminences, franchises et libertés qui lui appartiennent, tels qu'en ont joui ou dû jouir ceux qui en ont été pourvus depuis notre édit du mois d'août 1726, régistré en notre parlement le 30 août de la même année, portant suppression définitive de la charge de surintendant de nosdits bâtiments.

2. Maintenons et gardons le directeur et ordonnateur général de nosdits bâtiments, et les officiers de notre bailliage de Versailles, respectivement, en la possession où ils sont de connoître de tous faits de voierie et de police appartenants à icelle, dans toute l'étendue de notre ville de Versailles ; de donner les alignements ; permettre l'établissement d'échoppes ou barraques, mobiles ou non mobiles, sur les terrains étrangers à nos édifices, ou les prohiber, en cas d'inconvénients, pour l'ordre et la commodité publique ; et en général de donner toutes permissions nécessaires ès choses dépendantes de la voierie. Voulons que les causes ce concernant continuent d'être portées comme par le passé en notredit bailliage, sauf l'appel en notre cour de parlement : ordonnons au surplus que les lettres patentes données par

le roi, notre très honoré seigneur et aïeul, le 22 octobre 1733, ensemble le tarif inséré en l'arrêt de notre cour de parlement, portant enregistrement desdites lettres du 11 mai 1755, soient exécutés en tout leur contenu; à l'effet de quoi le directeur et ordonnateur général de nos bâtiments préposera un ou plusieurs commissaires qui prêteront serment devant les officiers de notredit bailliage, et sur les procès verbaux qui seront dressés, ou les rapports qui seront faits par lesdits commissaires de tous les délits ou contraventions aux règlements, ou autrement, il sera, à la diligence de notre procureur audit bailliage, statué ainsi qu'il appartiendra, par jugements qui seront exécutés par provision, nonobstant et sans préjudice de l'appel.

3. Confirmons le directeur et ordonnateur général de nos bâtiments dans tous les droits, pouvoirs et autorité appartenants à sa qualité, en ce qui concerne l'administration des bois et plans de tous les jardins de nos maisons royales, parcs desdites maisons, routes de chasses dans nos forêts, avenues royales, soit aux environs de nos châteaux et maisons, soit dans les plaines et remises à gibier, le tout conformément à nos lettres patentes du 5 juin 1705, registrées en notre parlement le 28 juin de la même année; n'entendons néanmoins rien innover en ce qui concerne l'administration particulière des objets dépendants de notre domaine de Versailles, et qui continueront d'être tenus sous la même régie.

4. Maintenons le directeur général de nos bâtiments dans toute l'autorité nécessaire pour entretenir et faire observer la police dans les parties dépendantes de son département, et particulièrement dans les jardins, parcs et avenues de nos châteaux et maisons, ainsi que dans les routes de nos chasses; voulons en conséquence que toutes les ordonnances et règlements qu'il pourra former et faire afficher de par nous, sur les faits de la police qui lui est confiée, soient exécutés par qui et ainsi qu'il appartiendra, et qu'en cas de contravention, il y soit pourvu par toutes voies de droit, et ainsi qu'il appartiendra.

5. Le directeur général de nos bâtiments aura, comme se passé, l'entière administration et disposition des petites boutiques, échoppes ou barraques déjà construites, ou qui pourront l'être à l'avenir, en vertu de sa permission, par adossement aux murs extérieurs de nos édifices, ou sur tels autres emplacements que ce soit, du district de nos bâtiments, qui seront jugés propres à des établissements de ce genre, sans inconvénient pour l'ordre et la commodité publics; voulons que les permissions

que le sieur directeur général de nos bâtiments pourra accorder, pour élever, sur terrains à nous appartenants, des boutiques et échoppes, soient restreintes à la durée de la vie du concessionnaire, et qu'elles soient d'ailleurs subordonnées à tous les changements qui pourront naître des besoins de notre service et de celui du public, de manière qu'au premier ordre ledit concessionnaire soit tenu de rendre le terrain libre, sans pouvoir prétendre aucune indemnité ni dédommagement; en ce qui concerne les petites boutiques que nous voulons bien tolérer dans les galeries, cours et vestibules de nos maisons royales, et que nous laissons à la disposition des gouverneurs desdites maisons, nous entendons qu'il n'en soit désormais établi aucune avec adossement sur les murs, en quelque partie que ce soit, qu'après que ledit sieur directeur général en aura été prévenu et aura vérifié qu'il n'en peut résulter ni inconvénient ni dégradation.

6. Maintenons le directeur général de nos bâtiments dans tous les droits, pouvoirs et autorités qui lui appartiennent, pour régir, gouverner et administrer nos manufactures royales dites des Gobelins et de la Savonnerie: confirmons ces établissements, ainsi que tous les droits et privilèges sous lesquels ils ont été formés, pour en favoriser les succès; voulant que l'édit de novembre 1667, particulier aux Gobelins, registré le 21 décembre de la même année, et l'édit de janvier 1712, registré le 24 février suivant, en faveur de la Savonnerie, continuent d'avoir leur plein et entier effet, et d'être exécutés en tout leur contenu, selon leur forme et teneur, sans novation ni dérogation.

7. Maintenons le directeur général de nos bâtiments dans la direction des artistes et artisans logés sous la grande galerie de notre château du Louvre à Paris, confirmant, en tant que besoin est, à ceux que nous admettrons, sur le rapport de notre directeur général, dans ladite galerie, les priviléges et droits réglés par nos lettres patentes du 22 décembre 1608, registrées en notre parlement le 9 janvier 1609, et par celles du mois de mars 1671, registrées en notre parlement le 5 mai suivant, lesquelles lettres nous voulons être exécutées sans novation ni dérogation.

8. Le directeur et ordonnateur général de nos bâtiments sera autorisé, comme par le passé, et l'autorisons par ces présentes en tant que besoin, à faire par nos ordres et en notre nom, en la manière accoutumée, toutes les acquisitions de fonds bâtis ou non bâtis que nous jugerons à propos d'ordonner pour l'exécution des plans ou projets que nous aurons arrêtés, en ce qui

concerne nos bâtiments et autres objets de l'administration qui lui appartient : voulons et ordonnons qu'il en soit usé, à l'égard des portions de terrains par nous acquis qui n'entreroient pas dans l'exécution de nosdits plans et projets, comme il en a été usé par rapport aux emplacements de même genre mentionnés dans les lettres patentes du mois d'avril 1698, et dans la déclaration du 7 avril 1699, registrées en notre parlement les 16 1698, et 29 avril 1699; et, confirmant d'abondant les dispositions desdites lettres patentes et déclarations, nous avons dit et déclaré, disons et déclarons, voulons et nous plaît, que le surplus des emplacements bâtis ou non bâtis, déjà acquis, ou qui le seroient à l'avenir, en la forme et pour les objets ci-dessus spécifiés, qui ne sont pas entrés ou qui n'entreroient pas dans l'exécution de nosdits plans et projets, soient revendus après l'entière exécution de nosdits plans et projets, même plus tôt s'il y a lieu, par le directeur et ordonnateur général de nos bâtiments, en cette même qualité, en observant les formalités telles que de droit, pour consommer les ventes en faveur de ceux qui se présenteront pour acquérir, et qui ne pourront être valablement déchargés du prix moyennant lequel ils se seront rendus adjudicataires, qu'en le réalisant entre les mains et sur la quittance du trésorier de nos bâtiments, pour par lui en compter comme de ses autres recettes. Entendons que les objets ainsi vendus, tant pour ce qui en existe à présent, que pour ce qui pourra se trouver à l'avenir dans le même genre, ne puissent jamais être censés ni réputés avoir fait partie, ni faire partie de nos domaines, et sans que les acquéreurs puissent être troublés, évincés, inquiétés, ni sujets à aucune taxe ou recherche, sous prétexte que ces emplacements auroient été par nous possédés. Entendons au surplus que, dans le cas où il n'auroit pas été disposé desdits excédants d'acquisition dans le délai de dix années après l'entière exécution des plans ou projets qui auroient rendu lesdites acquisitions nécessaires, les receveurs de nos domaines, chacun dans leurs départements, seront et demeureront autorisés à se mettre en possession desdits excédants, pour les régir et en faire recette comme de nos autres domaines.

9. Voulant établir un nouvel ordre dans l'administration de nos bâtiments, nous avons éteint, supprimé et révoqué, à compter du jour de l'enregistrement des présentes, le titre, l'état et commission de notre premier architecte, ensemble les émoluments, fonctions, droits et prérogatives attachés à ladite commission

Permettons néanmoins au sieur Mique, notre premier architecte, que nous destinons à une autre commission dans le service de nos bâtiments, et au sieur Gabriel, son prédécesseur, à qui nous avons accordé un brevet d'honneur, de continuer chacun à se dire et qualifier notre premier architecte, sans pouvoir par ledit sieur Mique prétendre à l'avenir aux émoluments ou à l'exercice des droits, fonctions et prérogatives qui pouvoient dépendre de ladite qualité ; réservons néanmoins audit sieur Gabriel l'effet entier du brevet que nous lui avons accordé, comme une récompense de ses longs services ; et nous voulons que, conformément audit brevet, il conserve, sa vie durant, la direction de notre académie d'architecture et la présidence d'icelle en l'absence du directeur général de nos bâtiments.

10. Nous avons éteint et supprimé, éteignons et supprimons les trois offices triennaux d'intendants et ordonnateurs généraux de nos bâtiments, jardins, arts, académies et manufactures royales, dont sont en ce moment pourvus les sieurs Hazon, Billaudel et Trouard ; et les trois offices aussi triennaux de contrôleurs généraux de nosdits bâtiments, dont sont pourvus les sieurs Gabriel, père et fils, en survivance l'un de l'autre, le sieur Mollet et le sieur Soufflot ; ordonnons, en conséquence de cette suppression, que les gages, augmentations de gages, taxations ou droit d'exercice et de commis, et généralement tous émoluments qui ont été ou pu être attachés auxdits offices, soient également éteints et supprimés, et qu'ils soient rejetés des états des dépenses de nos bâtiments ; voulons que, dans le délai de quatre mois, les titulaires desdits offices remettent leurs provisions, quittances de finances, et autres titres de propriété, entre les mains du sieur contrôleur général de nos finances, pour être pourvu à la liquidation desdites finances, et ensuite à leur remboursement des deniers que nous ferons à cet effet verser dans la caisse de nos bâtiments, et sur les distributions que nous en ordonnerons.

11. Pour suppléer les fonctions de la commission et des offices dont nous venons de prononcer la suppression par les deux articles précédents, nous avons créé, établi et constitué, créons, établissons et constituons neuf titres de commissions : savoir, trois sous la dénomination d'intendants généraux ; un sous titre de notre architecte ordinaire ; un sous titre d'inspecteur général ; et quatre sous titre de contrôleurs de nos bâtiments, jardins, arts, académies et manufactures royales, pour être, lesdites

neuf commissions, conférées, remplies et exercées d'après le règlement que nous formerons à cet égard.

12. En conséquence de l'établissement formé par l'article précédent, et des fonctions que nous entendons attribuer et départir à ces différents ordres de commissions, éteignons et supprimons, à compter du jour de la publication des présentes, tous les emplois en chef qui ont subsisté jusqu'à présent dans chaque département, sous le titre de contrôleurs.

13. Nul ne pourra être admis à l'une des neuf commissions établies par l'article 11 ci-dessus, qu'il n'ait trente ans accomplis, à moins qu'il n'ait obtenu de nous lettres de dispense, que nous nous réservons d'accorder à la considération des talents et d'une expérience prématurée.

14. Pour marquer la distinction et l'importance que nous attachons à l'exercice desdites commissions, et exciter d'autant plus l'émulation parmi ceux qui peuvent y aspirer, voulons que ceux que nous jugerons à propos d'en revêtir jouissent de tous les droits et avantages des commensaux de notre maison; et qu'en outre, ils aient leurs causes commises par-devant les maîtres des requêtes de notre hôtel, ou les gens tenant les requêtes de notre palais à Paris; lesquels droits et avantages seront conservés audits pourvus, après un exercice de vingt-cinq ans, et seront conservés à leurs veuves, s'ils en laissent après ledit exercice de vingt-cinq ans, ou même dans le cas où, sans avoir exercé vingt-cinq ans, ils viendroient à décéder revêtus d'une desdites commissions.

15. Attachons à l'état desdits intendants généraux, le titre, le rang, les émoluments de directeur de notre académie royale d'architecture, sous les ordres du directeur général de nos bâtiments; voulons que, vacance arrivant dudit titre et de ses fonctions, par le décès ou la démission volontaire du sieur Gabriel, possesseur actuel, ledit titre et ses droits soient dévolus à celui des trois intendants généraux qui se trouvera le plus ancien de réception, pour, par lui, en prendre possession, quand même il ne se trouveroit point encore en ce moment du nombre des sujets composant notredite académie, et l'exercer tant qu'il sera revêtu d'une desdites commissions. Voulons que, vacance arrivant, par décès ou démission dudit intendant, ou autrement, soit remplacé par l'intendant qui se trouvera alors le premier en ordre de réception, et ainsi toujours successivement, sans que dans toutes autres circonstances, ceux desdits intendants gé-

ceux qui ne se trouveroient pas membres de notredite académie, par une élection votée et confirmée dans la forme d'usage, puissent prétendre dans les assemblées, aucun rang, entrée ni séance, fût-ce même sous le prétexte de suppléer, dans le cas d'absence ou de maladie, la présence de l'intendant général devenu directeur. Voulons qu'audit cas, et sauf la disposition de l'article suivant, le droit de présider l'assemblée soit dévolu à notre architecte ordinaire, s'il s'en trouve un en titre, et, à son défaut, au plus ancien des académiciens présents de la première classe, conformément à l'article 33 des statuts de notredite académie; d'après lesquels, et notamment leur article 3, nous entendons que, lorsque le directorat de notre académie se trouvera dévolu à l'un de nosdits intendants déjà élu académicien, soit de la première, soit de la seconde classe, sa place soit censée vacante, et qu'il soit procédé à un scrutin pour l'élection de son successeur, sauf à se pourvoir de lettres de vétérance, dans le cas où il viendroit à se démettre de sa commission d'intendant général, en vertu de laquelle il auroit exercé le directorat de notredite académie.

16. L'attribution par nous faite dans l'article précédent à notre architecte ordinaire, et, à son défaut, au plus ancien académicien de la première classe, du droit de présider l'assemblée dans les cas d'absence ou de maladie de l'intendant général en possession du directorat, ne pourra préjudicier au droit de celui des deux autres intendants, ou de l'un d'eux, qui réuniroit à son titre celui d'académicien, soit de la première, soit de la seconde classe. Voulons en conséquence que, dans lesdits cas d'absence ou de maladie de l'intendant en possession du directorat, sa présence soit suppléée par celui des deux autres intendants qui sera académicien; et, s'ils le sont tous deux, par le plus ancien en ordre dans le tableau de l'académie; en sorte que le droit de présider des assemblées ne puisse être exercé par notredit architecte ordinaire au préjudice d'un intendant membre de l'académie et présent à l'assemblée.

17. La commission d'inspecteur général et celles de contrôleurs de nos bâtiments ne donneront à ceux qui en seront pourvus aucune entrée, rang ni séance dans les assemblées de notre académie d'architecture; et lorsque, par le vœu de la compagnie, et notre agrément sur ce vœu, ils auront obtenu la qualité d'académicien, ils ne pourront en jouir qu'en suivant l'ordre de leur réception, sans pouvoir prétendre aucune préséance, prérogative

ni distinction particulière. Le même ordre sera observé par ceux de nos intendants généraux que nous aurons pourvu de ce titre, avant qu'ils aient obtenu celui d'académicien, sauf toujours, en faveur du plus ancien d'entre eux, suivant les deux articles précédents, l'exercice du directorat et la jouissance des droits et émoluments qui en dépendent.

18. En ce qui concerne le titre et commission de notre architecte ordinaire, comme il entre particulièrement dans nos vues de faire de cet état et en faveur des membres de notre académie d'architecture un objet d'émulation et de récompense, voulons que la présentation à nous faite par le directeur général de nos bâtiments du sujet à pourvoir, ne puisse être expédiée qu'en faveur d'un artiste déjà élu et nommé à l'une des places de notre académie, soit de la première, soit de la seconde classe : et qu'en conséquence de la prérogative que nous attachons audit état de présider les séances de l'académie dans les cas d'absence ou de maladie de l'intendant général en possession du directorat, ainsi que dans le cas où il ne se trouveroit pas d'intendant académicien, celui que nous aurons pourvu dudit état de notre architecte ordinaire puisse prendre dans les assemblées de l'académie, quand il y assistera, le rang assigné audit état par l'article 35 des statuts de l'académie ; et cependant il conservera, dans l'ordre ou tableau général de l'académie, le rang qui lui sera acquis par la date de sa nomination ; en sorte que, si dans l'instant où nous lui conférerons l'état de notre architecte ordinaire, il n'est encore que dans la seconde classe de notre académie, il ne pourra monter à la première que par la succession des vacances et par les voies que prescrivent les statuts.

19. Les fonctions des trois intendants généraux, de notre architecte ordinaire, de l'inspecteur général et des quatre contrôleurs institués par l'article 11 ci-dessus, seront toutes également subordonnées à l'autorité du directeur général, duquel seul pourront émaner tous les ordres que les circonstances exigeront.

20. Les intendants généraux et l'inspecteur général tiendront, sous les ordres et la présidence de l'administrateur général, des assemblées ou bureaux pour l'examen et la discussion des projets et plans que feront naître les besoins de notre service, soit qu'il s'agisse de réparations, soit qu'il s'agisse d'entreprises nouvelles pour nos usages personnels et ceux de notre famille, ou même pour l'intérêt public quand il se trouvera lié avec l'administration de nos bâtiments.

21. Notre architecte ordinaire aura séance de droit aux assemblées de bureaux, et il y tiendra rang après les intendants généraux; mais les quatre employés au simple titre de contrôleur n'auront entrée auxdits bureaux que quand ils y seront appelés par le directeur général, qui leur assignera le rang qu'ils devront occuper.

22. Les projets et plans seront concertés et formés par lesdits intendants généraux, notre architecte ordinaire et inspecteur général, soit en commun, soit en particulier, selon ce que l'administrateur général estimera plus convenable aux circonstances; il pourra même faire examiner, par le bureau, les projets et plans qu'il auroit trouvé bon de confier à d'autres artistes ou employés de nos bâtimens, mais dont aucun ne pourra être exécuté qu'après avoir été rapporté au bureau, afin que toutes les opérations soient plus sûrement dirigées vers le plus grand bien de notre service, le progrès et la perfection des arts. L'admission ou le refus de tout projet sortant de la classe des travaux courans de nos bâtimens dépendra toujours de la décision que nous aurons à donner sur le rapport qui nous sera fait par l'administrateur général, auquel seul nous nous remettons du surplus pour en ordonner selon le droit de sa charge.

23. Les intendans généraux, notre architecte ordinaire et l'inspecteur général seront toujours résidens le plus ordinairement à portée du directeur général. Ils pourront tous être députés dans les divers départemens, pour s'y livrer aux examens qui leur seront ordonnés, et en faire ensuite leur rapport au bureau.

24. A l'égard des quatre employés qui seront institués sous la dénomination de contrôleurs, il ne pourra leur être assigné de résidence fixe et invariable dans aucun des départemens de nos bâtimens : leurs fonctions principales seront d'être respectivement députés, partout où le directeur général le jugera à propos, pour faire la visite des départemens, prendre connoissance des travaux qu'il sera nécessaire d'y entreprendre, en préparer les projets et devis; vérifier si lesdits départemens sont exactement tenus et suivis, tant par les inspecteurs et sous-inspecteurs, que par les gardes-magasins et autres subalternes, les entrepreneurs des travaux courans et ceux des entretiens fixes; desquelles visites lesdits contrôleurs dresseront procès verbal, qu'ils remettront à l'administrateur général, pour être ensuite examiné au bureau, en y appelant alors spécialement le contrôleur des opérations duquel il s'agira.

25. Voulons qu'il soit préposé pour le service du département de nos bâtiments un médecin et deux chirurgiens, qui seront brevetés de nous aux gages et appointements que nous jugerons à propos de régler, et sur la présentation qui nous sera faite de leurs personnes par le directeur général de nos bâtiments, à l'effet de donner tous les soins de leur art et gratuitement en faveur seulement de toute la classe des ouvriers journaliers : voulons aussi que le médecin et les deux chirurgiens qui seront brevetés de nous pour le service de nos bâtiments, jouissent de toutes les libertés, prérogatives et avantages dont jouissent tous ceux qui sont attachés par semblables brevets ou commissions aux différents départements de notre maison.

26. Confirmons en tant que besoin l'acte passé devant Dutartre, qui en a gardé minute, et son confrère, notaires à Paris, le 15 juillet 1755, contenant fondation en l'hôpital général de notre bonne ville de Paris, de douze pensions en faveur de douze pauvres ouvriers en bâtiments, qui doivent être nommés par notre procureur général, avec préférence entre lesdits ouvriers de ceux qui auront travaillé pour nous ; en conséquence, attribuons et conférons au directeur général de nos bâtiments, tout pouvoir nécessaire pour faire choix des sujets qui devront jouir desdites pensions et leur expédier toutes lettres de présentation à notredit procureur général, conformément à ladite fondation.

Si donnons en mandement à nos amés et féaux conseillers, les gens tenant notre cour de parlement à Paris, etc.

N° 524. — ARRÊT *du conseil portant qu'il sera procédé dans tous les lieux dépendants du ressort du parlement de Paris, à la vente des effets des corps et communautés de commerce, pour le produit en être employé à l'acquittement de leurs dettes.*

Versailles, 1er septembre 1776. (R. S.)

V. art. 42, édit. août, 1776.

N° 525. — DÉCLARATION *portant renouvellement des dispositions des anciennes ordonnances contre la contrebande* (1).

Versailles, 2 septembre 1776. Reg. en la cour des aides, le 28 février 1777. (R. S. C. Rec. Toul. Lorr. Dauph.)

Louis, etc. Depuis notre avènement au trône, nous nous sommes

---

(1) V. décl. 2 août 1729, et lett. pat. 4 mai 1723; lois du 22 août 1791, 18 pluviôse an IX, 23 floréal an X, 13 floréal an XI ; décret, 18 octobre 1810.

constamment occupé du soin de procurer à nos peuples les soulagements que les circonstances pouvoient nous permettre, et de chercher dans les ressources d'une sage administration les moyens de leur en accorder de nouveaux.

Les témoignages qu'ils ont reçus de notre affection, ont dû, en excitant leur reconnoissance, leur faire chérir nos vues bienfaisantes; nous pensons aussi avec satisfaction que le plus grand nombre de nos sujets est animé de ces sentiments: mais en même temps nous n'avons pu voir sans surprise que des gens malintentionnés ont cherché à troubler la perception de nos droits, en abusant nos peuples de l'espérance de la suppression de plusieurs de ces droits, et particulièrement de nos fermes des gabelles, aides et du tabac, en se permettant, même contre nos fermiers, leurs commis et préposés, des déclamations injurieuses.

Cette licence a produit dans nos provinces des effets qui méritent toute notre attention. Des troupes nombreuses de contrebandiers armés ont fait des incursions dans plusieurs parties de notre royaume: la fraude s'est répandue dans celles de nos provinces qui sont dans l'étendue de nos fermes des gabelles, aides et du tabac; les employés et préposés de nos fermiers, exposés à des rébellions, spoliations et violences de la part des fraudeurs, quelquefois même de la part des habitants des villes et paroisses, ont souvent succombé aux excès commis envers eux, ou ont été contraints, pour s'y soustraire, d'abandonner leur service.

Des désordres si préjudiciables à la perception de nos revenus ne sont pas moins contraires aux ordonnances rendues par les rois nos prédécesseurs, pour défendre les attroupements, le port d'armes et la violence publique: la police générale de notre royaume pourroit même être troublée, si nous ne nous empressons de réprimer ces excès.

Dans cette vue, nous avons jugé devoir manifester nos intentions, relativement à la perception de nos droits, et renouveler les dispositions des ordonnances et règlements destinés à prévenir ou punir les attroupements, ainsi que les rébellions faites aux employés de nos fermes dans leurs fonctions, enfin tout ce qui tend à la fraude de nos droits. A ces causes, etc.

1. Nos fermiers, leurs commis et employés, chargés de la perception et conservation des droits de nos fermes, seront et continueront d'être sous notre protection et sauvegarde, et sous celle des juges, prevôts des maréchaussées, maires, échevins, jurats, capitouls, syndics et principaux habitants des villes et

lieux où ils font leur résidence, et où ils feront leur exercice. Enjoignons à nos gouverneurs, lieutenants généraux, commandants et autres officiers qu'il appartiendra d'y tenir la main, et aux prévôts et officiers de nos maréchaussées, de prêter main-forte et assistance auxdits employés, toutes les fois qu'ils en seront par eux dûment requis.

2. Ordonnons que les lettres patentes du 26 mars 1720, rendues sur l'arrêt du 15 du même mois, seront exécutées selon leur forme et teneur; qu'en conséquence, et conformément à icelles, tous juges royaux, comme aussi tous officiers des maréchaussées, prévôts et autres, pourront, en cas d'absence ou de refus des juges qui connoissent des droits de nos fermes, se transporter en tous lieux et à toute heure que lesdits commis les requerront, pour y faciliter leurs exercices et fonctions, et qu'ils en seront même tenus dans les cas prescrits par les règlements, à peine de demeurer responsables des dommages et intérêts du fermier.

3. Ordonnons pareillement que l'article 29 de la déclaration du 1ᵉʳ août 1721, portant règlement pour la ferme du tabac, les lettres patentes du 16 juillet 1722, rendues sur l'arrêt du 7 du même mois, et les articles 7 et 8 de la déclaration du 1 août 1729, seront exécutés selon leur forme et teneur; en conséquence, réitérons les expresses inhibitions et défenses y portées, à tous particuliers, cabaretiers, fermiers et autres, de donner sciemment retraite aux contrebandiers et faux-sauniers ou à leurs marchandises; comme aussi à tous fermiers des ponts et passages, et autres ayant bacs et bateaux sur les rivières, de passer lesdits fraudeurs, sous les peines portées auxdits règlements.

4. Voulons aussi que la déclaration du 27 juin 1616, soit exécutée selon sa forme et teneur, et conformément à icelle, en y ajoutant même, en tant que de besoin: faisons très expresses inhibitions et défenses à tous particuliers, de quelque qualité et condition qu'ils soient, de troubler directement ou indirectement les employés de nos fermes dans leurs exercices et fonctions; comme aussi de composer, écrire, imprimer, vendre, distribuer et afficher aucun placard ou libelle contenant des déclamations ou injures contre lesdits employés, ou tendant à exciter contre eux et contre la perception de nos droits, la prévention et l'animosité de nos peuples; le tout à peine de cinq cents livres d'amende, des dommages et intérêts envers nos fermiers, leurs commis, et employés, et punition corporelle, s'il y échoit. Voulons

qu'il soit informé et procédé, suivant l'exigence des cas, contre les auteurs, écrivains, imprimeurs, colporteurs, distributeurs et afficheurs desdits placards et libelles.

5. Confirmons les dispositions des règlements qui prononcent des peines contre les contrebandiers, faux-sauniers et autres fraudeurs et particuliers, qui forceront les postes des employés, et leur feront rébellion dans l'exercice de leurs fonctions.

6. Confirmons également les dispositions des lettres patentes du 5 mai 1723, rendues sur les arrêts des 30 septembre 1719 et 6 mars 1720 : voulons en conséquence qu'en cas de rébellion et voie de fait contre les employés à la perception et à la conservation de nos droits, lesdits employés puissent arrêter et emprisonner les contrevenants dans l'instant de la rébellion, sans autre permission particulière ; et que le procès soit instruit, fait et parfait aux prévenus et complices, suivant la rigueur des ordonnances, par les juges auxquels la connoissance en est attribuée par nos édits et règlements. Faisons défense auxdits juges de mettre en liberté lesdits prévenus et complices, qu'après l'instruction et jugement définitif, et en cas d'appel, qu'après le jugement dudit appel, à peine de répondre par lesdits juges, en leur propre et privé nom, des dommages et intérêts du fermier, même des amendes et confiscations encourues par les fraudeurs. Si donnons en mandement à nos amés et féaux conseillers les gens tenant notre cour des aides à Paris, etc.

N° 526. — LETTRES PATENTES *qui ordonnent qu'il sera sursis au jugement des contestations concernant les noirs de l'un et l'autre sexe, jusqu'à ce que le roi ait fait connoître ses intentions par un nouveau règlement.*

Versailles, 3 septembre 1776. (R. S.)

Louis, etc. Nous sommes informé que les juges de l'amirauté de Paris sont actuellement saisis de plusieurs contestations entre les habitants des colonies françaises en Amérique, qui sont venus en France pour leurs affaires, et les noirs de l'un et l'autre sexe qu'ils y ont amenés avec eux, pour leur service ; que ces contestations, et autres de pareille nature, concernant l'état desdits noirs, deviennent tous les jours plus fréquentes, qu'elles retardent le retour des colons sur leurs habitations, et les consomment en frais ; que le long séjour des noirs dans l'intérieur du royaume, et surtout dans la ville de Paris, est également préjudiciable à l'ordre public et à la prospérité des colonies, [qui] se trouvent privées d'un grand nombre de cultivateurs. Ces différentes considérations nous ont paru mériter d'autant p[lus] d'attention, que la jurisprudence de nos cours, et autres juges tant de l'intérieur de notre royaume, que de nos colonies, [ne] peut point être uniforme, attendu que l'édit de 1716 et la déc[la]ration de 1738, et autres règlements postérieurs, n'ont pas é[té] adressés à notre parlement de Paris, ni à plusieurs de nos cou[rs] ou conseils supérieurs. C'est pour faire cesser cette diversité [de] jugements, et pour fixer irrévocablement les principes sur u[ne] matière aussi intéressante, que nous avons chargé des magistra[ts] de notre conseil de nous rendre compte des différents mémoi[res] qui nous ont été présentés à ce sujet, et de nous proposer [le] projet d'un nouveau règlement, qui puisse prévenir ces diffère[nts] inconvénients, et concilier les avantages de nos colonies, e[t la] protection que nous devons à ceux qui les habitent avec la fave[ur] que mérite la liberté. Nous avons en même temps jugé conv[e]nable de surseoir au jugement des contestations nées ou à naître, tant en première instance que par appel, concernant l'état desdi[ts] noirs de l'un et l'autre sexe, et d'ordonner que ceux ou cell[es] qui n'auroient pas obtenu leur liberté jusqu'à ce jour, demeureront par provision dans le même état qu'ils étoient avant les dites contestations.

A ces causes, voulons et nous plaît, qu'il soit sursis au jugement de toutes causes ou procès concernant l'état des noirs [de] l'un et l'autre sexe, que les habitants de nos colonies ont amen[és] avec eux en France, pour leur service, et qu'il ne soit rien innové à leur égard, jusqu'à ce que nous ayons fait connoître n[os] intentions par le règlement que nous nous proposons d'adresser incessamment à nos cours, en la forme ordinaire.

Si donnons en mandement à nos amés et féaux conseillers l[es] gens tenant notre cour de parlement de Paris, etc.

N° 527. — *Arrêt de la Table de marbre, contenant règlement pour les oiseleurs et les pêcheurs.*

Paris, 3 septembre 1776. (R. S. C.)

Merlin, v° *Oiseleurs.*

Les juges ordonnés par le roi pour juger en dernier ressort [et] sans appel les procès de réformation des eaux et forêts de France

SEPTEMBRE 1776.

[siège] général de la Table de marbre du palais à Paris, etc., etc. Savoir font, que sur ce qui a été remontré par le procureur général du roi sur le fait des eaux et forêts de France, que l'édit du [mois] d'août dernier, registré au parlement le 23 du même mois, [con]cernant les arts et métiers, contenant une liste de professions [fai]sant partie des communautés supprimées, du nombre desquelles [se] trouvent celles des oiseleurs, des pêcheurs à verge et des pê[che]urs à engin, le roi voulant que ces états puissent être exercés [libre]ment, sans autres formalités que celle d'en faire déclaration [de]vant le sieur lieutenant général de police. Le procureur général du roi, en requérant qu'il soit tenu au greffe de la maîtrise [des] eaux et forêts de Paris des registres pour y inscrire sans frais [tou]s ceux qui voudront faire ces sortes de professions, croit devoir [rap]peler en même temps les principales ordonnances, arrêts et [rè]glements concernant les oiseleurs et les pêcheurs, et en de[m]ander l'exécution, afin que ceux qui voudront profiter de la li[ber]té accordée par le roi ne puissent pas, par un abus excessif et [sans] bornes, porter trouble au bien public et se nuire à eux-[mê]mes, en dépeuplant les bois et les rivières. Les rois Charles VI [et] Henri III ayant, par leurs ordonnances d'avril 1402, mars et [aoû]t 1575, accordé le privilége aux oiseleurs de porter et vendre [leu]rs oiseaux sur le Pont-au-Change, et de s'y étaler le long des [bou]tiques des orfèvres, en considération de ce qu'ils sont tenus [de] bailler et délivrer quatre cents oiseaux lors du sacre des rois et [aus]si lors de la première entrée de la reine en la ville de Paris, le [ma]intien des priviléges de ces oiseleurs excita les officiers de la Table [de] Marbre à l'ordinaire, à faire publier un règlement le 13 avril 1600, [por]tant, entre autres choses, défenses à toutes personnes de tendre [aux] menus oiseaux ès forêts et terres du domaine du roi, sans sa [pe]rmission ou celle de ses officiers des eaux et forêts; et pareille[m]ent ès terres des seigneurs, sans leur permission spéciale ou [cel]le de leurs juges. Ces dispositions se trouvent renouvelées par [l'a]rticle 8 du titre des chasses de l'ordonnance de 1669, qui pro[no]nce diverses peines, sous lesquelles il est défendu à toutes per[son]nes de prendre ès forêts du roi, ses garennes, buissons et plai[ne]s, aucuns aires d'oiseaux de quelque espèce que ce soit, et en [to]us autres lieux les œufs de cailles, perdrix et faisans; et l'ar[tic]le 12 du même titre défendant aussi de tendre des lacs, ti[ras]ses, tonnelles, etc., sous les peines y ordonnées, soit que le [déli]t soit commis dans les forêts, garennes et terres du roi, ou en [cell]es des ecclésiastiques, communautés et particuliers sans exception ; il est sensible que le roi permettant actuellement à tou[tes] personnes de faire librement la profession d'oiseleurs, n'a jam[ais] entendu tolérer l'enlèvement des œufs et des petits dans les te[mps] prohibés, ni dans ses domaines et plaisirs, ni dans les terres [des] seigneurs, sans permission ; pourquoi la bonne police exige [de] faire connoître que la liberté n'est que dans la vente des oise[aux] et non dans les voies et moyens arbitraires de les prendre, ce [qui] serviroit souvent de palliatif à la chasse, et à d'autres abus et [ex]cès contraires au bon ordre et à la police des bois. Si cette p[ré]caution est nécessaire pour empêcher le dépeuplement des ois[eaux] et du gibier, quoique ce ne soit qu'un objet de plaisir, à plus for[te] raison est-il du devoir du procureur général du roi de préve[nir] la licence du dépeuplement des rivières, qui nourrissent les ho[m]mes un tiers de l'année, et sont un revenu considérable pour [le] monarque et ses sujets. L'article 1er du titre XXXI de l'ordonna[nce] de 1669, défendant à toutes personnes, autres que les ma[îtres] pêcheurs reçus ès sièges des maîtrises, de pêcher sur fleuves [et] rivières navigables, sous les peines y portées, ne semble p[as] aboli par l'édit qui rend libre la profession des pêcheurs à verge [et] à engin ; toute la différence consiste à se faire inscrire au lieu [de] se faire recevoir, ce qui entraînoit la prestation d'un serme[nt]. Cet article et l'article 20 du même titre XXXI doivent donc [avoir] leur exécution, sous la seule obligation de se faire inscrire à [la] maîtrise de Paris, sans y payer aucuns droits, et à la charge par [le] greffier de ladite maîtrise d'envoyer tous les trois mois au s[ieur] lieutenant général de police les rôles de ceux qui auront fait [la] déclaration. L'article 2 du même titre, qui défend d'être re[çu] maître pêcheur sans avoir au moins l'âge de vingt ans, ne pa[roit] pas contredit par le nouvel édit, qui permet d'admettre aux ma[î]trises à vingt ans ; mais ce même édit permettant, par l'article [11,] aux filles et femmes de se faire admettre dans les différentes pr[o]fessions, et permettant aussi, par l'article 12, de les admettre [aux] maîtrises dès l'âge de dix-huit ans, on pourroit en induire que [les] filles et femmes pourroient, à l'âge de dix-huit ans, se faire in[s]crire sur les registres des pêcheurs, et en cette qualité parco[urir] les rivières : que le procureur général du roi, également effra[yé] du désordre qui pourroit s'ensuivre pour les bonnes mœurs, [et] du danger qu'il y auroit que le sexe, de complexion trop foib[le] s'exposant à conduire les bateaux nécessaires à la pêche, ne [fût] bientôt la victime de son indiscrétion ; pour éviter que les fille[s et] femmes ne soient noyées par le défaut de force et d'expérience [et]

… des travaux sur les rivières, croit qu'il est de son ministère … conclure à l'exécution de l'article 9 de l'édit du mois de fé-… dernier, qui avoit commencé d'introduire la liberté de tous … arts, article auquel il n'a pas été dérogé, et qui porte que « ceux des arts et métiers dont les travaux peuvent occasioner des dangers notables, soit au public, soit aux particuliers, continueront d'être assujettis aux règlements de police faits ou à faire pour prévenir ces dangers », et de requérir, sous le bon plaisir … roi, l'observation des anciennes ordonnances concernant la … profession de pêcheur, qui ne restera praticable qu'aux hommes … vingt ans au moins, sans que les filles et femmes puissent se … inscrire pour l'exercer, jusqu'à ce que sa majesté ait mani-… sur ce sujet ses intentions plus particulières. Que le maintien … autres articles de l'ordonnance de 1669, concernant la police de … pêche, est d'une nécessité si essentielle pour obvier au dépeu-… soit en ce qu'ils prescrivent la marque des filets à l'écus-… des armes du roi, dont le coin est gardé par ses ordres dans … maîtrises, soit en ce qu'ils défendent une infinité de filets des-… comme tramails, éperviers, cliquettes et autres in-… pour le dépeuplement, que la cour a dans tous les temps … appelé l'exécution de ces lois, notamment par son arrêt du … octobre 1762, qui contient en abrégé les dispositions de l'or-… donnance ; que toutes personnes doivent donc être assujetties à s'y … conformer, à peine contre les contrevenants d'encourir les peines … amendes telles que de droit. Mais que l'expérience faisant con-… naître que les lois les plus sages sont bientôt et toujours violées, … s'il n'y a des gardes chargés de les faire observer et de constater … contraventions, il est nécessaire d'y pourvoir. Que jusqu'à ce … moment les gardes ont été de deux espèces : il y avoit les jurés et … maîtres des deux communautés, que les pêcheurs étoient tenus … d'élire tous les ans en comparoissant aux assises tenues par les … maîtres des eaux et forêts, aux termes des articles 12 du titre XII, … 5 et 20 du titre XXXI de l'ordonnance de 1669. Il y avoit aussi des … inspecteurs et sergents préposés sur les rivières, dont M. le grand … maître du département de Paris avoit fait nouvelle nomination … par son ordonnance du 28 avril 1761, en conséquence de l'ar-… ticle 23 du titre de la pêche de l'ordonnance de 1669. Que cependant l'état de pêcheur étant déclaré libre par le dernier édit, n'y … ayant plus ni maîtres de communauté, ni jurés dans l'instant … même où le nombre des pêcheurs va se multiplier à l'infini, il … penseroit devoir requérir que, conformément à l'article 23 du titre de la pêche de l'ordonnance de 1669, les inspecteurs et gardes nommés par M. le grand-maître continueront à faire exactement les fonctions de leurs offices, et qu'en outre, dans le nombre des pêcheurs présentés et admis, seront choisis annuellement, lors de la tenue des assises, des syndics et adjoints reconnus dignes de confiance par leur probité et bonnes mœurs, à l'effet de veiller à l'exécution de tous les règlements. Que son ministère ne se bornera pas à réclamer l'exécution des seuls articles de police sur les rivières; son devoir le sollicite encore à conserver les droits sacrés et inaliénables du domaine. Les pêcheurs à verge et à engin sont astreints de temps immémorial à payer un droit de domaine, montant à six sous trois deniers, lors de chacune des assises que les maîtres des eaux et forêts doivent tenir dans toute l'étendue de leur maîtrise; ce droit doit être perçu par le receveur des amendes de la maîtrise, qui est tenu d'en compter au profit du roi, ainsi que des autres deniers de sa recette. La perception de ce même droit est confirmée par arrêt du conseil du 2 décembre 1738. Le dernier édit accordant la liberté de la pêche, la multitude d'hommes qui va s'y livrer prétendra sans doute que le roi ne faisant pas de réserve de son droit de domaine, ils n'y seront pas assujettis; que cependant le roi n'en ayant pas fait la remise, ses droits ne doivent souffrir aucune atteinte, et le procureur général ne peut se dispenser de conclure à ce que tous ceux qui voudront jouir de la liberté de la pêche accordée par les édits soient tenus, lors de leur déclaration en la maîtrise particulière des eaux et forêts de Paris, et de leur inscription sur les registres à ce destinés, d'y faire en même temps la soumission d'acquitter, lors de la tenue des assises, le droit de domaine montant à six sous trois deniers, si le roi le requiert. A ces causes, requéroit ledit procureur général du roi, etc.

Vu ledit réquisitoire, etc.

Les juges en dernier ressort ordonnent que les ordonnances, arrêts et règlements sur le fait des forêts et chasses, notamment les ordonnances de Charles VI et de Henri III, publiées en avril 1402, mars et août 1575, le règlement de la Table de marbre, du 13 avril 1600, les articles 8 et 12 du titre des chasses de l'ordonnance de 1669, seront exécutés selon leur forme et teneur: en conséquence;

En ce qui concerne les oiseleurs.

1. Aussitôt la publication du présent arrêt, ceux qui désireront

faire la profession d'oiseleur seront tenus de faire leur déclaration devant le maître particulier en la maîtrise des eaux et forêts de Paris, ou son lieutenant, et de se faire inscrire au greffe de ladite maîtrise, sur un registre qui y sera tenu à cet effet, lequel sera coté et paraphé par ledit maître particulier ou son lieutenant; laquelle déclaration contiendra les noms, surnoms, âges et demeures de ceux qui se présenteront, et sera reçue sans aucuns droits ni frais; desquelles déclarations et inscriptions le greffier de ladite maîtrise sera aussi tenu d'envoyer le rôle tous les trois mois au lieutenant général de police.

2. Les oiseleurs seront tenus d'observer la coutume ancienne d'allégresse, en lâchant aux fêtes du Saint Sacrement, au sacre du roi, à son entrée et à celle de la reine en la ville de Paris, la quantité pour le moins de quatre cents oiseaux.

3. Les oiseleurs ne pourront tendre aux menus oiseaux ès forêts du roi, sans sa permission ou celle de ses officiers des eaux et forêts, non plus qu'ès terres des seigneurs, sans leur permission spéciale ou celle de leurs juges.

4. Défenses sont faites aux oiseleurs de prendre ès forêts du roi, et en ses garennes, buissons et plaisirs, aucuns aires d'oiseaux de quelque espèce que ce soit, et en tous autres lieux, les œufs de cailles, perdrix et faisans.

5. Tous tendeurs de lacs, tirasses, tonnelles, traîneaux, bricolles de corde ou de fil d'archal, pièces ou pans de rets, colliers, halliers de fil ou de soie, seront condamnés au fouet pour la première fois, et en trente livres d'amende; et pour la seconde, fustigés, flétris et bannis pour cinq ans, soit qu'ils aient commis le délit dans les forêts, garennes et terres du roi, ou en celles des ecclésiastiques, communautés et particuliers du royaume sans exception.

Ordonnent en outre que les ordonnances, arrêts et règlement sur le fait de la pêche et police des rivières, et notamment les titres 2 et 31 de l'ordonnance de 1669, concernant les assises et la pêche, les articles 17 et 18 du titre XXV, concernant les pêcheries des gens de mainmorte, l'article 5 du titre XXVI, concernant la pêche des particuliers, les ordonnances du grand maître des eaux et forêts, des 28 avril et 11 juin 1761, l'arrêt de la cour du 21 octobre 1762, et l'article 9 de l'édit du mois de février dernier, sur les arts et métiers, ensemble les ordonnances et règlements concernant la perception et l'inaliénabilité des droits du domaine, seront exécutés en conséquence.

En ce qui concerne les pêcheurs, tant à verge qu'à engin[...]

1. Tous ceux qui voudront être admis à pêcher dans la riv[ière] de Seine, et autres y affluentes, seront tenus, pour profiter [de] la liberté accordée par les édits, de faire leur déclaration [de]vant le maître particulier de la maîtrise des eaux et forêts [de] Paris, ou son lieutenant; laquelle déclaration sera reçue [sans] aucuns droits ni frais, sera inscrite sur un registre qui sera t[enu] à cet effet au greffe de ladite maîtrise, et contiendra les no[ms,] surnoms, âges et demeures de ceux qui se présenteront, et l[a] soumission de payer, si le roi le requiert, lors de la tenue [des] assises, entre les mains du receveur des amendes de ladite ma[î]trise, le droit de domaine de six sous trois deniers chaque fois, [à] peine, à défaut de se faire inscrire, d'être punis comme dé[lin]quants, et à défaut de comparoître aux assises, de trois livres [d'a]mende, et de six livres en cas de récidive; desquelles déclara[tions] et inscriptions le greffier de la maîtrise sera tenu d'envoyer le r[ôle] tous les trois mois au lieutenant général de police.

2. Les hommes de vingt ans au moins pourront seuls se [faire] inscrire pour la profession de pêcheur.

3. Dans le nombre des pêcheurs présentés et admis, ser[ont] choisis annuellement, lors de la tenue des assises, des syndic[s et] adjoints qui seront tenus de veiller à l'exécution de tous les rè[gle]ments.

4. Les gardes et inspecteurs nommés par le grand maître [d']avril 1761, ou ceux qui leur ont succédé, ou qu'il nommer[a par] la suite en nombre suffisant, conformément à l'article 25 du t[itre] XXXI de l'ordonnance de 1669, veilleront, avec les syndics et a[d]joints, conjointement ou séparément, sur les pêcheurs, [afin] qu'ils ne contreviennent à aucun règlement; et s'ils étoient tro[u]vés pêchant en temps de frai et saisons prohibées, ou jetant d[ans] les rivières aucune chaux, noix vomique, coque de levant, m[o]mie ou autres drogues ou appâts, comme aussi dans le cas o[ù ils] emploieroient des filets non marqués aux armes du Roi, ou [des] prohibés, comme gille, tramail, furet, épervier, châlon, sa[bre,] cliquette ou autres inventés au dépeuplement des rivières, les[dits] gardes, inspecteurs, syndics et adjoints saisiront lesdits filets, [et] les déposeront au greffe de la maîtrise, avec leurs procès ver[baux] qu'ils affirmeront véritables, et assigneront les délinquants en [la]dite maîtrise, au premier jour, pour y répondre; leur faisant dé[fen]ses de recevoir aucune somme de qui que ce soit, ni de comp[...]

avec les délinquants, sous telles peines qu'il appartiendra, sauf à leur être adjugé leurs frais et salaires légitimes, lors du jugement qui interviendra sur les procès verbaux.

5. Toutes les épaves qui seront pêchées seront garées sur terre, et les pêcheurs en donneront avis aux gardes, syndics et adjoints, qui les donneront en garde à personnes solvables, les quelles s'en chargeront sur le procès verbal qui en sera dressé, et le substitut du procureur général du roi en la maîtrise de Paris sera tenu de faire faire les publications, et d'en requérir la vente, conformément aux articles 16 et 17 du titre XXXI de l'ordonnance de 1669, dans le temps, les délais et en la manière qui y est ordonnée.

6. Toutes personnes inscrites sur les registres des pêcheurs, et tous autres qui entreprendront de pêcher sur fleuves ou rivières navigables, seront tenus de répondre aux assignations qui ne pourront leur être données que par-devant les officiers de la maîtrise, exclusivement à tous autres juges, même des seigneurs, conformément à l'article 22 du titre XXXI de l'ordonnance de 1669; et si lesdits pêcheurs sont trouvés coupables, ils seront condamnés suivant la rigueur des ordonnances, sauf l'appel en la cour.

7. Enjoignent à tous huissiers, archers ou gardes de ports qui seront requis, conformément à l'article 28 du titre III de l'ordonnance de 1669, de prêter main-forte auxdits gardes, inspecteurs, syndics et adjoints, moyennant salaires raisonnables.

N° 528. — ARRÊT *de la cour* (1) *des monnaies, qui prescrit les conditions à remplir avant de mettre en vente aucuns poids de marcs.*

Paris, 4 septembre 1776. (R. S. C.)

La cour, faisant droit sur les conclusions du procureur général du roi, fait défenses à Louise-Marguerite Cazalis, veuve Foucault, maître balancier, et à tous autres maîtres balanciers et marchands, de faire, vendre et exposer en vente aucuns poids de marcs, qu'ils n'aient été préalablement vérifiés et étalonnés sur le poids original étant au greffe de la cour, sous telles peines qu'il appartiendra : et cependant, par grâce et sans tirer à conséquence, ordonne que les poids de marcs saisis, tant sur

---

(1) V. let. pat. 2 septembre 1779, loi du 1er mars 1793, 1er brumaire an 2, même modèle déposé à la cour des monnaies par ordon. de 1530, Guyot, v° *Étalon*.

Étienne-Louis Bocquet que sur ladite veuve Foucault, leur seront rendus; à quoi faire le greffier de la cour, dépositaire d'iceux, contraint; quoi faisant, déchargé. Ordonne que le présent arrêt sera imprimé, etc.

N° 529. — ARRÊT *du conseil par lequel le roi nomme une commission pour lui proposer un règlement sur la police des noirs.*

Versailles, 8 septembre 1776. (R. S.)

V. let. pat. 3 septembre 1776.

N° 530. — ORDONNANCE (1) *de la juridiction des canaux de Loing, d'Orléans et de Briare, sur la police desdits canaux.*

Montargis, 11 septembre 1776. (Archives des ponts et chaussées.)

Sur ce qui nous a été représenté par le procureur fiscal de la justice des canaux d'Orléans et de Loing qu'il s'y est insensiblement établi des usages également préjudiciables à leur conservation, et contraires à la sûreté de la navigation, qu'il est nécessaire de réformer; que, pour y parvenir, il est essentiel de faire exécuter les anciennes ordonnances et règlements de police, notamment celui du 20 septembre 1704, et même de pourvoir par un règlement nouveau aux différents abus qui se sont introduits, contre lesquels il n'avoit été prononcé que par des sentences particulières, etc., etc.;

Sur quoi, nous, faisant droit sur le réquisitoire, vu l'ordonnance des eaux et forêts du mois d'août 1669, celle du mois de décembre 1672, les arrêts et règlements depuis intervenus, les ordonnances, règlements et sentences de cette juridiction, rendus pour la sûreté et police de la navigation, et notamment le règle-

---

(1) En vigueur, décret du 22 février 1823.

V. édit, mars 1679; a. d. c., 19 mars 1715; règlement sur la navigation; lettres patentes, novembre 1719; ord. de police, 20 septembre 1704, 19 novembre 1717, 19 mars 1723, 1er octobre 1732, 10 décembre 1739, 5 juin 1748, 3 décembre 1750, 1er mars 1751, 13 octobre 1752, 6 juillet 1769, 8 mars 1774, 11 septembre 1776, 15 février 1781. — Arrêté du directoire du 23 frimaire an V; de l'administration locale, des 12 vendémiaire an 7 et 21 frimaire an IX; du ministre du troisième jour complémentaire de l'an X; du préfet du Loiret du 30 frimaire an XI et du 3 messidor an XIII; loi du 2 floréal an X; décret du 16 mars 1810 et 22 février 1813.

Sur le canal des deux mers, V. décret, 12 avril 1807.

ment du 20 septembre 1704, l'arrêt du conseil d'état portant règlement pour la navigation, du 19 mars 1715; les sentences des 18 novembre 1717, 5 juin 1745, 3 décembre 1750, 1" mars 1751, 13 octobre 1751, et 6 juillet 1769, nous avons fait le présent règlement ainsi qu'il suit :

1. Faisons défenses à tout compagnon haleur, voiturier par eau, et autres, de pêcher dans lesdits canaux et lieux en dépendant, de tirer aucun gibier sur la route, de couper aucuns arbres plantés sur les bords d'iceux, de quelque nature que ce soit, aulnes, osiers, saules et autres ; même d'y faucher aucune herbe, à peine d'amendes ou autres peines, suivant l'exigence des cas. Enjoignons aux éclusiers et gardes des canaux d'en dresser des procès verbaux, et de les déposer au greffe, pour en être par le procureur fiscal pris communication, par lui requis et par nous ordonné ce qu'il appartiendra.

2. Faisons très expresses inhibitions et défenses à tous marchands, leurs facteurs, voituriers, et à toutes autres personnes, de faire conduire et voiturer aucunes marchandises, et de les déposer ou empiler sur les levées et digues des canaux, à peine de vingt livres d'amende, de confiscation de marchandises, charrettes, chevaux et harnois, et de plus grande peine, s'il y échet ; leur enjoignons de les déposer et empiler dans les ports et endroits à ce destinés ; ordonnons que les marchandises qui s'y trouvent actuellement déposées en seront enlevées dans un mois au plus tard, à compter de la publication des présentes, sinon et ledit temps passé elles seront transportées et enlevées à leurs frais et dépens, poursuite et diligence du procureur fiscal.

3. Faisons défenses à toutes personnes, mariniers et autres, d'avoir des petits bateaux sur le canal qu'ils n'en aient obtenu une permission par écrit du directeur ou des inspecteurs des canaux, laquelle ne leur sera accordée qu'à la charge que le nom du propriétaire soit inscrit sur le bateau, et à la charge en outre, lorsqu'ils cesseront de s'en servir, de les attacher avec chaînes et cadenats, de manière qu'aucune personne ne puisse en faire usage; le tout à peine de confiscation desdits bateaux, dans le cas où ils seroient trouvés voguants au gré des flots, et de vingt livres d'amende contre les propriétaires, conformément à la sentence du 6 juillet 1769.

4. Ordonnons que tous bateaux qui entreront dans les canaux d'Orléans et de Loing seront marqués du nom et du domicile du propriétaire auquel ils appartiendront, à peine de vingt livres

d'amende, de laquelle les voituriers et conducteurs demeureront responsables, conformément à l'ordonnance du 8 mars 1775; et sera, le passage, refusé à tout bateau qui n'aura pas la marque ci-dessus ordonnée.

5. Faisons pareillement très expresses défenses à tous marchands, voituriers et autres, de mettre leurs bateaux, bascules et trains, du côté du halage, ou de les mettre les uns à côté des autres, de manière que le passage demeure libre pour la navigation, à peine de vingt livres d'amende pour chaque bateau, dont les propriétaires, voituriers et conducteurs seront responsables. Permettons de saisir et arrêter lesdits bateaux qui seront trouvés du côté du halage, de laquelle contravention il sera dressé procès verbal, pour, sur le dépôt qui en sera fait au greffe, être par le procureur fiscal requis et par nous ordonné ce qu'il appartiendra.

6. Faisons pareillement défenses à tous marchands et voituriers par eau de laisser en dépôt aucuns bateaux, chargés de quelques marchandises que ce soit, bascules et trains dans la racle de repos; leur enjoignons de conduire lesdits bateaux chargés de marchandises dans les racles d'Épisy et d'Écuelle, désignées pour gares, conformément à l'ordonnance du 25 septembre 1758, et ce dans un mois, à compter de la publication du présent règlement; à peine, par les marchands, voituriers, et autres, de vingt livres d'amende pour tout bateau, bascule ou train qui, ledit mois passé, sera trouvé dans la racle de repos, sauf néanmoins à être délivré aux mariniers et conducteurs de bateaux chargés de marchandises pour la provision de Paris, et qui seront obligés de séjourner dans lesdites racles d'Épisy et d'Écuelle, jusqu'à ce qu'ils descendent en Seine, des passavants contenant la somme qu'ils auront à payer au bureau de Saint-Mamest lors de leur sortie du canal; laquelle somme ils seront tenus d'acquitter à ce bureau, en représentant le passavant qui leur aura été délivré.

7. Défendons pareillement à tous propriétaires ou conducteurs qui tiennent des bateaux vidanges dans la racle de repos, de les amarrer du côté du chemin du halage; leur ordonnons de les passer sur la rive opposée, et de les attacher, le long du Pré-Poussos, aux pieux qui ont été enfoncés à cet effet sur la levée qui y a été construite, à peine de douze livres d'amende pour chaque bateau vidange qui sera trouvé dans la racle de repos, le long du chemin du halage, conformément à l'ordonnance de ce siège, du 15 octobre 1752.

8. Quant aux bateaux qu'il sera nécessaire de raccommoder ou

radouber, permettons aux propriétaires qui ont des magasins en aval du pont du Pâtis, depuis le dessous du pied de l'abreuvoir en descendant, d'y faire travailler vis-à-vis lesdits magasins, à condition qu'il n'y en aura jamais deux à côté l'un de l'autre, suivant le cours de l'eau, de manière que le halage ne puisse en souffrir aucun obstacle, à peine de douze livres d'amende pour chacun des bateaux qui seront trouvés ainsi accolés.

9. Enjoignons à tous mariniers, propriétaires ou conducteurs de trains, tant de bois de charpente qu'autres, de mettre deux hommes par chaque train, soit pour les haler des deux côtés des canaux dans les parties où cela est praticable, soit du côté du chemin de halage seulement, afin que dans ce dernier cas il y ait toujours un des deux hommes sur le train pour mettre hors, pendant que l'autre est employé à haler la levée; et leur défendons de les mettre à tirot, c'est-à-dire d'en haler deux ensemble, attachés l'un au bout de l'autre; le tout à peine de vingt livres d'amende. Et sera, le présent article, exécuté quinzaine après la publication du présent règlement.

10. Faisons défenses à tous voituriers par eau, compagnons de rivières, et autres, de garer leurs bateaux vides dans aucun des biez des canaux, et singulièrement dans les biez au-dessus et au-dessous de l'écluse de Cepoy; leur enjoignons de placer leurs bateaux vides au-dessus du moulin de Montenon, hors le halage, ou au rond de Langlée, vis-à-vis le déchargeoir: ce qui sera exécuté à l'instant de la publication du présent règlement; le tout à peine de dix livres d'amende contre les contrevenants pour chacun des bateaux vidanges qui seront trouvés dans les biez.

11. Enjoignons à tous voituriers, conducteurs de bateaux, et autres, lorsqu'ils les arrêtent à quelque endroit pendant la route, de les amarrer des deux bouts; leur défendons d'en attacher deux au bout l'un de l'autre, soit vides ou chargés, pour les haler ensemble; le tout à peine de douze livres d'amende par chaque bateau qui sera trouvé libre ou attaché d'un seul bout dans les biez, ou qui seront halés attachés les uns aux autres.

12. Faisons défenses à tous gardes, écluziers des canaux d'Orléans et de Loing, de passer aucun bateau pendant la nuit, et à tous voituriers par eau, conducteurs de bateaux, et autres, de les y contraindre, et de prendre les ringards et manivelles des crics pour lever eux-mêmes les empellements; comme aussi de passer la nuit dans les écluses, où ils pourroient endommager

les ouvrages des canaux, à peine de dix livres d'amende contre les éclusiers contrevenants, ou autres peines suivant l'exigence des cas, et de trois cents livres d'amende, même de punition corporelle contre lesdits voituriers et autres, conformément à l'arrêt du conseil du 19 mars 1715.

13. Ordonnons, conformément aux susdits arrêts et règlements de police, que les marchandises privilégiées, telles que le poisson, fruits, huile, savon, fromage, soude, merceries, étoffes, amandes, riz, vins, vins de liqueur, grains et papiers, passeront sur lesdits canaux d'Orléans et de Loing suivant l'ordre de leurs priviléges, et devant toutes autres marchandises non privilégiées, à peine de trois cents livres d'amende contre tous non privilégiés qui s'y opposeront et y formeront obstacle, conformément à l'arrêt du conseil susdaté.

14. Enjoignons à tous éclusiers, gardes des canaux, huissiers, et autres, de tenir la main à notre présente ordonnance, laquelle sera exécutée par provision, nonobstant opposition ou appellation quelconque, et sans préjudice d'icelle, attendu qu'il s'agit de police en fait de navigation. Et sera notredite ordonnance imprimée, publiée, affichée, et lue à chacune de nos assises, présence desdits éclusiers, gardes des canaux, et huissiers, à ce qu'aucun n'en prétende cause d'ignorance, et ait à s'y conformer.

N° 531. — RÈGLEMENT *sur la formation de quatre compagnies de troupes coloniales à l'île de Rhé.*

Versailles, 12 septembre 1776. (R. S.)

V. 26 décembre 1774; ord., 8 août 1814. Col. Isambert.

N° 532. — RÈGLEMENT *concernant les embaucheurs et fauteurs de désertion.*

Versailles, 12 septembre 1776 (R. S. C. Code corse.)

V. ord., 12 décembre 1775, 25 mars 1776.

Sa majesté, après avoir établi un nouvel ordre de peines contre les déserteurs de ses troupes, a cru devoir aussi expliquer ses intentions à l'égard des embaucheurs et des fauteurs de désertion; en conséquence, sa majesté a ordonné et ordonne ce qui suit:

1. Sa majesté, ayant remis le crime de désertion commis par les soldats, cavaliers, dragons et hussards de ses troupes, tant

…çaises qu'étrangères, avant le 1ᵉʳ janvier dernier, défend …ses juges de faire ou continuer aucunes poursuites contre …ceux qui auroient été les instigateurs ou fauteurs des désertions …commises avant ladite époque.

2. Sera réputé embaucheur, et puni comme tel, quiconque par promesses, menaces ou autrement, aura sollicité un soldat, cavalier, dragon ou hussard des troupes de sa majesté à déserter, sans que la peine puisse être remise ni modérée dans le cas où le déserteur auroit prévenu sa condamnation par un retour volontaire à son régiment.

3. Sera pareillement réputé embaucheur, et puni comme tel, quiconque, n'étant pas autorisé par sa majesté à faire des recrues pour le service de l'étranger, aura sollicité à entrer dans ledit service un sujet de sa majesté non engagé dans ses troupes.

4. Ceux qui solliciteront un soldat, cavalier, dragon ou hussard à déserter à l'ennemi, en temps de guerre, seront punis de mort.

5. Ceux qui solliciteront un sujet de sa majesté non engagé à son service à passer au service ennemi, en temps de guerre, seront punis de mort.

6. Ceux qui solliciteront un soldat, cavalier, dragon ou hussard à déserter à l'étranger, en temps de paix, seront condamnés aux galères pour trente ans.

7. Ceux qui solliciteront un sujet de sa majesté non engagé à son service à passer à celui de l'étranger, en temps de paix, seront condamnés aux galères pour vingt ans.

8. Ceux qui solliciteront un soldat, cavalier, dragon ou hussard à déserter, pour passer dans un autre régiment des troupes de sa majesté, ou demeurer dans ses états, sans s'engager de nouveau à son service, seront condamnés aux galères pour dix ans.

9. Les articles 4, 5, 6, 7 et 8 ci-dessus seront exécutés même au cas où les sollicitations pratiquées par l'embaucheur n'auroient été suivies d'aucun effet.

10. Les complices des embaucheurs seront condamnés aux peines portées contre lesdits embaucheurs par les articles 4, 5, 6, 7 et 8 ci-dessus.

11. Ceux qui s'opposeront à la capture d'un déserteur, ou qui, après qu'il aura été arrêté, le retireront des mains des conducteurs, seront condamnés; savoir, dans le premier cas,

aux galères pour vingt ans; et dans le second, aux galères à perpétuité.

12. Ceux qui, en exécution des articles précédents, seront condamnés à la peine des galères, seront flétris des lettres G. A. L.

13. Sa majesté défend très expressément à tous ses sujets, de quelque qualité et condition qu'ils soient, de donner retraite aux déserteurs, et de faciliter leur fuite par quelque voie que ce soit, à peine de cent cinquante livres d'amende contre chacun des contrevenants, laquelle amende sera appliquée, savoir: un tiers à l'hôpital du lieu ou au plus prochain, un tiers aux cavaliers de maréchaussée qui auront fait la capture desdits déserteurs, lequel tiers leur tiendra lieu de la gratification de cinquante livres à eux attribuée par l'ordonnance de sa majesté du 12 décembre dernier; et l'autre tiers à celui qui aura dénoncé les contrevenants aux dispositions du présent article; et dans le cas où il n'y aura point de dénonciateur, l'amende de cent cinquante livres sera appliquée, moitié à l'hôpital du lieu ou au plus prochain, et moitié aux cavaliers de maréchaussée.

14. Sa majesté défend très expressément à tous ses sujets, de quelque qualité et condition qu'ils soient, d'acheter, troquer ou garder, soit à titre de gage, nantissement ou autrement, les chevaux, habillements, armes et équipages des cavaliers, dragons, soldats ou hussards servant dans ses troupes, à peine, aux contrevenants, de confiscation, et de quatre cents livres d'amende contre chacun d'eux, appliquable pour un quart à ceux qui les auront dénoncés, pour un autre quart à l'hôpital du lieu ou au plus prochain, et pour le surplus aux cavaliers de maréchaussée qui auront arrêté le soldat, cavalier, dragon ou hussard auxquel appartiendront lesdits habillements, armes, équipages ou chevaux, ou qui auront découvert ceux qui les tiennent de lui; et dans le cas où il n'y aura point de dénonciateur, ladite amende de quatre cents livres sera appliquée, moitié à l'hôpital du lieu ou au plus prochain, et moitié auxdits cavaliers de maréchaussée, qui, au moyen de cette portion de ladite amende, ne pourront répéter la gratification de cinquante livres mentionnée en l'article précédent.

15. Sa majesté ordonne que les articles 5 et 7 de la déclaration du 5 février 1731 seront exécutés selon leur forme et teneur; en conséquence, que les prévôts des maréchaux connoîtront

en dernier ressort, privativement à tous autres juges, des crimes des embaucheurs ou fauteurs de désertion.

16. Lorsqu'il écherra seulement de condamner en l'amende prononcée par la présente ordonnance contre les fauteurs de désertion, il ne pourra être décerné, contre l'accusé, d'autre décret que celui d'ajournement personnel, lequel sera converti en décret de prise de corps si l'accusé ne se représente pas.

17. Dans le cas de l'article précédent, les formalités prescrites par les ordonnances seront observées en ce qui concerne, tant le jugement de la compétence, que l'instruction qui doit précéder le jugement définitif; le procès néanmoins ne pourra être réglé à l'extraordinaire, même lorsque l'accusé sera contumax.

18. Lorsque l'accusé contre lequel il n'échet de prononcer d'autre peine que celle de l'amende aura subi l'interrogatoire qui précède immédiatement le jugement définitif, il sera conduit dans les prisons pour sûreté du paiement de ladite amende, au cas qu'elle soit prononcée contre lui; et lorsqu'il y aura été condamné, il ne pourra être élargi qu'après y avoir satisfait.

19. Si l'accusé condamné à l'amende est insolvable, son insolvabilité sera constatée par procès verbal; auquel cas sa majesté ordonne qu'il sera par nouveau jugement, rendu sur le rapport dudit procès verbal, ordonné que l'accusé tiendra prison pendant trois mois, si l'amende prononcée contre lui n'est que de cent cinquante livres; et pendant six mois, s'il a été condamné à celle de quatre cents livres.

20. Les juges ne pourront statuer sur la destination des habillements, équipages, armes et chevaux des soldats qui les auront troqués, engagés ou vendus; mais sera tenu, le prévôt de maréchaussée ou son lieutenant, d'en donner avis au secrétaire d'état ayant le département de la guerre, qui prendra à cet égard les ordres de sa majesté.

21. Lorsque les soldats qui auront vendu, troqué, engagé ou donné en nantissement, leurs habillements, armes ou chevaux, auront été constitués prisonniers, le procès sera fait contre l'acheteur, troqueur desdits effets, ou celui qui les aura gardés, reçus en gage ou nantissement, en observant ce qui est prescrit par les articles suivants.

22. Le soldat sera interrogé sur le fait de l'achat, troc ou engagement des effets mentionnés en l'article précédent, et récollé sur son interrogatoire.

23. Il sera retenu prisonnier jusqu'à la fin de l'instruction qui doit précéder le jugement définitif de celui qui est accusé d'avoir acheté, troqué, gardé ou reçu en gage lesdits effets, et, l'instruction finie, ledit soldat sera renvoyé au conseil de guerre : en conséquence, les juges qui prononceront sur la compétence du prévôt, en ce qui concerne l'acheteur, seront tenus d'ordonner que l'instruction sera continuée avec le soldat, sauf, après qu'elle sera finie, à renvoyer ledit soldat au conseil de guerre, pour y être jugé sur le fait de désertion, s'il y a lieu.

24. Déroge, sa majesté, à toutes les ordonnances précédemment rendues, en ce qui est contraire aux dispositions de la présente.

N° 533. — ORDONNANCE *portant que les compagnies de gardes Suisses et celles* (1) *près de Monsieur et monsieur le comte d'Artois participeront aux avantages accordés aux différents corps de la maison militaire.*

Versailles, 14 septembre 1776.

N° 534. — RÈGLEMENT *concernant les commissaires des guerres* (2).

Versailles, 14 septembre 1776. (R. S. C.)

Sa majesté s'étant fait représenter les édits, déclarations et ordonnances rendus par les rois ses prédécesseurs, concernant l'établissement, la constitution des commissaires des guerres, les fonctions et les prérogatives de leurs charges, notamment la déclaration du 20 août 1767, et l'arrêt du conseil d'état du 2 septembre 1772 : elle a jugé nécessaire de rappeler ces officiers à leur ancienne institution, pour les rendre plus utiles au bien de son service; en conséquence, elle a ordonné et ordonne ce qui suit :

---

(1) Créées par décl. des 1er avril 1771 et 17 novembre 1773.
(2) Office supprimé, édit de mars 1667; recréé, décembre 1691; le nombre changé, édit de septembre 1694, mars 1704. V. 26 février 1777; édit de décembre 1783, et février 1785. — Supprimé et remplacé par des commissaires ordonnateurs, loi du 20 septembre 1791; nouvelles dispositions, lois du 11 septembre 1792, 16 avril et 12 mai 1793; organisation complète, 28 nivôse an III; modifiée, arrêté du 9 pluviôse an VIII; création des intendants militaires, ord. 29 juillet 1817, 2 août 1818, modifiée ou abrogée par l'ord. du 27 septembre 1820. V. Merlin 2,515.

I. — *Constitution et composition des commissaires des guerres.*

1. Les charges des commissaires provinciaux et ordinaires des guerres, ceux des commissaires à la conduite et police des gardes-du-corps, gendarmes, chevau-légers, gardes-françoises et suisses de la maison du roi, et des compagnies d'ordonnances, ainsi que ceux à la nomination des fils de France et maréchaux de France, conserveront la constitution militaire dans laquelle ils ont été maintenus ou rétablis par les arrêts du conseil et la déclaration des 20 août 1767, 30 juin et 20 septembre 1772.

2. Aucun commissaire des guerres ne sera employé, à moins qu'il ne soit pourvu d'une charge, ou qu'il n'ait loué le titre d'un commissaire non employé, après en avoir obtenu l'agrément du secrétaire d'état ayant le département de la guerre.

3. Les sujets qui seront pourvus des charges de commissaires des guerres, ou d'un titre, ne pourront être employés qu'ils n'aient justifié avoir servi au moins cinq ans en qualité d'officiers dans les troupes réglées de sa majesté, ou comme élèves dans les bureaux de la guerre.

4. Les fonctions confiées aux commissaires des guerres exigeant la plus grande attention dans le choix des sujets destinés à les remplir, l'intention du roi est que les officiers généraux chargés du commandement des divisions, et les commissaires des guerres employés à la cour, désignent chaque année au secrétaire d'état de la guerre les officiers et les élèves employés dans les bureaux de la guerre, auxquels sa majesté pourroit accorder l'agrément de traiter des charges de commissaires des guerres qui deviendront vacantes par mort ou autrement.

5. L'intention de sa majesté étant de maintenir les fils et petits-fils de France dans le droit qu'ils ont toujours eu de nomination et de présentation à une charge de commissaire des guerres, et de conserver aux maréchaux de France les prérogatives que les rois ses prédécesseurs ont bien voulu leur accorder à cet égard, elle déclare cependant qu'elle n'accordera les provisions desdites charges qu'autant que les sujets qui lui seront présentés seront choisis dans le nombre des officiers de ses troupes réglées, ou des élèves des bureaux de la guerre, et qu'ils auront les cinq années de service prescrites par l'article 3.

6. Les commissaires des guerres pourvus d'un office ou d'un

titre, que sa majesté jugera à propos d'employer, ne pou[rront] obtenir des départements dans les généralités du royaume, [sans] avoir préalablement servi comme nouveaux admis, dans les p[la]ces de Lille, Valenciennes, Metz, Strasbourg ou Besançon, [où] ils recevront des commissaires ordonnateurs, sous les ordres de[s]quels ils se trouveront, les instructions nécessaires pour [les] mettre en état de remplir leurs fonctions.

7. L'intention du roi est que les départements vacants so[ient] destinés de préférence aux commissaires nouveaux admis [qui] mériteront cette distinction par une conduite exacte, une ap[pli]cation suivie et une instruction plus avancée; après néanm[oins] que les commissaires actuellement employés, et qui se tr[ou]veront réformés par la réduction ci-après ordonnée, auront [été] remplacés.

8. Les services des commissaires des guerres leur seront co[mp]tés pour la croix de Saint-Louis, mais il ne pourront l'ob[tenir] qu'après trente ans de service; bien entendu que les titul[aires] des charges n'acquerront droit à cette grâce qu'autant qu['ils] auront été employés pendant le temps prescrit, ou qu'ils au[ront] des services antérieurs dans les troupes réglées.

9. Les commissaires des guerres conserveront les prér[oga]tives personnelles qui leur ont été accordées précédemm[ent,] voulant, sa majesté, que ceux actuellement pourvus des char[ges] et ceux qui le seront par la suite, d'après les dispositions de [la] présente ordonnance, jouissent des avantages accordés aux o[ffi]ciers de ses troupes ayant le grade de capitaine, en ce qui co[n]cerne les dispositions de l'édit du mois de novembre 1750, p[or]tant établissement d'une noblesse militaire.

10. Le nombre des troupes existant au service du roi, et [les] différents détails relatifs à l'administration de la guerre, exig[ent] qu'il soit conservé, dans les différentes provinces du royau[me,] cent cinquante commissaires des guerres employés, l'intent[ion] de sa majesté est qu'il ne puisse être employé à l'avenir, à [ ] compter du jour de l'exécution de la présente ordonnance, q[ue] les cent cinquante commissaires établis dans le présent arti[cle,] conformément à la répartition qui sera faite ci-après.

11. Veut bien, sa majesté, ne pas comprendre, dans le no[mbre] présent, les élèves dans le nombre des cent cinquante com[mis]saires établis par l'article précédent; mais elle entend que pa[r la] suite, à mesure qu'il vaquera des départements, et après [que] les commissaires réformés en vertu de la présente auront [été]

placés; le nombre des commissaires des guerres employés
sera encore réduit en proportion de celui des élèves qu'elle jugera à propos d'admettre dans les places ci-dessus désignées
sur leur instruction.

En conséquence, la répartition actuelle des cent cinquante
commissaires employés se fera ainsi qu'il suit :

Ordonnateurs sans département fixe 2, en Flandre 9, en Artois 4, en Picardie 4, en Soissonnois 3, en Haynault 8, dans l'intérieur de la Champagne 4, sur la frontière de la Champagne et des évêchés 4, dans les évêchés 11, en Lorraine 5, en Alsace 12, dans le comté de Bourgogne 5, dans le duché de Bourgogne 3, dans le Lyonnois 2, dans le Dauphiné 7, en Provence 7, en Languedoc 8, dans le Roussillon 2, dans la généralité d'Auch 2, en Guyenne 3, dans la généralité de Montauban 1, en Auvergne 1, en Bourbonnois 1, en Limousin 1, en Berri 1, dans la généralité de la Rochelle 4, dans le Poitou 3, dans la Touraine 4, en Bretagne 7, en Normandie 6, dans l'Orléanois 3, dans la généralité de Paris 6, et en Corse 6. Total, 150.

12. Sa majesté répartira, dans les provinces et généralités désignées dans l'article précédent, des commissaires-ordonnateurs ou principaux, sous les ordres immédiats desquels se trouveront les commissaires des guerres qui y seront employés ; l'intention du roi étant que lesdits commissaires-ordonnateurs ou principaux répondent personnellement du service des commissaires des guerres au secrétaire d'état de la guerre, aux gouverneurs, lieutenants généraux, ou commandants et intendants desdites provinces, et aux officiers généraux chargés du commandement des divisions qui y seront établies.

13. Les commissaires nouveaux admis seront subordonnés en toute occasion aux commissaires à département ; les commissaires à département le seront aux commissaires-ordonnateurs et aux commissaires principaux ; de sorte que les commissaires des guerres employés dans une province recevront toujours les ordres de l'ordonnateur ou commissaire principal, ou du plus ancien des commissaires des guerres qui sera chargé du service en absence de l'ordonnateur ou du principal ; et lorsque sa majesté jugera à propos d'envoyer des commissaires principaux dans les départements des ordonnateurs, ou d'employer un ordonnateur dans le département d'un principal, ce dernier sera subordonné à l'ordonnateur.

14. Sa majesté voulant bien destiner aux commissaires-ordonnateurs des guerres qui lui auront donné les marques les plus distinguées de leur zèle, une récompense de leurs services, accordera aux deux commissaires-ordonnateurs du corps, les plus susceptibles de cette grâce, le brevet d'intendant des armées du roi, qui sera incompatible avec toute charge militaire.

15. L'intention de sa majesté est que le nombre des commissaires-ordonnateurs soit fixé à l'avenir à dix-huit, y compris les deux mentionnés en l'article précédent, et que les seize autres soient répartis dans les provinces et généralités de Flandre et Artois, Hainault, frontière de Champagne, Évêchés, Lorraine, Alsace, comté de Bourgogne, Dauphiné, Provence, Languedoc, Guyenne, Bretagne, Normandie, Paris et Corse.

16. Le nombre des commissaires principaux sera fixé à seize; ils seront répartis dans les provinces de l'intérieur du royaume, ainsi que sa majesté le jugera convenable au bien de son service, et rempliront dans lesdites provinces les mêmes fonctions que les ordonnateurs dans celles frontières.

TITRE II. — *Uniforme des commissaires-ordonnateurs, principaux, ordinaires à départements et nouveaux admis.*

1. Les commissaires-ordonnateurs des guerres conserveront l'uniforme qui leur a été affecté par le règlement du 2 septembre 1775; et les principaux porteront celui fixé par le même règlement pour les commissaires ordinaires.

2. Les commissaires des guerres employés dans les départements porteront sur leur habit un bordé de six lignes, avec les boutonnières bordées du même dessin que celui fixé pour les commissaires-ordinaires et principaux.

3. Les commissaires nouveaux admis, employés à Lille, Valenciennes, Metz, Strasbourg ou Besançon, avant de passer à les départements, porteront seulement des boutonnières brodées.

4. Pour éviter toute ressemblance entre les uniformes affectés aux commissaires des guerres et aux chirurgiens-majors, ces derniers porteront à l'avenir, sur l'habit précédemment réglé pour leur uniforme, un collet et des parements de velours soie.

TITRE III. — *Appointements des commissaires des guerres.*

1. L'intention du roi est que les appointements des commissaires

...des guerres leur soient payés pendant le temps qu'ils seront employés, soit dans le royaume, soit aux armées :

A chacun des deux ordonnateurs, avec brevet d'intendant des armées 10,000 liv. dans le royaume. A chacun des seize commissaires ordonnateurs, non compris 2000 livres qui leur seront passées pour frais de bureau, 6000 liv. dans le royaume, 10,000 liv. en campagne. A chacun des seize commissaires principaux, non compris 1000 livres qui leur seront passées pour frais de bureau, 5000 liv. dans le royaume, 8000 liv. en campagne. A chacun des vingt commissaires à département, les plus anciens, et à ceux d'entre eux qui passeront aux armées, 4000 liv. dans le royaume, 6000 liv. en campagne. A chacun des autres commissaires à département, et à ceux d'entre eux qui passeront aux armées, 3000 liv. dans le royaume, 5000 liv. en campagne. A chacun des commissaires nouveaux admis, employés pour leur instruction à Metz, Lille, Valenciennes, Strasbourg ou Besançon, 1200 liv. dans le royaume.

2. Sa majesté donnera ses ordres pour que lesdits appointements et traitements accordés aux commissaires des guerres leur soient payés par à compte avec la subsistance des troupes tous les deux mois, et que les ordonnances en soient fournies tous les six mois au trésorier principal de l'extraordinaire des guerres servant dans leurs départements; mais l'intention du roi est qu'ils ne puissent jouir du traitement de campagne qu'à compter du jour où ils arriveront à la dernière place frontière, et que le décompte leur en soit fait par le trésorier des armées où ils cesseront d'être employés, jusqu'au jour où ils en partiront pour se rendre à une nouvelle destination.

ms IV. — *Fonctions des commissaires des guerres employés dans l'intérieur du royaume.*

1. Les deux commissaires ordonnateurs des guerres auxquels sa majesté accordera le brevet d'intendant des armées du roi seront particulièrement employés, sans département fixe, à l'exécution des ordres ou commissions extraordinaires qui leur seront donnés par le secrétaire d'état ayant le département de la guerre; ils auront, dans les provinces où il jugera à propos de les employer, l'inspection générale et l'autorité sur les commissaires-ordonnateurs, principaux et autres qui y seront employés.

2. L'intention de sa majesté est que les commissaires ordonnateurs ou principaux, employés dans chaque province, répondent personnellement du service et des fonctions des commissaires des guerres qui y seront sous leurs ordres aux gouverneurs, lieutenants généraux ou commandants et intendants des provinces; elle veut en conséquence qu'aucun commissaire des guerres employé dans un département ne puisse se dispenser, sous aucun prétexte, d'exécuter les ordres de l'ordonnateur ou du commissaire principal de la province, et de lui rendre compte journalier de tout ce qui aura rapport aux fonctions de son emploi.

3. Les commissaires ordonnateurs ou principaux recevront directement du secrétaire d'état ayant le département de la guerre ou de l'intendant de la province, toutes les instructions relatives à l'administration militaire dont ils seront spécialement chargés. Entend même, sa majesté, que lesdits commissaires ordonnateurs ou principaux puissent, en l'absence des intendants et dans des cas imprévus et instants, pour le service de ses troupes, donner personnellement, et faire passer aux commissaires des guerres employés dans la province, les ordres qui leur paroîtront nécessaires; mais lesdits commissaires ordonnateurs ou principaux seront alors responsables desdits ordres, et en rendront compte sur-le-champ au secrétaire d'état de la guerre et à l'intendant de la province.

4. Il sera remis des bureaux de l'intendance au commissaire ordonnateur ou principal une expédition de tous les marchés relatifs aux fournitures des troupes, de quelque nature qu'elles puissent être. L'intention du roi étant que tous les objets de dépenses sur les fonds de l'extraordinaire des guerres indépendantes de la solde des troupes soient arrêtés par les commissaires des guerres, et visés du commissaire ordonnateur ou principal de la province ; ordonne pareillement, sa majesté, que les ordonnances des intendants, sur les fonds de l'extraordinaire des guerres, fassent une mention détaillée de l'objet de chaque dépense ordonnée, et qu'elles désignent nominativement les commissaires ordonnateurs, principaux et ordinaires des guerres qui auront signé les états en vertu desquels lesdites ordonnances auront été rendues, son intention étant que les commissaires ordonnateurs et principaux répondent de la fidélité desdits états. Les commissaires employés sous les ordres des ordonnateurs et des principaux seront tenus de leur donner tous les renseignements

qu'ils croiront devoir exiger avant de mettre leur *visa* au [dos] de l'arrêté. Défend expressément, sa majesté, aux trésoriers [généraux] de l'extraordinaire des guerres, de reconnoître et de [com]prendre dans leurs comptes aucune ordonnance définitive [de] paiement, à moins qu'elle ne soit conforme aux dispositions [du] présent article.

5. L'intention du roi étant que les troupes continuent à se [con]former avec la plus grande exactitude à tout ce qui leur est [pres]crit dans les ordonnances précédemment rendues, concer[n]ant leur discipline et police dans les places, villes et quartiers [où] elles tiennent garnison : veut aussi, sa majesté, que les com[miss]aires des guerres, sous la police desquels elles se trouveront, [vei]llent avec la même exactitude à ce que lesdites troupes soient [bien] établies dans les garnisons et quartiers qui leur seront assi[gn]és ; que les hôpitaux y soient bien administrés, et qu'elles ne [so]ient privées d'aucun des objets affectés par les ordonnances à [leu]r service et à leurs besoins. Ordonne en conséquence, sa ma[jes]té, auxdits commissaires des guerres, de veiller scrupuleuse[me]nt sur les qualités et quantités des fournitures qui leur seront [fai]tes en tout genre, et dans le cas où elles leur paroîtroient non [re]cevables, d'en constater les qualités par des procès verbaux, [et] d'en faire distribuer d'autres auxdites troupes, aux périls, ris[qu]es et fortune de qui il appartiendra. Lesdits procès verbaux [se]ront dressés par les commissaires des guerres et faits en pré[sen]ce des officiers supérieurs ou autres des corps qui seront ap[pel]és par lesdits commissaires des guerres, lesquels signeront [av]ec eux lesdits procès verbaux. Il en sera adressé par les com[miss]aires des guerres une expédition au secrétaire d'état ayant le [dé]partement de la guerre, et deux expéditions au commissaire [or]donnateur ou principal de la province.

6. Dès que les procès verbaux, expliqués dans l'article précé[de]nt, seront parvenus au commissaire-ordonnateur ou principal [de] la province, il en remettra une expédition à l'intendant, avec [un] rapport motivé, et il sera ensuite ordonné par l'intendant [ce] qu'il appartiendra : enjoint également, sa majesté, aux com[miss]aires-ordonnateurs ou principaux, de rendre compte aux [gou]verneurs, lieutenants généraux ou commandants dans les [pro]vinces, du contenu desdits procès verbaux, et des rapports [mo]tivés qu'ils auront faits aux intendants desdites provinces.

7. Les commissaires ordinaires, employés dans chaque dé[p]artement, seront tenus de conserver avec le plus grand soin

les minutes originales de leurs revues et de tous les états qu'ils adresseront au secrétaire d'état de la guerre : ils continueront de faire passer à l'intendant et au trésorier principal des expéditions de leurs revues ; mais l'intention du roi est qu'ils adressent directement à leur commissaire-ordonnateur ou principal, les états arrêtés des dépenses au compte du roi, indépendantes de la solde, de quelque nature qu'elles puissent être, afin que lesdits états arrêtés soient visés par les commissaires-ordonnateurs ou principaux, et que les ordonnances soient rendues par les intendants, conformément aux dispositions de l'article 5. Les commissaires employés dans chaque département adresseront, tous les deux mois, au commissaire-ordonnateur ou principal, un état sommaire de l'effectif des troupes qui se trouveront sous leur police, dans lequel il sera fait une mention exacte de tous les mouvements et changements survenus d'une revue à l'autre : veut aussi, sa majesté, que lesdits commissaires des guerres tiennent un registre-journal, dans lequel ils inséreront les minutes de leurs lettres, celles de leurs procès verbaux, les notes indicatives de leurs états, et de tout ce qui concerne les fonctions de leur charge, pour y avoir recours au besoin ; ils auront également l'attention d'insérer sur lesdits registres-journaux les époques de l'arrivée et du départ des troupes qui seront en garnison dans leur département, et les états sommaires de leur non complet, avec les apostilles qui auront rapport à chacune desdites époques d'arrivée et de départ.

8. Ordonne pareillement, sa majesté, aux commissaires-ordonnateurs et principaux, de conserver avec autant d'ordre et d'exactitude, tous les papiers qui leur seront adressés, concernant son service ; son intention étant que leur registre-journal ne laisse rien à désirer sur les renseignements indicatifs des pièces qu'ils garderont par-devers eux. Veut pareillement, sa majesté, que lorsqu'un commissaire-ordonnateur, principal ou ordinaire des guerres, passera d'un département à un autre, ou obtiendra sa retraite, il ne puisse quitter son emploi sans avoir remis à son successeur tous les papiers relatifs à ses fonctions. Lesdits commissaires dresseront un inventaire desdits papiers qu'ils garderont par-devers eux, signé de leur successeur pour leur décharge.

9. Lorsqu'un commissaire à département viendra à mourir, l'ordonnateur ou le commissaire principal employé dans la province se rendra à la résidence du décédé, pour être présent

levée des scellés, et se faire remettre les papiers relatifs au service du roi; il en dressera ensuite un inventaire, au bas duquel il se procurera, pour sa décharge, le récépissé du commissaire, qu'il commettra momentanément audit département, en attendant que le ministre y ait nommé.

Lorsqu'un commissaire-ordonnateur ou principal, employé dans une province, viendra à mourir, l'intendant chargera un commissaire des guerres de se présenter à la levée des scellés, pour se faire remettre les papiers concernant le service du roi, qui resteront entre ses mains jusqu'à l'arrivée du nouveau commissaire-ordonnateur ou principal, avec lequel il fera l'inventaire desdits papiers.

10. Les commissaires-ordonnateurs ou principaux des guerres seront tenus, chaque année, du 1er mai au 1er octobre, de se transporter dans les départements des commissaires des guerres employés dans la province; ils recevront, avant leur départ pour leur tournée, les instructions des commandants et intendants desdites provinces, et leur rendront compte à leur retour de tout ce qui pourra mériter respectivement leur attention.

11. Les commissaires-ordonnateurs et principaux des guerres donneront avis des différentes époques de leur arrivée dans chaque département, aux commandants des places et aux commissaires des guerres. Ils commenceront par vérifier si les papiers et les registres-journaux du département sont conservés et suivis avec l'exactitude prescrite par l'article 7; ils feront ensuite, en présence des commissaires ou du commissaire du département, l'inspection des casernes ou logements des troupes, des hôpitaux militaires et autres, et de toutes les fournitures destinées aux troupes, de quelque nature qu'elles puissent être. Lesdits commissaires-ordonnateurs ou principaux veilleront supérieurement sur toutes les fonctions des commissaires des guerres, telles qu'elles leur sont prescrites par les ordonnances du roi précédemment rendues : ordonne à cet effet, sa majesté, aux commandants des places et des corps, de reconnoître et faire reconnoître lesdits commissaires-ordonnateurs ou principaux, par tous ceux étant sous leur charge; l'intention de sa majesté étant que lesdits commissaires-ordonnateurs ou principaux puissent faire seuls les revues des troupes qui se trouveront, lors de leur tournée, sous la police des commissaires des guerres employés sous leurs ordres, ou qu'ils les fassent faire

9.

par lesdits commissaires en leur présence, laquelle sera c[ons]ta[...]tée alors par le *visa* du commissaire-ordonnateur ou prin[cipal] au bas de l'arrêté desdites revues. Ils vérifieront si lesdits c[om]missaires ont fait prêter le serment prescrit par les ordonna[nces] aux officiers nouvellement pourvus, et veilleront à ce qu[e ne] puisse être exigé, pour raison desdits serments, aucune e[spèce] de rétribution : enjoint pareillement, sa majesté, aux maires [des] villes, aux directeurs des hôpitaux militaires, aux entrepr[eneurs] généraux et particuliers, de reconnoître les commissaires-or[don]nateurs et principaux dans les fonctions qui leur sont att[ribuées] par la présente ordonnance et celles précédemment rendues, [et] de se conformer à tout ce qu'ils croiront devoir leur pres[crire] pour le service du roi.

12. L'ordre et le mot continueront d'être envoyés par un [a]gent aux commissaires des guerres, conformément aux dis[posi]tions de l'article 29 du titre XIII de l'ordonnance du 1[er mai] 1768 : mais l'intention du roi est qu'il soit envoyé direct[ement] au commissaire-ordonnateur ou principal, lorsqu'il se tr[ouve] dans les places de la province où il est employé, lequel se [char]gera alors de le faire passer aux commissaires des guerres [qui] seront sous ses ordres.

13. Les commissaires employés dans les départements s'[en] tiendront la seconde place qui leur est affectée en toute occa[sion] par les ordonnances qui ont successivement conformé celle [du] 4 avril 1664, qu'en l'absence des commissaires-ordonnateur[s et] principaux, auxquels elle ne pourra être refusée dans aucun [cas] par les commandants des places, et ceux des corps dans les v[illes] ou quartiers de chaque province où lesdites troupes tiendr[ont] garnison.

14. Les commissaires-ordonnateurs ou principaux re[n]dront, après leur retour dans leur résidence, au secrétaire d'[état] de la guerre, un compte général de tous les objets qui aur[ont] rapport à leurs fonctions.

15. Les commissaires des guerres employés dans les dépar[te]ments obtiendront les grâces du roi et l'avancement dont ils s[e]ront susceptibles, sur les comptes qui en seront rendus au sec[ré]taire d'état ayant le département de la guerre, par le commi[s]saire-ordonnateur ou principal de la province sous les ord[res] duquel ils se trouveront.

16. Lorsque les officiers généraux chargés du commande[ment] des divisions commenceront leur tournée, ils instruiro[nt]

[...] le commissaire-ordonnateur ou principal de la province, [...] différentes époques auxquelles ils auront fixé les revues des [...] qui se trouveront sous leurs ordres dans les différentes [...], villes ou quartiers de ladite province : le commissaire-[ordon]nateur ou principal en préviendra sur-le-champ les com[missai]res des guerres employés dans chaque département, afin [qu'i]ls ne puissent se dispenser, sous aucun prétexte, de se trou[ver dans] lesdites places, villes ou quartiers à l'arrivée des offi[ciers] généraux chargés de l'inspection des troupes, pour rece[vo]ir leur instruction.

17. Les fonctions des commissaires des guerres, dans les armées, étant très importantes, l'intention de sa majesté est que [les] seize commissaires-ordonnateurs employés dans les provinces [fron]tières le soient de préférence dans les armées ; que les [com]missaires principaux employés dans les provinces de l'inté[ri]eur remplacent dans celles frontières les ordonnateurs ; et que [les] commissaires-ordonnateurs et principaux désignent au se[cré]taire d'état de la guerre les commissaires des guerres em[plo]yés dans les différents départements, qui leur paroîtront les [plus] susceptibles par leur expérience, leur application et leur [zè]le, d'être employés à la guerre. Ces derniers seront rempla[cés] dans les départements qu'ils laisseront vacants, par les nou[ve]aux admis établis dans les cinq places ci-dessus désignées : [vou]lant, sa majesté, qu'aucun commissaire des guerres ne puisse, [en] quelque circonstance et sous quelque prétexte que ce soit, [êt]re employé dans les armées, à moins qu'il n'ait rempli les [fon]ctions de sa charge dans un département de l'intérieur du [ro]yaume.

18. Sa majesté se réserve de faire connoître ses intentions sur [le]s fonctions des commissaires des guerres employés aux armées, [d]ans l'ordonnance qu'elle rendra sur le service de campagne.

19. N'entend, sa majesté, déroger à aucune des ordonnances [pré]cédemment rendues, édits et déclarations concernant la con[sti]tution, les prérogatives et les fonctions des commissaires des [gu]erres, en tout ce qui ne seroit pas contraire aux dispositions [de la] présente ordonnance.

N° 535. — Arrêt du conseil, qui ordonne plusieurs dispositions pour le remplacement des bestiaux dans les provinces méridionales.

Versailles, 15 septembre 1776. (R. C. S.)

V. 18 décembre 1774.

Le roi s'étant fait rendre compte, en son conseil, des représentations et instances présentées par les habitants de ses provinces méridionales, à l'effet d'obtenir la permission de repeupler de bestiaux les pays que l'épizootie a ravagés dans les années dernières, et sa majesté étant informée que depuis plusieurs mois le calme a régné dans les pays qui avoient été attaqués, et qu'une salubrité continue permet d'espérer que le germe de la contagion est absolument détruit, elle a reconnu avec satisfaction que la sagesse des précautions multipliées qui ont été prises en conséquence de ses ordres, le zèle des commandants de ses troupes et des intendants chargés de leur exécution, et les secours abondants que sa majesté a répandus dans les provinces dévastées, produisent enfin l'effet heureux qu'elle avoit droit d'en attendre, et qu'on peut sans danger rendre par degrés à l'agriculture les bestiaux qui y sont nécessaires : mais qu'en modérant les précautions qui n'avoient été prescrites que pour l'avantage de ses sujets, et pour leur épargner les pertes auxquelles ils auroient pu être exposés, d'autres intérêts également importants pour eux doivent encore être ménagés par des précautions d'un autre genre, soit en s'assurant de la salubrité des cantons desquels il sera permis de tirer les bestiaux destinés aux repeuplements, soit en établissant un ordre graduel qui, en assurant à chaque propriétaire le nombre d'animaux proportionné à l'étendue de sa culture, prévienne les achats supérieurs aux besoins, desquels résulteroit la rareté et la cherté excessive de l'espèce, dans un moment où il est intéressant qu'elle soit répartie aussi justement qu'il est possible.

1. Tout propriétaire, métayer ou cultivateur, qui désirera acheter et introduire dans son domaine des animaux de labour, en remplacement de ceux qui ont été détruits ou émigrés à l'occasion de l'épizootie, pourra, à compter de la publication du présent arrêt, faire devant les maire, consuls, jurats ou syndics de sa communauté, sa déclaration de l'étendue et du genre de sa culture, et du nombre, de l'espèce et qualité de bestiaux qu'il estime nécessaire d'acheter; sera ladite déclaration écrite et

SEPTEMBRE 1776. 135

[…]ée desdits maire, consuls et syndics, et du déclarant, s'il sait [sig]ner.

2. Lesdites déclarations seront envoyées sans délai au subdé[lé]gué de l'intendance le plus prochain, lequel expédiera en [con]séquence des permissions de repeupler, lesquelles exprime[r]ont le nombre et la qualité des bestiaux qui pourront être [in]troduits, le canton d'où il sera permis de les tirer, et la route [qu']ils devront suivre jusqu'aux lieux de leur destination ; et si [le] nombre demandé lui paroissoit excéder l'étendue de la cul[tu]re déclarée, il sera autorisé à le réduire dans une juste pro[p]ortion.

3. Pour l'exécution de l'article ci-dessus, il sera, par les sieurs [in]tendants, fixé des arrondissements, dans lesquels chacun des [c]antons dépeuplés pourra faire ses acquisitions de bestiaux ; [e]t ne pourront être admis à la permission de vendre les bes[ti]aux, que les cantons où la salubrité est le plus anciennement [e]t le plus constamment établie.

4. Fait, sa majesté, très expresses défenses à tous propriétaires [d]e bestiaux désirant en faire la vente, d'en vendre aucun à [c]eux qui ne seroient pas porteurs des permissions ordonnées [p]ar l'article 2 ; à peine de cent livres d'amende par chaque tête [d]e bétail, et de confiscation dudit bétail.

5. Les bestiaux achetés dans les arrondissements désignés [n]e pourront en sortir et être conduits à leur destination que [s]ur le certificat qui sera délivré par les officiers municipaux ou [s]yndics du lieu de l'achat, attestant la salubrité du lieu, la [s]anté actuelle des animaux achetés, leur nombre, leur espèce, [l]eur signalement en détail, et le lieu de leur destination ; et [s]era ledit certificat joint à la permission pour servir de passe[p]ort aux conducteurs desdits bestiaux, lesquels seront tenus [d]e les représenter aux principaux lieux de leur passage, à peine [d]e saisie.

6. Tous marchands ou autres faisant commerce de bestiaux [n]e pourront en acheter sans avoir déclaré, ainsi qu'il est porté [e]n l'article 2, le nombre, l'espèce et la qualité d'animaux dont [i]ls entendent se pourvoir, les cantons où ils se proposent de les [a]cheter et d'en faire la revente, à l'effet d'en obtenir la permis[si]on. Fait, sa majesté, très expresses défenses à tous propriétaires de [l]eur en vendre, s'il ne leur apparoit de ladite permission, à peine [de] cent livres d'amende par chaque tête de bétail. Fait pareilles dé[fe]nses auxdits marchands, à peine de confiscation et de cinq cents

liv. d'amende, de conduire d'un canton à un autre, et d'exposer en vente aucuns animaux, sans être munis du certificat des officiers municipaux, servant à constater les lieux de leurs achats, la salubrité qui y règne, et l'état de santé actuelle des animaux, leur nombre, leur espèce et le signalement de chacun d'eux en détail; et dans le cas où aucuns desdits marchands se trouveroient conduisant ou exposant en vente un nombre d'animaux plus grand que celui porté dans les permissions et certificats, la peine de confiscation et l'amende de cinq cents livres seront encourues de plein droit.

7. Les sieurs intendants seront autorisés à déclarer nuls et comme non avenus les marchés faits avant la date du présent arrêt par les marchands ou autres personnes faisant commerce de bestiaux, dans le cas où, par l'étendue desdits marchés, le nombre des animaux achetés, et par les circonstances particulières desdits marchés, ils reconnoîtroient qu'ils tendent à faire monter les ventes au-dessus du juste prix, et à exercer un monopole préjudiciable aux sujets de sa majesté.

8. Les foires de bestiaux ne pourront être rétablies dans les villes, bourgs ou autres endroits où elles avoient lieu, et où elles ont été suspendues par les règlements et ordonnances, et il n'en sera permis aucune jusqu'à ce que par sa majesté il en soit autrement ordonné.

9. Veut, sa majesté, que toutes les contestations qui pourront s'élever à l'occasion de l'exécution du présent arrêt, et des contraventions au contenu en icelui, soient portées devant les sieurs intendants et commissaires départis dans les généralités de Montpellier, Bordeaux et Auch, auxquels sa majesté attribue à cet effet de nouveau, et en tant que de besoin, toute cour, juridiction et connoissance, et icelle interdit à toutes ses cours et juges.

N° 556. — A*rrêt du conseil sur les fouilles et extractions de pierres et moellons, glaises et autres matériaux, dans les carrières, contenant autorisation d'ouvrir une école de géométrie souterraine.*

Versailles, 15 septembre 1776. (R. de S.)

V. 4 avril; 4 juillet 1777; 27 juillet; 19 septembre 1778; a. d. p. 29 septembre; 12 novembre 1778; loi 19, 22 juillet 1791, 21 avril 1810, sur les carrières à plâtre; décl. 23 janvier et 3 juillet 1779; 17 mars 1780. Desessarts, édit. 1786; déc. 22 mars, 4 juillet 1813; ord. 21 octobre 1814.

Sur ce qui a été représenté au roi, en son conseil, par le sieur

...net de Montigny, trésorier de France, commissaire député ... sa majesté pour le pavé de la ville, faubourgs et banlieue de ..., et pour la police des chemins dans cette partie; que non-...tant les règlements donnés par les rois ses prédécesseurs, ...prévenir les dangers que peuvent occasioner les carrières ...fouilles de terres, de caves et autres souterrains sous les voies ...bliques, on a vu récemment arriver différents accidents par ...dite fouille aux abords de la capitale, et notamment près la ...rrière de la rue d'Enfer, à l'entrée de la route d'Orléans, ce ...i a donné lieu aux ingénieurs des ponts et chaussées de dé-...vrir des excavations d'une étendue considérable, dont plu-...eurs se trouvent les unes au-dessus des autres : qu'il a fallu ...re des travaux extraordinaires et dispendieux pour mettre en ...reté cette partie de ladite route, y faire les comblements, les ...urs et piliers nécessaires pour soutenir le ciel ou plafond des car-...ères, dont la chute subite et imprévue pourroit entraîner la perte ...es voitures, des chevaux et des hommes : que ces fouilles ayant ...aru très anciennes et antérieures, non seulement aux règlements ...ont on vient de parler, mais peut-être même à la construction ...es grandes routes qui partent de Paris, il importeroit à la sûreté ...ublique et à la conservation desdites routes, de faire reconnoî-...re et tracer, par des personnes exercées à la géométrie souter-...raine, l'étendue et la direction de toutes les carrières, sablières, ...arnières, dont les rues ou branches souterraines se prolongent, ...ant sous les grands chemins existants dans la banlieue de Paris, ...e sous les maisons et sous les rues des faubourgs, à l'effet de ...ourvoir ensuite à leur sûreté par la construction des piliers, ...urs de soutenement et autres ouvrages nécessaires : que ces ...pérations seroient d'autant plus utiles, qu'elles serviroient en ...ême temps à connoître si, dans les carrières plus récemment ...ouvertes, les carriers se sont conformés à ce qui leur a été pres-...crit par différents arrêts du conseil, qui leur ordonnent de lais-...ser dans les fouilles les piliers et murailles nécessaires pour le ...soutien desdites carrières, à peine de punition corporelle et d'a-...mende arbitraire; leur ordonnent d'en remettre partout où il ...sera jugé nécessaire; défendent de fouiller sous les grands che-...mins, même d'en approcher les galeries souterraines à une dis-...tance moindre de trente toises, à compter du pied des arbres, et ...de trente-deux toises, à compter du bord extérieur des chemins ...qui n'ont point de plantations; et ce, à peine de trois cents livres ...d'amende, confiscation des matériaux, outils et équipages, et de tous dépens, dommages et intérêts: que ces sages dispositions n'ont point eu tout l'effet qu'on en devoit attendre, faute d'avoir pris en même temps les mesures nécessaires pour faire visiter et lever les plans desdites fouilles et carrières, et faire dresser des procès verbaux qui constatent les contraventions auxdits règlements, pour les déférer au tribunal qui doit en connoître; sa majesté ayant égard auxdites représentations: vu les arrêts, règlements et ordonnances du bureau des finances de Paris, concernant la police des carrières, etc.

1. Les arrêts du conseil des 14 mars 1741 et 5 avril 1772, concernant la police des carrières et la conservation des routes royales, ainsi que l'article 11 de l'ordonnance du bureau des finances du 24 mars 1754, et les articles 11 et 12 de l'ordonnance dudit bureau, rendue le 30 avril 1772 en conséquence dudit arrêt, seront exécutés selon leur forme et teneur.

2. Les propriétaires des carrières et les préposés à leur exploitation seront tenus de laisser des murs et des piliers partout où il sera nécessaire pour soutenir le plafond desdites carrières, et d'en remettre, s'ils avoient négligé d'en laisser, à tous les endroits qui leur seront indiqués, pour prévenir la chute desdits plafonds, les éboulements et accidents qui pourroient en résulter, à peine, pour la première fois, de cinq cents livres d'amende dont ils seront tenus solidairement et à peine afflictive en cas de récidive.

3. Toutes les carrières et fouilles qui ont été faites dans la banlieue de Paris, pour l'extraction des pierres, moellons, glaises, marnes et autres matériaux, aux environs des faubourgs de Paris et des grandes routes, seront incessamment visitées par le sieur Dupont, ingénieur, que sa majesté nomme et commet par le présent arrêt pour prendre connoissance de l'état actuel desdites carrières, de leurs galeries, et lever les plans partout où leurs branches souterraines s'avanceront au-dessous des grands chemins ou des rues et maisons de Paris, et marquer sur lesdits plans, tous les endroits rapportés à la surface de la terre qui manquent de soutien et qui pourroient être en danger.

4. Ledit inspecteur sera conduit et précédé dans les souterrains, lors de ses visites et opérations, par les propriétaires des carrières ou par leurs préposés aux exploitations, lesquels seront tenus de lui donner tous secours, informations et assistances nécessaires, jusqu'à ce que lesdites fouilles aient été mises hors de danger. Défend, sa majesté, auxdits propriétaires, et à tous carriers et ouvriers, de lui refuser l'entrée de leurs souterrains, ou de lui ca-

trouble ou empêchement, à peine de trois cents livres d'amende pour la première fois, et de plus forte peine en cas de récidive.

5. Ledit inspecteur sera tenu de prêter serment au bureau des finances de Paris, de communiquer au sieur inspecteur général du pavé de Paris les plans qu'il aura levés dans les souterrains et rapportés à la superficie, de rendre compte au sieur trésorier de France, commissaire député par sa majesté pour le pavé de Paris, faubourgs et banlieue, de ses visites, opérations, observations et procès verbaux qu'il aura dressés; et après que lesdits procès verbaux auront été visés par ledit commissaire en la forme accoutumée, ils seront remis, par ledit inspecteur, au procureur du roi du bureau des finances, auquel sa majesté enjoint de faire assigner à sa requête les contrevenants, pour faire prononcer contre eux les peines portées par les règlements.

6. Sa majesté se proposant de prendre les mêmes précautions pour la sûreté des principales villes de son royaume et des chemins dans les provinces, autorise le sieur Dupont à ouvrir une école de géométrie souterraine, à l'effet de former des élèves qui puissent remplir les mêmes fonctions dans les provinces, et lever, avec la précision nécessaire, les plans des souterrains rapportés à la surface de la terre, partout où lesdits plans seront ordonnés.

7. Enjoint, sa majesté, aux officiers du bureau des finances de Paris, de tenir la main à l'exécution du présent arrêt, leur attribuant toutes cour, juridiction et connoissance des contestations qui pourroient naître à l'occasion de ladite exécution, icelle interdisant à toutes ses autres cours et juges.

N° 557. — ARRÊT *du conseil, qui renouvelle les défenses faites par celui du 9 avril 1752, de vendre ni distribuer des billets de loteries étrangères, à peine de 3000 livres d'amende.*

Versailles, 20 septembre 1776. (R. C. R. S.)

V. 30 juin 1776.

Sa majesté, étant en son conseil, a ordonné et ordonne qu'il ne pourra être publié et affiché aucunes loteries dans le royaume, de quelque nature qu'elles soient, ni distribué aucuns billets, sans que lesdites loteries soient autorisées par sa majesté; fait défenses à tous négociants, marchands, banquiers, et à tout personnes de quelque qualité et condition qu'elles soient, de charger de la distribution d'aucuns billets de loteries étrangères ou autres qui n'auroient pas été autorisées par sa majesté, à peine de restitution des sommes reçues pour les billets distribués, de trois mille livres d'amende, et de plus grande peine si le cas y échoit: enjoint, sa majesté, au sieur lieutenant général de police de Paris, et aux sieurs intendants et commissaires départis, etc.

N° 538. — *Arrêt du conseil, contenant modification d'un autre arrêt, du 24 mars 1776, sur la caisse d'escompte.*

Versailles, 22 septembre 1776. (R. S.)

1. Les dispositions de l'article 4 de l'arrêt du conseil dudit jour 24 mars 1776, demeureront sans effet, ainsi que tout ce qui est relatif dans les articles 5, 6, 8, 9, 14, et 16, et dans le préambule dudit arrêt, qui se rapporte auxdits articles, et qui concerne le prêt de dix millions à faire: en conséquence, la caisse d'escompte ne versera point au trésor royal les dix millions qu'elle devoit y déposer; ordonne, sa majesté, que la somme de deux millions qui y avoit été portée à compte sera remise en espèces audit Besnard et compagnie, ou au caissier nommé par les administrateurs de la caisse d'escompte, et spécialement autorisé par eux pour recevoir lesdits deux millions; à la charge de donner quittance au garde du trésor royal, en la forme ordinaire, et de lui rapporter les quittances de finance ou récépissés qui auroient pu être expédiés.

2. Le fonds de ladite caisse d'escompte demeurera fixé à douze millions de livres, divisé en quatre mille actions de trois mille livres chacune; lesquelles seront numérotées depuis le n° 1er jusques et compris le n° 4000, signées par le caissier général, et contrôlées par deux des administrateurs de ladite caisse.

3. Veut au surplus, sa majesté, que l'arrêt du conseil du jour, 24 mars 1776, soit exécuté et ait son effet pour tout ce à quoi il n'a pas été dérogé par le présent arrêt.

89. — ORDONNANCE *concernant la régie et administration [générale] et particulière des ports et arsenaux de marine* (1).

Versailles, 27 septembre 1776. (Ord. mil.)

Sa majesté s'étant fait représenter l'ordonnance du 15 avril [17]9, *pour les arsenaux de marine*; celle du 25 mars 1765, *concernant la marine*, et son ordonnance du 8 novembre 1774, *pour régler provisoirement ce qui seroit observé dans les différentes parties du service des ports*; et s'étant assurée que les [offic]iers de sa marine ont acquis depuis plusieurs années, par la [nouv]elle forme donnée à leur éducation militaire, la théorie de [l'ar]chitecture navale et les connoissances nécessaires pour bien [diri]ger la construction, le gréement et l'équipement des vais[sea]ux, elle a reconnu la nécessité de faire divers changements [à l']ancienne constitution de sa marine. Cette constitution, qui [n'ad]mettoit les officiers militaires à aucun détail dans les arse[nau]x, étoit propre sans doute au temps où elle fut adoptée; mais [sa m]ajesté a jugé qu'elle ne pourroit être maintenue dans son [en]tier, sans renoncer aux avantages qui doivent résulter pour la [per]fection des ouvrages et pour l'économie, tant des lumières et [des] talents desdits officiers, que de l'intérêt qui lie essentielle[m]ent leur propre gloire au succès des opérations mécaniques des [po]rts, et à la conservation des forces navales. En conséquence, [sa] majesté s'est déterminée à confier aux officiers militaires de [la] marine la direction des travaux relatifs à la construction, au [gré]ement et à l'équipement de ses vaisseaux; et voulant régler [défi]nitivement les fonctions que, par son ordonnance provisoire [du] 8 novembre 1774, elle s'étoit réservé d'attribuer auxdits offi[cier]s; régler pareillement celles qu'auront à l'avenir les inten[dan]ts et commissaires des ports et arsenaux; fixer en même temps, [d'u]ne manière constante et invariable, les fonctions du conseil [de] marine, maintenu par sadite ordonnance, dans chacun de [ses] ports de Brest, Toulon et Rochefort; apporter enfin à diverses [par]ties de l'administration de ses ports et arsenaux les modifi[ca]tions que la différence des temps et des circonstances ont rendu [né]cessaires, elle a ordonné et ordonne ce qui suit :

---

(1) En vig. dans la majeure partie de ses dispositions, ord. 29 septembre 1815. V. 31 octobre et 1er novembre 1784; 1er janvier 1786 — 7 janvier 1790; [] septembre 1791; 17 septembre 1792; 2 brumaire an IV; 7 floréal an VIII; [1]er juillet, 27 août 1814; 29 novembre 1815. Régl. 11 décembre 1822.

Titre I. — *De la division des fonctions dans la régie et administration générale et particulière des ports et arsenaux de marine.*

1. La régie et administration générale des ports et arsenaux de marine sera et demeurera divisée en deux parties distinctes et séparées, dont l'une, sous l'autorité immédiate du commandant du port, comprendra tout ce qui concerne la disposition, la direction et l'exécution des travaux; et l'autre, sous l'autorité immédiate de l'intendant, comprendra tout ce qui concerne la recette, la dépense et la comptabilité des deniers et des matières.

2. L'administration des travaux comprendra les constructions, refontes et radoubs, les armements et désarmements, les opérations mécaniques et les mouvements du port, et généralement tous les ouvrages à exécuter dans les chantiers et ateliers de l'arsenal ou ailleurs, pour la construction, le gréement, l'équipement, la défense et l'entretien journalier des vaisseaux et de tous autres bâtiments flottants, ainsi que de tout ce qui a rapport à la garde, sûreté et conservation desdits vaisseaux et bâtiments, et machines à leur usage, et à l'entretien, la garde et la sûreté du port et de la rade.

3. L'administration des deniers et des matières comprendra la recette et l'emploi des deniers, les marchés et adjudications de matières et d'ouvrages, les approvisionnements, les recettes, la conservation dans les magasins et la distribution des matières, munitions et marchandises quelconques; les appointements, solde, revues et montre des officiers, des troupes, des gens de mer et de tous autres entretenus dans le port ou employés sur les vaisseaux; la levée des officiers-mariniers, ouvriers, journaliers, matelots et autres gens de mer, et la police des classes; la garde des magasins, l'administration particulière des hôpitaux et des chiourmes; celle des bâtiments civils appartenant au roi, et la comptabilité générale.

4. La partie de l'administration des arsenaux qui comprend toutes les opérations mécaniques et les travaux relatifs aux bâtiments flottants sera et demeurera divisée en trois *directions* ou *détails*, sous l'autorité du commandant; savoir, le détail des constructions, celui du port, celui de l'artillerie.

5. Le détail des constructions comprendra les constructions, refontes, radoubs, réparations d'entretien et tous ouvrages à

...pente, forge, menuiserie, sculpture, peinture et calfatage à ... à toute espèce de bâtiments flottants, aux chantiers ou ... en bois et berceaux pour la mise à l'eau, et à toutes ma... ...ines établies à l'usage des vaisseaux ; comme aussi l'inspection, ...rangement et la disposition des bois de construction, bois ... mâture et autres, œuvrés ou non œuvrés, sous les hangars ... sous l'eau, et tout ce qui a rapport à la conservation et à l'en... ...retien des vaisseaux ou autres bâtiments désarmés dans le port.

6. Les chantiers ou ateliers qui dépendront du détail des con... ...tructions, seront : les chantiers, calles ou bassins, pour la con... ...truction et le radoub des vaisseaux et autres bâtiments ; les ...hantiers pour l'entretien des chaloupes et canots à l'usage du ...ort ou des vaisseaux ; les ateliers des forges à l'usage de la ...onstruction, ceux de la mâture, des hunes et cabestans, de la ...enuiserie, de la sculpture, de la peinture, de l'avironnerie, ...es gournables, des étoupes, et tous autres ateliers ressortissant ...e ces premiers.

7. Le détail du port comprendra les mouvements, amarrage, ...estage et délestage de tous les bâtiments flottants ; les mouve... ...ments et le transport des bois, des mâtures, des ancres et de tous ...autres effets à l'usage des vaisseaux, à l'exception de ceux de ...l'artillerie ; la manœuvre de la mise à l'eau, de l'entrée dans les ...bassins et de la sortie, du tirage à terre, du mâtement, déma... ...tement et carénage, et tous autres mouvements et manœuvres à ...faire dans le port ; les travaux relatifs à la fabrication des corda... ...ges, à la garniture, au gréement, à l'équipement et à la voilure ; ...la disposition, l'arrangement et l'inspection des magasins parti... ...culiers de chaque vaisseau ou autre bâtiment ; le curage et l'en... ...tretien du port et de la rade, la police des quais, la conservation ...et l'entretien des pompes à incendies, et tous les objets qui sont ...relatifs à la garde, sûreté et propreté des vaisseaux désarmés dans ...le port.

8. Les ateliers qui dépendront du détail du port, seront : l'atelier ...de la corderie et de tous ceux en ressortissants, nécessaires pour la ...fabrication des cordages ; celui de la garniture ; la manufacture ...des toiles ; l'atelier de la voilerie, et les petits ateliers qui en dé... ...pendent ; ceux de la poulierie, de la tonnellerie et des pompes ; ...ceux de la serrurerie, de la plomberie, de la ferblanterie, de la ...chaudronnerie et de la vitrerie.

9. Le détail de l'artillerie comprendra les travaux relatifs à la ...fabrication des canons, mortiers, armes, affûts, et tous ustensiles

à l'usage de l'artillerie; les mouvements et transports des e[ffets] pendants de ce détail; l'inspection et les épreuves des ca[nons,] mortiers, et de toutes autres armes, poudres, munitions, i[nstru]ments et outils servant à la guerre, ainsi que l'arrangeme[nt,] disposition et l'entretien des divers effets appartenants à l'a[rtil]lerie, soit dans le parc, soit dans les magasins ou dans la [salle] d'armes.

10. Les ateliers qui dépendront du détail de l'artillerie [se]ront :

Les ateliers de forge à l'usage de l'artillerie;

Les fonderies, soit dans l'enceinte de l'arsenal, soit hors [de] l'arsenal;

L'atelier des affûts et celui du charronnage, tant à l'usage [de] l'artillerie qu'aux autres usages du port;

L'atelier des armuriers;

Et tous les petits ateliers relatifs au service de l'artillerie [et à] l'entretien des armes.

11. La partie de l'administration des ports et arsenaux, [qui] comprend les dépenses et la comptabilité, [se]ra et demeurera [di]visée en cinq bureaux (non compris celui du contrôle), [sous] l'autorité de l'intendant; savoir, le bureau du magasin géné[ral,] celui des chantiers et ateliers, celui des fonds et revues, celui [des] armements et vivres, celui des hôpitaux et chiourmes.

12. Le bureau du magasin général tiendra les livres de re[cette] et dépense, ainsi que le registre de balance de toutes les m[a]tières et marchandises quelconques œuvrées ou non œuv[rées;] sera chargé d'en faire la recette et la distribution, et en au[ra la] garde.

13. Le bureau des chantiers et ateliers tiendra la matri[cule] des ouvriers, sera chargé de dresser les rôles de journées e[t du] paiement des ouvriers et des journaliers, et d'en faire les ap[points;] aura à sa charge et garde les matières qui auront été délivrée[s du] magasin général aux chantiers et ateliers, pour y être travai[llées] ou converties; en suivra l'emploi, et fera la remise au ma[gasin] général des ouvrages qui auront été fabriqués dans lesdits [ate]liers, ou enregistrera leur destination, s'ils sont employés [à] une construction.

14. Le bureau des fonds et des revues sera chargé de tou[t ce] qui concerne les recettes de deniers et l'acquittement des [dépen]ses, [du] paiement des appointements et solde des officiers, g[ens] du p[avil]lon et de la marine, bombardiers, apprentis c[anonniers,]

troupes, gardiens et tous autres entretenus; les marchés, adjudications, les paiements faits à compte, et les restants à payer sur iceux; les fonds reçus et les objets de recette extraordinaire.

Il sera pareillement chargé de faire les revues des officiers, gardes du pavillon et de la marine, des bombardiers et apprentis canonniers, des troupes et de tous entretenus, et d'en dresser les états.

15. Le bureau des armements et des vivres sera chargé de tout ce qui concerne les équipages destinés pour les vaisseaux en armement, leur enregistrement lors de leur arrivée dans le port, leur répartition sur les vaisseaux, les revues desdits équipages avant le départ et au retour des vaisseaux, les conduites et solde des gens de mer, et la répartition du produit des prises.

Il sera pareillement chargé de l'inspection des vivres dans le port; d'examiner la qualité de ceux que le munitionnaire fera remettre dans les magasins; de veiller à la manière dont se feront les salaisons et le biscuit; de tenir un registre exact des vivres qui seront remis dans les magasins, de ceux qui en sortiront pour être distribués aux vaisseaux, et de ceux qui y seront rapportés au retour des campagnes, et généralement de tout ce qui concerne la confection, la qualité, la quantité et la conservation des vivres, soit pour le journalier, soit pour la mer.

16. Le bureau des hôpitaux et des chiourmes sera chargé de tenir le rôle des malades qui seront reçus à l'hôpital; de marquer le jour de leur entrée et de leur sortie; d'inspecter les médicaments et drogues, ainsi que les aliments et boissons, pour voir si les premiers sont de bonne qualité, et si les autres sont distribués dans la quantité ordonnée; de tenir le registre de tous les effets et ustensiles à l'usage de l'hôpital, et généralement tout ce qui concerne l'administration dudit hôpital.

Il sera pareillement chargé de tenir la matricule des forçats, et de tout ce qui a rapport à la police et à l'entretien des chiourmes.

TITRE 2. — *De la répartition dans les trois détails de l'arsenal, des officiers de vaisseau, officiers de port et ingénieurs-constructeurs, et de tous entretenus pour les travaux de l'arsenal et du port, et la garde des vaisseaux.*

17. Il sera établi dans chacun des ports de Brest, Toulon et

Rochefort, un directeur général de l'arsenal, choisi parmi les officiers généraux, lequel, sous l'autorité du commandant de port, sera chargé de diriger et inspecter les travaux, opérations mécaniques et mouvements du port, et aura sous ses ordres les officiers de vaisseau, officiers de port et ingénieurs-constructeurs, employés dans les trois détails de l'arsenal.

18. Le détail des constructions sera dirigé et conduit, sous l'autorité du directeur général, par un directeur et un sous-directeur des constructions, l'un et l'autre capitaines de vaisseau.

A ce détail seront attachés quatre lieutenants et quatre enseignes de vaisseau à Brest, trois lieutenants et trois enseignes à Toulon, trois lieutenants et trois enseignes à Rochefort, l'ingénieur-constructeur en chef, les ingénieurs-constructeurs ordinaires, les sous-ingénieurs et les élèves constructeurs, dans chacun des trois ports.

19. Le détail du port sera dirigé et conduit, sous l'autorité du directeur général, par un directeur capitaine de vaisseau et un sous-directeur capitaine de port.

A ce détail seront attachés cinq lieutenants et cinq enseignes de port à Brest; trois lieutenants et trois enseignes à Toulon et à Rochefort.

20. Le détail de l'artillerie sera dirigé et conduit, sous l'autorité du directeur général, par un directeur et un sous-directeur de l'artillerie, l'un et l'autre capitaines de vaisseau : et les titres de commandant en chef et commandant en second de l'artillerie établis par l'ordonnance du 26 décembre 1774, seront et demeureront supprimés, pour y être substitués ceux de directeur et de sous-directeur de l'artillerie.

A ce détail seront attachés sept lieutenants de vaisseau à Brest, dont un sera aide-major de l'artillerie ; deux autres, capitaines en premier ou en second de la compagnie des bombardiers; quatre autres, capitaines en premier ou en second des deux compagnies d'apprentis canonniers; et sept enseignes de vaisseau, dont un sera sous-aide-major d'artillerie, et les six autres, lieutenants en premier ou en second desdites compagnies de bombardiers et d'apprentis canonniers ; cinq lieutenants de vaisseau à Toulon et à Rochefort, dont un sera aide-major d'artillerie, les quatre autres seront capitaines en premier ou en second des compagnies de bombardiers et d'apprentis canonniers ; et cinq enseignes de vaisseau, dont un sera sous-aide-major d'artillerie, et les quatre autres, lieutenants en premier ou en second de

... compagnies; les compagnies de bombardiers et d'apprentis canonniers, et tous les maîtres canonniers entretenus dans chacun des trois ports.

21. Supprime, sa majesté, trois lieutenants et trois enseignes de vaisseau, attachés par des ordres particuliers au service de l'artillerie, dans chaque port, par l'article 2 du titre IV de l'ordonnance du 26 décembre 1774; l'aide-major et le sous-aide-major d'artillerie étant seuls conservés dans ce détail, en sus des officiers attachés aux compagnies de bombardiers et d'apprentis canonniers.

22. Il sera attaché à chaque direction six gardes du pavillon ou de la marine à Brest et à Toulon, et quatre gardes de la marine à Rochefort, lesquels ne pourront être choisis que parmi ceux qui auront achevé leurs cours de mathématiques, et seront proposés au commandant du port par ceux des compagnies desdits gardes du pavillon et de la marine: lesdits gardes seront attachés pendant six mois consécutifs à un même détail, et passeront successivement dans les trois directions.

23. Les compagnies de bombardiers et d'apprentis canonniers, les maîtres d'équipage, maîtres pilotes, hauturiers, côtiers ou lamaneurs, maîtres canonniers, officiers-mariniers et autres entretenus; les contre-maîtres de construction, maîtres d'ouvrages, chefs d'ateliers, ouvriers et journaliers employés dans les différents chantiers ou ateliers ressortissants des trois directions de l'arsenal; ainsi que les gardiens des vaisseaux ou autres bâtiments désarmés dans le port, et des machines à leur usage, et les guetteurs ou observateurs de signaux employés dans les tours ou postes dépendants de chaque port, seront sous l'autorité du commandant du port et du directeur général de l'arsenal, et sous les ordres des directeurs particuliers de leur détail respectif; et ledit commandant en ordonnera la répartition dans les trois détails, suivant les besoins du service.

24. Tous les officiers de vaisseau attachés aux détails de l'arsenal jouiront des appointements attribués à leur grade dans la marine, conformément à l'article 10 de l'ordonnance du 8 novembre 1774: et sa majesté accorde, en outre desdits appointements, les suppléments ci-après; savoir: A chaque officier général, directeur général d'arsenal, pour supplément d'appointements, 4000 liv. par an; pour secrétaire et frais de bureau, 1500 liv. A chaque capitaine de vaisseau, directeur du détail des constructions ou de celui du port, pour supplément, 2400 liv.; pour

secrétaire et frais de bureau, 1200 liv. A chaque capitaine de vaisseau, sous-directeur du détail des constructions, pour supplément, 1200 liv. A chaque lieutenant de vaisseau attaché au détail des constructions, pour supplément, 400 liv. A chaque enseigne de vaisseau attaché au même détail, pour supplément, 250 liv. A chaque garde du pavillon ou de la marine, attaché à un des trois détails, pour supplément, 144 liv.

25. Les capitaines, lieutenants et enseignes de vaisseau, attachés au détail de l'artillerie; les capitaines, lieutenants et enseignes de port; les ingénieurs-constructeurs en chef, ingénieurs ordinaires, sous-ingénieurs et élèves constructeurs, continueront de jouir des appointements, supplément d'appointements et frais de bureau qui leur ont été accordés par les ordonnances antérieures, et dont ils jouissent actuellement.

26. Indépendamment des officiers attachés particulièrement et fixement à chacun des trois détails de l'arsenal, conformément à ce qui a été prescrit par les articles précédents, tous les autres lieutenants et enseignes de vaisseau, à l'exception de ceux qui sont attachés à la majorité et aux compagnies des gardes du pavillon et de la marine, seront distribués par le commandant à la suite des trois détails de l'arsenal, de manière qu'un tiers desdits lieutenants et enseignes soit destiné à suivre les travaux relatifs au détail des constructions; un tiers, les travaux dépendants du détail du port; et l'autre tiers, ceux qui appartiennent à l'artillerie.

Lesdits lieutenants et enseignes seront commandés à tour de rôle, à proportion des besoins du service et des travaux à faire dans le détail pour lequel ils auront été destinés : ils ne jouiront d'aucun supplément d'appointements, et ne pourront être employés à la suite d'un autre détail qu'après avoir suivi, pendant douze mois effectifs, le détail auquel ils auront été attachés en premier lieu.

27. Tous les officiers attachés fixement aux trois détails de l'arsenal seront dispensés de la garde et de tout autre service à terre.

28. Lorsqu'aucune des places des officiers attachés fixement au détail des constructions ou à celui de l'artillerie viendra vaquer par mort, retraite ou avancement, le directeur du détail où la place sera vacante indiquera au directeur général trois des officiers qui auront été employés à la suite dudit détail, dans lesquels il aura reconnu les dispositions les plus marquées

la direction des travaux qui en dépendent; le directeur général remettra leurs noms apostillés au commandant du port, sur les susdits trois officiers désignés être par lui proposés à sa majesté, qui fera connoître ses intentions sur celui des trois qu'il plaira agréer.

29. Il sera choisi et nommé chaque année, par le commandant du port, un des aides-majors de la marine et des armées navales, pour être particulièrement attaché au directeur général de l'arsenal, et porter ses ordres dans les chantiers et ateliers ressortissants des trois directions.

30. Le major de la marine et des armées navales portera les ordres qu'il recevra du commandant relativement aux opérations et travaux dépendants des trois directions; il marquera sur un registre, qu'il tiendra à cet effet, l'heure, le jour et les officiers à qui lesdits ordres auront été donnés; et lorsque ces ordres ne pourront être remis par écrit, les directeurs, officiers et tous autres à qui il les portera verbalement de la part du commandant seront obligés de les exécuter.

31. Il tiendra un registre pour chacun des trois détails de l'arsenal, des officiers de vaisseau, de ceux de port, et des ingénieurs-constructeurs qui seront attachés fixement auxdits détails, et des officiers de vaisseau qui auront été destinés par le commandant pour être employés à la suite de chaque détail. Dans le nombre de ces derniers, il distinguera ceux qui auront été commandés chaque mois, pour suivre effectivement le détail pour lequel ils seront destinés; et il ne prendra les officiers qui devront être nommés pour monter la garde, ou commandés pour tout autre service, que parmi ceux desdits officiers à la suite, qui n'auront aucune fonction actuelle et effective dans le détail auquel ils seront attachés.

32. Dans le cas où les troupes prendront les armes, le major de la division du corps royal d'infanterie de la marine aura attention de nommer d'avance les officiers attachés aux troupes, qui devront marcher à leur tête : et ceux desdits officiers qui se trouveroient actuellement en activité à la suite du détail auquel ils sont affectés seront tenus d'en donner avis sur-le-champ au directeur du détail, afin qu'il puisse, s'il le juge à propos, demander d'autres officiers pour remplir, par *interim*, les fonctions dont les premiers auroient été chargés.

33. En l'absence du commandant du port, dans le cas où aucun officier général n'auroit de lettres de service, l'intention de

sa majesté est que le directeur général de l'arsenal commande à sa place, jusqu'à ce qu'il y ait été pourvu par sa majesté; dérogeant, en tant que besoin est, à toutes ordonnances à ce contraires.

34. En cas d'absence ou de maladie du directeur général, le plus ancien des directeurs particuliers en remplira les fonctions jusqu'à ce qu'il y ait été pourvu par sa majesté.

35. Le directeur et le sous-directeur d'un détail ne seront jamais en même temps absents du port, soit par congé, soit même pour le service de la mer.

36. Dans le cas où le plus ancien des directeurs particuliers se trouveroit chargé des fonctions de directeur général, ou absent, il sera suppléé dans la direction de son détail par le sous-directeur; et, à son défaut, par le plus ancien des officiers attachés fixement au même détail.

37. Les lieutenants et enseignes de vaisseau, attachés fixement à quelqu'un des détails, et les lieutenants et enseignes de port, rempliront les mêmes fonctions que leurs directeurs et sous-directeurs respectifs, sous leurs ordres et en leur absence.

38. En l'absence du major de la marine et des armées navales, le major de la division du corps royal d'infanterie de la marine, dans chaque port, en remplira toutes les fonctions, relativement aux détails de l'arsenal.

39. Les aide-major et sous-aide-major de la marine rempliront les mêmes fonctions que le major de la marine, sous ses ordres et en son absence, suivant la destination qui en aura été faite par le commandant.

40. Les gardes du pavillon et de la marine, attachés à chacune des trois directions, assisteront pour leur instruction à tous les travaux du détail où ils seront employés, n'y auront aucune autorité, et exécuteront les ordres qui leur seront donnés par les directeurs et autres officiers préposés à la direction des travaux.

TITRE III. — *De la répartition dans les cinq bureaux de chaque port, au commissaire général et des commissaires ordinaires des ports et arsenaux de marine, du garde-magasin et de tous entretenus pour l'entretien et la garde des magasins, le service des hôpitaux et la garde des chiourmes.*

41. Sa majesté ayant par son ordonnance de ce jour, portant établissement de commissaires généraux et ordinaires des ports

arsenaux de marine, et de garde-magasins, fixé le nombre desdits commissaires et garde-magasins qui seront entretenus dans chacun des ports de Brest, Toulon et Rochefort, la répartition dans les cinq bureaux de chaque port en sera faite ainsi qu'il suit :

Le commissaire général aura inspection sur le travail des cinq bureaux, et une inspection particulière sur le magasin général.

Il y aura au bureau du magasin général un commissaire ordinaire et le garde-magasin; au bureau des chantiers et ateliers, un commissaire ordinaire; au bureau des fonds et revues, un commissaire ordinaire; au bureau des armements et des vivres, un commissaire ordinaire; au bureau des hôpitaux et des chiourmes, un commissaire ordinaire.

Le commissaire surnuméraire dans chaque port aidera dans ses fonctions le commissaire préposé au bureau des chantiers et ateliers, et sera particulièrement chargé de la recette des bois, dont il comptera au magasin général; et, en cas de maladie ou d'absence d'un des cinq commissaires ordinaires, ledit commissaire surnuméraire tiendra le bureau à la place de celui qui viendra à manquer. Le second commissaire surnuméraire établi à Brest sera attaché au magasin général, ou à celui des autres auquel l'intendant jugera du bien du service de le destiner.

Le détail particulier des colonies dans le port de Rochefort sera réuni, pour la partie des approvisionnements en vivres, au bureau des armements et des vivres, et pour la partie des approvisionnements en effets de marine et autres, au bureau du magasin général.

A l'égard du dépôt des recrues des colonies, établi à l'île de Ré, le sous-commissaire préposé actuellement aux revues et à la police desdites recrues sera partie à l'avenir des sous-commissaires des colonies, et ne sera point compris dans l'état du port de Rochefort, mais il continuera d'être comme par le passé sous l'autorité de l'intendant dudit port.

42. Les commis aux écritures et aux appels, dont le nombre aura été réglé pour chaque port, par les états qui seront arrêtés par sa majesté, seront répartis par l'intendant dans les cinq bureaux, suivant qu'il le jugera convenable pour le service; et ledit intendant adressera tous les trois mois, au secrétaire d'état ayant le département de la marine, une liste qui constatera la destination qu'il aura faite de chacun desdits commis.

43. Les ingénieurs des bâtiments civils seront et de[meu]ront sous l'autorité de l'intendant du port.

44. Les gardiens des magasins, des chantiers et ateliers, [des] bureaux de l'arsenal et des bâtiments civils appartenant [au] roi, les suisses et consignes de l'arsenal, et tous employés au [ser]vice des hôpitaux et à la garde des chiourmes, seront sous les ordres de l'intendant, qui en fera la répartition suivant les b[e]soins du service et selon que l'exigera le local du port.

TITRE IV. — *De la direction des travaux et ouvrages; de l'or[]dre à établir dans les chantiers et ateliers; et de la justi[ce et] police des arsenaux.*

45. Les directeurs préposés aux trois détails de l'arsenal se[]ront chargés de faire faire par les officiers, ingénieurs-constr[uc]teurs ou maîtres d'ouvrages sous leurs ordres, tous les plans, dessins, devis, modèles ou gabaris des ouvrages qui devront être exécutés dans les chantiers ou ateliers dépendants de leur direc[]tion, conformément aux ordres qu'ils en auront reçus du direc[]teur général; et ils dirigeront et inspecteront tous les travaux re[]latifs à l'exécution desdits plans et modèles.

46. Ils auront soin de dresser un état exact et détaillé de tous les modèles, plans, dessins, tarifs, registres, mémoires et autres papiers concernant les ouvrages qui s'exécuteront dans les divers chantiers ou ateliers dépendants de leur direction: ils remettr[ont] chaque année, au directeur général, une copie de cet inventaire qui sera signée d'eux, pour être remise au commandant par le directeur général qui l'aura certifiée; et ledit commandant, après l'avoir visée, l'enverra au secrétaire d'état ayant le département de la marine: il sera pareillement envoyé un état particulier de tous les modèles, dessins ou papiers qui auront été ajoutés aux anciens pendant le courant de l'année précédente. Lorsqu'un di[]recteur s'absentera, pour quelque cause que ce soit, il remettra ces modèles, plans et papiers à l'officier qui devra diriger en chef les travaux de son détail en son absence, ou le remplacer; en observant de former un état desdits modèles, plans et papiers, dont il fera faire trois copies, qu'il signera, et fera accepter et signer par l'officier qui devra le suppléer ou le remplacer; les[]quelles copies seront certifiées par le directeur général et visées du commandant; l'une, pour être envoyée au secrétaire d'état ayant le département de la marine; l'autre, pour servir de dé[]

SEPTEMBRE 1776.

...e son directeur qui s'absentera ou sera remplacé, et la troi-
...e, qui sera jointe aux papiers de la direction.

...7. Chaque directeur dressera un état exact de tous les ou-
...ges qui se fabriqueront dans les ateliers dépendants de sa
...ection : d'après les devis et modèles qui auront été arrêtés au
...seil de marine, et approuvés par sa majesté, il fera exécuter
...sa présence, par de bons ouvriers, un desdits ouvrages de
...que espèce, avec les plus grands soins et la plus grande éco-
...mie, afin que ces pièces de comparaison le mettent en état
...connoître en tout temps quelle quantité de matière exige la
...fabrication de chaque ouvrage, quel déchet indispensable la ma-
...ère doit éprouver, quel est le prix de la main-d'œuvre; et qu'il
...uisse juger, par la comparaison des matières et des journées
...ployées dans la suite à chaque pièce ou ouvrage pareils, de
...vigilance et de l'économie qu'auront apportées dans l'exécution
...différents ouvrages les officiers chargés de conduire et d'in-
...pecter les travaux dans les chantiers et ateliers.

...48. La quantité des matières nécessaires pour la construction,
...rmement, le gréement et l'équipement d'un vaisseau de chaque
...ng et de tout autre bâtiment, et le prix de la main-d'œuvre
...ur le convertissement desdites matières, étant ainsi connus et
...terminés, l'intention de sa majesté est que chaque directeur
...détail, pour sa partie, de concert avec le commissaire du ma-
...sin général, et celui des chantiers et ateliers, procède à l'esti-
...ation exacte d'un vaisseau de chaque rang et de tout autre
...timent; que dans les procès verbaux qui en seront dressés, il
...it spécifié pour chaque effet en particulier, les qualité, quan-
...té et prix des matières, le déchet qu'elles doivent éprouver et
...prix de main-d'œuvre; et que lesdits procès verbaux, certifiés
...chaque directeur, pour sa partie, du commissaire du maga-
...n général et de celui des ateliers, approuvés du directeur général,
...visés du commandant et de l'intendant, après avoir été exa-
...nés dans le conseil de marine, soient envoyés, avec l'avis du
...onseil sur iceux, au secrétaire d'état ayant le département de
...a marine, pour lui faire connoître le prix auquel devront revenir,
...ans les différents ports, chaque vaisseau de tous rangs, chaque
...pèce de bâtiment, et chaque effet particulier de chacun desdits
...aisseaux et bâtiments.

...9. Les directeurs suivront et surveilleront, feront suivre et
...urveiller par les officiers et ingénieurs-constructeurs sous leurs
...ordres, toutes les opérations, et les ouvriers des chantiers ou

ateliers dépendants de leur direction respective, et donneront tous leurs soins à ce que les constructions et ouvrages ordonnés soient exécutés avec la plus grande économie de journées et de matières, et toute la solidité et la perfection dont ils seront susceptibles.

50. Ils rendront compte au directeur général de tout ce qui intéressera le détail particulier qui leur est confié; et il sera fait chaque jour, par le commandant, une heure à laquelle le directeur général, les trois directeurs particuliers, les trois sous-directeurs et l'ingénieur-constructeur en chef, devront s'assembler chez ledit commandant pour conférer avec lui sur les différentes parties du service de l'arsenal, lui rendre compte de tout ce qui aura été fait dans la journée, et recevoir ses ordres sur ce qui sera à faire le jour suivant.

51. Le directeur général prendra les ordres du commandant pour répartir dans les divers chantiers et ateliers dépendants de chacune des trois directions, les officiers de vaisseau qui y seront fixement attachés, ceux de ports, et ingénieurs-constructeurs. Lesdits officiers et ingénieurs-constructeurs seront chargés de la direction des travaux ordonnés, veilleront assidûment à ce qu'ils soient exécutés comme ils doivent l'être, maintiendront l'ordre et la police dans les chantiers et ateliers, et rendront un compte exact à leur directeur respectif de tout ce qui concernera l'atelier ou chantier dont la direction particulière leur aura été confiée.

52. Les directeurs feront remettre à la fin de chaque mois, au major de la marine, des états de demande, visés du directeur général, dans lesquels ils fixeront le nombre des officiers destinés à être à la suite de leur détail qu'ils jugeront devoir être nécessaire dans le mois suivant pour suivre les travaux qui devront y être exécutés. Les officiers employés ainsi à la suite des détails assisteront régulièrement à tous les appels qui se feront des ouvriers ou journaliers, et les vérifieront sur les états qui leur auront été remis par les directeurs; lesquels états devront contenir les noms, qualités et payes des ouvriers dont chaque atelier ou chantier devra être garni : lesdits officiers ne seront point chargés de la direction des travaux, mais ils veilleront à ce que les ouvriers emploient exactement tout leur temps, ne mettent en œuvre que de bonnes matières, et ne fassent pas de fausses consommations; et ils rendront un compte exact au directeur du détail des manquements en tout genre qu'ils pourront observer.

53. Chaque directeur inscrira dans un registre les ordres

.... qui lui auront été donnés par le directeur général; et dans ...... second registre, les noms des officiers de vaisseau, officiers ...... port ou ingénieurs-constructeurs, auxquels il aura confié la ...... direction particulière de chaque atelier ou chantier, ou la con-...... duite d'une opération, ainsi que les noms des officiers qui auront ...... nommés chaque mois pour être à la suite de son détail. Il ...... prendra note de ceux qui pourroient s'absenter pour en rendre ...... compte au directeur général, et donnera un soin particulier à ...... l'instruction des gardes du pavillon et de la marine employés ...... sous ses ordres.

54. Les officiers de vaisseau et de port, et les ingénieurs-cons-...... tructeurs attachés fixement aux trois détails de l'arsenal, et les ...... officiers qui auront été nommés à la suite desdits détails, exécu-...... teront ponctuellement tous les ordres qui leur seront donnés par ...... les directeurs et sous-directeurs, et seront au surplus subordonnés ...... les uns aux autres suivant leur grade et ancienneté. Ordonné, sa ...... majesté, aux directeurs desdits détails, de tenir soigneusement la ...... main à ce que lesdits officiers et ingénieurs-constructeurs, par ...... leur présence et leur assiduité, fassent accélérer les travaux qui ...... auront été ordonnés, et leur enjoint de rendre compte au directeur ...... général de l'exactitude ou de la négligence que chacun desdits ...... officiers ou ingénieurs-constructeurs aura apporté à remplir les ...... fonctions dont il aura été chargé.

55. Lorsque le directeur général aura reçu les ordres du com-...... mandant pour quelques constructions, radoubs, ouvrages, mou-...... vements ou opérations dans le port, il donnera ses ordres au ...... directeur particulier du détail dont lesdits ouvrages, construc-...... tions ou opérations dépendront, afin que celui-ci fasse dresser ...... un état général, par qualité et quantité des ouvriers ou journa-...... liers, ou du nombre d'escouades de forçats qui seront nécessaires ...... pour l'exécution desdits ouvrages ou desdites opérations ; un ...... double dudit état, signé du directeur particulier, et approuvé ...... du directeur général, après avoir été examiné et comparé aux ...... devis dans le conseil de marine, sera visé du commandant et re-...... mis ensuite à l'intendant, qui ordonnera la levée desdits ouvriers ...... ou journaliers, s'il ne s'en trouve pas dans le port un nombre ...... suffisant pour fournir à tous les travaux, mouvements et opéra-...... tions ordonnés, ainsi que la distribution des escouades de forçats.

56. Aucun ouvrier ou journalier ne sera admis aux chantiers ...... ou dans les ateliers, ou employé aux mouvements et opérations ...... du port, sans un billet du commissaire des chantiers et ateliers.

L'ouvrier ou journalier arrivant se présentera au directeur du dit détail pour lequel il aura été destiné ; et le directeur le fera inscrire sur son registre.

57. Le directeur de chaque détail fera la répartition particulière des ouvriers arrivant dans les chantiers ou ateliers dépendants de sa direction ; il aura soin de les distribuer avec toute l'économie que comporteront les circonstances, la nature du travail et le besoin plus ou moins pressant des ouvrages ; remettra au directeur général un tableau signé de lui, de la répartition qu'il aura faite desdits ouvriers et journaliers, en fera remettre un double au commissaire des chantiers et ateliers.

58. Dans le cas où la nature des ouvrages ordonnés exigera que le directeur général change la répartition première qui aura été faite des ouvriers ou journaliers dans les trois détails, chaque directeur particulier sera tenu de donner par écrit au commissaire des chantiers et ateliers, un état des changements qui auront été faits dans la distribution des ouvriers ou journaliers employés dans son détail.

59. La paye ne sera assignée à chaque ouvrier nouvellement arrivé qu'après que sa capacité aura été reconnue, trois jours seulement avant le paiement de la fin du mois, et selon que ladite paye aura été réglée par le commandant, de concert avec l'intendant, sur la proposition qui leur en aura été faite par le directeur du détail, de concert avec le commissaire des chantiers et ateliers. Les directeurs et ledit commissaire doivent s'attacher particulièrement à connoître par eux-mêmes et par les préposés sous leurs ordres, les bons et les médiocres ouvriers, afin que leur paye soit proportionnée à leurs services et capacité, et à leur assiduité au travail.

60. Le commissaire des chantiers et ateliers fera faire exactement les appels par les commis chargés de cette fonction, toutes les fois que les ouvriers entreront au travail ; il veillera à ce que lesdits commis n'emploient que des ouvriers et journaliers présents, et il s'en assurera lui-même par les appels particuliers qu'il fera, et fera faire aussi souvent qu'il le jugera à propos, pour vérifier si les ouvriers et journaliers contenus dans les rôles sont effectivement et fidèlement employés.

61. Le directeur de chaque détail fera suivre et vérifier les appels par ceux des officiers à la suite du détail qui auront été nommés pour y assister ; et le directeur pourra faire répéter l'ap-

[...] par les commis qui en seront chargés, aussi souvent qu'il le [se]ra à propos.

[6]2. Après que les appels à l'entrée des ouvriers auront été faits, [il ne] sera permis à aucun ouvrier ou journalier de quitter le [chan]tier ou atelier auquel il sera attaché, sans la permission [par] écrit du directeur ou sous-directeur du détail, ou de l'offi[cier] ou ingénieur-constructeur préposé à l'atelier ou au chantier; [la]quelle permission ne pourra être valide qu'autant qu'elle sera [visée] du commissaire préposé au détail des chantiers et ate[liers].

63. Le directeur se fera rendre compte, chaque jour, par les [offi]ciers qui auront été chargés d'être présents aux appels des [ou]vriers de ceux qui s'y seront trouvés : lesdits officiers remet[tr]ont au directeur un extrait des rôles certifiés par eux; et copie [du]dit extrait, visée du directeur, sera remise, chaque soir, au [dir]ecteur général qui la remettra au commandant.

64. Le commissaire se fera pareillement rendre compte, cha[que] jour, des appels, par les commis qui en seront chargés; il se [fer]a remettre par eux un extrait certifié des rôles d'appels qu'il [fe]ra, et copie dudit extrait sera remise chaque soir par le com[miss]aire à l'intendant.

65. Les directeurs retireront, tous les mois, des officiers qui [aur]ont assisté aux appels, et le commissaire, des commis qui les [aur]ont faits, les rôles d'appels des ouvriers ou journaliers des [dive]rs chantiers ou ateliers. Chaque directeur, pour sa partie, et [le] commissaire, pour les trois détails, vérifieront réciproque[me]nt les rôles qui leur auront été remis; ils en dresseront, cha[cun] de leur côté, un état général qu'ils certifieront réciproque[m]ent; celui du directeur sera visé du directeur général, et remis [pa]r lui au commandant; et ceux du commissaire seront remis [pa]r lui à l'intendant. Sur lesdits états généraux seront marqués [les] différentes fonctions des ouvriers ou journaliers, la paye qui [leur] aura été fixée, et les jours et heures qu'ils auront manqué [au] travail; afin que, sur cette connoissance, l'intendant puisse [or]donner le paiement de ce qui sera légitimement dû; auquel [paie]ment assisteront les directeurs, chacun pour leur détail, et [le] commissaire des chantiers et ateliers pour les trois détails.

66. Lorsque le directeur général aura reçu les ordres du com[ma]ndant pour quelque construction, radoub ou autre ouvrage [que]lconque, il donnera ses ordres aux directeurs particuliers des [tro]is détails, pour que ceux-ci, chacun pour la partie qui le con-

cernera, fassent dresser des états généraux, par approximation, de toutes les matières nécessaires pour l'exécution desdits ouvrages, un double desdits états, signé du directeur du détail, et approuvé du directeur général, après avoir été examiné et comparé aux plans et devis dans le conseil de marine, sera visé du commandant, et remis ensuite à l'intendant, qui ordonnera l'approvisionnement desdites matières et la distribution successive d'icelles, à proportion des demandes journalières qui en seront faites au magasin général, en la forme prescrite par les articles suivants.

67. Les demandes de matières œuvrées ou non œuvrées, outils et ustensiles pour tout ce qui concerne la charpente du chantier, du corps du vaisseau, du berceau, des mâtures, hunes, cabestans, chaloupes et canots, et le calfatage, corroi et enduit du vaisseau, seront faites, par écrit, par l'ingénieur-constructeur chargé de la construction ou du radoub du bâtiment. Ces billets de demandes, visés du directeur des constructions et du commissaire des chantiers et ateliers, seront portés par les contre-maîtres d'ouvrages au commissaire du magasin général, qui mettra son ordre au bas pour la délivrance des matières ou effets demandés; et lesdits billets serviront de décharge au garde-magasin. Lorsque lesdits effets ou matières auront été apportés au chantier, ils seront remis à la charge et garde du commissaire des chantiers et ateliers, qui en suivra et fera suivre l'emploi dans leur convertissement par les commis sous ses ordres, pour s'assurer si rien n'est diverti par les ouvriers, et si tout ce qui leur a été délivré a été effectivement et fidèlement employé.

68. A l'égard de tous ouvrages à exécuter dans les différents ateliers dépendants des trois directions, les demandes de matières, outils et ustensiles, seront faites par celui des officiers de vaisseau ou de port, qui sera préposé à la direction particulière de l'atelier où les ouvrages ordonnés devront être exécutés; et il en sera usé du reste ainsi qu'il est prescrit par l'article précédent.

69. Le directeur de chaque détail fera tenir un registre, jour par jour, de toutes les demandes, de quelque nature qu'elles soient, qui auront été faites par les officiers de vaisseau ou de port, ou les ingénieurs-constructeurs préposés à la direction particulière des chantiers ou ateliers ressortissant de son détail.

70. Le commissaire des chantiers et ateliers fera pareillement tenir un registre exact, jour par jour, de toutes les demandes qui

[...] faites dans les divers chantiers ou ateliers dépendants [de] chaque direction, et de la réception de toutes les matières [ouv]rées ou non œuvrées, outils ou ustensiles qui seront apportés dans chacun desdits chantiers ou ateliers.

91. Les directeurs des détails, et, sous leurs ordres, les officiers ingénieurs-constructeurs préposés à chaque atelier ou chantier, auront soin que les contre-maîtres ou chefs d'ateliers et d'ouvrages marquent, dans un casernet qu'ils leur donneront à cet effet, toutes les matières par espèce, quantité, dimensions et dénominations qui seront employées journellement dans leurs ateliers et chantiers respectifs, et tiennent note du déchet que lesdites matières auront éprouvé dans leur convertissement.

72. Chaque officier de vaisseau ou de port, ou ingénieur-constructeur, préposé à un atelier ou chantier, se fera remettre toutes les semaines un extrait desdits casernets, qu'il remettra au directeur après l'avoir vérifié; et il en sera remis un pareil au commissaire des chantiers et ateliers, par les commis préposés à suivre l'emploi des matières, auxquels les contre-maîtres ou chefs d'ouvrages seront tenus de donner un extrait de leurs casernets.

73. Aussitôt que les ouvrages ordonnés auront été fabriqués dans chaque atelier, le commissaire des chantiers et ateliers en fera faire recette au magasin général; et ils seront remis à la charge et garde du garde-magasin, dans quelque endroit de l'arsenal qu'ils aient été déposés. Ledit garde-magasin en donnera au commissaire des chantiers et ateliers un certificat de réception, visé du commissaire du magasin général; et il sera fait mention sur le registre dudit magasin, du lieu où les ouvrages livrés auront été déposés; il y sera pareillement fait mention des poids, dimensions et quantité desdits ouvrages, et du déchet que la matière aura éprouvé dans son convertissement, afin de connoître si le déchet et le net rendent ensemble la quantité de matière qui avait été délivrée des magasins.

74. Le directeur de chaque détail fera dresser à la fin du mois, un état général de toutes les matières qui auront été apportées pendant le mois dans les chantiers ou ateliers dépendants de sa direction, par dénominations, qualité, quantité, poids ou dimensions. Il fera connoître dans ledit état la destination ou l'emploi desdites matières, ce qui en aura été employé, ce qui en restera dans les chantiers ou ateliers, l'espèce et la quantité des ouvrages qui en seront provenus, le déchet que lesdites matières

auront éprouvé dans leur convertissement, et l'époque de [la] livraison au magasin général des ouvrages qui auront été [fa-] briqués.

75. Le commissaire des chantiers et ateliers fera de son [côté] dresser un état dans la même forme pour chaque détail [parti-] culier.

76. Chaque directeur pour sa partie, et le commissaire [pour] les trois détails, vérifieront et certifieront réciproquement [les] états de matières, déchet et ouvrages : celui de chaque direc[teur] sera visé du directeur général et remis par lui au command[ant,] et ceux du commissaire des chantiers et ateliers seront remis [par] lui à l'intendant.

77. Lorsqu'une construction aura été achevée, que le ma[ga-] sin particulier du vaisseau sera complet, et que tout ce qui [doit] former son armement et équipement sera préparé, chaque di[rec-] teur, pour sa partie, fera dresser un état de toutes les mati[ères] œuvrées ou non œuvrées qui auront été tirées du magasin gé[né-] ral, des prix d'icelles dont il lui sera donné connoissance [par] écrit par le contrôleur, et du nombre et des prix des journ[ées] employées pour la main-d'œuvre : chaque directeur remet[tra] son état au directeur général, qui fera réunir ces trois ét[ats] pour n'en former qu'un seul, servant à connoître la dépen[se] à laquelle monteront ensemble, la construction, le gréem[ent] et l'équipement du vaisseau ou autre bâtiment ; et ledit ét[at] certifié de chaque directeur pour sa partie, et visé du direc[teur] général, sera remis par celui-ci au commandant.

78. On procèdera de la même manière pour parvenir à c[on-] noître la dépense à laquelle monteront chaque refonte, rad[oub] ou réparations considérables faites aux vaisseaux ou autres bâ[ti-] ments flottants.

79. Le commissaire des chantiers et ateliers dressera de [son] côté et dans la même forme, pour chaque construction, refo[nte] ou radoub, un état général qu'il certifiera et remettra à l'inten[-] dant, pour être par lui visé.

80. Les états dressés dans la forme précédente par les t[rois] directeurs et le commissaire des chantiers et ateliers seront ex[a-] minés dans le conseil de marine, qui les comparera entre eu[x,] avec les plans et devis qui y avoient été arrêtés, et donnera [son] avis sur iceux ; et il en sera usé, pour lesdits états et l'avis [du] conseil, ainsi qu'il sera prescrit par la présente ordonnance, [au] *titre XVIII du conseil de marine permanent.*

84. Le directeur de chaque détail assistera par lui-même, ou les officiers ou ingénieur-constructeurs sous ses ordres, à la recette qui sera faite par le commissaire du magasin général, de toutes les matières et marchandises qui devront être travaillées, converties ou employées dans les différents chantiers ou ateliers ressortissants de sa direction, et de tous ouvrages relatifs à son détail; et il veillera à ce que les gardes du pavillon et de la marine, employés sous ses ordres, assistent toujours à ladite recette pour leur instruction.

85. La réception desdites fournitures sera faite conformément aux états de sa majesté, et aux marchés qui en auront été passés en présence du conseil de marine, lesquels seront lus avant que de procéder à la recette; et seront les marchandises et ouvrages confrontés avec les échantillons qui, lors de l'adjudication, auront été présentés au conseil, et cachetés du cachet du président, de celui de l'intendant, de celui du contrôleur et de celui de l'entrepreneur ou adjudicataire. Il ne pourra être fait aucune compensation du fort au foible que par l'ordre exprès de sa majesté; et l'on se conformera au surplus, pour ce qui doit être observé dans lesdites recettes, à ce qui est prescrit par l'ordonnance du 25 mars 1765, concernant la marine, titre III, article 703 jusqu'à 716, et en ce qui n'est pas contraire à la présente ordonnance.

86. Dans le cas où les directeurs ne seroient pas de l'avis du commissaire du magasin général ou du contrôleur, relativement à la qualité des matières, marchandises, munitions ou ouvrages présentés pour être reçus, il sera sursis à la réception d'iceux, et le commandant ordonnera l'assemblée extraordinaire du conseil de marine, où seront lus les rapports et avis desdits directeurs, commissaire et contrôleur, qui dans ce cas-là n'auront pas voix délibérative; et, d'après l'avis du conseil, lesdites fournitures seront acceptées ou rejetées. Mais si le conseil estime qu'un nouvel examen desdites fournitures soit nécessaire pour décider son avis, il nommera tels autres commissaires qu'il lui plaira choisir parmi ses membres, pour procéder audit examen, et donnera son avis sur leur rapport; et dans le cas où l'objet desdites fournitures seroit considérable, les différents rapports des directeurs, du commissaire du magasin général et du contrôleur, et ceux des commissaires du conseil, ainsi que l'avis du conseil, seront envoyés par le président au secrétaire d'état ayant le département de la marine; et il ne sera procédé à la

recette desdites fournitures, qu'après que sa majesté aura fait connoître ses intentions au commandant et à l'intendant.

84. La police des chantiers et ateliers de l'arsenal et des vaisseaux, et tous autres bâtiments désarmés dans le port, appartiendra au commandant, et sous son autorité au directeur général de l'arsenal, et aux directeurs particuliers des trois détails.

85. La police des magasins et des bureaux affectés aux cinq commissaires et au contrôleur, celle des bâtiments civils, des hôpitaux et bagnes, appartiendra à l'intendant, et sous son autorité au commissaire général et aux commissaires ordinaires préposés aux cinq bureaux dans chaque port.

86. Les contre-maîtres, maîtres d'ouvrages ou d'ateliers, ouvriers et journaliers employés aux chantiers et ateliers, ou aux opérations et mouvements du port, ainsi que les gardiens des vaisseaux ou autres bâtiments flottants et machines à leur usage, et les guetteurs ou observateurs de signaux, seront et demeureront sous l'autorité du commandant, et sous les ordres du directeur général et du directeur particulier du détail auquel ils seront affectés; et seront au surplus subordonnés en tout, à tous officiers de vaisseau ou de port, ou ingénieurs-constructeurs, chargés de la direction particulière des chantiers et ateliers, ou d'en suivre les travaux.

87. Les gardiens des bureaux des commissaires, ceux des magasins, ceux des chantiers et ateliers, les suisses et consignes des portes, et tous entretenus pour le service et la garde des hôpitaux et des chiourmes, et la garde des bâtiments civils, seront et demeureront sous l'autorité de l'intendant, et sous les ordres du commissaire général et des commissaires ordinaires et surnuméraires.

88. La garde des portes de l'arsenal, celle de l'avant-garde et de l'arrière-garde du port, seront (suivant le local) confiées aux troupes du corps royal d'infanterie de la marine, conformément à l'article 4 de l'ordonnance du 8 novembre 1774, et leurs corps-de-garde seront dans l'intérieur de l'enceinte: les mêmes troupes garderont les magasins à poudre et le parc d'artillerie.

89. L'officier de garde à la patache observera soigneusement si les bâtiments qui entrent dans le port n'ont point à bord quelques étrangers ou personnes inconnues; et en ce cas il les fera conduire chez le commandant du port: mais si ce sont des personnes de considération, il prendra seulement leurs noms et logement sur un billet qu'il enverra au commandant. Il ne laissera sortir

de port aucuns bâtiments, sans préalablement les avoir fait visiter, afin de s'assurer qu'ils n'emportent aucuns effets appartenants au roi.

90. Indépendamment de la garde, il y aura à chaque porte ou issue de l'arsenal, conformément à l'article 4 de ladite ordonnance du 8 novembre 1774, un suisse ou consigne qui sera en poste fixe, pour faire connoître aux sentinelles et aux corps-de-garde les ouvriers ou autres gens qu'on pourra laisser entrer et sortir, et qui auront un service habituel à remplir dans l'arsenal, et pour recevoir les billets pour la sortie des effets qui devront être convertis en ouvrages hors de l'arsenal, portés à bord des vaisseaux, et prêtés ou vendus à des particuliers; lesquels billets ledit suisse ou consigne remettra tous les soirs, après le travail du port, à l'intendant, pour être par lui examinés et vérifiés.

91. La garde des portes de l'arsenal observera soigneusement ceux qui entrent ou qui sortent, arrêtera ceux qui emporteront des effets, et qui n'auront point un billet de sortie signé du commissaire du magasin général, ou de celui des chantiers et ateliers, suivant la nature desdits effets; et défendra absolument l'entrée à tout étranger, s'il n'est muni d'une permission par écrit du commandant, et même aux habitants du lieu, s'ils ne sont pas très connus ou accompagnés d'un officier ou autre personne connue qui en répondra, et qui sera obligée de donner le nom de l'habitant et le sien aux corps-de-garde, pour être rapporté au commandant du port.

92. Les portes et issues de l'arsenal seront fermées et ouvertes aux mêmes heures que les chaînes du port; et la clef de chaque porte sera déposée au corps-de-garde établi à terre, duquel sera tirée la sentinelle.

93. La garde des portes et issues de l'arsenal, pour les suisses ou consignes, ne sera que depuis leur ouverture jusqu'à leur fermeture; et si des travaux extraordinaires exigent que quelqu'une desdites portes ou issues soit ouverte pendant la nuit, le commandant en donnera l'ordre; et en ce cas les suisses ou consignes se mettront à leur poste que les sentinelles ne quitteront ni de jour, ni de nuit, sous quelque prétexte que ce puisse être.

94. En cas d'alarme ou d'accident, à moins que le besoin ne soit extrêmement pressant, les portes de l'arsenal resteront fermées, jusqu'à ce qu'un officier-major de la marine ou un des officiers attachés à la direction du port, se présente pour laisser entrer ceux dont le secours est nécessaire.

95. Il y aura pendant la nuit, auprès de chaque corps-de-garde, une chaloupe armée d'avirons pour porter, en cas d'accident ou de surprise, les gardiens, ouvriers et soldats, où le besoin l'exigera.

96. Il y aura toujours quelques chaloupes armées de nageurs et d'un patron pour faire les rondes : et dans les ports où les rondes ne pourront se faire par mer, elles se feront par terre sur les quais de l'arsenal.

97. La permission d'entrer dans le port et d'en sortir, pour les bâtiments français ou étrangers, sera donnée par le commandant; et les capitaines, maîtres ou patrons desdits bâtiments, s'adresseront pour l'obtenir au directeur du port.

98. Aucun étranger, ni même les habitants du lieu, ne pourront entrer dans les vaisseaux ou autres bâtiments désarmés dans le port, sans la permission par écrit du commandant.

99. Les feux de signaux et phares seront dans la dépendance du commandant du port, qui en aura la police, et veillera au maintien du bon ordre et à la conduite des gardiens et guetteurs préposés auxdits phares, ou entretenus pour avertir des événements du dehors. Lesdits gardiens et guetteurs rendront compte de ce qu'ils auront vu au directeur du port, qui portera aussitôt au commandant les avis qui lui viendront par cette voie; et s'il étoit fait des signaux pendant la nuit, les guetteurs en avertiront aussitôt le directeur du port et l'officier de garde à l'amiral.

100. Tous les officiers entretenus dans les ports du roi pourront faire arrêter et emprisonner sur-le-champ ceux qu'ils verront commettre quelque excès ou désordre, et les ayant fait arrêter, ils ne pourront les mettre en liberté; mais ils en rendront compte aussitôt au commandant, si c'est un homme qui appartienne au militaire, ou qui soit employé dans un des trois détails de l'arsenal, ouvrier, journalier ou gardien de vaisseau, ou qui soit de l'équipage d'un vaisseau armé; et à l'intendant, si c'est un matelot non employé dans l'arsenal ou non armé, ou gardien de bureau, magasin, chantier, atelier et bâtiment civil, ou consigne des portes, ou un homme attaché au service des hôpitaux ou à la garde des chiourmes.

101. Veut, sa majesté, que tous crimes et délits, autres que ceux commis dans l'enceinte de l'arsenal, par quelque personne que ce soit, soient jugés à l'avenir par le conseil de guerre; dérogeant à toutes ordonnances, règlements, instructions ou commissions à ce contraires : entend toutefois, sa majesté, que les crimes et

...dits commis dans les magasins, dans les bureaux des commissaires et contrôleurs, dans les hôpitaux, bagnes et salles de force, ainsi que tous vols commis, soit dans lesdits magasins, bureaux, hôpitaux et bagnes, soit en général dans l'enceinte de l'arsenal, continuent d'être du ressort et de la justice particulière de l'intendant.

102. Dans le cas où les crimes et délits ressortiront au conseil de guerre, la plainte sera faite au commandant, soit par les directeurs de détails, soit par les commissaires préposés aux bureaux, ou le garde-magasin, suivant la nature du délit; et ledit commandant ne pourra refuser de recevoir ladite plainte, sans des raisons graves, dont, en ce cas, il informera sur-le-champ le secrétaire d'état ayant le département de la marine, pour qu'il en soit rendu compte à sa majesté. Ladite plainte sera remise sans délai au major de la marine, ou, en son absence, à l'aide-major, qui dressera sa requête au bas de la plainte; et ladite requête ayant été répondue par le commandant, d'un *soit fait ainsi qu'il est requis*, l'instruction du procès sera faite, à la réquisition dudit major, par le prévôt de la marine ou son lieutenant, en la manière accoutumée, et ainsi qu'il est prescrit par l'ordonnance du 25 mars 1765, concernant la marine, titre CII, du conseil de guerre.

103. Défend, sa majesté, à peine de la vie, à toutes personnes de faire du feu dans le port et dans l'arsenal, sous quelque prétexte et en quelque occasion que ce soit, si ce n'est dans les pigoulières et fourneaux destinés à chauffer le brai, goudron et corroi pour les carènes; dans les étuves et goudronneries, ou endroits marqués par le directeur général de l'arsenal pour plier les bordages, et dans les forges: dans tous les cas, les feux seront veillés tant qu'ils seront allumés.

104. Seront punis, suivant la conséquence du fait, ceux qui fumeront dans les ateliers du port et autres lieux des travaux.

105. Fait, sa majesté, très expresses inhibitions et défenses à tous gardiens et autres logés dans l'enceinte des arsenaux de la marine, d'avoir du feu dans leur logement ou d'en allumer après neuf heures du soir, si ce n'est dans le corps-de-garde des troupes; et ceux qui, dans les temps permis, auront des chandelles allumées, seront obligés de les tenir dans des lanternes, à peine de cinquante livres d'amende contre les contrevenants, et d'être chassés de leurs logements.

106. Aucun officier, commissaire des ports et arsenaux, con-

trôleur de la marine, ou ingénieur-constructeur, ne pourra loger dans les bâtiments des arsenaux et dans l'enceinte du port, sous quelque prétexte que ce soit. Veut, sa majesté, que ceux qui y seroient actuellement logés aient vidé les lieux six mois après la publication de la présence ordonnance : enjoint aux commandants et intendants de ses ports de tenir sévèrement la main à l'exécution du présent article, à peine de répondre de l'infraction en leur propre et privé nom. N'entend toutefois, sa majesté, comprendre dans la présente prohibition le logement affecté, dans le port de Brest, près l'arrière-garde, à un des officiers de port; et se réserve d'en destiner un pour le même objet à Toulon et à Rochefort, afin qu'il couche dans chaque arsenal un desdits officiers, pour faire les premières dispositions de secours en cas d'incendie.

107. Veut au surplus, sa majesté, que tout ce qui est prescrit par l'ordonnance du 25 mars 1765, concernant la marine, livre VI, de la garde, sûreté, police et conservation des ports et arsenaux, soit maintenu et suivi en tout ce qui n'est pas contraire à la présente ordonnance, et dans les points auxquels il n'a pas été pourvu.

108. Lorsque sa majesté aura ordonné des constructions ou autres ouvrages dans les départements du Havre, de Dunkerque, de Bordeaux ou dans d'autres ports, elle nommera les capitaines de vaisseau et autres officiers de sa marine, et les ingénieurs-constructeurs qui devront diriger lesdites constructions et ouvrages; les commissaires généraux ou ordinaires, ordonnateurs, les contrôleurs, les garde-magasins et tous autres, se conformeront, chacun pour la partie qui le concerne, et autant que le local et les circonstances le permettront, à ce qui est prescrit par la présente ordonnance, pour le service des arsenaux dans les ports de Brest, Toulon et Rochefort.

TITRE V. — *Des bureaux des commissaires des ports et arsenaux de marine.*

109. La répartition des différents objets relatifs à l'administration des deniers et des matières, et à la comptabilité, sera faite dans les cinq bureaux de chaque port, ainsi qu'il est prescrit aux titres I et III de la présente ordonnance.

110. Les commissaires des ports et arsenaux de marine, chacun dans leur partie, se conformeront, pour la tenue des registres et

des comptes, la forme des écritures, et tout ce qui concerne les fonctions qui leur sont confiées, à ce qui étoit prescrit aux commissaires et autres officiers d'administration de marine, par l'ordonnance du 15 avril 1689, pour les armées navales et arsenaux de la marine, et celle du 25 mars 1765, concernant la marine, en observant de se renfermer exactement dans les seules fonctions qui leur sont attribuées par la présente ordonnance, sans jamais s'écarter de l'esprit de ses dispositions.

Titre VI. — *Du commandant dans le port.*

111. Le commandant exécutera et fera exécuter tous les ordres qui lui seront adressés par sa majesté, et il exercera ses fonctions suivant l'étendue de l'autorité qui lui est donnée.

112. Il veillera à ce que les officiers de vaisseau, officiers de port, ingénieurs-constructeurs et tous autres sous sa charge, remplissent exactement les fonctions qui leur sont confiées ; et il fera exécuter les ordonnances, et maintiendra la discipline dans tous les ordres, en ce qui le concerne, à peine de répondre du relâchement en son propre et privé nom.

113. Il ordonnera des constructions et radoubs, des armements et désarmements, et de tous les travaux, mouvements et opérations du port. Il aura sous sa charge et à sa garde les vaisseaux et autres bâtiments désarmés dans le port, et machines à leur usage ; et ordonnera de la police des chantiers et ateliers et vaisseaux désarmés.

114. Il pourvoira à la garde, à la conservation et à l'entretien des vaisseaux dans le port, et à leur sûreté contre les accidents du temps et du feu, et contre les entreprises que les ennemis pourroient faire. Il fera choix, par préférence, dans les invalides de la marine, des gardiens de vaisseaux et autres bâtiments et machines, autant que lesdits invalides seront en état de remplir les fonctions auxquelles ils seront destinés ; et il prendra dans les officiers-mariniers de pilotage, les guetteurs et observateurs de signaux.

115. Il fera la répartition dans chacun des trois détails de l'arsenal, des officiers de vaisseau ou de port, et des ingénieurs constructeurs, qui y seront fixement attachés, ainsi que de tous entretenus et employés sous ses ordres ; et il emploiera les lieutenants et les enseignes de vaisseau qui ne seront point destinés à la mer, ni attachés fixement à un des trois détails, à suivre

tous les travaux des chantiers et ateliers, et à la visite des vaisseaux désarmés dans le port, conformément à ce qui est prescrit au titre II de la présente ordonnance.

116. Il sera tenu à cet effet, par le major de la marine et des armées navales, un registre de tous les officiers et ingénieurs-constructeurs, dans lequel la destination particulière de chacun sera marquée.

117. Il enverra tous les ans au secrétaire d'état ayant le département de la marine, les apostilles des officiers et ingénieurs-constructeurs sous sa charge, pour faire connoître ceux qui se distingueront par leur zèle et capacité, et par leurs talents, ainsi que ceux qui montreront de la négligence pour le service, ou qui y auront peu d'aptitude.

118. L'intention de sa majesté étant qu'à l'avenir les ingénieurs-constructeurs soient destinés à la visite des forêts; qu'ils y fassent le choix des arbres propres à être employés pour le service de la marine; qu'ils y règlent les dimensions des pièces et leur destination; et rendent compte au commandant et à l'intendant, de toute la suite des opérations dont ils seront chargés dans lesdites forêts, le commandant, sur la connoissance qui lui sera donnée par le secrétaire d'état ayant le département de la marine, ou par l'intendant du port, des marchés qui auront été passés, et du temps où les bois devront être rendus dans le port, proposera à sa majesté ceux des ingénieurs-constructeurs et des contre-maîtres de construction qui paroîtront les plus propres à en être chargés; et pour se déterminer sur le choix desdits sujets, il prendra l'avis du directeur général, du directeur des constructions et de l'ingénieur-constructeur en chef.

119. Sur les rapports qui lui seront faits par le directeur général, le directeur particulier de chaque détail, et l'ingénieur-constructeur en chef, de l'activité et du mérite des différents maîtres et ouvriers, il réglera, de concert avec l'intendant, la paye desdits maîtres et ouvriers, et les augmentations dont ils seront jugés susceptibles, ou les diminutions que leur négligence devra mériter; et dans le cas où il y auroit diversité d'avis sur le fait de la paye des ouvriers et journaliers, entre lesdits commandant et intendant, il sera sursis à la fixation, et ils en rendront compte, chacun de leur côté, au secrétaire d'état ayant le département de la marine.

120. Lorsque le mauvais temps obligera de faire cesser les travaux dans les chantiers ou ateliers découverts, le comman-

donnera l'ordre pour faire sonner la cloche qui annoncera la cessation du travail, et désignera les ateliers où le travail ne devra pas être discontinué.

121. Il fera le plus souvent qu'il lui sera possible la visite des vaisseaux ou autres bâtiments désarmés dans le port, de ceux en construction et en radoub, et de tous les chantiers et ateliers de l'arsenal.

122. Il fera aussi souvent qu'il le jugera à propos, ou fera faire par le directeur général et les directeurs particuliers, la visite des différents magasins, que le commissaire du magasin général sera tenu de faire ouvrir à la première réquisition qui lui en sera faite, et où le garde-magasin sera toujours présent par lui ou l'un de ses commis.

123. Il veillera et fera veiller par le directeur général, à ce que le directeur et le sous-directeur des constructions, et l'ingénieur-constructeur en chef, fassent de fréquentes visites des vaisseaux et autres bâtiments désarmés dans le port, et que lesdits bâtiments soient carénés aussi souvent qu'il est prescrit par la présente ordonnance. Il distribuera les ingénieurs-constructeurs ordinaires, de manière que chacun d'eux soit chargé nommément de l'entretien d'un certain nombre de vaisseaux, et par préférence de ceux qu'il aura construits : il s'occupera à connoître exactement la situation de chaque vaisseau et autres bâtiments ; et sur les rapports qui lui seront faits, il ordonnera sans délai les répartitions d'entretien qui pourront prévenir la filtration des eaux, ainsi que les radoubs peu considérables qui pourront arrêter le progrès du mal, et procurer la plus longue durée des vaisseaux.

124. Il veillera pareillement, et fera veiller par le directeur général à ce que le directeur de port visite et fasse visiter souvent les amarres des vaisseaux, les fasse relever et manier une fois l'an, fasse remuer le lest chaque fois qu'on donnera une carène aux bâtiments, change de côté deux ou trois fois l'an les vaisseaux qui seront amarrés l'un auprès de l'autre, fasse couvrir de prélarts les panneaux et écoutilles, balayer et étancher les bâtiments, et s'occupe assidûment de tout ce qui concerne la propreté et la sûreté des vaisseaux, ainsi que l'entretien et le curage du port et de la rade.

125. Il prendra connoissance du fait du lestage et délestage de tous les bâtiments qui mouilleront dans le port et dans la rade, et chargera le directeur ou le capitaine de port de ce détail : il

veillera au surplus à ce que tout ce qui est prescrit pour le lestage et délestage, par l'ordonnance du 25 mars 1765, concernant la marine, *titre* XLIV, soit maintenu et suivi.

126. Il se conformera, avec la plus grande exactitude, à l'état des ouvrages ordonnés, à proportion des fonds qui y auront été destinés, et dont chaque mois l'intendant lui donnera connoissance par écrit; et lesdits commandants et intendant concerteront ensemble leurs opérations respectives, de manière que les dépenses des travaux, celles des approvisionnements et les dépenses fixes de port, n'excèdent pas la quantité des fonds disponibles, et que chaque dépense soit proportionnée aux fonds qui auront été assignés pour chaque objet.

127. Le commandant aura pareillement connoissance chaque mois, et toutes les fois qu'il le requerra, de tous les effets qui existeront dans les magasins, et de l'état des vivres existants, par les inventaires dont l'intendant lui fera remettre un double qu'il aura visé.

128. Il assistera par lui-même, ou par le directeur général, les directeurs particuliers, ou les officiers et les ingénieurs-constructeurs sous leurs ordres, à toutes les recettes de matières, munitions et marchandises quelconques, et signera aux procès verbaux de réception, en se conformant au surplus à tout ce qui a été prescrit à cet égard au titre IV de la présente ordonnance.

129. Il se fera rendre compte tous les jours par le directeur général, les directeurs et les sous-directeurs des trois détails, et l'ingénieur-constructeur en chef, du progrès des ouvrages et de tout ce qui concernera les chantiers et ateliers, et les vaisseaux et autres bâtiments désarmés dans le port. Il donnera tous les jours ses ordres chez lui, à une heure qu'il aura fixée; et tous les officiers et autres qui auront des comptes à lui rendre et des ordres à recevoir, seront tenus de s'y trouver.

130. Il enverra tous les mois au secrétaire d'état ayant le département de la marine, un extrait des ouvrages qui auront été faits aux vaisseaux en construction, en refonte ou en radoub, et dans chacun des ateliers dépendants des trois détails, afin que sa majesté soit informée régulièrement de l'avancement des constructions et autres ouvrages.

131. Il fera dresser, au commencement de chaque mois, un état des vaisseaux, frégates, flûtes, corvettes et autres bâtiments du port; il y sera observé s'ils sont à la mer, en constru-

[...], en refonte ou en radoub; et la situation du corps de bâtiment y sera marquée. Ledit état signé du directeur des [cons]tructions et de l'ingénieur-constructeur en chef, visé du di[rec]teur général et vérifié par le contrôleur, sera envoyé tous les [mo]is au secrétaire d'état ayant le département de la marine, par [le com]mandant qui le visera, en fera déposer une copie au con[trô]le et remettre un double à l'intendant.

132. Lorsque sa majesté aura ordonné la construction d'un [vais]seau ou de tout autre bâtiment, et agréé l'ingénieur-cons[truc]teur qui lui aura été proposé par le commandant, pour être [char]gé de ladite construction, ledit commandant donnera ses [ord]res au directeur général, pour que celui-ci fasse faire par [l'in]génieur-constructeur qui aura été agréé par sa majesté, les [plans] et devis du vaisseau ou autre bâtiment ordonné. Ces plans [et] devis seront faits doubles et parfaitement semblables: ils seront [appr]ouvés du directeur des constructions et de l'ingénieur-cons[truc]teur en chef, et visés du directeur général, qui les remettra [au] commandant pour être examinés dans le conseil de la mari[ne]; et ledit commandant enverra lesdits plans et devis visés de [lu]i, et l'avis du conseil sur iceux, au secrétaire d'état ayant le [dé]partement de la marine.

133. Lorsque lesdits plans et devis auront été approuvés par sa [ma]jesté et renvoyés dans le port au commandant, pour être exé[cut]és, ledit commandant fera déposer au contrôle de la mari[ne u]ne copie desdits plans et devis, et remettra la seconde au di[rec]teur général, qui fera dresser par l'ingénieur-construc[teu]r en chef, sous l'inspection du directeur des construc[tio]ns, deux états séparés, l'un des ouvriers par quantité et [es]pèce, l'autre des matières quelconques nécessaires pour la[di]te construction; et après que lesdits états auront été exami[nés] et approuvés dans le conseil de marine, le commandant [en] fera remettre à l'intendant un double signé du directeur des [cons]tructions et de l'ingénieur-constructeur en chef, approuvé [du] directeur général et visé du commandant, afin que ledit in[ten]dant puisse ordonner la levée et la distribution des ouvriers, [con]formément à ce qui est prescrit au titre IV de la présente [or]donnance.

134. Le commandant en usera pour les refontes, radoubs et [au]tres ouvrages considérables à faire à tous les bâtiments flot[tan]ts, ainsi qu'il est prescrit par les précédents articles, pour les [con]structions nouvelles.

135. Il prendra les mesures nécessaires pour que les [travaux] ordonnés soient achevés dans les temps qui seront prescrits [par] sa majesté, et il fera en sorte que les vaisseaux qui auront [été] mis sur les chantiers ou dans les bassins puissent être [construits] ou refondus dans l'espace de huit mois au plus tard.

136. Dès que la quille d'un vaisseau ou autre bâtiment [sera] posée sur les chantiers, il donnera ses ordres au directeur [géné]ral, pour que celui-ci fasse faire par le directeur de port un [état] de tous les cordages, poulies, voiles, apparaux et [objets] quelconques, nécessaires pour l'entier équipement du va[isseau]; ledit état signé du directeur du port, approuvé du directeur [gé]néral et visé du commandant, après avoir été examiné [au] conseil de marine, sera remis à l'intendant, qui ordonnera [que] les chanvres, goudrons, toiles et autres effets, matières et [mar]chandises nécessaires pour la fabrication et la préparation [des] agrès, apparaux et ustensiles qui doivent composer le ma[gasin] particulier dudit vaisseau, soient délivrés du magasin gé[néral] aux ateliers, à proportion des demandes qui en seront faites [en la] forme prescrite au titre IV de la présente ordonnance.

137. Le commandant donnera pareillement ses ordres au [di]recteur général, pour que celui-ci fasse préparer par le direc[teur] de l'artillerie, les canons, affûts, armes et ustensiles dépendant du détail de l'artillerie, qui seront nécessaires pour l'arme[ment] du vaisseau en construction; et il en sera usé à l'égard des effets à préparer, ainsi qu'il est prescrit par le précédent ar[ticle] pour les agrès et apparaux.

138. Sur les demandes qui lui en seront faites par écrit, [par] l'intendant, il fera disposer les gabares, chalands et autres bâ[ti]ments qui seront nécessaires pour les approvisionnements; [et] lui fera fournir journellement le nombre de journaliers qu'il [de]mandera pour le transport des effets et munitions de l'arse[nal].

139. Sa majesté ayant envoyé ses ordres au commandant, [pour] les vaisseaux ou autres bâtiments qu'elle voudra faire armer [dans] le port, il en fera lui-même la visite, dans laquelle il se fera [ac]compagner par le capitaine nommé pour commander cha[que] vaisseau, et les officiers de son état-major, par le directeur gé[né]ral, le directeur des constructions et l'ingénieur-constructeur [en] chef, pour constater par un procès verbal de visite, si le vaiss[eau] est en état de faire campagne, ou quel radoub il sera nécess[aire] d'y faire: ils en dresseront un état qui sera signé de tous les [offi]ciers qui auront assisté à la visite, et de l'ingénieur-construct[eur]

..., et envoyé par le commandant, qui le visera, au secrétaire d'état ayant le département de la marine; et il en sera remis
double à l'intendant.

140. Si le radoub n'est pas considérable, le commandant en
ordonnera aussitôt l'exécution, et tiendra la main à ce que le
capitaine qui doit monter le vaisseau, et tous les officiers de son
état-major, veillent exactement à la solidité du radoub et à l'activité de l'ouvrage.

141. Mais s'il est reconnu par la visite que quelqu'un des
vaisseaux nommés pour être armés ait besoin d'un radoub trop
considérable, et de manière que la diligence que sa majesté ordonne en puisse être retardée, le commandant en donnera
avis au secrétaire d'état ayant le département de la marine, pour
avoir de nouveaux ordres; et cependant il ordonnera qu'il soit
armé sans délai celui des vaisseaux du même rang, et à défaut
de ceux-ci celui du rang le plus approchant au-dessus, qui
pourra le plus tôt être mis en état de servir.

142. Si les chambres, les cloisons, les soutes et les autres distributions intérieures du vaisseau ne sont point faites, il ordonnera qu'il y soit travaillé le plus promptement qu'il se pourra; à
l'effet de quoi, il fera faire par le directeur des constructions et
ingénieur-constructeur en chef, sous l'inspection du directeur
général, un état détaillé de tout ce qui restera à faire au vaisseau,
ainsi que des matières et des ouvriers nécessaires pour achever
l'ouvrage : cet état, revêtu des formes prescrites, sera remis à
l'intendant; et les demandes des matières ou effets seront faites
à proportion de l'avancement du travail, ainsi qu'il a été expliqué
au livre IV de la présente ordonnance.

143. Défend, sa majesté, aux commandants de ses vaisseaux et
autres bâtiments, de rien ajouter ou diminuer, sous quelque
prétexte que ce soit, à ce qui aura été réglé par les plans et devis
du vaisseau, examinés et approuvés par le conseil de marine, pour
tout ce qui concerne les emménagements, chambres et cloisons;
de rien changer aux soutes du fond de cale, d'élever aucune
digue sur les dunettes, et de faire diminuer la longueur ou grosseur des mâts et vergues, à peine d'interdiction : et si pendant
la campagne lesdits officiers-commandants se permettoient de
faire quelque changement auxdits emménagements, ou quelque
retranchement à la mâture, toutes choses seront rétablies dans
leur premier état, aux frais desdits officiers, après le désarmement; à moins qu'ils ne justifiassent, dans le conseil de marine

qui seroit tenu à cet effet, de la nécessité absolue des changements ou retranchements qu'ils auroient faits. Enjoint, sa majesté, au commandant de tenir sévèrement la main à l'exécution du présent article, à peine de répondre des contraventions en son propre et privé nom.

144. Le commandant fera lui-même la visite du magasin particulier de chaque vaisseau qui devra être armé, et sera accompagné par le directeur général, le directeur de port, et le capitaine nommé pour commander le bâtiment : à l'effet de quoi, il lui sera remis un état, signé du garde-magasin et visé du commissaire du magasin général, de tous les agrès, apparaux et effets quelconques qui devront exister dans chaque magasin particulier des vaisseaux en armement; lequel état sera vérifié dans les magasins : et ledit commandant fera dresser par le directeur de port un second état, contenant tout ce qui manquera pour compléter l'équipement du vaisseau; dans lequel état seront compris les futailles, ancres et autres effets qui, ne faisant pas partie du magasin particulier, doivent être également portés sur l'inventaire d'armement; en observant de se conformer, pour la qualité et quantité de chaque effet, aux règlements arrêtés par sa majesté : ledit état signé du directeur de port, approuvé du directeur général et visé du commandant, sera remis à l'intendant, qui ordonnera la délivrance desdits effets ou des matières nécessaires pour les fabriquer, à proportion du progrès des armements et des demandes qui en seront faites par écrit en la forme prescrite au titre IV, et jusqu'à concurrence des quantités portées par ledit état.

145. Le commandant fera faire par le directeur de l'artillerie un état des canons, armes, ustensiles et munitions de guerre nécessaires pour l'armement de chaque vaisseau, conformément aux règlements arrêtés par sa majesté : ledit état, signé du directeur de l'artillerie, approuvé du directeur général et visé du commandant, sera remis à l'intendant, qui ordonnera la délivrance desdits effets, à proportion des demandes qui en seront faites en la forme prescrite, et jusqu'à concurrence des quantités portées par ledit état.

146. Ledit commandant veillera à ce que les directeurs des constructions et du port, et les officiers et ingénieurs-constructeurs sous leurs ordres, ainsi que les officiers destinés à embarquer sur le vaisseau, assistent régulièrement à la carène, en suivent le travail, et donnent tous leurs soins, chacun dans

...dont il est chargé, à la solidité et à l'accélération de l'ou-...

147. Il concertera avec l'intendant l'époque où les levées des ...-mariniers et matelots devront arriver; et l'intendant seul ... chargé de les ordonner et de l'opération de les réunir.

148. Il veillera à ce que les officiers, par leur assiduité, fassent ...érer l'armement; qu'il en couche un à bord dès que l'arri-... du bâtiment sera commencé; que les vaisseaux soient ... des provisions de guerre et de bouche nécessaires, et que ... n'en retarde l'expédition.

149. Il fixera le jour où un vaisseau armé devra être mis en ..., et il en donnera avis par écrit à l'intendant : il en usera ... même pour les vaisseaux qui devront rentrer dans le port.

150. Dans le cas où il seroit nécessaire de fréter inopinément ... bâtiments particuliers pour la suite de l'armée, ou pour le ...port de quelques munitions ou approvisionnements à en-...yer dans les colonies, le commandant se concertera avec ...tendant, pour le fret desdits bâtiments, et il ordonnera les ...tes nécessaires pour s'assurer que ceux qui, par leur capa-...é, auront paru les plus propres à remplir ce service, sont en ... état; il nommera au commandement un maître-d'équipage, ... maître-pilote, ou même un officier, suivant la conséquence de ...jet : et lesdits commandant et intendant rendront compte ...it armement, chacun de leur côté, au secrétaire d'état ayant ... département de la marine.

151. Lorsque les vaisseaux venant de la mer devront être dés-...és et rentreront dans le port, le commandant assignera les ...tes qu'ils devront y occuper pendant leur désarmement; et ... y seront placés par le directeur de port, sous l'inspection du ...cteur général.

152. Lorsque les vaisseaux seront amarrés, il veillera à ce que ... capitaines qui les commanderont fassent travailler avec dili-...ce à leur désarmement, à ce que les officiers en fassent ac-...lérer le travail, par leur présence et leur assiduité à bord, et ...'il y couche toujours un officier de l'état-major, jusqu'à ce ... le vaisseau soit entièrement désarmé.

153. Il donnera ses ordres au directeur général, pour qu'il soit ...rni par le directeur de port tous les secours de pontons, cha-...ds, chaloupes et autres bâtiments nécessaires au débarque-...nt et transport des munitions pour l'accélération du désar-...ent.

154. Il sera faire par le maître-d'équipage, le maître-[...] maître-canonnier, le maître-voilier, le maître-armurier, le [maî]tre-tonnelier du port, et les maîtres du vaisseau, chacun [pour] sa partie, en présence des directeurs des trois détails, de l'[ingé]nieur-constructeur en chef, et des capitaines et officiers du [vais]seau, chacun pour les objets qui les concernent, des [visites] exactes de la mâture, des chaloupes et canots, des futailles, [des] ancres, des voiles, agrès, apparaux, effets et ustensiles, et [des] canons, armes et munitions de guerre ; auxquelles visites [assis]teront le commissaire du magasin général, le garde-maga[sin et] le contrôleur. Chaque directeur, pour sa partie, constatera, suivant l'inventaire d'armement, les choses en état de ser[vice], celles qui auront besoin de réparation, et celles qui seront [ab]solument hors de service ; et il en dressera des états séparés, [les]quels, signés de lui, du capitaine et des officiers du vaisseau, [du] commissaire du magasin général et du garde-magasin, [seront] certifiés par le contrôleur : il sera remis au commandant, [par] chaque directeur, un double desdits états visé du directeur [gé]néral ; et le commissaire du magasin général en remettra [un] double à l'intendant.

V. ordonn. du 30 octobre 1822. Isambert 1823, § 121.

155. D'après cette visite, le commandant donnera ses o[rdres] au directeur général, pour que chaque directeur partic[ulier] dresse un état des effets dépendants de son détail, qui ser[vent à] réparer, ou à remplacer dans le magasin particulier du vai[sseau,] afin que lesdits états, signés des directeurs, approuvés du [direc]teur général et visés du commandant, soient remis à l'inte[ndant] qui pourvoira aux remplacements, et ordonnera la déliv[rance] des effets qu'il faudra ajouter au magasin particulier du [vais]seau, lequel doit toujours être complet et en état, ou celles [des] matières nécessaires pour la fabrication desdits effets, au [cas] que le magasin général n'en soit pas pourvu ; lesquels effe[ts et] matières seront délivrés à proportion des demandes qui en s[eront] faites audit magasin, en la forme prescrite au titre IV.

156. Le commandant donnera ses ordres pour que toutes [les cho]ses provenant des vaisseaux désarmés soient rapportées dans [les] magasins, et y soient placées dans le meilleur ordre, par les [gens] de l'équipage, sous la conduite des officiers de l'état-major [de] chaque bâtiment, et sous l'inspection du directeur de port.

157. Le désarmement étant entièrement achevé, et l'équ[ipage] congédié, le commandant donnera ses ordres au capitaine

[...]mandé le vaisseau, pour qu'il le remette au directeur
[de] port, qui jusqu'alors ne doit être chargé que de la sûreté de
[l'a]marrage.

158. Ledit commandant empêchera qu'il ne soit démonté aucune cloison ni chambre des vaisseaux désarmés, si ce n'est pour [ré]parer, ou s'il n'est décidé, dans la visite prescrite par l'article suivant, d'en abattre quelqu'une pour la plus libre circula[tion] de l'air, ou pour visiter avec plus de facilité les parties inté[rieu]res du vaisseau; auquel cas lesdites cloisons seront démontées [sans] les briser, et conservées pour le réarmement du vaisseau. Il [sera fait] qu'il soit fait par le directeur de port, en présence du [commi]ssaire du magasin général, du garde-magasin et du con[trô]leur, un inventaire de tous les emménagements et logements [ex]istants, et des serrures, ainsi que des agrès, mâtures et autres [obje]ts restant à bord, lesquels demeureront à la charge et garde [dud]it directeur; et il fera vérifier sur l'inventaire d'armement [s'il n]'a rien été changé auxdits emménagements, soutes et cloi[son]s, et aux dispositions établies et constatées lors de l'arme[men]t.

159. Après le désarmement, il ordonnera une visite exacte du [de]dans et du dehors du vaisseau, et fera vérifier le devis qui en [aur]a été remis par l'officier qui l'aura commandé; laquelle visite [sera] faite par le directeur général, le directeur des constructions, [l'offi]cier commandant, celui qui étoit chargé du détail, et l'in[géni]eur-constructeur en chef, pour constater le radoub qu'il con[vien]dra de faire au vaisseau : et après que la nécessité du radoub [aur]a été reconnue dans le conseil de marine, et que le devis [dud]it radoub y aura été examiné, le commandant ordonnera [qu'il] y soit incessamment travaillé, à moins que ledit radoub ne [soit] considérable; auquel cas ledit devis et l'avis du conseil se[ron]t envoyés par le commandant au secrétaire d'état ayant le [dé]partement de la marine, pour qu'il en soit rendu compte à sa [Ma]jesté.

160. Il ordonnera sans délai tous les ouvrages nécessaires pour [rem]placer les agrès, apparaux et ustensiles qui auront été con[som]més pendant la campagne, ou jugés hors de service lors de [la vi]site, et compléter le magasin particulier du vaisseau.

161. Au retour de chaque campagne, il fera examiner, dans le [cons]eil de marine, les consommations qui auront été faites pen[dant] la campagne, et veillera à ce que l'officier qui aura com[man]dé le vaisseau, celui qui étoit chargé du détail et les mat-

tres, ne soient payés de leurs appointements et solde qu'a[près]
que lesdites consommations auront été approuvées par le cons[eil]
conformément à ce qui sera prescrit par la présente ordonna[nce]
au titre XVIII du conseil de marine permanent.

162. Il se conformera au surplus, relativement aux fonc[tions]
qui lui sont attribuées par la présente ordonnance, à tout ce q[ui]
étoit prescrit, pour les mêmes fonctions, par l'ordonnance [du]
25 mars 1765, *concernant la marine*, en ce qui n'est pas con[-]
traire à la présente, et pour les cas qui n'y ont pas été prévu[s].

Titre VII. — *De l'intendant* (1).

163. L'intendant départi dans un port et arsenal de mar[ine]
ordonnera de la finance et de tout ce qui concerne les appro[vi]sionnements et la comptabilité.

164. Il exercera la justice et ordonnera de la police dans l[es]
magasins et les bureaux des commissaires, et dans l'enceinte [des]
hôpitaux, des bagnes et salles de force destinées pour les chi[our]mes; il connoîtra de tous les vols commis dans l'enceinte de l'ar[-]
senal, et l'instruction du procès en sera faite par le prévôt de [la]
marine.

165. Il aura séance avec voix délibérative à tous les cons[eils]
de guerre qui seront tenus, pour juger les crimes et délits com[-]
mis dans l'enceinte de l'arsenal, et siègera après le président [et]
les lieutenants généraux.

166. Il prendra pareillement séance après le président et les
lieutenants généraux, et aura voix délibérative au conseil [de]
marine.

167. Les recettes des deniers, l'acquittement des dépenses,
les revues des officiers et de tous entretenus dans le port, l[e]
paiement des appointements et solde, la levée et la paye des ou[-]
vriers, les marchés et adjudications, les approvisionnements, l[es]
vivres, la levée des équipages, leur répartition dans les vais[-]
seaux, et tout ce qui est relatif à ces objets, seront en entier [du]
ressort de l'intendant, qui en rendra compte au secrétaire d'ét[at]
ayant le département de la marine.

168. Il tiendra la main à ce que les commissaires, contrôl[eurs],
garde-magasins, ingénieurs de la marine pour les bâtime[nts]
civils, et tous autres qui sont sous sa charge, fassent leur de[voir]

---

(1) V. ordonn. 1er novembre 1784.

, chacun en ce qui regarde ses fonctions; et si quelqu'un [manque] à l'exécution des ordres qu'il aura reçus concernant le [ser]vice de sa majesté, il pourra l'interdire.

169. Il aura à sa nomination les places de gardiens des bu[rea]ux des commissaires, de gardiens des magasins, chantiers et [ate]liers, hôpitaux, bagnes et bâtiments civils, et les places de [suis]ses et consignes des portes de l'arsenal; et il fera choix des[dits] gardiens, par préférence, dans les invalides de la marine, [ma]telots ou soldats, autant qu'ils seront en état de remplir les [fon]ctions auxquelles ils seront destinés.

170. Il donnera tous les jours, à une heure fixe, ses ordres sur [les] parties du service qui lui sont confiées. Le commissaire géné[ra]l, les commissaires ordinaires et le contrôleur s'y trouveront, [pou]r lui rendre compte des choses dont ils sont chargés.

171. Il fera, ou fera faire par un des commissaires sous ses or[d]res, la revue des officiers de marine, officiers de port, ingé[ni]eurs-constructeurs, et tous officiers-mariniers ou autres entre[ten]us, ainsi que celle des compagnies des gardes du pavillon et [de] la marine, lorsqu'il le jugera à propos, sans que le comman[d]ant puisse s'y opposer : il l'en préviendra seulement la veille, [afi]n qu'il donne ordre au major de faire avertir les officiers et [aut]res pour le lendemain; et ceux qui ne s'y trouveront pas [se]ront privés d'un mois entier de leurs appointements, avec plus [gran]de peine, s'il y échet; lui défend, sa majesté, d'en employer [au]cun dans les extraits qu'il enverra à la fin de chaque mois au [se]crétaire d'état ayant le département de la marine, s'il n'y a [été] effectivement présent. Il fera pareillement faire, quand il le [ju]gera à propos, par le commissaire préposé aux revues, celles [des] troupes de la division du corps royal d'infanterie de la ma[ri]ne, des bombardiers et des apprentis canonniers, dont il sera [par]eillement envoyé des extraits.

172. Il fera faire les revues des équipages, au départ et à l'ar[ri]vée des vaisseaux, par le commissaire départi au bureau des [ar]mements et vivres, et s'en fera remettre des extraits, qu'il en[ver]ra au secrétaire d'état ayant le département de la marine.

173. Lorsque sa majesté aura ordonné des constructions, ra[do]ubs, armements ou autres travaux et opérations dans le port, [et] que le commandant aura fait remettre à l'intendant l'état des [ma]tières et du nombre d'ouvriers demandés pour l'exécution des [ouv]rages, u celui des officiers-mariniers et matelots nécessaires [pour] former les équipages des vaisseaux, ledit intendant donnera

ses ordres pour l'approvisionnement des matières et des vi[vres]
et la levée des ouvriers, journaliers, officiers-mariniers et [ma-]
telots, et en ordonnera la distribution, ainsi que celle des [es-]
couades de forçats, à proportion des travaux et armements, [et]
des demandes qui en seront faites en la forme prescrite au [titre]
IV de la présente ordonnance.

174. Les officiers-mariniers et matelots de levée ne de[vant]
être envoyés à bord des vaisseaux qu'à proportion des progr[ès de]
l'armement, l'intendant remettra ceux qui ne seront point [en-]
core distribués à la disposition du directeur de port, pour [être]
employés en qualité de journaliers aux différents mouvements [du]
port, jusqu'à ce qu'ils soient destinés sur les vaisseaux; il [fera]
veiller à ce que les appels en soient faits par les commis aux [ap-]
pels, ainsi qu'il est prescrit pour les autres gens employés [dans]
le port.

175. Il règlera de concert avec le commandant, d'après [les]
rapports qui lui seront faits par le commissaire départi au b[u-]
reau des chantiers et ateliers, la paye des maîtres d'ouvra[ges,]
chefs d'ateliers et ouvriers employés à la journée dans les atel[iers]
et chantiers de l'arsenal, et à tous travaux du port, et les a[ug-]
mentations dont ils seront jugés susceptibles, ou les diminut[ions]
que leur négligence aura méritées; il se conformera au surp[lus à]
ce qui est prescrit sur cet objet à l'art. 119.

176. Il veillera à ce que le commissaire des chantiers et a[te-]
liers et les commis sous ses ordres suivent avec la plus gra[nde]
attention l'emploi des matières qui auront été délivrées au[x di-]
vers chantiers ou ateliers, pour y être travaillées ou conver[ties,]
afin que tout soit effectivement et fidèlement employé pa[r les]
ouvriers.

177. Il fera le plus souvent qu'il le pourra par lui-mêm[e, et]
fera faire par le commissaire général et le commissaire départ[i au]
magasin général, la visite dudit magasin, des magasins part[icu-]
liers des vaisseaux et de ceux de l'artillerie; il donnera ses [or-]
dres pour que les magasins soient ouverts à la demande du c[om-]
mandant et des directeurs, toutes les fois qu'ils s'y présenter[ont]
pour en faire la visite, à laquelle le garde-magasin sera pré[sent]
par lui ou l'un de ses commis.

178. L'intendant dressera, au commencement du mois de [sep-]
tembre de chaque année, un état apprécié des marchandi[ses et]
munitions nécessaires au service du port et des vaisseaux, [dont]
on devra s'approvisionner l'année suivante, et où seront par[ticu-]

...projetées les dépenses et journées d'ouvriers et autres quel-
...relativement aux travaux qui devront être exécutés, et
...l'état, arrêté par sa majesté, sera adressé en commun au
...mandant et à l'intendant, par le secrétaire d'état ayant le
...partement de la marine. L'état apprécié desdites marchandises
...munitions sera examiné par le conseil de marine, confor-
...ment à ce qui sera prescrit au titre XVIII du conseil de ma-
...ne permanent; et ledit état et l'avis du conseil seront envoyés
...secrétaire d'état de la marine par ledit intendant, qui pour-
...ra auxdits approvisionnements, conformément aux ordres qui
...seront adressés, et aux états de fonds expédiés par sa majesté,
...il lui sera donné connoissance.

179. Les marchés et adjudications de tous les ouvrages et approvisionnements, et tous les traités pour fournitures quelconques, au-dessus de la somme de quatre cents livres, seront faits
...arrêtés par l'intendant, en présence du conseil de marine, dont
...membres signeront lesdits marchés, adjudications ou traités,
...formément à ce qui sera prescrit par la présente ordonnance,
...titre XVIII, du conseil de marine permanent.

180. Il sera donné connoissance tous les mois à l'intendant, des
...vaux qui devront être exécutés pendant le mois, par les états
...que le commandant lui en fera remettre visés de lui; et ledit in-
...tendant donnera pareillement connoissance par écrit audit com-
...mandant, des fonds qui auront été destinés pour les travaux, afin
...qu'ils puissent combiner ensemble leurs opérations réciproques,
...dans la proportion des fonds disponibles et assignés pour chaque
...objet.

181. Lorsque l'intendant aura besoin des gabares ou autres bâ-
...timents du port, pour le transport des approvisionnements, ou
...pour quelque autre service, il en fera la demande par écrit
...au commandant, qui donnera ses ordres au directeur général,
...pour que lesdits bâtiments soient carénés, gréés et équipés; et
...l'intendant pourvoira à l'équipage et aux vivres de ces bâtiments,
...et le commandement sera donné à des officiers ou à des offi-
...ciers-mariniers, qui seront choisis par le commandant, lorsqu'il
...n'y aura pas été pourvu par sa majesté.

182. L'intendant fera pareillement la demande par écrit au com-
...mandant, des escouades de journaliers dont il aura besoin pour
...le transport des divers effets, et lesdites escouades seront prises
...sur le nombre de celles qui seront affectées au service journalier
...de l'arsenal, sous les ordres du directeur de port.

183. Les marchandises et munitions étant reçues, l'inten[dant] veillera à leur conservation, et ordonnera de leur dispo[sition] arrangement, en sorte que tous les effets soient tenus en bon [or]dre. Entend néanmoins, sa majesté, que le directeur des cons[truc]tions, et les ingénieurs-constructeurs sous ses ordres, pre[scri]ront l'ordre et l'arrangement suivant lequel devront être p[osés] les bois de construction et les mâtures de pièces d'assemblage [qui] seront déposés sous les hangars, ainsi que les mâts d'une [seule] pièce, mâts bruts ou autres bois qui pourront être mis dans l'e[au;] que le directeur du port prescrira pareillement l'arrangement [des] agrès, apparaux, et autres effets et ustensiles qui seront ras[sem]blés dans les magasins particuliers des vaisseaux, ainsi que [les] cordages et voiles déposés dans d'autres magasins; et que le dir[ec]teur de l'artillerie prescrira l'arrangement des effets dépen[dants] de son détail.

184. La distribution des munitions, marchandises, vivre[s et] effets quelconques appartenants à sa majesté, se fera par [les] ordres de l'intendant, dans tous les lieux où ils devront être e[m]ployés pour les constructions, radoubs, armements et expédi[tions] des vaisseaux.

185. Il fera à la fin de chaque année un recensement géné[ral] de toutes les marchandises, munitions de guerre ou de bouche [et] ustensiles qui seront dans l'arsenal, duquel il enverra copie [au] secrétaire d'état ayant le département de la marine, et dont il [fera] remettre au commandant un double qu'il aura visé.

186. Il enverra tous les mois un extrait des matières qui au[ront] été livrées des magasins pour être travaillées ou converties [dans] les chantiers ou ateliers, des ouvrages fabriqués qui auront [été] livrés aux magasins, et de la quantité d'ouvriers, par espèce, qui auront été employés dans l'arsenal.

187. Lorsqu'une construction aura été ordonnée, et que [le] commandant aura fait remettre à l'intendant les états visés de lui des matières et munitions nécessaires pour la construction, [le] gréement et l'équipement du vaisseau, ledit intendant renv[erra] lesdits états, avec son ordre au bas, au commissaire du mag[asin] général, pour que celui-ci fasse délivrer aux chantiers et atel[iers] les matières ou effets portés par lesdits états, à proportion [des] demandes qui en seront faites en la forme prescrite au titre [VI] de la présente ordonnance; et il veillera à ce que tout puisse [être] prêt et rassemblé dans le magasin particulier du vaisseau, au[s]sitôt que le bâtiment sera achevé d'être construit. Il en usera

lorsque sa majesté aura ordonné des armements dans le ***, ou qu'il s'agira de refontes ou radoubs, et il aura soin que, *** la partie qui le concerne, rien ne s'oppose à la prompte *** des ouvrages, et à la célérité des armements.

188. Il prendra garde que les registres des magasins, ceux du *** des vivres et ceux du contrôle, soient bien et fidèlement ***; à l'effet de quoi, il les cotera et paraphera: et il arrêtera *** fin de chaque semaine, ceux du magasin général, tous les *** ceux des vivres, et tous les ans la balance des recettes et *** du magasin général, afin de faire observer le bon *** dans chaque partie, et éviter toutes sortes d'abus.

189. Il enverra, au commencement de chaque mois, au secrétaire d'état ayant le département de la marine, un bordereau *** colonnes, qui indiquera chaque nature des dépenses qui au*** été faites pendant le mois précédent, et dans lequel seront *** celles des mois antérieurs de la même année, les paie*** faits à-compte, et les restants à payer sur icelles. Les fonds *** et l'objet des recettes extraordinaires seront aussi portés *** le même état.

190. Il fera connoître au commencement de chaque année, par *** état de situation, les fonds qui auront été remis et les dépenses *** auront été faites pendant l'année précédente, avec le produit *** des recettes extraordinaires et des quatre deniers pour ***.

191. Il arrêtera les comptes du trésorier et du munitionnaire *** de la marine, et signera tous marchés d'achats et de *** des marchandises et de convertissement.

192. Il se fera remettre, au commencement de chaque mois, *** le commissaire du magasin général, un état en forme d'in*** contenant cinq colonnes, dont la première indiquera *** qui restoit à la fin du mois précédent, en marchandises et *** distinguées par espèces, poids et mesures; la *** ce qui aura été reçu dans le mois; la troisième présentera le montant des deux premières colonnes; la quatrième, *** qui aura été délivré pendant le même mois; la cinquième, *** qui restera à la fin dudit mois : et ledit inventaire, signé du garde-magasin, visé du commissaire du magasin général et vérifié par le contrôleur, sera envoyé, tous les mois, au secrétaire d'état ayant le département de la marine, par l'intendant qui le visera, en fera déposer au contrôle une copie également visée de lui, et en fera remettre une pareille au commandant.

193. Il fera connoître aussi tous les mois, par un état particulier, les vivres restants dans les magasins du munitionnaire; et il fera remettre au commandant un double dudit état qu'il aura visé.

194. Il continuera d'ordonner des dépenses, ouvrages et réparations des quais, cales, formes, batteries du port et de la rade, et bâtiments civils appartenants au roi; entend toutefois, sa majesté, que les plans et devis appréciés desdits ouvrages, qui auront été dressés en conséquence de ses ordres, par l'ingénieur de la marine en chef dans cette partie, soient examinés au conseil de marine, qui donnera son avis sur iceux, conformément à ce qui sera prescrit par la présente ordonnance au titre XVIII du conseil de marine permanent.

195. Il se conformera au surplus, relativement aux fonctions qui lui sont conservées par la présente ordonnance, à tout ce qui étoit prescrit pour les mêmes fonctions, par l'ordonnance du 25 mars 1765, concernant la marine, en tout ce à quoi il n'a pas été dérogé, et pour les cas qui n'ont pas été prévus.

Titre VIII. — *Du directeur général de l'arsenal.*

196. Le directeur général de l'arsenal sera chargé, sous l'autorité du commandant, d'inspecter tous les travaux, mouvements et opérations du port, de voir si le travail des chantiers se fait avec ordre et économie, si chaque directeur dans son détail remplit exactement les fonctions qui lui sont ordonnées; si tous les registres qui doivent être tenus sont en règle et à jour; si les officiers et ingénieurs-constructeurs sont assidus dans l'arsenal aux détails dont la direction leur est confiée, ou à la suite desquels ils sont employés; si la discipline est observée; si les ouvriers sont suivis et surveillés dans l'emploi de leur temps et des matières qui leur sont livrées pour être mises en œuvre, et dans la manière dont ils exécutent les ouvrages ordonnés; enfin si chaque individu, dans sa partie, s'occupe avec zèle, assiduité et exactitude de tout ce qui peut concourir au bien général du service de sa majesté.

197. Il rendra compte de tout au commandant, et prendra ses ordres sur tout ce qui concerne les détails de l'arsenal, et en son absence aura les mêmes pouvoirs et fonctions, jusqu'à ce qu'il en ait été autrement ordonné par sa majesté.

198. Il prendra séance à tous les conseils de guerre tenus pour

juger les crimes et délits commis dans l'enceinte de l'arsenal, ainsi qu'au conseil de marine, et y aura voix délibérative.

199. Il se conformera au surplus, soit pour ses fonctions personnelles, soit pour l'inspection qu'il doit avoir sur celles des officiers, ingénieurs-constructeurs, et autres sous ses ordres, à tout ce qui est prescrit par la présente ordonnance, au titre IV de la direction des travaux et ouvrages, etc., et aux instructions particulières qui lui seront données par le commandant.

Titre IX. — *Du commissaire général.*

200. Le commissaire général des ports et arsenaux de marine sera chargé, sous l'autorité de l'intendant, d'inspecter le travail des cinq bureaux des commissaires, de voir si tous les comptes, registres et états sont bien tenus et à jour, et si tous les préposés à la garde des magasins, des chantiers et ateliers, ou employés dans les hôpitaux et bagnes, remplissent avec assiduité et exactitude les fonctions qui leur sont ordonnées.

201. Il sera chargé particulièrement d'inspecter le magasin général et toutes les opérations de comptabilité qui y ont rapport.

202. Il rendra compte de tout à l'intendant, en l'absence duquel il aura les mêmes pouvoirs et fonctions.

203. Il aura séance et voix délibérative au conseil de marine.

Titre X. — *Du directeur des constructions.*

204. Le directeur des constructions aura inspection sur les contre-maîtres de construction, maîtres mâteurs, charpentiers, calfats, perceurs, forgerons, menuisiers, sculpteurs, peintres, et sur tous les maîtres d'ouvrages, ouvriers et journaliers employés dans les chantiers et ateliers dépendants du détail des constructions, conformément à ce qui est prescrit aux titres I et II de la présente ordonnance.

205. Il rendra compte, chaque jour, au directeur général, de tout ce qui concerne le détail qui lui est confié.

206. Il fera très souvent, et fera faire par les officiers et ingénieurs-constructeurs attachés à son détail, la visite des vaisseaux et autres bâtiments désarmés dans le port, des machines à leur usage, et des mâtures, chaloupes et canots desdits bâtiments.

207. Il fera de fréquentes tournées, pendant les heures du travail, aux chantiers et dans les ateliers dépendants de sa direction, pour s'assurer de l'exécution des ordres qu'il aura donnés, et

voir si les travaux et les ouvriers sont dirigés, suivis et surveillés avec assiduité et exactitude, par les officiers et ingénieurs-constructeurs.

208. Il remettra tous les mois au directeur général un état de la situation du corps des vaisseaux et de tous autres bâtiments flottants, ainsi que de leurs mâts, vergues, hunes, chaloupes et canots, dans lequel seront énoncées les réparations à faire auxdits vaisseaux et à leurs mâtures et bâtiments à rames : lequel état, signé de l'ingénieur-constructeur chargé de l'entretien du vaisseau, et des officiers qui auront assisté à la visite, certifié du directeur des constructions et de l'ingénieur-constructeur en chef, sera visé du directeur général, qui le remettra au commandant, pour être par celui-ci envoyé au secrétaire d'état ayant le département de la marine.

209. Lorsque sa majesté aura ordonné quelque construction, et que le commandant en aura fait passer l'ordre au directeur général, le directeur des constructions fera dresser, par l'ingénieur-constructeur que sa majesté aura agréé pour ladite construction, le plan du vaisseau ou autre bâtiment, lequel sera double, parfaitement semblable, et accompagné des calculs, ainsi que de deux devis, l'un des bois et des fers nécessaires pour son exécution, avec leurs dimensions et les proportions de la mâture; et l'autre de la disposition des logements. Le directeur des constructions et l'ingénieur-constructeur en chef examineront, vérifieront et approuveront conjointement lesdits plans et devis, lesquels seront visés du directeur général, et par lui remis au commandant, pour être examinés au conseil de marine.

210. Les plans et devis ayant été approuvés par sa majesté, le directeur des constructions fera faire l'état général des matières et du nombre d'ouvriers nécessaires pour l'exécution, conformément aux ordres qu'il aura reçus du directeur général; et il en sera usé au surplus ainsi qu'il est prescrit aux titres IV et VI de la présente ordonnance.

211. Il chargera l'ingénieur-constructeur à qui l'exécution du vaisseau aura été confiée d'en tracer les gabarits, sous son inspection et celle de l'ingénieur-constructeur en chef; il nommera un sous-ingénieur-constructeur pour aide le premier dans cette opération, et suivre sous lui tout le travail de la construction, et il veillera à ce que les gardes du pavillon ou de la marine, sous ses ordres, et les élèves-constructeurs, y soient toujours présents pour leur instruction.

212. Il donnera toute son attention et fera veiller soigneusement par l'ingénieur-constructeur en chef, et les officiers qu'il aura chargés d'inspecter la construction du bâtiment, à ce que le plan approuvé soit exécuté avec la plus grande exactitude par l'ingénieur-constructeur, qui n'y pourra rien changer, sous quelque prétexte que ce soit, à peine d'interdiction.

213. Il tiendra sévèrement la main, ainsi que l'ingénieur-constructeur en chef, à ce que l'ingénieur chargé d'une construction ménage le bois avec la plus grande économie, en faisant servir utilement, et suivant leurs contours, les pièces qui auront été apportées sur le chantier. Ils s'assureront que tous les bois qu'on emploie sont de bonne qualité; ils prendront garde qu'on ne dégrade des pièces d'un fort échantillon pour les réduire à des dimensions inférieures: ils s'assureront pareillement de la qualité des fers, et si l'on emploie le nombre nécessaire de chevilles et de clous conformément au devis; enfin, ils veilleront soigneusement, ainsi que les officiers que le directeur aura préposés à l'inspection du travail, à tout ce qui peut contribuer à l'économie et au bon emploi des matières, ainsi qu'à l'accélération et à la solidité de l'ouvrage.

214. Le directeur des constructions, l'ingénieur-constructeur en chef, et les ingénieurs-constructeurs ordinaires, suivront très régulièrement la visite des vaisseaux à radouber; ils en feront l'examen avec la plus grande exactitude, et le travail en sera dirigé, inspecté et suivi de la même manière qu'il est expliqué pour les constructions.

215. Lorsque le vaisseau devra être mis à l'eau, le directeur chargera l'ingénieur-constructeur qui l'aura construit de tout ce qui concerne la charpente du berceau.

216. Le directeur des constructions sera chargé de tout ce qui concerne la carène des vaisseaux, chauffage, calfatage et corroi, à l'exception de la manœuvre pour les mâter, les virer en quille, les entrer dans le bassin et les en sortir, et tous autres mouvements qui appartiennent au détail du port; il veillera à ce que les garde-feu soient solidement attachés, que les pompes et leurs plates-formes soient bien établies; que tous les secours contre le feu soient préparés; que le bardis soit bien fait, qu'il soit bien calfaté ainsi que les sabords, faux-sabords et autres ouvertures; et il tiendra sévèrement la main à ce que les officiers et ingénieurs-constructeurs qu'il aura chargés de l'inspection, et de la direction du travail, y assistent assidûment, et examinent avec la plus

grande attention si les liaisons sont solides, si aucune pièce ne largue, si les écarts sont bien approchés, et s'il est nécessaire de changer des chevilles et des clous, afin qu'il y soit remédié sur-le-champ ; ils prendront garde aussi que toute l'étoupe qu'on emploiera au calfatage soit bien sèche, et qu'il en soit mis une quantité suffisante.

217. Il fera prendre très exactement l'arc des vaisseaux qu'il faudra caréner ou radouber dans les bassins, afin que leur quille appuie également et sans effort sur les tins ou chantiers.

218. En conséquence des ordres qu'il recevra du directeur général, il fera chauffer, calfater et brayer, huit jours au plus tard après leur arrivée, les vaisseaux qui auront navigué dans les mers chaudes, afin de faire périr les vers qui auront piqué leur carène.

219. Il fera caréner tous les trois ans les vaisseaux qui resteront dans le port ; il leur fera donner une demi-carène chacune des autres années, et il marquera dans un registre le temps où chaque vaisseau aura eu une carène entière ou une demi-carène.

220. Il fera calfater deux fois l'an, au dedans et au dehors, les vaisseaux du port ; savoir, au commencement de l'hiver et au printemps ; et il les fera racler et résiner par dehors au mois d'avril, et goudronner au mois de septembre, sans les racler ; et tous les deux ans, au mois d'août, il fera donner une impression de peinture à la sculpture et à l'accastillage, pour les conserver.

221. Il prendra garde à ce qu'on ne laisse dans les vaisseaux désarmés aucun fardeau qui puisse leur nuire.

222. Les vaisseaux ayant été démâtés au retour des campagnes, il veillera à ce que leurs mâts et vergues d'assemblage soient placés sous des hangars couverts où ils soient appuyés de distance en distance dans toute leur longueur, et il les fera auparavant gratter et goudronner ; et ceux qui ne seront point d'assemblage seront placés sous l'eau de mer, où ils seront contenus par des piquets et traverses, afin de les empêcher de prendre de faux plis, ou déposés dans leur vaisseau respectif ou sous des hangars, conformément à ce qui sera ordonné par le commandant.

223. Si les vaisseaux restent mâtés après leur désarmement, il aura soin que le maître mâteur en visite les mâts deux ou trois fois par an ; et les fera gratter et résiner autant de fois qu'ils en auront besoin ; il observera si la tête desdits mâts est couverte, et fera ôter une partie des coins, afin de faciliter la circulation de l'air sur la partie du mât comprise dans l'étambraie.

224. Il aura attention de faire soutenir les ponts par des étançons ou épontilles, placés de distance en distance sous les baux.

225. Il veillera à l'entretien et à la conservation des chaloupes et canots, soit qu'ils aient été déposés dans les vaisseaux auxquels ils appartiennent, soit qu'ils aient été mis sous des hangars, à flot, ou placés dans tout autre endroit du port; il sera pareillement chargé de l'entretien de tous les autres canots et chaloupes destinés pour le service journalier du port.

226. Il verra si les gardiens des vaisseaux et autres bâtiments ne laissent point séjourner sur les ponts les eaux de pluie, s'il ne s'en est point écoulé dans le fond de cale, ou s'il n'en a point filtré le long des membres, afin de faire aussitôt calfater et brayer les endroits par où elles auront pénétré.

227. Il aura soin de faire ajuster à l'ouverture des dalots des bouts de jumelles ou gouttières qui aient assez de saillie pour que les eaux du pont ne tombent point sur les côtés du vaisseau en s'écoulant, et il aura attention de faire détacher le cul-de-lampe des bouteilles.

228. Il fera fermer par des panneaux de planche les sabords de la seconde batterie ou autres qui n'auroient point de mantelets, afin d'empêcher les eaux de pluie de tomber sur les feuillets et de pourrir la tête des membres par leur filtration.

229. Il fera lever les panneaux des écoutilles du premier pont, et il fera mettre au-dessus quelques planches entre lesquelles il restera du jour pour donner passage à l'air.

230. Pour obvier autant qu'il sera possible à l'arc que prennent les vaisseaux désarmés dans le port, le directeur des constructions, l'ingénieur-constructeur en chef et l'ingénieur-constructeur ordinaire qui aura construit le vaisseau, donneront leur avis sur la distribution et l'arrangement du lest dans la cale, et sur la quantité qu'on devra y en mettre.

231. Lors du premier armement d'un vaisseau, frégate ou autre bâtiment, le directeur des constructions et l'ingénieur-constructeur qui aura construit le bâtiment, donneront leur avis à l'officier qui le commandera, sur la quantité et l'arrangement du lest, sur l'arrimage, sur la position de la mâture, et sur la quantité et la différence du tirant d'eau de l'avant à l'arrière, en lest et en charge.

232. Le directeur des constructions nommera pour assister à toutes les recettes des bois de construction, bois de mâture ou autres, des officiers de son détail et des ingénieurs-constructeurs,

lesquels donneront leur avis sur la bonne ou mauvaise qualité de chaque pièce, examineront si toutes sont des proportions ordonnées, et prescriront l'ordre et l'arrangement suivant lequel les bois devront être placés dans les dépôts, espèce par espèce, et suivant le rang des vaisseaux auxquels ils sont propres, afin d'éviter les remuements inutiles, en ayant attention de les disposer de manière que les bois les plus anciens, qui devront toujours être employés les premiers, puissent être retirés avec facilité. Le directeur et l'ingénieur-constructeur en chef, qui se porteront à toutes les recettes dans les cas qui l'exigeront, en signeront toujours les états, qui seront pareillement signés des officiers et ingénieurs-constructeurs qui y auront assisté; et ils se conformeront au surplus, pour ce qui concerne les recettes, à ce qui est prescrit au titre IV de la présente ordonnance. Les gardes du pavillon ou de la marine attachés au détail des constructions, ainsi que les élèves ingénieurs-constructeurs, assisteront, pour leur instruction, à toutes les recettes de bois.

233. Le directeur nommera toujours un ingénieur ou un sous-ingénieur-constructeur, pour être présent au choix des bois nécessaires aux diverses constructions et radoubs, et pour les mâtures et tous autres ouvrages, afin qu'il n'en soit pris dans les dépôts, pour être transportés sur les chantiers et dans les ateliers, que de la qualité, du gabarit, de l'échantillon et des dimensions qui y conviendront.

234. Il se conformera au surplus, pour tout ce qui concerne la direction des chantiers et ateliers ressortissants de son détail, à ce qui est prescrit au titre IV de la présente ordonnance.

235. Lorsqu'un ingénieur ou sous-ingénieur-constructeur imaginera quelque plan particulier, ou dressera quelque projet qui renfermera des idées nouvelles, il le présentera à l'examen du directeur des constructions et de l'ingénieur-constructeur en chef, qui en conféreront avec le directeur général et le commandant; et si la matière leur paroît mériter d'être discutée et approfondie, le commandant ordonnera que l'examen en soit fait dans le conseil de marine.

Dans le cas où l'ingénieur-constructeur en chef aura lui-même quelque plan ou projet nouveau à mettre au jour, il en conférera avec le directeur des constructions, le directeur général et le commandant, et il en sera usé de même.

236. Entend, sa majesté, que les dispositions de l'ordonnance du 25 mars 1765, *concernant les ingénieurs-constructeurs de*

la marine, soient au surplus maintenues et suivies en tout ce qui n'est pas contraire à la présente ordonnance, et dans les points auxquels il n'a pas été pourvu.

Titre XI. — *Du directeur de port.*

237. Le directeur de port, conformément à ce qui a été prescrit aux titres I et II de la présente ordonnance, aura inspection sur le maître d'équipage du port, les maîtres et officiers-mariniers de manœuvre, les maîtres de pilotage, hauturiers, côtiers, lamaneurs, et sur tous autres entretenus pour les opérations et mouvements du port, et non employés dans les détails des constructions et de l'artillerie; sur les maîtres et ouvriers des ateliers de la corderie, de la garniture, de la voilerie, de la poulierie, des toiles, de la tonnellerie, des pompes, de la serrurerie, de la plomberie, de la ferblanterie, de la chaudronnerie, de la vitrerie, et sur les maîtres et ouvriers employés dans les autres ateliers dépendants de ces premiers; comme aussi sur les gardiens de vaisseaux ou autres bâtiments et machines à leur usage; sur les guetteurs ou observateurs de signaux, sur les bateliers et canotiers entretenus, sur les gardiens de nuit, sur les escouades de matelots ou soldats employés en qualité de journaliers, tant aux transports et mouvements des bois et autres effets, excepté ceux de l'artillerie, qu'à toutes autres opérations du port, et sur les escouades de forçats employés auxdites opérations.

238. Le directeur du port rendra compte chaque jour, au directeur général, de tout ce qui concerne le détail qui lui est confié.

239. Il fera la destination des maîtres d'équipage, de pilotage et autres entretenus, et officiers-mariniers sous ses ordres, et les répartira, soit dans les ateliers dépendants de son détail, soit aux opérations et mouvements du port, suivant les besoins du service et les demandes des directeurs.

240. Lorsque les officiers-mariniers et les gardiens ne seront point occupés au service des vaisseaux ou autres bâtiments, il les distribuera, pendant le jour, aux ouvrages auxquels ils seront jugés nécessaires; et il réglera les postes auxquels ils devront se rendre la nuit en cas d'accident.

241. Les apprentis-canonniers qui seront employés aux mouvements et opérations du port seront sous l'inspection du directeur de port qui en fera la répartition, ainsi que de tous les jour-

naliers et escouades de forçats qui seront destinés pour le port, à proportion des besoins des différents détails de l'arsenal, et suivant les demandes qui lui en seront faites par les directeurs desdits détails.

242. Lors des levées faites pour les armements, les officiers-mariniers et matelots ne devant être envoyés à bord des vaisseaux que suivant le besoin de l'armement, le directeur du port aura à sa disposition ceux qui n'auront point encore été distribués, et les emploiera aux différents travaux du port, jusqu'à ce qu'ils soient destinés sur les vaisseaux.

243. Il fera fournir à l'intendant, sur les ordres qu'il en recevra du commandant, les escouades de journaliers qui seront nécessaires pour le transport des effets et leur arrangement dans les magasins ou leur extraction desdits magasins, et il veillera à ce que toutes ces opérations soient faites avec toutes les précautions convenables.

244. Lors des armements et des désarmements, il fera tenir prêts tous les secours de pontons, chalands, chaloupes et autres bâtiments nécessaires pour l'armement et le désarmement des vaisseaux, et le transport à bord ou à terre des agrès, apparaux, canons, armes et munitions quelconques de guerre et de bouche; et il fera fournir à l'intendant, sur l'ordre du commandant, tous ceux desdits bâtiments qui seront nécessaires, dans toute occasion, pour le transport des approvisionnements.

245. Il prendra les ordres du directeur général, pour faire par lui-même, et faire faire par les officiers sous ses ordres, la visite des magasins particuliers des vaisseaux, des salles à voiles, et de tous autres magasins où pourront être déposés des cordages, pour s'assurer que lesdits cordages et les voiles ne s'échauffent pas, et connoître ce qui aura besoin d'être renouvelé ou remplacé dans les magasins particuliers: et dans toutes les occasions où il s'agira de faire des mouvements dans lesdits magasins, il prescrira l'ordre et l'arrangement suivant lequel les effets devront être disposés; et le garde-magasin y sera toujours présent, par lui ou par l'un de ses commis.

246. Il remettra tous les mois au directeur général un état dans lequel il sera fait mention de ce qui manque à chaque magasin particulier de vaisseau, pour le complet de sa garniture, et si les ustensiles des divers maîtres sont en état et en la quantité ordonnée pour le réarmement du vaisseau; et ledit état, approuvé du directeur général, sera par lui remis au commandant.

247. Lorsqu'il s'agira de mettre des vaisseaux à la mer, il fera disposer les rostures et bridures du berceau, les apparaux, s'il est nécessaire d'y en employer, et les câbles et dromes qui devront servir de retenue : le directeur des constructions, et sous ses ordres l'ingénieur-constructeur qui aura construit le vaisseau, étant chargés des autres dispositions concernant la mise à l'eau.

248. Dès que la quille d'un vaisseau sera posée sur les chantiers, il remettra au directeur général un état des cordages, poulies, toiles, et autres choses nécessaires pour faire la garniture, le gréement et l'équipement du vaisseau ; ledit état approuvé du directeur général sera par lui remis au commandant, et il en sera usé d'ailleurs ainsi qu'il est prescrit au titre IV de la présente ordonnance. Il se conformera pour les longueur et grosseur des manœuvres, et pour les poulies, aux états arrêtés par sa majesté.

249. Les caliornes, poulies, rouets de cuivre, franc-funins, et tous autres agrès ou apparaux servant à la manœuvre des carènes et déposés dans les pontons ou ailleurs, seront à la charge et garde du directeur de port, lequel en fera sa reconnoissance au bas de l'inventaire qui en sera dressé en présence du commissaire du magasin général, du garde-magasin et du contrôleur pour la décharge dudit garde-magasin, et sera visé du directeur général et du commandant.

250. Il fera préparer les agrès et apparaux nécessaires pour le carénage des vaisseaux, prendra garde que les aiguilles soient de longueur convenable, qu'elles soient bien saines et présentées de manière à ne pouvoir offenser les mâts ; que les ponts soient bien étançonnés aux endroits où les aiguilles devront porter ; que les caliornes soient bien garnies, et que les pontons soient aussi pourvus de caliornes, franc-funins, barres et cabestans.

251. Il veillera à ce que le lest soit bien placé et retenu dans les parquets, afin que le vaisseau puisse être abattu sans accidents.

252. Il prendra les mesures nécessaires pour que la quille du vaisseau se voie de bout-en-bout et parallèlement au-dessus de l'eau lorsqu'il sera entièrement abattu, et qu'il puisse demeurer sur le côté tout le temps dont les charpentiers et calfats auront besoin pour faire le radoub et le calfatage.

253. Lorsque sa majesté aura envoyé ses ordres dans le port pour des armements, le directeur de port remettra au directeur

général un état de tous les effets nécessaires pour compléter magasin particulier de chaque vaisseau qui devra armer, ainsi que des articles relatifs à son équipement, conformément aux états arrêtés par sa majesté; ledit état, approuvé du directeur général, sera par lui remis au commandant; et il en sera usé du reste ainsi qu'il est prescrit au titre IV de la présente ordonnance.

254. Lorsque les vaisseaux seront armés et prêts à partir, et qu'il aura reçu l'ordre du directeur général pour les mettre en rade, il y conduira ou fera conduire, sous ses yeux, par le capitaine de port, les vaisseaux du premier et du second rang, et ceux des troisième, quatrième et cinquième rangs, les frégates et autres bâtiments, par les lieutenants et enseignes de port: et ils ne pourront quitter ces bâtiments qu'ils ne soient affourchés, sous peine d'en répondre.

255. Les vaisseaux étant de retour, le directeur observera, pour les rentrer dans le port, ce qui est prescrit par le précédent article pour les mettre en rade.

256. Il se chargera des vaisseaux quand ils seront entièrement désarmés, fera la visite des soutes et coffres à poudre, pour s'assurer qu'ils ont été nettoyés et balayés; pourvoira à leur amarrage, y distribuera les gardiens, et prendra toutes les précautions nécessaires pour leur sûreté.

257. Lorsqu'il aura reçu les vaisseaux des capitaines qui les commandaient, il sera fait par le garde-magasin, en présence du commissaire du magasin général et du contrôleur, un inventaire de tous les emménagements et logements subsistants, et de toutes les serrures, ainsi que des câbles, cordages, rouets de fonte, mâts de hunes, affûts et autres effets quelconques qui resteront à bord, lesquels, comme faisant partie du vaisseau, demeureront à la charge et garde du directeur de port, qui en fera sa reconnoissance, pour la décharge du garde-magasin, au bas dudit inventaire qui sera visé du directeur général et du commandant.

258. Dès que les désarmements seront achevés, le directeur de port examinera et fera examiner par le maître d'équipage du port, et les maîtres qui auront été employés sur chaque vaisseau, les agrès, câbles, voiles, ancres et ustensiles, conformément à ce qui est prescrit au titre VI, article 154 de la présente ordonnance, afin de constater sur l'inventaire les choses en état de servir, celles à réparer et celles hors de service.

259. Il aura soin qu'il ne soit rien remis dans les magasins particuliers que ce qui sera en état de servir; que les câbles et cordages qui ne seront plus propres aux armements soient mis à part et conservés avec attention pour les amarrages et les manœuvres du port, et que le cordage qui sera mauvais soit séparé pour faire des étoupes; que les voiles hors de service soient déralinguées et gardées pour faire des prélarts et servir de fourrures; et que les parties de gréement, apparaux et ustensiles qui pourront servir en les raccommodant, soient portées dans les ateliers où elles devront être réparées.

260. Quand la séparation des effets à conserver, de ceux à réparer, de ceux de rebut, aura été faite, il veillera à ce que tous les effets dépendants des magasins particuliers des vaisseaux y soient rapportés; que les voiles, futailles, ancres et autres effets non compris dans l'état desdits magasins soient rapportés et arrangés dans les magasins, ou aux lieux désignés, et dans l'ordre qu'il prescrira, et que tout ce travail soit fait par les gens de l'équipage de chaque vaisseau, sous la conduite des officiers de chaque état-major.

261. Il fera employer pour les amarrages, des câbles jugés hors de service pour la mer, ou des câbles du second brin, et des chaînes de fer dans les endroits où les câbles pourroient se couper.

262. Il aura attention que les vaisseaux soient, autant qu'il se pourra, amarrés par les seconds sabords de l'avant et de l'arrière, plutôt que par les écubiers et les sabords de poupe, afin de soulager ces parties; et il veillera à ce que les gardiens visitent journellement les amarres.

263. Il fera relever et manier une fois l'an les câbles d'amarrages; il les fera tourner bout pour bout, s'il est nécessaire, en changeant leurs fourrures; et il aura soin de faire changer les câbles aussitôt qu'ils paraîtront mauvais.

264. Il visitera tous les jours, ou fera visiter par les officiers sous ses ordres, les vaisseaux désarmés dans le port, pour voir s'ils sont tenus propres, et si leurs amarres sont en bon état; et quoiqu'il ne soit pas chargé de l'entretien desdits vaisseaux, l'intention de sa majesté est que s'il reconnoissoit qu'ils ont besoin de quelques réparations urgentes, il en rendit compte sur-le-champ au directeur général, qui prendroit les ordres du commandant, pour que les réparations nécessaires fussent faites sans aucun retardement.

265. Il fera démâter les vaisseaux, au retour des campagnes, si le commandant le juge à propos; et s'ils restent mâtés dans le port, il aura soin de faire couvrir la tête des mâts, et d'employer pour les tenir des haubans et des étais jugés hors de service pour la mer.

266. Il fera toujours tirer des vaisseaux le lest qui aura fait campagne; il y en fera mettre de nouveau, et il consultera le directeur des constructions et l'ingénieur-constructeur en chef, sur la quantité qu'il faudra y en mettre, et sur la manière de le distribuer qui paroîtra la plus avantageuse pour prévenir l'arc du vaisseau.

267. Il fera visiter le lest dans le temps de chaque carène, et le fera changer s'il le trouve sale. Il fera laver les fonds du vaisseau; et lorsqu'ils seront bien nettoyés, il y sera mis de nouveau lest qui sera de cailloux nets et purgés de terre : il observera que ces opérations soient exécutées en moins de temps qu'il sera possible, afin de prévenir l'arc que le vaisseau pourroit prendre en restant trop long-temps lége.

268. Il ne permettra pas que les gens destinés à la garde des vaisseaux logent dans les chambres réservées aux officiers, mais dans la sainte-barbe ou entrepont.

269. Il veillera à ce que lesdits gardiens ne détachent et ne prennent aucun meuble appartenant au vaisseau, coffres, armoires, tables, serrures, et à ce qu'ils n'emportent aucunes parties des agrès, sous prétexte qu'ils seroient usés et hors de service : et il sera remis à chaque gardien du vaisseau, lors du désarmement, copie de l'inventaire des différents effets restants à bord, desquels il demeurera responsable.

270. Il défendra auxdits gardiens de faire du feu dans le vaisseau, sous les peines portées par les ordonnances : et il leur enjoindra, s'ils ont besoin de lumière pour les visites à faire, de la tenir toujours dans un fanal.

271. Il leur recommandera de balayer promptement les neiges qui seront tombées sur le vaisseau, sur les amarres, câbles et autres cordages.

272. Il fera, quand il sera à propos, enduire de goudron les prélarts et les brayes, pour les tenir bien étanchés; il fera mettre sur les caillebotis, des chevrons de planches en dos d'âne, et il les fera couvrir, ainsi que les écubiers; panneaux et escaliers, de prélarts attachés avec des tresses clouées, afin d'empêcher qu'ils ne soient arrachés par les vents, et il ordonnera aux gar-

diens d'en faire la visite tous les soirs; il fera couvrir de la même manière la tête de l'étrave.

273. Il aura attention que les gardiens visitent les pompes chaque jour, et vident exactement l'eau des vaisseaux.

274. Il fera balayer par lesdits gardiens, tous les deux jours au moins, les chambres, dunettes, gaillards, ponts, fonds de cale et préceintes du vaisseau.

275. Il fera suspendre, par les sabords des vaisseaux et autres bâtiments, des tronçons de câble, pour défendre leurs côtés de l'abordage et frottement des chaloupes, pontons et autres bâtiments qui traverseront le port, ou qui seroient amarrés aux vaisseaux.

276. Il recommandera aux gardiens d'ouvrir, pendant les jours de beau temps, les sabords de la première batterie, et d'ôter les prélarts de dessus les caillebotis, panneaux et autres ouvertures. Il fera, aussi souvent que le temps le permettra, suspendre à quelque mât ou long espare, un ou deux entonnoirs de toile ou manches à vent, pour porter un air plus sec et plus frais dans les cales, ou établira toute autre espèce de ventilateur capable de renouveler l'air.

277. Si deux vaisseaux sont amarrés l'un auprès de l'autre, il aura attention de les faire changer de côté deux ou trois fois l'an, plus souvent s'il est nécessaire, pour préserver le côté exposé aux rayons du soleil ou à l'humidité d'en recevoir trop d'impression; il observera la même chose pour les vaisseaux amarrés seuls dans certains endroits du port moins favorables à leur conservation.

278. Il aura attention que les vaisseaux soient munis de haches, de seaux et de bailles, pour servir aux accidents du feu, et que la pompe portative qui sera donnée à chaque vaisseau soit toujours en état.

279. Il prendra les ordres du directeur général pour assigner les places auxquelles il pourra être permis aux bâtiments marchands de s'amarrer, et ne les laissera entrer dans le port qu'après qu'ils auront déchargé leurs poudres et autres matières combustibles; observant que ces bâtiments soient toujours séparés et éloignés de ceux de sa majesté.

280. Il veillera particulièrement à conserver la profondeur dans le port, dans les bassins et dans la rade, et à ce que les corps morts d'amarrages soient visités et entretenus en bon état.

281. Il tiendra la main à ce que les maîtres et patrons de na-

vires et autres bâtiments qui mouilleront dans la rade, ou qui voudront se tenir sur leurs ancres dans le port, aient des bouées à leurs ancres pour les marquer; et dans le cas où lesdits maîtres ou patrons contreviendroient à la présente disposition, l'intendant, sur la plainte qui en sera faite par le directeur de port, les condamnera à cinquante livres d'amende.

282. Il fera marquer soigneusement avec des corps flottants et balises fort reconnoissables, les rochers, bancs et autres dangers qui seront sous l'eau, soit dans le port, soit dans la rade; il assignera aussi les endroits, soit dans la rade, soit à proximité de la rade, où l'on pourra jeter les décombres et les vases qui proviendront du curage du port; et il se conformera au surplus à ce qui est prescrit par l'ordonnance du 25 mars 1765, concernant la marine, au titre XLIII, de la conservation des ports et rades.

283. Il sera chargé, sous les ordres du directeur général, de tout ce qui concerne le lestage et le délestage des navires marchands, et veillera à ce que tout ce qui est prescrit à cet égard par l'ordonnance du 25 mars 1765, concernant la marine, titre XLIV, soit exécuté et suivi selon sa forme et teneur.

284. Il fera souvent des visites aux corderies, étuves, salles aux garnitures et aux voiles, aux ateliers des poulieurs et autres ouvriers qui travaillent pour la garniture des vaisseaux, à l'atelier de la tonnellerie, et à tous autres ressortissants de sa direction, ainsi que dans tous les endroits où s'exécuteront les opérations ou mouvements qu'il aura ordonnés, pour s'assurer que les ouvriers et journaliers sont dirigés et surveillés assidûment par les officiers et autres sous sa charge.

285. Il se conformera pour tout ce qui concerne la direction des ateliers dépendants de son détail, à ce qui a été prescrit au titre IV de la présente ordonnance, et il s'attachera particulièrement à tout ce qui peut perfectionner la fabrication des cordages.

286. Il aura soin que le chanvre soit bien espadé, bien peigné et nettoyé d'ordures et de tout corps étranger; qu'il soit filé fin, uni et peu tors. Lorsqu'on goudronnera le fil caret, il prendra garde que le fil, après avoir passé rapidement dans l'auge, soit pressé de manière qu'il ne retienne que la quantité de goudron qui lui est nécessaire; et il aura attention à ce que le cordage ne soit pas trop commis ni trop tors. Sa majesté voulant que les cordages fabriqués dans ses arsenaux ou ailleurs pour le service

de ses vaisseaux et autres bâtiments aient une marque distinctive, il aura attention qu'il soit mis dans chaque toron, savoir, dans le cordage blanc, un fil caret goudronné; et dans le cordage goudronné, un fil caret blanc.

287. Il s'occupera dans la fabrication des poulies, de tous les moyens qui peuvent concourir à faciliter les mouvements, et à prolonger la durée du cordage par la réduction des frottements; et il fera donner aux poulies toute la légèreté dont elles peuvent être susceptibles, sans perdre de leur solidité.

288. Il aura soin que le travail de la garniture soit fait avec toute l'attention qu'il exige, qu'il n'y soit employé que du cordage qui n'ait éprouvé aucune altération, et qu'il y ait toujours un officier présent dans la salle de la garniture, pour faire couper les manœuvres dormantes et courantes de la longueur dont elles doivent être. Il observera qu'il n'y ait rien d'employé mal à propos, ni de dissipé, et que les cordages soient empeignés, transfilés, fourrés et garnis aux endroits nécessaires pour leur conservation.

289. Il veillera à ce que les voiles soient taillées sur des dimensions proportionnées à la hauteur des mâts et aux longueurs des vergues, d'après les proportions de la mâture qui lui auront été communiquées par le directeur des constructions; et il s'assurera que le fil qu'on emploie pour les coutures, ainsi que les cordages de ralingues, sont de bonne qualité.

290. Il aura la même attention pour que les travaux des autres ateliers dépendants de sa direction soient exécutés avec les plus grands soins et la plus grande économie.

291. Le directeur de port assistera par lui-même, ou par le capitaine de port et les officiers sous ses ordres, à toutes les recettes qui se feront des toiles, chanvres, brai, goudrons, résine, bois de marine, et toutes autres matières et marchandises qui devront être travaillées ou converties dans les divers ateliers ressortissants de sa direction, et veillera à ce que les gardes du pavillon ou de la marine sous ses ordres y assistent pour leur instruction. Il signera toujours les procès verbaux de réception, et se conformera au surplus à ce qui est prescrit, pour ce qui concerne les recettes, au titre IV de la présente ordonnance.

Titre XII. — *Du directeur de l'artillerie.*

292. Le directeur de l'artillerie aura inspection sur les com-

pagnies de bombardiers et d'apprentis-canonniers, sur les maîtres-canonniers entretenus, et sur tous les maîtres et ouvriers employés dans les ateliers des affûts, du charronnage, des forges à l'usage de l'artillerie, de la fonderie, de la salle d'armes, et autres dépendants de sa direction, conformément à ce qui est prescrit aux titres Ier et II de la présente ordonnance.

293. Il rendra compte chaque jour au commandant et au directeur général, de tout ce qui concernera le détail qui lui est confié ; il fera de fréquentes tournées, pendant les heures de travail, à l'atelier des affûts, à ceux de la salle d'armes, ainsi qu'aux ateliers dépendants de sa direction, et dans tous les endroits du parc d'artillerie où il aura ordonné quelques travaux ou mouvements, pour s'assurer que les officiers sont assidus à leurs fonctions, et que les bombardiers, apprentis-canonniers et ouvriers sont dirigés, suivis et surveillés dans toutes leurs opérations.

294. Il veillera à ce que les bombardiers et apprentis-canonniers soient instruits et exercés, conformément à ce qui est prescrit par les ordonnances *concernant ces compagnies* ; et il tiendra la main à ce qu'il assiste toujours un officier aux écoles des apprentis-canonniers et aux exercices, tant à ceux desdits bombardiers et apprentis-canonniers, qu'aux exercices qui seront faits par les compagnies du corps royal d'infanterie de la marine.

295. Il attachera les maîtres-canonniers entretenus aux diverses fonctions qu'il jugera à propos de leur confier ; et il emploiera les bombardiers à l'arrangement, au nettoiement des canons, et à tous les autres travaux relatifs à l'artillerie.

296. Après les heures d'école et d'exercice, et sur les ordres qu'il recevra du directeur général, il distribuera les apprentis-canonniers, pendant le restant de la journée, savoir, la moitié à faire des palans de canons, à garnir de bragues, des aiguillettes, à la composition des artifices, et à tous les ouvrages du fait de l'artillerie ; et l'autre moitié aux ouvrages du port, particulièrement au gréement des vaisseaux, sous les ordres du directeur de port. Il fera conduire chaque escouade par un des caps ou sous-caps qui y sont attachés ; et si les travaux de l'artillerie n'exigent pas que la moitié des apprentis-canonniers y soient employés, il remettra à la disposition du directeur de port tous ceux qui ne seront pas nécessaires pour les opérations de son détail.

297. Il fera mettre en prison ceux des apprentis-canonniers qui s'absenteront de l'école, de l'exercice, ou des travaux auxquels ils auront été destinés ; et leur solde leur sera retranchée

pour le temps qu'ils se seront absentés, et pour les jours qu'ils seront détenus en prison pour fautes commises : il fera remettre au commissaire préposé aux revues un état des apprentis-canonniers qu'il aura fait mettre en prison, dans lequel sera spécifié le nombre de jours que chacun d'eux y aura été détenu.

298. Il tiendra un registre exact de tous les canons de fonte et de fer qui seront dans l'arsenal, dans lequel état il marquera les fabriques où ils ont été coulés, leurs calibres, poids, longueurs et numéros, et les défauts qu'ils peuvent avoir. Il tiendra un semblable registre de tous les mortiers, dans lequel seront marqués leurs différentes dimensions, leur poids, la quantité de poudre qu'il faut pour les charger, et le diamètre des bombes auxquelles ils peuvent servir. Il dressera un inventaire des armes, effets, outils et ustensiles quelconques à l'usage de l'artillerie ; et de tout il remettra chaque mois un extrait signé de lui au directeur général qui le remettra au commandant.

299. Il tiendra la main à ce que les canons et mortiers soient placés dans les endroits qu'il aura assignés d'après les ordres du directeur général ; que les canons de fonte soient séparés de ceux de fer, et rangés par calibres ; que les affûts soient placés sous des hangars, après avoir été enduits de peinture ou de goudron ; et que ceux de chaque vaisseau soient marqués d'une même marque ; que les boulets soient mis dans leurs parquets et empilés par calibres ; que les bombes et les grenades chargées, les pots à feu, chemises soufrées, et tous autres artifices, soient tenus dans des lieux sûrs et à l'abri de toute humidité ; et que les armes soient rangées par calibres, qualités et espèces dans les salles destinées à les recevoir, dont il réglera la distribution d'après le plan qui en aura été arrêté au conseil de marine ; enfin il veillera à ce que le parc et tous les magasins de l'artillerie dont il a l'inspection soient toujours en bon ordre et en bon état, et que les différents effets y soient rangés d'une manière convenable pour leur conservation et facile pour le service.

300. Il prendra les ordres du directeur général pour faire par lui-même ou faire faire par les officiers sous ses ordres la visite des magasins de l'artillerie, pour s'assurer de l'état et de la situation des divers effets qui y sont déposés, et faire, en la forme prescrite au titre IV, les demandes nécessaires pour réparer ou remplacer ceux desdits effets qui auront besoin de réparations ou d'être renouvelés.

301. Il veillera à ce que tout ce qui est prescrit par les ordon-

nances concernant la garde et sûreté des magasins à poudre, et les précautions à prendre, soit maintenu et suivi à la rigueur. Les poudres et artifices seront rangés par ses soins et par les maîtres-canonniers, bombardiers et apprentis-canonniers, sous ses ordres, dans les poudrières et magasins destinés à les recevoir.

Il aura une clef desdits magasins, dont l'ouverture ne pourra être faite, sous quelque prétexte que ce soit, qu'en présence de l'officier d'artillerie qu'il aura nommé pour y assister, et à qui il aura remis en main propre la clef confiée à sa garde, et en présence du garde-magasin, ou de l'un de ses commis, et d'un commis du contrôle.

302. Il fera l'épreuve des canons, mortiers, poudres et armes destinés pour le service des vaisseaux visitera exactement chaque canon; examinera la qualité du métal, s'il est poreux, venteux ou chambré; si le calibre est juste, si la pièce peut être bien posée sur son affût, si elle a été bien forée ou alésée, et si elle est bien nette en dedans; et en cas qu'elle ait quelque défaut, il la rebutera; l'intention de sa majesté étant qu'il ne soit reçu aucuns canons pour l'usage de ses vaisseaux qu'ils n'aient été bien et dûment visités et éprouvés en la manière prescrite par les ordonnances, et en présence du commissaire du magasin général et du contrôleur. Il fera pareillement l'épreuve de la poudre et des armes à feu, conformément à ce qui se pratique.

303. Il fera faire les plates-formes des mortiers sur les galiotes à bombes, et y fera embarquer et établir les mortiers sur leurs affûts. Il sera pareillement chargé de faire disposer les artifices et les matières combustibles dans les bâtiments destinés à servir de brûlots à la suite des armées.

304. Lorsque sa majesté aura ordonné des armements dans le port, le directeur de l'artillerie prendra les ordres du directeur général pour régler le nombre et l'espèce des canons qui devront être embarqués sur chaque vaisseau; et il remettra au directeur général un état, qu'il aura signé, des armes, ustensiles et munitions de guerre nécessaires pour l'armement de chaque vaisseau, en se conformant, pour les quantités de chaque chose, au règlement arrêté par sa majesté, à proportion du nombre et de l'espèce des canons qui auront été réglés: et il en sera au surplus usé ainsi qu'il est prescrit aux titres IV et VI de la présente ordonnance.

305. Dès que le vaisseau aura été caréné, il fera visiter la

sainte-barbe et ses emménagements, les soutes à poudre et celles des rechanges du maître-canonnier, les coffres à poudre, les puits et parquets où l'on doit mettre les boulets, les crocs, boudes, organeaux et pentures de sabords, les mantelets et tout ce qui appartient aux canons; et il rendra compte au directeur général de l'état de toutes choses, afin que celui-ci puisse en instruire le commandant qui donnera ses ordres au directeur des constructions pour qu'il soit pourvu aux réparations nécessaires.

306. Il fera connoître à chaque maître-canonnier les canons qui seront destinés pour son vaisseau, afin que le dit maître-canonnier fasse lui-même la visite de ses canons; et le directeur prendra soin qu'il ne les change pas, et qu'il ne s'en embarque pas au-delà du nombre ordonné.

307. Il nommera un officier d'artillerie pour assister à la visite des canons et des affûts qui devront être embarqués, et à la délivrance des armes et de tous les effets dépendants de l'artillerie; et il veillera à ce que les affûts conviennent aux pièces et à la hauteur des feuillets des vaisseaux sur lesquels ils devront être embarqués; que les boulets soient des calibres des pièces; que les cuillers, refouloirs, écouvillons, porte-gargousses, et tous les ustensiles du canonnier, soient propres pour les pièces auxquelles ils doivent servir, et qu'il y en ait la quantité contenue dans l'inventaire d'armement.

308. Lorsqu'il sera question de délivrer les poudres aux vaisseaux qui seront en rade, il nommera les officiers qui devront assister à cette délivrance, et il aura soin qu'on distingue les poudres neuves de celles qui auront déjà fait campagne, afin que celles-ci soient employées les premières.

309. Lorsque les vaisseaux revenant de la mer seront désarmés, il fera faire, par le maître-canonnier du port, la visite des soutes et coffres à poudre, pour s'assurer que le maître-canonnier du vaisseau les a bien fait balayer et nettoyer.

310. Si pendant la campagne il a crevé des canons de fer et des armes à feu, le directeur se fera représenter les morceaux qui en seront restés, et examinera soigneusement de quelle fabrique ils sont, et leurs défauts pour y remédier.

311. Après le désarmement, il fera replacer les canons sur leurs chantiers, quand ils auront été visités, et il aura soin qu'ils soient goudronnés et qu'on y mette des tampons. Il fera ranger les affûts dans les magasins, à moins que le commandant n'or-

donne qu'ils restent en dépôt dans les vaisseaux auxquels ils appartiennent; et il veillera à ce que toutes ces opérations soient faites par les canonniers du vaisseau qui désarme.

312. Il aura soin que les armes soient bien nettoyées par les armuriers de chaque vaisseau avant que d'être rendues; que celles qui seront en état soient remises en leur ordre dans la salle d'armes, et que les autres soient portées à l'atelier des armuriers, où elles seront réparées, pour être ensuite rapportées dans la salle d'armes et rangées à leur place. Il remettra au directeur général un état qu'il aura signé, dans lequel il spécifiera les armes qui auront été remises au magasin, et celles qui auront besoin de réparations; et ledit état, visé du directeur général, sera par lui remis au commandant.

313. Il se conformera, pour tout ce qui concerne la direction des ateliers dépendants de son détail, à ce qui est prescrit par la présente ordonnance, au titre IV; et il donnera tous ses soins pour que les ouvrages y soient exécutés avec la plus grande solidité et la plus grande économie de temps et de matières.

314. Il assistera par lui-même, ou par les officiers sous ses ordres, et fera assister pour leur instruction, les gardes du pavillon ou de la marine de son détail, à toutes les recettes qui se feront de canons, armes, poudres, salpêtres, et généralement de toutes munitions, matières et marchandises à l'usage de l'artillerie, ou qui devront être employées dans les ateliers dépendants de sa direction; il signera toujours aux procès verbaux de réception. Il se conformera au surplus à tout ce qui est prescrit pour les recettes au titre IV de la présente ordonnance.

315. Entend, sa majesté, que l'ordonnance du 5 novembre 1766 concernant les compagnies d'apprentis-canonniers; celle du 25 mars 1765, concernant la marine, pour ce qui est relatif au détail de l'artillerie; et celle du 26 décembre 1774, pour rétablir les compagnies de bombardiers classés, etc., soient maintenues et suivies en ce qui n'est pas contraire à la présente ordonnance et dans les points auxquels il n'a pas été pourvu.

Titre XIII. — *Du commissaire du magasin général.*

316. Le commissaire préposé au magasin général y sera présent pendant les heures du jour qu'il sera ouvert; il examinera si les livres de recette et de dépense sont tenus en la manière prescrite au garde-magasin; si tout y est énoncé et libellé par qua-

..., quantité, et jour d'entrée et de sortie des marchandises et munitions; si elles sont bien rapportées dans le livre de balance, et si les poids et mesures sont exactement échantillés et étalonnés.

317. Il paraphera tous les soirs et au bas de chaque page, sur les registres du garde-magasin, les recettes et dépenses qui seront faites pendant le jour; et, à la fin de chaque semaine, il les arrêtera avec l'intendant. Il vérifiera tous les mois le livre de balance, et l'arrêtera tous les ans, pour reconnoître au juste ce qui reste dans les magasins, faisant mention des déchets et revenants-bon qui y seront trouvés, et des causes d'où ils seront provenus.

318. Il assistera à la réception des marchandises, munitions et ouvrages quelconques; prendra garde qu'il n'en soit reçu que de bonne qualité et des proportions requises, et se conformera au surplus à ce qui est prescrit pour les recettes au titre IV de la présente ordonnance.

319. Il fera ranger lesdites marchandises en bon ordre, et tiendra la main à ce que le garde-magasin en délivre, sans retardement, des reçus qui seront visés par lui.

320. Il assistera à l'examen et à l'arrêté des comptes, qui se font tous les mois, des matières qui auront été délivrées à des ouvriers travaillant hors de l'arsenal, pour leur convertissement en ouvrages, et signera sur le registre, au bas desdits arrêtés.

321. L'armement des vaisseaux ayant été ordonné, et l'état que le directeur de port aura dressé de ce qui peut manquer au complet du magasin particulier et de l'équipement de chaque vaisseau ayant été renvoyé par l'intendant avec son ordre de délivrer, au commissaire du magasin général, celui-ci travaillera à rassembler promptement les matières ou effets portés par ledit état, afin que rien ne mette obstacle à la célérité de l'armement; et il en usera de même pour les objets des demandes qui seront faites par la direction des constructions et celle de l'artillerie.

322. Au désarmement des vaisseaux, lorsque les consommations auront été examinées et approuvées dans le conseil de marine, et remises au magasin général, le commissaire dudit magasin, d'après la visite qui aura été faite des effets de retour de campagne, en la forme prescrite au titre VI, article 154, et l'ordre qu'il en aura reçu de l'intendant, pourvoira à tout ce qu'il sera nécessaire de délivrer pour être mis dans les magasins particuliers et ceux de l'artillerie, ou les matières demandées pour

fabriquer ce qui devra y être mis en remplacement de ce qui aura été consommé ou jugé hors de service, afin que les effets desdits magasins soient toujours complets et en état.

323. Il fera mettre dans un magasin particulier les effets rebutés ou jugés hors de service pour les armements suivants, et ils seront réservés pour les usages du port.

324. Il ne fera rien délivrer des magasins sur les billets des officiers de vaisseau ou de port ou ingénieurs-constructeurs, pour les constructions, radoubs, garniture, gréement, équipement des vaisseaux, et tous ouvrages à fabriquer dans les ateliers, si lesdits billets ne sont visés du commissaire départi aux chantiers et ateliers.

Titre XIV. — *Du commissaire des chantiers et ateliers.*

325. Le commissaire préposé aux chantiers et ateliers tiendra soigneusement la main à ce que les commis sous ses ordres soient assidus aux chantiers et ateliers auxquels ils auront été affectés; entrent dans l'arsenal avec les ouvriers et n'en sortent qu'avec eux; qu'ils soient exacts à faire les appels des ouvriers, journaliers, canotiers, gardiens des vaisseaux, d'ateliers, de magasins ou autres, et consignes des portes, et qu'ils suivent avec la plus grande attention l'emploi du temps des ouvriers et celui des matières.

326. Il donnera des billets aux ouvriers, pour qu'ils soient admis par les directeurs des détails des chantiers et ateliers de l'arsenal.

327. Il tiendra une matricule des ouvriers, dont le port sera le chef-lieu, sur laquelle il apostillera les divers changements qui surviendront dans la paye et la destination desdits ouvriers.

328. Sa majesté voulant, pour le bien de son service, qu'il se forme toujours de nouveaux ouvriers, l'autorise à employer un dixième d'apprentis dans le nombre des ouvriers employés de toute espèce, pourvu toutefois que lesdits apprentis soient en âge d'apprendre et capables de se perfectionner. Les fils d'ouvriers au service du roi seront préférés, et leur paye sera augmentée à proportion qu'ils deviendront plus habiles. Défend, sa majesté, sous peine de punition, aux maîtres sous lesquels ils travailleront, de rien exiger d'eux, sous quelque prétexte que ce soit.

329. Il visera tous les billets des demandes de matières, munitions ou effets qui seront faits par les officiers de vaisseau, de

port ou ingénieurs-constructeurs préposés à la direction des ateliers et des chantiers.

330. Il fera recette des matières et effets qui seront apportés du magasin général, sur lesdites demandes, dans les chantiers et ateliers ; en suivra l'emploi dans leur convertissement ou travail, et remettra à la charge du garde-magasin les ouvrages qui en proviendront, à mesure qu'ils seront fabriqués, ou en portera l'emploi sur son registre si les ouvrages ont été destinés à rester attachés au corps des vaisseaux ou autres bâtiments.

331. Il aura soin que les bois, fers et autres matières proviennent des démolitions, soient apportés aux lieux convenables, et que les parties qui seront hors de service soient séparées de celles qui pourront encore servir, de même que les meubles, serrures et ustensiles quelconques, et il en fera faire recette au magasin général ; et s'il se trouve quelque chose de manque, il en donnera avis à l'intendant, pour que le prix en soit retenu sur la paye de qui il appartiendra.

332. Il sera chargé de la police des prisons de l'arsenal ; il fera enregistrer l'entrée et la sortie de chaque prisonnier ; et le geôlier lui fera tous les matins le rapport des gens qui, la veille, auront été mis en prison.

333. Il se conformera au surplus à tout ce qui lui est prescrit au titre IV de la présente ordonnance.

TITRE XV. — *Des commissaires préposés au bureau des fonds et revues, à celui des armements et vivres, et à celui des hôpitaux et chiourmes.*

334. Les commissaires préposés au bureau des fonds et revues, à celui des armements et vivres, et à celui des hôpitaux et chiourmes, se conformeront, tant à ce qui est prescrit pour les fonctions dont ils sont chargés, par l'ordonnance du 25 mars 1765, *concernant la marine*, en ce qui n'est pas contraire à la présente, qu'aux instructions particulières qui leur seront données par l'intendant ; et ils tiendront la main à ce que les commis sous leurs ordres soient assidus à leurs bureaux ou ateliers, et remplissent exactement les fonctions qui leur seront prescrites.

TITRE XVI. — *Du garde-magasin.*

335. Le garde-magasin sera chargé de la garde de toutes les

marchandises, munitions et effets quelconques appartenants à [sa] majesté, dans l'arsenal ou hors de l'arsenal, à l'exception [des] corps des vaisseaux et autres bâtiments flottants et des machine[s] établies dans le port à leur usage, lesquels seront, sous l'auto[rité] du commandant, à la charge et garde du directeur de port.

336. Il tiendra deux registres exacts, l'un de l'entrée et l'aut[re] de la sortie de toutes les marchandises et munitions, lesquel[s] seront cotés et paraphés par l'intendant : ces registres seront te[-] nus avec l'ordre et la netteté nécessaires pour voir en tout temp[s] et jour par jour, ce qui sera entré dans les magasins, et ce qu[i] en sera sorti.

337. Il s'appliquera avec soin à conserver ce qui sera entré dan[s] les magasins, en mettant toutes choses à leur place et aux lie[ux] propres à leur conservation ; et, dans cette disposition, il obser[-] vera de les arranger en sorte qu'elles puissent être délivrées ave[c] facilité.

338. Il sera toujours présent à la réception et délivrance d[es] marchandises et munitions quelconques, aura soin que ses com[-] mis, de l'exactitude et fidélité desquels il demeurera responsabl[e] en son propre et privé nom, fassent chacun leur devoir dans le[s] fonctions qui leur seront prescrites ; donnera son avis sur la qua[-] lité de tout ce qui entrera dans les magasins, et prendra gard[e] que les poids, jauges et aunages soient justes.

339. [Fera] l'enregistrement de la recette dans un journal, po[ur] être po[rté] à la fin du jour dans son grand livre, dans lequel i[l] spécifiera les quantité, poids et mesures des marchandises et mu[-] nitions, et le nom de ceux qui les auront fournies : comme au[ssi] les quantité, poids et mesures des ouvrages qui auront été livr[és] par l[es divers] ateliers de l'arsenal, en y spécifiant la quantité d[e] déch[et que l]es matières auront éprouvé par leur convertissement[,] et par rapport aux effets qui proviendront des démolitions, d[é-] sarmements, etc., le nom du vaisseau ou tout autre bâtimen[t] dont ils seront provenus.

340. Il observera la même chose pour la dépense, et spécifier[a] le nom des vaisseaux et autres bâtiments, et l'espèce de servic[e] pour lequel les marchandises et munitions seront délivrées[,] comme aussi les noms des ateliers, ou celui de l'ouvrier, dans l[e] cas où des ouvrages seroient faits hors de l'arsenal, auxquels i[l] délivrera des matières pour être travaillées ou converties.

341. Il ne pourra délivrer ni matières ni effets, qu'il n'y ai[t]

[...]é le contrôleur ou son commis; lequel en fera l'enregistre-[men]t, de son côté, d'une manière uniforme et égale.

342. Les registres de recette et de dépense seront paraphés [tou]s les soirs, et au bas de chaque page, par le commissaire [pré]posé au magasin général, et par le contrôleur; et, à la fin de [cha]que semaine, arrêtés par l'intendant, qui écrira à côté des [arti]cles où il y aura quelque erreur, omission, déchet ou reve-[nan]t-bon, les raisons d'où cela provient, et signera l'arrêté, et [le f]era signer par le commissaire, le contrôleur et le garde-ma-[gasin].

343. Le garde-magasin tiendra un registre de balance, coté et [para]phé par l'intendant, sur lequel il portera, à la fin de chaque [mo]is, le montant, par récapitulation, des recettes et dépenses [qui] auront été faites de chaque nature de marchandises et de [mun]itions, bien distinguées par leurs qualité, poids et mesures: [ce] registre sera vérifié tous les mois par le commissaire du ma-[gasin] général et par le contrôleur; et l'intendant en signera tous [les m]ois l'arrêté, et le fera signer par lesdits commissaire et garde-[maga]sin, et par le contrôleur.

344. Le recensement ou inventaire général qui sera fait à la fin [de ch]aque année, de tout ce qui se trouvera dans les magasins, [ser]a arrêté et signé comme il a été dit à l'article précédent.

345. Au commencement de chaque année, l'intendant vérifiera [si de] chaque espèce de marchandises et de munitions qui doit, sui-[vant l]a balance, rester en nature dans les magasins s'y trouve [effec]tivement: il le conférera avec le recensement ou inventaire [géné]ral; et en cas qu'il y remarque quelque différence et quelque [man]quement, il en fera mention au bas de l'arrêté final du [regis]tre.

346. Le garde-magasin se chargera, par des inventaires par-[ticu]liers, des meubles, ustensiles, et généralement de toutes [les] choses qui ne seront point comprises dans les registres de [rece]tte et de dépense du magasin, ou qui pourront se trouver [dans] l'arsenal, dans les hôpitaux, bagnes ou ailleurs. Il tien-[dra r]egistre, mais pour mémoire seulement, des corps des vais-[seaux] et autres bâtiments désarmés dans le port appartenants à [Sa M]ajesté, et des machines établies à leur usage, soit que les-[dits va]isseaux y aient été construits ou qu'ils aient été achetés, [ou pr]is sur les ennemis: il marquera leur sortie lorsqu'ils devront [être] affectés à un autre port; ou l'époque de leur vente, lorsque [Sa M]ajesté aura jugé à propos de les céder à des particuliers; ou

celle de leur dépècement, quand ils auront été jugés entièrement hors de service. Il tiendra pareillement registre, et pour mémoire seulement, des différents effets à l'usage des manœuvres et opérations du port déposés dans les pontons ou ailleurs, à la charge et garde du directeur de port, ainsi que de ceux qui resteront à bord des vaisseaux désarmés dans le port, desquels ledit directeur lui aura donné une reconnoissance visée du directeur général et du commandant.

347. Dans les armements, il délivrera aux divers maîtres, en présence d'un officier de chaque vaisseau, les agrès, apparaux, ustensiles et munitions contenus en l'inventaire d'armement qui lui sera remis, et qui aura été dressé conformément aux états arrêtés par sa majesté sur ce sujet. A l'égard des emménagements, armoires, coffres, serrures, rouets de cuivre ou autres pièces du même métal, et tous autres effets attachés au corps du bâtiment, dont le directeur de port est chargé dans les vaisseaux désarmés dans le port, et desquels le garde-magasins a en main la reconnoissance dudit directeur, il les portera pareillement sur l'état d'inventaire du vaisseau en armement ; et rendra audit directeur la reconnoissance qu'il en avoit reçu, au bas de laquelle ledit garde-magasins mettra son certificat de réception, qui sera visé du commissaire du magasin général, et remis au directeur de port pour lui servir de décharge.

348. Le contenu en l'inventaire d'armement ayant été délivré, l'officier chargé du détail du vaisseau remettra au magasin général un double dudit inventaire, signé de lui, de chaque maître pour les articles dont chacun d'eux sera chargé, et visé du capitaine, pour la décharge du garde-magasins.

349. Lors des désarmements, le garde-magasins recevra, savoir : au magasin général, les effets qui devront y rentrer ; dans les magasins à poudre et autres magasins de l'artillerie, ceux qui appartiennent à ce détail ; dans le magasin particulier de chaque vaisseau, ceux qui devront y être remis, ayant été jugés en état de servir pour une autre campagne ; dans un magasin séparé, les effets rebutés ou jugés hors de service pour un autre armement, et où ils seront réservés pour les usages du port ; enfin dans le vaisseau, les armoires, coffres, serrures et autres effets attachés au corps du bâtiment, et qui doivent y rester. Il donnera au capitaine de chaque vaisseau et à l'officier chargé du détail, ainsi qu'aux divers maîtres, un certificat de réception pour leur décharge des effets dont ils s'étoient chargés lors de l'armement,

…auront été remis dans lesdits magasins, ou laissés dans le vaisseau ; et lesdits certificats du garde-magasins seront visés du commissaire du magasin général : le garde-magasins, de son côté, se fera donner par le directeur de port une reconnoissance signée de lui, et visée du directeur général et du commandant, des effets qui seront restés à bord de chaque vaisseau, à la charge et garde dudit directeur de port ; et le garde-magasins se chargera et demeurera chargé de tous les autres effets neufs, mi-usés ou de rebut, qui auront été déposés, soit dans le magasin particulier du vaisseau, soit dans tous autres magasins.

350. Il aura soin de conserver les inventaires d'armement et de désarmement où seront portés les consommations et les remplacements faits pendant la campagne, ainsi que les registres qui en présenteront le détail.

351. Il gardera soigneusement les clefs des magasins qui lui sont confiés, et il n'en permettra l'entrée qu'aux officiers qui doivent l'avoir, et aux heures de travail ; et au cas qu'il fût nécessaire d'y entrer à d'autres heures, pour quelque occasion de service, il en prendra l'ordre de l'intendant.

352. Lui défend, sa majesté, de recevoir ou délivrer aucunes marchandises ni munitions, sans un ordre par écrit de l'intendant ou du commissaire préposé au magasin général, à peine de les payer.

353. Lui défend pareillement, sa majesté, de faire aucuns prêts ni vente d'effets des magasins à qui que ce puisse être, sans un ordre exprès de l'intendant, à peine d'en répondre et de restitution.

354. Il tiendra trois registres particuliers, cotés et paraphés comme les autres ; sur l'un, il écrira les marchandises qui pourront être délivrées à des ouvriers pour les travailler hors de l'arsenal, ou à-compte des ouvrages qu'ils doivent fournir ; sur l'autre, celles qui seront vendues à des particuliers, ou qui seront délivrées pour des services dont la marine ne devant pas supporter la dépense, aura à en répéter le paiement ; et enfin sur le troisième, les marchandises et munitions prêtées à des particuliers, à charge de les rendre ou de les remplacer ; et il ne recevra des particuliers ou des ouvriers, aucuns billets volants, mais les fera obliger sur le registre à côté de chaque article, et les déchargera à mesure qu'ils rendront ou paieront ce qu'ils auront reçu. Ces registres seront arrêtés tous les trois mois par le commissaire du magasin général, qui sera chargé…

ainsi que le contrôleur, de poursuivre le recouvrement des effe[ts] du roi, ou de leur prix; et l'intendant arrêtera tous les mois le[s]dits registres. Le garde-magasin aura soin de porter en dépen[se] les effets compris dans les deux premiers registres énoncés c[i-]dessus.

355. Il aura aussi un registre particulier, également coté [et] paraphé, pour enregistrer jour par jour tous les certifica[ts] qu'il donnera aux particuliers, afin d'éviter la confusion qui [se] rencontre souvent dans l'expédition de plusieurs certificats po[ur] une même chose.

356. Lorsqu'il quittera son emploi, il remettra ses registre[s] à l'intendant, et lui rendra un compte exact de tout ce dont [il] aura été chargé : et au cas qu'il se trouvât reliquataire, l'in[ten-]tendant, après avoir pris les sûretés nécessaires, en informe[ra] le secrétaire d'état ayant le département de la marine, po[ur] recevoir les ordres de sa majesté.

Titre XVII. — *Du contrôleur.*

357. Le contrôleur aura inspection sur toutes les recettes [et] dépenses, achats et emploi des marchandises, et sur l'emplo[i] du temps des ouvriers et journaliers, desquels il fera des re[ve-]vues particulières lorsqu'il le jugera à propos, ainsi que de[s] gardiens de vaisseaux et autres ; et il assistera à tous les ma[r-]chés qui seront faits, et à tous les comptes qui seront arrêt[és] par l'intendant.

358. Il sera présent tous les jours, par lui ou par un de s[es] commis, à l'ouverture des magasins, desquels il aura une cl[ef] et le soir ils seront fermés en sa présence.

359. Un de ses commis tiendra, au magasin général, de se[m-]blables registres à ceux qu'il est prescrit au garde-magasin [de] tenir ; excepté le livre de balance et celui pour l'enregistrem[ent] des certificats délivrés aux divers particuliers fournisseurs.

360. Le contrôleur paraphera tous les soirs, et au bas de ch[a-]que page, sur les registres du garde-magasin, les recettes [et] dépenses qui seront faites pendant le jour; et à la fin de chaq[ue] semaine il les arrêtera, ainsi que les siens, avec l'intendan[t,] et tous les mois, il vérifiera le livre de balance, et l'arrête[ra] tous les ans, pour reconnoître au juste ce qui reste dans l[es] magasins, faisant mention des déchets et revenant-bons q[ui] seront trouvés, et des causes d'où ils seront provenus.

361. Il vérifiera ensuite par un recensement de chaque sorte de marchandises et munitions, si elles se trouvent en la qualité et quantité qu'elles doivent être, et si elles sont placées en lieu où elles se puissent conserver.

362. Il tiendra un registre particulier de tous les marchés qui seront pour fournir des marchandises aux magasins de sa majesté, ou pour faire quelques ouvrages; et il aura soin de poursuivre l'exécution des marchés, et d'avertir l'intendant des défauts et manquements qu'il pourroit y avoir, afin qu'il y soit pourvu.

363. Il conservera dans un bon ordre tous les registres, contrats, marchés, adjudications et autres papiers et mémoires qui regarderont ses fonctions, et en tiendra un inventaire exact, afin qu'on puisse y avoir recours.

364. Il contrôlera généralement tous les acquits, rôles, états et reçus servant à la décharge du trésorier général de la marine, et tiendra un registre exact et fidèle de la recette et dépense qui sera faite par le commis du trésorier pendant chaque année, dans le port où il sera établi.

365. Il se fera remettre, par le trésorier général de la marine, les copies collationnées des états et ordres de fonds qui lui auront été envoyés; et, à la fin de chaque année, il enverra au secrétaire d'état ayant le département de la marine le registre de la recette et dépense qui aura été faite dans le port.

366. Il assistera à l'arrêté des comptes du trésorier et du munitionnaire général de la marine, comme aussi à tous les contrats et marchés qui seront faits par l'intendant, en présence du conseil de marine, et les signera avec lui; il en examinera, dans le conseil, les clauses et conditions, recevra les enchères et cautions qui seront présentées, et le marché sera adjugé à celui qui fera la condition de sa majesté meilleure.

367. Il fera les poursuites et diligence nécessaires pour le paiement de ce qui se trouvera dû à sa majesté, soit par les ouvriers travaillant hors de l'arsenal, à qui le garde-magasin délivre les marchandises à compte des ouvrages qu'ils doivent fournir, soit par les particuliers à qui il auroit été prêté ou vendu des marchandises, munitions et autres effets appartenants à sa majesté, en quelque manière que ce puisse être, à peine de répondre des pertes qui pourroient arriver par sa faute et négligence.

368. Il enregistrera toutes les commissions et les brevets accordés par sa majesté aux officiers de la marine et autres entre-

tenus, et mettra l'enregistrement en abrégé au dos, afin d'y avoir recours en cas de besoin.

369. Il sera présent aux revues des officiers, des ingénieurs constructeurs, des compagnies des gardes du pavillon et de la marine, des compagnies de bombardiers et d'apprentis-canonniers, des compagnies de la division du corps royal d'infanterie de la marine, et des officiers-mariniers et autres entretenus dans le port; il en signera les extraits, conjointement avec l'intendant, et il prendra garde qu'il n'y ait que les présents qui y soient employés, à peine d'interdiction.

370. Il sera également présent aux revues et montres des états-majors et équipages des vaisseaux, prendra garde que le nombre des officiers-mariniers, canonniers, matelots, et les détachements de soldats, soient complets; qu'il n'y ait aucun passe-volant, et qu'ils soient tous en état de servir.

371. Il examinera si les vivres qui sont embarqués sur les vaisseaux de sa majesté sont en la quantité ordonnée et de la qualité requise.

372. Lors de l'armement et du désarmement des vaisseaux, il tiendra la main à ce que les officiers-majors et équipages soient payés par le trésorier, à l'armement à bord; et au désarmement, dans le bureau des armements et vivres, suivant l'état qui en sera arrêté.

373. Il prendra garde que les agrès et autres effets qui devront être rapportés dans les divers magasins après le désarmement y soient distribués, conformément à ce qui aura été fixé dans le procès verbal de la visite desdits effets, et y soient classés, rangés et conservés dans l'ordre qui aura été prescrit, pour demeurer à la charge du garde-magasins.

374. Il visitera tous les ouvrages que sa majesté fera faire, soit pour les vaisseaux, soit aux bâtiments civils; assistera aux toisés et à leur réception; sera présent aux paiements qui en seront faits, et ne pourra s'en dispenser, sous quelque prétexte que ce puisse être.

375. Le contrôleur assistera à tous les conseils de marine; en sera le secrétaire, et en portera les délibérations sur des registres particuliers qu'il tiendra à cet effet: il n'y aura pas de voix, excepté dans le cas où, s'agissant de marchés et d'adjudications, il aura voix délibérative en sa qualité de contrôleur.

TITRE XVIII. — *Du conseil de marine permanent* (1).

376. Le conseil de marine établi dans chacun des ports de Brest, Toulon et Rochefort, duquel sa majesté, par l'article 5 de son ordonnance du 8 novembre 1774, s'étoit réservé de régler définitivement les fonctions, et auquel elle avoit attribué provisoirement celles du conseil de construction, établi par des ordonnances antérieures, sera et demeurera maintenu et conservé sous la dénomination de *conseil de marine*, et exercera dans chaque port les fonctions qui lui sont attribuées définitivement par la présente ordonnance.

377. Les officiers qui composeront le conseil de marine seront : le commandant du port, qui le présidera toujours ; l'intendant, qui prendra séance après le président ; le directeur général de l'arsenal ; le commissaire général des ports et arsenaux de marine qui prendra séance après le directeur général, soit qu'il la prenne en sa qualité de commissaire, soit qu'il supplée l'intendant en cas d'absence ; et le major de la marine et des armées navales.

Le contrôleur de la marine sera le secrétaire du conseil, et n'aura pas de voix, excepté dans les cas où il s'agira de marchés et d'adjudications.

378. L'intention de sa majesté étant que les membres permanents du conseil soient toujours au nombre de cinq, en cas d'absence, le commandant du port sera suppléé par le directeur général, qui présidera le conseil ; celui-ci, par le directeur particulier le plus ancien dans l'ordre des capitaines de vaisseau ; l'intendant, par le commissaire général ; celui-ci, par le plus ancien des commissaires ordinaires ; et le major de la marine, par le major de la division du corps royal d'infanterie de la marine, ou par l'officier qui le suppléera dans l'ordre du service. Les commissaires prendront rang après les capitaines de vaisseau.

379. Indépendamment des cinq membres perpétuels, le conseil appellera les directeurs et sous-directeurs des trois détails, et les commissaires départis aux cinq bureaux de l'arsenal, suivant la nature des objets qui devront être examinés et discutés dans le conseil, ou des comptes qui devront y être rendus. Il pourra pareillement appeler des capitaines de vaisseaux, autres

---

(1) V. règl. du 1er mai 1787.

que ceux attachés aux trois directions et des lieutenants, en évitant toutefois le trop grand nombre et la confusion : lesdits directeurs, sous-directeurs, capitaines ou lieutenants de vaisseau, et commissaires, ainsi appelés pour être membres du conseil, y auront voix délibérative.

380. Lorsqu'il s'agira de constructions ou d'objets y relatifs, le conseil appellera l'ingénieur-constructeur en chef, ou, en son absence, le plus ancien des ingénieurs-constructeurs ordinaires, qui, dans ce cas, aura voix délibérative.

381. Tous autres officiers, ingénieurs-constructeurs ou entretenus dans le port, s'ils sont appelés par le conseil, seront tenus de s'y rendre, pour y donner leurs avis, ou répondre aux questions qui leur seront faites, dans le cas où ledit conseil devra examiner des objets relatifs au détail auquel ils seront attachés, ou sur lesquels il estimera qu'ils peuvent avoir des connoissances particulières : des officiers et ingénieurs-constructeurs qui seront ainsi appelés ne prendront point séance, seront assis hors de rang à côté du président, et se retireront lorsqu'ils auront donné leur avis, ou répondu aux questions qui leur auront été faites.

382. Pourra le commandant du port, suivant la nature des objets qui devront être traités dans le conseil, donner entrée dans la salle dudit conseil à quelques lieutenants et enseignes qu'il aura nommés, lesquels y assisteront pour leur instruction, debout et en silence.

383. Le conseil s'assemblera dans l'hôtel du président.

384. Il sera tenu un conseil tous les quinze jours ; et, indépendamment des conseils fixes, le commandant assemblera le conseil toutes les fois qu'il le jugera convenable au bien du service, ou lorsqu'il en sera requis par l'intendant.

385. Le président aura soin d'annoncer, à la fin de chaque séance, les questions prévues qui devront être agitées à la séance suivante.

386. Il ne pourra être construit aucun vaisseau, frégate ou autres bâtiments, que le plan n'en ait été examiné par le conseil de marine de l'un des trois ports de Brest, Toulon ou Rochefort : en conséquence, lorsqu'un ingénieur-constructeur en chef, un ingénieur ordinaire ou sous-ingénieur, aura été chargé de dresser le plan d'un vaisseau, ou autre bâtiment, il sera tenu de soumettre son plan à l'examen du conseil de marine : et si ledit ingénieur-constructeur n'est pas résidant dans l'un des trois ports, il adressera son plan au directeur

des constructions du port le plus prochain, pour être par celui-ci présenté au conseil de marine. Ce plan sera double, parfaitement semblable, et accompagné des calculs, ainsi que de deux devis qui seront pareillement doubles, l'un des bois et des fers nécessaires pour son exécution, avec leurs dimensions et les proportions de la mâture; et l'autre de la disposition des logements. Ces plans et devis, soit que l'ingénieur-constructeur qui les aura adressés soit résidant dans le port, ou qu'il réside hors du département, seront approuvés du directeur des constructions et de l'ingénieur-constructeur en chef, et visés du direteur général, avant que d'être présentés au conseil.

387. Enjoint, sa majesté, aux conseils de marine établis dans ses trois ports de Brest, Toulon et Rochefort, de tenir exactement la main à ce que les ingénieurs-constructeurs assujettissent scrupuleusement les dimensions principales des vaisseaux de même rang, et des frégates de même force, d'où dépendent les proportions de la mâture et des agrès, à des mesures uniformes et invariables qui seront fixées par un règlement particulier de sa majesté, de manière que tous les agrès, apparaux, mâtures et affûts d'un vaisseau ou d'une frégate, puissent servir indistinctement à tous les vaisseaux du même rang, à toutes les frégates de même force.

388. Le conseil nommera quelques uns de ses membres, ou tels autres commissaires qu'il lui plaira choisir, pour faire un examen particulier desdits plans et devis; et lesdits commissaires en feront leur rapport par écrit au conseil. Tous les membres signeront les deux plans et les deux devis doubles, lesquels, ainsi que le rapport des commissaires et l'avis du conseil, seront envoyés par le président au secrétaire d'état ayant le département de la marine, qui fera connoître les intentions de sa majesté au commandant et à l'intendant.

389. Les plans et devis doubles ayant été approuvés par sa majesté, et renvoyés dans le port au commandant, le directeur des constructions présentera au conseil les états qu'il aura fait dresser du nombre des ouvriers, et de la qualité et quantité des matières nécessaires pour la construction ordonnée, conformément à ce qui est prescrit au titre IV de la présente ordonnance. Lesdits états seront examinés et comparés aux plans et devis, soit dans le conseil, soit par les commissaires qu'il plaira au conseil de nommer, pour en faire l'examen et le rapport; et si ledit conseil

approuve lesdits états, et ne trouve aucune réduction à y faire, ils seront visés par le commandant, et remis ensuite à l'intendant.

390. Il en sera usé de même pour les états d'ouvriers et de matières qui seront demandés par le directeur de port et par celui de l'artillerie, relativement aux ouvrages dépendants de leurs directions qu'il sera nécessaire d'exécuter pour pourvoir au gréement, équipement et armement du vaisseau, et généralement dans tous les cas où il s'agira de constructions, refontes, radoubs ou autres ouvrages considérables.

391. Le conseil se fera rendre compte par les trois directeurs, toutes les fois qu'il le jugera à propos, de l'avancement des ouvrages qui devront être exécutés dans leur direction respective, ainsi que des visites qui auront été faites des vaisseaux et autres bâtiments désarmés dans le port, dans les magasins particuliers des vaisseaux ou autres, et dans ceux de l'artillerie; il se fera pareillement rendre compte, par le commissaire des chantiers et ateliers, et celui du magasin général, des différentes recettes de matières, munitions, marchandises et ouvrages qui auront été faites dans l'intervalle de deux conseils.

392. Il sera fait deux visites des vaisseaux en construction : la première, lorsque le vaisseau sera monté en bois tors; la seconde, lorsqu'il sera entièrement achevé. Le conseil nommera, pour chaque visite, trois capitaines de vaisseau, qui seront accompagnés par le directeur des constructions, l'ingénieur-constructeur en chef et l'ingénieur-constructeur qui construira le vaisseau. Les commissaires nommés par le conseil examineront, à chaque visite, si le constructeur s'est exactement conformé au plan qui avoit été présenté au conseil et approuvé par sa majesté, et ils feront leur rapport sur la manière dont la construction aura été exécutée, sur ce qu'il pourroit y avoir à désirer dans la solidité et la perfection de l'ouvrage, à quoi il seroit possible de remédier; et leur rapport, ainsi que l'avis du conseil sur ladite construction, seront envoyés, par le président, au secrétaire d'état ayant le département de la marine.

393. Le directeur général remettra au conseil l'état général de la dépense à laquelle auront monté ensemble la construction, le gréement et l'équipement du vaisseau ou tout autre bâtiment; lequel état aura été formé des trois états particuliers qui lui auront été fournis par les directeurs; et l'intendant remettra pareillement au conseil l'état général qui lui aura été remis par le

commissaire des chantiers et ateliers. Ces deux états seront comparés entre eux et avec les devis, par les commissaires que le conseil aura nommés pour procéder à cet examen ; et, sur le rapport des commissaires, le conseil donnera son avis, qui sera transcrit au bas de chaque état, et signé de tous les membres : l'état du directeur général sera déposé au contrôle de la marine, afin qu'on puisse y avoir recours au besoin ; et celui du commissaire des chantiers et ateliers sera envoyé par l'intendant au secrétaire d'état ayant le département de la marine.

394. Lorsqu'une construction aura été faite à l'entreprise, en tout ou en partie, le paiement n'en pourra être achevé qu'après que la visite et le rapport des commissaires nommés par le conseil auront constaté que l'ouvrage est bon, valable, et bien conditionné dans toutes ses parties. Dans ce cas, et dans le cas contraire, il sera dressé un procès verbal pour constater la bonté de l'ouvrage ou ce qui manque à sa perfection ; et le paiement n'en sera achevé qu'après que ledit procès verbal aura été envoyé par le président au secrétaire d'état ayant le département de la marine, qui fera connoitre les intentions de sa majesté au commandant et à l'intendant.

395. Les refontes, radoubs et autres ouvrages considérables, ne pourront être exécutés qu'après que leur nécessité aura été discutée dans le conseil de marine, et que le devis des dépenses nécessaires y aura été examiné ; à l'effet de quoi, le conseil nommera trois capitaines de vaisseau et un ou deux ingénieurs-constructeurs ordinaires, auxquels se réuniront le directeur des constructions et l'ingénieur-constructeur en chef, pour faire la visite des bâtiments qu'il sera question de réparer : le rapport desdits commissaires et la délibération du conseil seront envoyés par le président au secrétaire d'état ayant le département de la marine, qui fera connoitre les intentions de sa majesté au commandant et à l'intendant.

396. Dans le cas où le rapport des commissaires indiqueroit des réparations urgentes à faire à quelqu'un des bâtiments visités, le commandant, sur la délibération du conseil, donnera ses ordres pour qu'il soit procédé sans délai auxdites réparations.

397. Lorsque les refontes, radoubs et autres ouvrages considérables auront été ordonnés par sa majesté, le conseil de marine et les directeurs des détails, chacun pour sa partie, se conformeront en tous points à ce qui a été prescrit par les précédents articles, pour les constructions entières.

398. A l'égard des constructions nouvelles, réparations et ouvrages considérables à faire aux batteries du port et de la rade, à l'arsenal, aux quais, cales et bassins, et à tous bâtiments civils appartenants au roi, ils ne pourront être exécutés qu'après que leur nécessité aura été discutée dans le conseil de marine, auquel aura été appelé, pour être ouï, l'ingénieur en chef des bâtiments civils, et après que le devis des dépenses nécessaires y aura été examiné : à l'effet de quoi, le conseil nommera quelques uns de ses membres, ou tels autres officiers qu'il jugera à propos de commettre, pour faire la visite des bâtiments civils, quais, bassins, batteries, etc., qu'il sera question de réparer ; et ensuite l'avis qui aura été pris sera envoyé par le commandant et l'intendant, chacun séparément, au secrétaire d'état ayant le département de la marine, qui leur fera connoître à l'un et à l'autre les intentions de sa majesté : et si l'exécution desdits ouvrages est approuvée, le paiement n'en pourra être fait qu'après qu'ils auront été examinés par les commissaires que le conseil avoit chargés de la visite faite antérieurement pour en constater la nécessité.

399. Les marchés et adjudications de tous les ouvrages et approvisionnements, et tous les traités pour fournitures quelconques, au-dessus de la somme de quatre cents livres, seront faits et arrêtés par l'intendant, en présence du conseil : et lesdits marchés, traités et adjudications seront revêtus de la signature de tous les membres du conseil ; ils seront faits doubles, et envoyés par l'intendant au secrétaire d'état ayant le département de la marine, qui les renverra revêtus de son approbation, si les marchés, adjudications et traités sont approuvés par sa majesté.

400. Le conseil nommera tous les mois trois de ses membres, ou tels autres officiers qu'il lui plaira commettre, pour assister, pendant le mois, aux marchés d'ouvrages ou de fournitures dont le prix n'excèdera pas la somme de quatre cents livres ; et les commissaires nommés par le conseil signeront lesdits marchés et en feront leur rapport au conseil à la première séance.

401. Il sera remis au conseil par l'intendant, dans le courant du mois d'août, un projet de tous les bois, chanvres, fers, canons, armes, poudre de guerre, munitions et marchandises quelconques, nécessaires pour la construction, l'armement, la garniture, les rechanges et l'entretien de tous les vaisseaux et autres bâtiments que sa majesté a résolu d'avoir, et pour les

remettre en état de naviguer et combattre lorsqu'ils viendront désagréés ou dépourvus de munitions ensuite d'un mauvais temps ou d'un combat; et outre l'état des bois estimés nécessaires pour les radoubs ordinaires, il y sera joint un état d'approvisionnements suffisants pour la construction nouvelle du nombre des vaisseaux et autres bâtiments que sa majesté règlera, lesquels états auront été dressés en conséquence des états de constructions, radoubs, armements et autres ouvrages qui auront été ordonnés par sa majesté : copie desdits états sera annexée à l'état d'approvisionnement, lequel, après avoir été examiné par le conseil, qui donnera son avis sur icelui, sera arrêté par l'intendant en présence dudit conseil, signé par tous les membres, et envoyé, ainsi que l'avis du conseil, par ledit intendant, au secrétaire d'état ayant le département de la marine.

402. Il sera choisi des échantillons et modèles de chaque marchandises, armes et munitions dont le port devra être approvisionné, lesquels seront présentés au conseil qui donnera son avis sur iceux.

403. Il sera dressé des affiches qui contiendront les espèces et les quantités des différentes marchandises dont le port aura besoin d'être pourvu : ces affiches seront publiées et mises dans les places publiques des villes et bourgs du voisinage des arsenaux; elles seront insérées dans les papiers publics, et il en sera envoyé aux négociants des villes les plus commerçantes de la province et des lieux où les marchandises sont les plus abondantes, en sorte qu'ils puissent faire leurs offres, et qu'on ait le temps de les recevoir avant le jour fixé pour l'adjudication au rabais de chaque espèce de marchandises ou de leur convertissement. Cette adjudication se fera tous les ans, au commencement du mois d'octobre.

404. Les premiers rabais seront reçus au jour nommé, en présence du conseil, et portes ouvertes; et si la fourniture est considérable, il y aura trois remises, de trois jours chacune : l'adjudication sera faite par l'intendant, à l'extinction de la bougie, au moins disant à la troisième remise, dont il sera délivré des actes en forme par le secrétaire du conseil, en sa qualité de contrôleur de la marine, si dans les vingt-quatre heures ensuite il ne se présente plus personne pour rabaisser. Ledit acte sera signé par tous les membres du conseil, et copie en sera envoyée par l'intendant au secrétaire d'état ayant le département de la marine.

405. Les échantillons ou modèles des marchandises seront apportés au conseil avant les adjudications; et après que chaque adjudication aura été faite, l'échantillon ou modèle de la marchandise sera cacheté du cachet du président du conseil, de celui de l'intendant, de celui du fournisseur et de celui du contrôleur de la marine, pour être ensuite gardé dans les magasins par les soins dudit contrôleur, afin qu'on puisse y avoir recours et en faire la confrontation lors des livraisons.

406. Les publications et adjudications d'ouvrages qu'il y aura à faire aux batteries à la charge de la marine, aux ports, quais, formes, cales, édifices des arsenaux et à bâtiments civils quelconques appartenants à sa majesté, seront faites en présence du conseil, avec les mêmes formalités, sur les plans, profils et devis d'ouvrages et de dépenses qui auront été examinés par le conseil, et arrêtés par sa majesté.

407. Le conseil s'assurera que les entrepreneurs et ouvriers ne font aucunes associations pour raison des ouvrages que sa majesté fait faire dans le port, à moins que lesdits entrepreneurs et ouvriers n'en obtiennent la permission par écrit de l'intendant, dont il sera donné connoissance au conseil, et fait mention dans le marché; et les associations faites sans la permission donnée par l'intendant, et sans être venues à la connoissance du conseil, seront réputées nulles, et les ouvrages entrepris en conséquence donnés à d'autres à la folle enchère des associés.

408. Toute vente de vieux vaisseaux ou autres bâtiments, de vieux bois ou fers, et généralement de tous autres effets quelconques, jugés hors de service pour la marine du roi, sera faite en présence du conseil, dans la forme prescrite par les articles précédents pour les adjudications de marchandises et ouvrages.

409. A l'égard des effets neufs que sa majesté voudroit céder à des particuliers, le marché ne pourra être conclu qu'autant qu'il aura été passé en présence du conseil, et signé de tous les membres; et copie dudit marché et l'avis du conseil seront envoyés par l'intendant au secrétaire d'état ayant le département de la marine.

410. Le conseil nommera, quand il le jugera à propos, un capitaine et un lieutenant de vaisseau pour faire la visite des casernes, de l'hôpital et des galères, bagnes ou salle des forçats: ils en feront au moins une par semaine, et ne pourront s'en dispenser jusqu'à ce qu'ils aient été relevés dans cette fonction par d'autres officiers nommés par le conseil; ils seront accompagnés

dans celle des casernes par un officier de la majorité, dans celle de l'hôpital par le commissaire, un médecin et un chirurgien de l'hôpital, et dans celle du bagne par ledit commissaire préposé pareillement au détail des chiourmes. Ils goûteront le pain des soldats, et visiteront chaque chambrée; ils goûteront les aliments des malades, s'informeront si ces aliments sont distribués en la quantité réglée, et examineront la manière dont lesdits malades sont tenus et soignés; ils se feront aussi représenter le pain des forçats, et verront si l'on se conforme à ce qui aura été réglé pour la qualité et quantité de la ration qui doit leur être fournie; et du tout ils feront leur rapport par écrit au conseil; et dans le cas où ledit rapport annonceroit quelques négligences ou abus reconnus par les commissaires qui auront fait lesdites visites, l'intendant donnera les ordres nécessaires pour qu'il y soit pourvu et remédié.

111. Le conseil nommera, quand il le jugera à propos, un capitaine, un lieutenant et un enseigne de vaisseau pour faire la visite des vivres, soit des vivres neufs qui arriveront dans le port, soit de ceux qui proviendront des retours de campagnes. Les officiers commis par le conseil feront toutes les visites qu'il y aura à faire pendant le temps qu'ils seront en exercice, se transporteront au lieu qui sera désigné toutes les fois qu'ils en seront avertis, et feront chaque fois leur rapport au conseil.

112. Lorsqu'il viendra à vaquer une place de maître entretenu, de quelque profession, art ou métier que ce soit, et de côme ou sous-côme de galères, aucun sujet ne pourra être proposé pour la remplir au secrétaire d'état ayant le département de la marine, qu'après que le conseil aura examiné les services, les talents et la capacité de tous les concurrents, ainsi que leurs certificats de mérite et de bonnes mœurs, signés des capitaines ou autres officiers commandant les vaisseaux, sous les ordres desquels ils auront servi; ou le certificat du directeur du détail auquel ils auront été attachés, et visé du directeur général et du commandant, ainsi que celui du commissaire des chantiers et ateliers, visé de l'intendant, si ce sont des gens employés dans lesdits chantiers et ateliers, ou aux mouvements du port : la préférence, à mérite égal, sera donnée au plus ancien, s'il est en état de servir. Le procès verbal dudit examen, signé de tous les membres, ainsi que l'avis motivé du conseil, pour proposer le sujet qui aura paru le plus capable d'occuper la place vacante, seront envoyés par le président au secrétaire d'état ayant le dé-

partement de la marine, qui fera connoître les intentions de sa majesté au commandant et à l'intendant.

413. Il ne sera fait aucun examen de machine ou de projet quelconque, ni aucune épreuve dans le port, que le conseil n'ait nommé tels commissaires qu'il voudra choisir, pour assister auxdits examens ou épreuves Lesdits commissaires en feront leur rapport au conseil, qui donnera son avis; et si l'objet est de quelque importance, lesdits rapport et avis du conseil seront envoyés par le président au secrétaire d'état ayant le département de la marine.

414. Tous les membres du conseil qui auront connoissance de quelque abus ou usage nuisible aux intérêts du roi, seront tenus d'en faire leur rapport au conseil, qui, si le cas le requiert, nommera des commissaires pour examiner l'affaire. Le rapport desdits commissaires et l'avis qui aura été pris, seront envoyés par le président au secrétaire d'état ayant le département de la marine.

415. Il sera tenu extraordinairement, après chaque campagne, un conseil de marine où seront appelés les commissaires départis au bureau du magasin général et à celui des armements et vivres, pour examiner les consommations et les devis des vaisseaux qui reviendront de la mer.

416. L'officier qui aura été chargé du détail général d'une armée navale, escadre ou division, remettra au conseil ses registres, ainsi que les procès verbaux de marchés et achats de munitions ou effets, certificats des fournisseurs, et toutes autres pièces servant à justifier des remplacements et dépenses, afin que lesdites pièces soient examinées dans le conseil, qui nommera des commissaires pour un plus ample examen, s'il le juge à propos. Ledit conseil vérifiera si ledit officier s'est exactement conformé à ce qui lui est prescrit par l'ordonnance de ce jour *pour régler les fonctions dont les officiers de la marine seront chargés sur les escadres et à bord des vaisseaux, relativement aux consommations et remplacements des munitions et des effets, et aux revues des équipages dans le cours des campagnes:* et dans le cas où ledit conseil auroit reconnu quelque manque de formalité ou contravention à ladite ordonnance, et n'auroit pas approuvé les pièces qui lui auront été remises, ledit officier ne pourra être payé de ses appointements qu'après que sa majesté aura fait connoître ses intentions au commandant du port et à l'intendant.

417. L'officier qui aura été chargé du détail particulier du chaque vaisseau remettra pareillement au conseil l'inventaire d'armement, le registre des consommations journalières, les feuilles séparées des articles des différents maîtres, mois par mois, signées d'eux, les procès verbaux concernant les consommations dont l'objet aura été considérable, et les marchés et quittances des fournisseurs pour les achats et remplacements qui auront été faits dans la forme prescrite par l'ordonnance de ce jour, citée dans le précédent article. Toutes lesdites pièces seront certifiées par l'officier chargé du détail et visées de l'officier commandant le vaisseau; et si ce sont des procès verbaux de consommation ou de remplacements, elles seront en outre certifiées par tous les officiers de l'état-major, à défaut de quoi elles seront regardées comme nulles et non avenues.

418. Le conseil sera chargé de vérifier la nature, la quantité et la nécessité desdites consommations; si les procès verbaux sont revêtus des formes prescrites, et si les remplacements ont été faits avec les formalités exigées par la susdite ordonnance : à l'effet de quoi il nommera deux de ses membres, auxquels se joindra le commissaire du magasin général, pour examiner dans le plus grand détail lesdites consommations et pièces qui les concernent, et en faire leur rapport dans un conseil qui sera indiqué par le président.

419. Dans le cas où, sur le rapport des commissaires du conseil, les consommations paroîtroient hors de la règle, où il auroit été manqué aux formalités pour les remplacements qui auront été faits, et où les intérêts du roi seroient lésés, soit par la négligence de l'officier-commandant et de celui chargé du détail, soit par malversation de la part des différents maîtres chargés des effets du roi, il en sera dressé un procès verbal, pour être envoyé par le président, ainsi que l'avis qui aura été pris par le conseil, au secrétaire d'état ayant le département de la marine; et dans ce cas l'officier commandant le bâtiment, l'officier chargé du détail, et ceux des maîtres dont les consommations n'auront pas été approuvées par le conseil, ne pourront être payés de leurs appointements et solde qu'après que sa majesté aura fait connoître ses intentions au commandant du port et à l'intendant.

420. Dans le cas où toutes les consommations auront été approuvées, il en sera donné par le conseil un certificat dont copie sera envoyée par le président au secrétaire d'état ayant le département la marine; et l'intendant, sur l'approbation du

15

conseil, pourra ordonner le paiement des appointements de l'officier-commandant, de ceux de l'officier chargé du détail, et de la solde des maîtres.

421. Indépendamment des états de consommations, il sera remis au conseil, par chaque officier-commandant, un devis signé de lui, du vaisseau ou autre bâtiment qu'il aura commandé, dans lequel devis seront détaillés la manière dont l'arrimage aura été fait, la quantité de lest, soit en fer, soit en cailloux, qui aura été embarquée ; la manière dont il étoit distribué dans la cale et la différence du tirant d'eau en lest ; le nombre des canons montés et leur calibre ; le nombre de l'équipage ; la quantité de l'eau et des vivres, et la différence du tirant d'eau, le navire étant tout armé et prêt à mettre sous voiles. Il sera fait mention dans ce devis, des bonnes ou des mauvaises qualités qu'on aura reconnues au bâtiment pendant la navigation, à toutes les allures, à toutes les voilures, et dans toutes les positions. Il y sera joint un état des changements ou réparations à faire au bâtiment, que l'officier-commandant aura jugé convenable de proposer au conseil.

422. Le conseil examinera le devis qui lui aura été présenté ; et s'il juge à propos qu'il y soit joint quelques observations, elles seront transcrites au bas dudit devis, qui sera signé des membres du conseil, pour être déposé au contrôle de la marine, et servir d'instruction aux officiers qui commanderont dans la suite le même bâtiment.

423. Dans le cas où l'état joint au devis annonceroit quelque réparation indispensable et urgente à faire au bâtiment, le conseil nommera ceux de ses membres, ou tels autres commissaires qu'il lui plaira choisir, pour vérifier la nécessité desdites réparations, et en faire leur rapport par écrit au commandant, qui donnera ses ordres pour qu'il soit procédé sans délai aux réparations urgentes, et rendra compte sur-le-champ au secrétaire d'état ayant le département de la marine, de la délibération du conseil, et du travail qu'il aura ordonné en conséquence du rapport des commissaires.

424. Dans le cas où un vaisseau ou autre bâtiment de sa majesté désarmeroit dans un autre port que ceux de Brest, Toulon et Rochefort, l'officier commandant le bâtiment adressera au commandant du port auquel il sera affecté, le registre des consommations faites pendant sa campagne et le devis du bâtiment, pour lesdits devis et consommations être examinés dans le con-

…l de marine, ainsi qu'il est prescrit par les précédents articles. Entend toutefois, sa majesté, que le paiement des appointements et soldes du désarmement sera fait, dans ce cas seulement, sans attendre la délibération du conseil.

125. Il sera dressé procès verbal de chaque séance du conseil de marine, et il en sera envoyé, par le président, une expédition signée du secrétaire dudit conseil, au secrétaire d'état ayant le département de la marine; et le secrétaire du conseil donnera une copie signée de lui au commandant et à l'intendant, du procès verbal de chaque séance.

126. A l'effet de quoi, à la fin de chaque séance, le secrétaire en fera le résumé des opinions, dans lequel il énoncera tous les avis particuliers : il en sera fait lecture au conseil, et tous les membres signeront au bas dudit résumé.

127. Le secrétaire s'occupera ensuite de rédiger le procès verbal; et si cette rédaction ne peut être achevée dans la séance, il sera fait lecture dudit procès verbal au conseil suivant, excepté dans le cas où la nature des objets qui auront été discutés exigeroit que sa majesté fût informée sans délai de la délibération du conseil; auquel cas le président indiqueroit pour le lendemain un conseil extraordinaire, pour lecture y être entendue dudit procès verbal, qui sera signé de tous les membres si aucun n'a d'observations à faire sur icelui. Les avis particuliers qu'on pourroit avoir donnés par écrit, ainsi que les mémoires qui auroient été remis au conseil, sur la matière qui aura été discutée, seront joints au procès verbal de la séance, pour le tout être envoyé par le président au secrétaire d'état ayant le département de la marine.

128. Le secrétaire du conseil portera toutes les délibérations dudit conseil, et les procès verbaux des séances, sur un registre particulier qu'il tiendra à cet effet, et qui sera déposé au contrôle : sur ce registre seront transcrits les ordres de sa majesté, et les décisions relatives aux différents objets qui auront été examinés et discutés dans le conseil, et sur lesquels il aura donné son avis.

129. Se réserve, sa majesté, de renvoyer aux conseils de marine, soit avec voix délibérative, soit avec voix consultative seulement, toutes les affaires, autres que celles mentionnées dans la présente ordonnance, qu'elle jugera à propos d'y faire juger et discuter.

130. Enjoint, sa majesté, aux présidents desdits conseils, de

tenir soigneusement la main à ce que tout s'y passe dans le bon ordre et avec la décence convenable; à ce que les objets y soient traités sans confusion, et les opinions débattues sans partialité et sans chaleur; enfin, à ce que tous les membres du conseil concourent assidûment, paisiblement et avec zèle, à tout ce qui peut contribuer au bien du service.

Titre XIX. — *Du conseil de marine assemblé extraordinairement par ordre de sa majesté.*

431. Lorsque sa majesté jugera à propos de faire examiner la conduite des officiers généraux, capitaines de vaisseau et autres officiers qu'elle aura chargés du commandement de ses escadres, divisions ou vaisseaux particuliers, relativement aux missions qui leur auront été confiées, elle ordonnera qu'il soit assemblé extraordinairement un conseil de marine dans celui de ses ports de Brest, Toulon ou Rochefort, où aborderont lesdites escadres, divisions ou vaisseaux particuliers, pour procéder audit examen.

432. Le conseil de marine ne sera composé, dans ce cas, que du nombre d'officiers généraux ou anciens capitaines de vaisseau que sa majesté jugera à propos de nommer, lesquels prendront séance suivant leur ancienneté dans leur grade respectif.

433. Le conseil s'assemblera chez l'officier le plus ancien, qui en sera le président.

434. Le commandant en chef d'une escadre, ainsi que les officiers généraux employés sous ses ordres, et le commandant d'un bâtiment particulier, au retour de la mer, enverront leurs journaux à sa majesté : et si elle juge à propos de faire tenir un conseil de marine pour examiner la conduite et les opérations desdits officiers-commandants, en même temps qu'elle nommera les officiers qui doivent le composer, elle adressera au président lesdits journaux, et une copie des instructions qu'elle aura données aux commandants.

435. Chacun des officiers-commandants qui devra être examiné remettra au conseil un extrait de son journal, signé de lui, dans lequel seront détaillées toutes les opérations et les manœuvres de sa campagne, relatives à l'exécution de ses instructions particulières, s'il a été chargé d'une mission en chef, ou des ordres qu'il a reçus du général, s'il a navigué en escadre : et où il rendra compte de la conduite qu'il a tenue dans les divers événements survenus pendant sa campagne, et des motifs qui en

…terminé, dans chaque circonstance, ses opérations et ses manœuvres.

436. Il leur ajoutera, qu'ils sont tenus, ainsi que sa majesté exige d'eux, au secret le plus inviolable sur tout ce qui aura été dit et délibéré dans les assemblées, hors desquelles ils ne s'entretiendront point de ce qui aura fait le sujet de leurs délibérations.

437. Le conseil élira ensuite un des membres pour être le rapporteur.

438. Celui qui devra être examiné au conseil, ou qui y sera appelé, s'y rendra lorsque le président l'en fera avertir; il répondra à toutes les interrogations qui lui seront faites, après avoir valablement fait serment de dire vérité, et fournira tous les mémoires qui lui seront demandés.

439. Le conseil examinera si les commandants ont rempli dans toute leur étendue les instructions qui leur ont été données par sa majesté, et s'ils se sont conformés à tout ce qui leur est prescrit par les ordonnances.

440. Le commandant d'une escadre rendra compte au conseil de la conduite de chacun des officiers généraux commandant sous ses ordres, et de celle des capitaines commandant les vaisseaux et autres bâtiments qui la composoient; et ceux-ci, lorsqu'ils seront appelés au conseil, de celle des officiers qui auront servi sous eux; et lesdits officiers subalternes, ainsi que les pilotes, remettront leurs journaux au président du conseil.

441. Les délibérations du conseil, dans lesquelles il sera fait mention de l'avis motivé de chacun des membres, seront signées de tous, et adressées par le président à sa majesté, qui se réserve de faire ensuite connoître ses intentions.

442. Le rapporteur du conseil portera sur un registre le résultat de l'examen qui aura été fait à chaque assemblée, et les délibérations.

443. Lorsqu'il ne devra point être tenu de conseil de marine, tous les officiers de l'escadre, de la division ou du vaisseau particulier, à l'exception du commandant en chef et des officiers généraux, remettront, ainsi que les pilotes, au retour de leur campagne, au commandant du port, les journaux qu'ils sont obligés de tenir; lesquels seront examinés par deux officiers nommés à cet effet par ledit commandant, qui ensuite fera connoître à sa majesté ceux qui n'auront point apporté d'application dans la tenue desdits journaux: ledit commandant ordonnera

qu'il soit fait des extraits des observations et remarques intéressantes qui pourront se trouver dans lesdits journaux, et il enverra lesdits extraits ou les journaux entiers, s'il le juge à propos, au secrétaire d'état ayant le département de la marine, pour être remis au dépôt général des cartes, plans et journaux de la marine.

444. Si aucun des vaisseaux ou autres bâtiments du roi désarme dans un autre port que Brest, Toulon et Rochefort, le secrétaire d'état ayant le département de la marine, après avoir reçu le journal qu'il est enjoint à l'officier qui l'aura commandé d'envoyer, lui fera connoître celui desdits ports où les officiers de son état-major et le pilote devront remettre le leur, et où ils devront, ainsi que lui, se rendre, si sa majesté juge à propos de faire examiner la conduite dudit officier dans un conseil de marine.

445. Il sera établi dans chacun des ports de Brest, Toulon et Rochefort, un dépôt où seront remis les journaux, plans et mémoires des officiers dont la conduite aura été examinée au conseil de marine, et les ordres du roi, en conséquence desquels il aura été procédé audit examen, ainsi que le registre où seront portés les résultats et délibérations dudit conseil. Les journaux dont il est parlé ci-dessus, article 443, qui n'auront point été envoyés à la cour, seront pareillement remis au dépôt, dont le commandant du port sera particulièrement chargé : il n'en communiquera aucuns papiers (si ce n'est, lors de la tenue d'un conseil de marine, à l'officier qui en sera le président) que par les ordres du secrétaire d'état ayant le département de la marine.

446. Veut, sa majesté, que ce qui est prescrit par la présente ordonnance soit exécuté dans toutes ses parties, à commencer du 1ᵉʳ décembre prochain; dérogeant aux ordonnances et règlements précédemment rendus ainsi qu'à toutes instructions, commissions et brevets à ce contraires : entendant néanmoins que les dispositions desdites ordonnances, et notamment de celle du 25 mars 1765, *concernant la marine*, soient maintenues et suivies en tout ce à quoi il n'a pas été dérogé, et pour les points auxquels il n'a pas été pourvu par la présente.

Table des titres contenus dans cette ordonnance.

Titre Iᵉʳ. De la division des fonctions dans la régie et administration générale et particulière des ports et arsenaux de marine.

Titre II. De la répartition dans les trois détails de l'arsenal, des officiers de vaisseau, officiers de port, et ingénieurs-constructeurs, et de tous entretenus pour les travaux de l'arsenal et du port, et la garde des vaisseaux. 145

Tit. III. De la répartition dans les cinq bureaux de chaque port, du commissaire général et des commissaires ordinaires des ports et arsenaux de marine, du garde-magasins, et de tous entretenus pour l'entretien et la garde des magasins, le service des hôpitaux, et la garde des chiourmes. 150

Tit. IV. De la direction des travaux et ouvrages; des bordres à établir dans les chantiers et ateliers; et de la justice et police des arsenaux. 152

Tit. V. Des bureaux des commissaires des ports et arsenaux de marine. 166

Tit. VI. Du commandant dans le port. 167

Tit. VII. De l'intendant. 178

Tit. VIII. Du directeur général de l'arsenal. 184

Tit. IX. Du commissaire général. 185

Tit. X. Du directeur des constructions. ibid.

Tit. XI. Du directeur de port. 191

Tit. XII. Du directeur de l'artillerie. 199

Tit. XIII. Du commissaire du magasin général. 204

Tit. XIV. Du commissaire des chantiers et ateliers. 206

Tit. XV. Des commissaires préposés au bureau des fonds et revues, à celui des armements et vivres; et à celui des hôpitaux et chiourmes. 207

Tit. XVI. Du garde-magasins. ibid.

Tit. XVII. Du contrôleur. 212

Tit. XVIII. Du conseil de marine permanent. 215

Tit. XIX. Du conseil de marine assemblé extraordinairement par ordre de sa majesté. 228

N° 540. — ORDONNANCE *pour la suppression du corps des officiers d'administration et des écrivains de la marine, portant fixation des traitements de retraite, savoir : à ceux qui ont servi 35 ans et au-dessus, les appointements entiers dont ils jouissoient dans leur grade; à ceux qui ont servi 30 ans, les trois quarts; à ceux qui ont servi 25 ans, les deux tiers; à ceux qui ont servi de 15 à 20 ans, la moitié; à ceux qui ont servi de 10 à 15 ans, le tiers; à ceux qui n'ont pas servi 10 ans, le quart.*

Versailles, 27 septembre 1776. (Ord. mil.)

N° 541. — ORDONNANCE *portant établissement de commissaires généraux et ordinaires des ports et arsenaux de marine et garde-magasins.*

Versailles, 27 septembre 1776. (Ord. mil.)

Sa majesté ayant, par son ordonnance de ce jour, supprimé le corps des officiers d'administration de la marine, elle a jugé nécessaire d'établir des commissaires généraux et ordinaires des ports et arsenaux de marine, et des garde-magasins; en conséquence, elle a ordonné et ordonne ce qui suit :

1. Les départements de la marine seront et demeureront fixés à six, savoir : Brest, Toulon, Rochefort, le Havre, Dunkerque et Bordeaux.

2. Supprime, sa majesté, le département établi à Lorient, qui sera et demeurera à l'avenir sous la dépendance du département de Brest.

3. Il sera établi un commissaire général des ports et arsenaux de marine dans chacun des ports de Brest, Toulon et Rochefort, pour aider et suppléer l'intendant dans ses fonctions.

4. Il sera établi un commissaire ordonnateur dans chacun des départements du Havre, de Dunkerque et de Bordeaux, lequel ordonnateur pourra obtenir le titre et les appointements de commissaire général, lorsque l'ancienneté ou la distinction de ses services l'auront rendu susceptible de cette grâce.

5. L'intention de sa majesté est qu'il ne puisse y avoir de commissaires généraux ailleurs que dans les trois grands ports, et les trois places d'ordonnateurs ci-dessus fixées.

6. Il sera établi des commissaires ordinaires et surnuméraires des ports et arsenaux de marine dans les six départements et ports en dépendant.

Dans chacun des ports de Brest, Toulon et Rochefort, cinq commissaires ordinaires; deux commissaires surnuméraires à Brest, et un seul commissaire surnuméraire dans chacun des deux autres ports. Au Havre, à Dunkerque et à Bordeaux, un commissaire ordinaire ordonnateur (qui pourra être commissaire général, conformément à l'article 4) et un commissaire ordinaire. A Lorient, sous la dépendance de Brest, un commissaire ordinaire et un commissaire surnuméraire. A Nantes et à Saint-Malo, sous la dépendance de Brest, un commissaire ordinaire.

A Marseille, sous la dépendance de Toulon, un commissaire ordinaire, et un commissaire surnuméraire pour le détail particulier de l'hôpital et des chiourmes. En Corse, sous la dépendance de Toulon, un commissaire ordinaire. Et à Bayonne, sous la dépendance de Bordeaux, un commissaire ordinaire, et un commissaire surnuméraire pour le détail particulier des bois des Pyrénées.

7. En cas de mort ou d'absence, et jusqu'à ce qu'il y ait été pourvu par sa majesté, les ordonnateurs du Havre, de Dunkerque

et de Bordeaux seront suppléés par le commissaire ordinaire affecté à chacun de ces départements; le commissaire de Marseille et celui de Lorient, par le commissaire surnuméraire; et les commissaires de Nantes, Saint-Malo, Bayonne et de Corse, par le commissaire des classes qui sera établi dans chacun desdits lieux.

8. Lorsqu'il viendra à vaquer une place de commissaire général, de commissaire ordinaire ou surnuméraire, dans l'un des six départements et ports en dépendant, sa majesté se réserve de choisir parmi les officiers d'administration supprimés par l'ordonnance de ce jour celui qu'il lui plaira nommer pour remplir la place vacante.

9. Il sera établi un garde-magasin dans chacun des ports de Brest, Toulon, Rochefort, le Havre, Dunkerque, Bordeaux, Lorient, Nantes, Marseille et Bayonne.

10. Les commissaires généraux, les commissaires ordinaires et surnuméraires, et les garde-magasins, établis dans les ports de Brest, Toulon, Rochefort et ailleurs, exerceront les fonctions qui leur sont attribuées par l'ordonnance de ce jour, concernant la régie et administration générale et particulière des ports et arsenaux de marine.

11. Les commissaires des ports et arsenaux de marine ne seront employés que dans les départements et ports mentionnés dans les précédents articles, et ne seront point envoyés dans les forêts pour la visite et l'examen des bois; l'intention de sa majesté étant que cette partie du service soit à l'avenir confiée aux ingénieurs-constructeurs et aux maîtres charpentiers entretenus dans ses ports.

12. Les appointements des commissaires généraux et des commissaires ordinaires et surnuméraires des ports et arsenaux de marine seront fixés ainsi qu'il suit:

Les commissaires généraux seront payés sur le pied, chacun, de six mille livres d'appointements par an.

En outre desdits appointements, les commissaires généraux des trois ports de Brest, Toulon et Rochefort, jouiront de cinq cents livres de supplément d'appointements par mois, dans le cas seulement où ils seroient ordonnateurs en l'absence des intendants.

Le commissaire général qui seroit ordonnateur au Havre ou à Dunkerque, de trois mille livres de supplément d'appointements par an, et celui qui le seroit à Bordeaux, de quatre mille livres.

Les commissaires ordinaires seront payés sur le pied, chacun, de trois mille livres d'appointements par an. Le commissaire ordinaire, ordonnateur au Havre ou à Dunkerque, jouira de trois mille livres de supplément d'appointements par an; le commissaire ordinaire ordonnateur à Bordeaux, de quatre mille livres; les commissaires employés à Lorient, Nantes, Marseille et Bayonne, et en Corse, chacun, de deux mille livres; les commissaires préposés au bureau du magasin général, et à celui des chantiers et ateliers dans l'un des ports de Brest, Toulon et Rochefort, chacun, de mille livres; les commissaires préposés aux trois autres bureaux, dans les trois même ports, chacun, de cinq cents livres. Les commissaires surnuméraires employés à Brest, Toulon, Rochefort, Lorient, Marseille et Bayonne, seront payés sur le pied, chacun, de deux mille quatre cents livres d'appointements par an.

13. Les appointements des garde-magasins seront fixés ainsi qu'il suit: les garde-magasins de Brest, Toulon et Rochefort, seront payés sur le pied, chacun, de deux mille quatre cents livres par an. Ceux du Havre, de Dunkerque et de Bordeaux, sur le pied, chacun, de dix-huit cents livres par an. Ceux de Lorient, Nantes, Marseille et Bayonne, sur le pied, chacun, de douze cents livres par an.

14. Les appointements réglés par la présente ordonnance, tant aux commissaires généraux, ordinaires et surnuméraires des ports et arsenaux de marine, qu'aux garde-magasins, ne commenceront d'avoir lieu qu'au 1er janvier prochain pour ceux des oficiers d'administration ou des écrivains de la marine, supprimés par l'ordonnance de ce jour, qui seront employés en quelqu'une desdites qualités; et jusqu'à ladite époque, ils continueront de jouir des appointements qui leur étoient attribués avant la suppression.

15. Il sera réglé, chaque année, par les états que sa majesté arrêtera, sur la demande des intendants ou ordonnateurs, le nombre des commis aux écritures et commis aux appels, qui devront être employés dans chaque département, suivant les circonstances et les besoins du service; et les sommes qui devront être payées dans chaque port, tant pour les appointements desdits commis, que pour tous frais de bureaux.

16. L'uniforme des commissaires généraux, ordinaires et surnuméraires des ports et arsenaux de la marine, sera composé d'un habit de drap gris-de-fer, parements de velours cramoisi,

veste et culotte de drap écarlate, boutons d'or-trait, chapeau bordé d'un galon d'or.

Les ornements seront : pour le commissaire général, douze brandebourgs en or, de chaque côté de l'habit, trois sur la poche, trois sur la manche, boutonnières en or à la veste. Pour le commissaire ordinaire ou surnuméraire, six brandebourgs de chaque côté de l'habit, deux sur la manche, trois sur la poche, boutonnières en or à la veste. La couleur du drap, le dessein des brandebourgs, les boutons, le bord du chapeau, seront conformes aux modèles qui seront déposés au contrôle de la marine dans chaque port.

17. Défend, sa majesté, auxdits commissaires généraux ordinaires ou surnuméraires, de porter dans le port d'autre habit que l'uniforme ci-dessus réglé ; leur permet seulement de le porter en camelot de laine pendant l'été.

N° 542. — ORDONNANCE *portant établissement des commissaires et des syndics des classes.*

Versailles, 27 septembre 1776. (Ord. mil.)
V. ord. 15 avril 1689, 31 octobre 1784.

Sa majesté ayant, par son ordonnance de ce jour, supprimé le corps des officiers d'administration de la marine, dont les commissaires des classes faisoient partie ; et jugeant nécessaire, pour le bien de son service, que les commissaires préposés aux classes soient distincts et séparés de ceux que, par son autre ordonnance de ce jour, elle a établis pour servir dans ses ports et arsenaux de marine, elle a ordonné et ordonne ce qui suit :

1. A commencer du 1er décembre prochain, il sera établi cinquante commissaires des classes qui seront répartis : Dans le département de Brest, onze, dont un à Brest, un à Lorient, un à Saint-Brieuc, un à Morlaix, un à Quimper, un à Paimbœuf, un au Croisic, un à Belle-Ile, un à Saint-Malo, un à Nantes, et un à Vannes. Dans le département de Toulon, douze, dont un à Toulon, un à Marseille, un aux Martigues, un à la Ciotat, un à Cannes, un à Saint-Tropès, un à Antibes, un à Arles, un à Cette, un à Agde, un à Narbonne, et un en Corse. Dans le département de Rochefort, sept, dont un à Rochefort, un à la Rochelle, un à l'île de Ré, un à l'île d'Oleron, un aux Sables d'Olonne, un à Marennes, et un à Royan. Dans le département du Havre, huit, dont un au Havre, un à Dieppe, un à Fécamp, un à Rouen, un à Caen, un à Honfleur, un à Cherbourg, et un

à Granville. Dans le département de Dunkerque, trois, dont un à Dunkerque, un à Calais, et un à Boulogne. Dans le département de Bordeaux, neuf, dont un à Bordeaux, un à Bayonne, un à Saint-Jean-de-Luz, un à la Tête-de-Buch, un à Blaye, un à Libourne, un à Moissac, un à Marmande, et un à Toulouse.

2. Les commissaires des classes seront sous l'autorité de l'intendant ou ordonnateur de leur département respectif; ils se conformeront à ce qui est prescrit aux commissaires des classes, par les ordonnances et règlements sur cette partie, et rendront compte à l'intendant ou ordonnateur de tout ce qui concernera les classes de leur département.

3. Il sera établi dans les ports et villes moins considérables que ceux énoncés dans l'article 1er, conformément aux états qui seront arrêtés par sa majesté, des syndics des classes, au lieu et place des sous-commissaires de la marine et des classes, ci-devant employés dans lesdits ports et villes, et supprimés par l'ordonnance de ce jour.

4. Lesdits syndics des classes feront les fonctions de commissaires des classes, en vertu d'un ordre du roi, et rendront compte au commissaire de leur département de tout ce qui concernera les classes du quartier où ils auront été établis.

5. Sa majesté nommera, chaque année, pour faire l'inspection des classes dans les différents départements, des officiers généraux de sa marine, ou des capitaines de vaisseau, auxquels elle adressera des instructions particulières.

6. Les commissaires des classes seront payés sur le pied, chacun de deux mille livres ou de quinze cents livres d'appointements par an, conformément aux états qui seront arrêtés par sa majesté, et les syndics des classes seront payés aux appointements qui auront été réglés par les mêmes états.

7. Il sera pareillement fixé, par les états que sa majesté arrêtera, les sommes qui devront être payées annuellement à chaque commissaire ou syndic des classes, pour l'entretien de commis et frais de bureau.

8. L'uniforme des commissaires et des syndics des classes sera composé d'un habit de drap gris-de-fer, parements de la même couleur, collet de velours cramoisi, veste et culotte de drap écarlate, boutons d'or-trait, chapeau bordé d'un galon d'or uni.

Les ornements seront, pour les commissaires, six boutonnières en or-trait, de chaque côté de l'habit, trois sur la manche, trois sur la poche, boutonnières en or à la veste.

La couleur du drap, les boutons et le bord du chapeau seront conformes aux modèles qui seront envoyés dans chaque département.

N° 545. — ORDONNANCE *portant établissement de contrôleurs de la marine.*

Versailles, 27 septembre 1776. (Ord. mil.)

Sa majesté ayant, par son ordonnance de ce jour, supprimé le corps des officiers d'administration de la marine, dans le nombre desquels étoient compris les contrôleurs de la marine; et jugeant nécessaire, pour le bien de son service, que lesdits contrôleurs soient distincts et séparés des commissaires que, par son autre ordonnance de ce jour, elle a établis pour servir dans ses ports et arsenaux de marine, elle a ordonné et ordonne ce qui suit :

1. A commencer du 1er décembre prochain, il sera établi un contrôleur de la marine dans chacun des départements de Brest, Toulon, Rochefort, le Havre, Dunkerque et Bordeaux.

2. Lesdits contrôleurs ne seront point compris dans le nombre des commissaires des ports et arsenaux de marine, que sa majesté a établis par son ordonnance de ce jour; et dans le cas où elle agréeroit pour contrôleur quelqu'un desdits commissaires, il sera tenu de remettre la commission dont il se trouvera pourvu, et il lui en sera expédié une de contrôleur de la marine.

3. Les contrôleurs de la marine exerceront, dans les ports et arsenaux de marine, les fonctions qui leur seront attribuées par leur commission, et se conformeront, au surplus, à ce qui est prescrit aux contrôleurs de la marine, par l'ordonnance de ce jour, *concernant la régie et administration générale et particulière des ports et arsenaux de marine.*

4. En cas de mort ou d'absence, et jusqu'à ce qu'il y ait été pourvu par sa majesté, les contrôleurs, dans chaque port, seront suppléés, pour leurs fonctions journalières du contrôle, par celui de leurs commis auquel l'intendant ou ordonnateur jugera à propos de donner un ordre à cet effet, sans toutefois que ledit commis puisse signer les pièces de décharge de la comptabilité, à moins qu'il n'y soit autorisé par un ordre de sa majesté.

5. Lesdits contrôleurs seront payés, savoir : ceux de Brest, Toulon et Rochefort, sur le pied chacun de quatre mille livres d'appointements par an.

Ceux du Havre, de Dunkerque et de Bordeaux, sur le pied chacun de trois mille livres d'appointements par an.

Et lesdits appointements ne commenceront d'avoir lieu qu'au 1ᵉʳ janvier prochain, pour ceux desdits contrôleurs qui, ayant été compris dans la suppression du corps des officiers d'administration de la marine, continueront de jouir jusqu'à ladite époque des appointements qui leur étoient attribués dans leur grade avant ladite suppression.

6. Il sera réglé chaque année par les états que sa majesté arrêtera, sur la demande des intendants ou ordonnateurs, le nombre de commis au contrôle qui devront être employés suivant les circonstances et les besoins du service dans chaque département, et les sommes qui devront être payées dans chaque port, tant pour les appointements desdits commis, que pour tous frais de bureau du contrôle.

7. Indépendamment des contrôleurs de la marine des six départements, il sera établi un contrôleur de la comptabilité des ports et arsenaux de marine, à l'effet de maintenir un ordre uniforme dans cette partie importante du service de sa majesté, lequel contrôleur jouira des appointements qui lui seront ordonnés par les états et ordonnances qui seront à cet effet expédiés.

8. L'uniforme des contrôleurs de la marine sera composé d'un habit de drap gris-de-fer, parements, collet, veste et culotte de drap écarlate; boutons d'or-trait, chapeau bordé d'un galon d'or.

Les ornements seront, six brandebourgs en or de chaque côté de l'habit, trois sur la poche, trois sur la manche, deux boutonnières en or au collet, boutonnières en or à la veste.

La couleur du drap, le dessin des brandebourgs, des boutons et du bord du chapeau, seront conformes aux modèles qui seront déposés au contrôle dans chaque port.

9. Défend, sa majesté, auxdits contrôleurs, de porter dans le port d'autre habit que l'uniforme; leur permet seulement de le porter en camelot de laine pendant l'été.

N° 544. — ORDONNANCE *pour régler les fonctions dont les officiers de la marine seront chargés sur les escadres et à bord des vaisseaux, relativement aux consommations et remplacement des munitions et des effets, et aux revues des équipages dans le cours des campagnes.*

Versailles, 27 septembre 1776. (Ord. mil.)
V. 1ᵉʳ novembre 1784, 1ᵉʳ janvier 1786.

Sa majesté s'étant fait rendre compte de la forme actuelle du service sur ses armées navales, escadres, vaisseaux et autres bâtiments de guerre, en ce qui concerne les consommations et remplacements des munitions et des effets, et les revues des équipages, elle a reconnu que les fonctions dont les intendants, commissaires et écrivains de la marine étoient ci-devant chargés sur ses escadres et à bord de ses vaisseaux, pourroient être remplies avec plus d'avantage et d'économie pour son service, par des officiers de la marine faisant partie des états-majors de ses vaisseaux : et voulant régler la manière dont lesdits officiers tiendront les registres de consommations, pourvoiront aux remplacements, et passeront les revues d'équipages dans le cours des campagnes, elle a ordonné et ordonne ce qui suit :

1. Les intendants de la marine, les commissaires généraux ordinaires ou surnuméraires des ports et arsenaux de marine, ne seront point employés à la suite des armées navales, escadres ou divisions; et il ne sera point embarqué sur les vaisseaux, frégates, corvettes, flûtes ou autres bâtiments appartenants à sa majesté, de commis aux écritures, pour y faire les fonctions qui avoient été attribuées, par les ordonnances antérieures, aux écrivains de la marine, supprimés par une ordonnance de ce jour.

2. Le major d'une armée navale, d'une escadre ou d'une division, remplira les fonctions qui étoient ci-devant attribuées à l'intendant, au commissaire général ou commissaire ordinaire, pour tout ce qui concerne les remplacements de munitions de guerre et de bouche, de mâtures, agrès, apparaux et ustensiles, les versements d'hommes ou d'effets d'un vaisseau dans un autre, et l'établissement des hôpitaux, soit à terre, soit sur des bâtiments particuliers destinés à cet usage.

3. Dans le cas où la destination d'une armée navale, d'un escadre ou d'une division, exigeroit qu'un officier fût particulièrement chargé du détail relatif aux objets énoncés dans le précédent article, sa majesté se réserve de nommer un capitaine de ses

vaisseaux, ou tel autre de ses officiers qu'il lui plaira choisir, pour remplir les fonctions qui étoient attribuées à l'intendant ou au commissaire, et dans ce cas le major se renfermera dans les fonctions qui lui ont été attribuées par les ordonnances antérieures, en sa qualité de major des armées navales.

4. L'officier chargé du détail sur chaque vaisseau ou autre bâtiment remplira les fonctions qui étoient attribuées à l'écrivain du vaisseau, relativement aux objets mentionnés dans l'article 1, en se conformant d'ailleurs à ce qui sera prescrit par la présente ordonnance.

5. Il sera passé des secrétaires au major, dans le cas seulement où il se trouveroit chargé du détail général de l'armée ou escadre, ou à l'officier chargé de ce détail, et à chacun des officiers particuliers chargés du détail sur chaque vaisseau, frégate ou autre bâtiment. A l'officier chargé du détail général d'une armée navale ou escadre composée de vingt-sept vaisseaux de ligne et au-dessus, deux secrétaires, lesquels seront payés, l'un sur le pied de soixante livres, et l'autre sur le pied de cinquante livres par mois. A celui d'une escadre au-dessous de vingt-sept vaisseaux de ligne et au-dessus de quinze, un secrétaire payé sur le pied de cinquante livres par mois. A celui d'une escadre de quinze vaisseaux de ligne et au-dessous, un secrétaire payé sur le pied de quarante-cinq livres par mois. Et à chacun des officiers chargés du détail sur les vaisseaux, frégates, corvettes et autres bâtiments, un secrétaire payé sur le pied de quarante livres par mois.

6. Il sera fourni par le commis du munitionnaire, deux rations de vivres, par jour, à chacun desdits secrétaires, qui seront portés en leur qualité sur les rôles d'équipages, et passeront les revues, d'après lesquelles l'intendant ordonnera le paiement de leur solde et rations.

7. Les revues générales des équipages, au départ et à l'arrivée des vaisseaux, continueront d'être passées en la manière accoutumée, par le commissaire départi au bureau des armements et vivres, en présence du contrôleur, conformément à ce qui est prescrit par l'ordonnance du 25 mars 1765, concernant la marine, titre LXXIV.

8. Il sera remis à l'officier chargé du détail général d'une armée, escadre ou division, par le bureau des armements et vivres, un extrait du rôle d'équipage de chaque vaisseau, l'état des vivres et la liste des passagers; et par le magasin géné-

ral, des états visés du commissaire dudit magasin, des rechanges, munitions, et généralement de tous les effets embarqués sur les bâtiments de charge, destinés pour suivre l'armée : et pendant la campagne, sur les comptes qui seront rendus audit officier, par les officiers chargés du détail particulier sur chaque vaisseau, il verra ce qui pourra manquer à chaque bâtiment; et prendra les ordres du général, pour leur faire fournir ce dont ils auront besoin.

9. Il lui sera donné, par le magasin général, un état de tous les meubles, médicaments et rafraîchissements qui auront été embarqués sur les bâtiments destinés à servir d'hôpitaux à la suite de l'armée.

10. Il lui sera délivré, du magasin général, la quantité de papiers de différentes espèces qui aura été réglée par les états qui seront arrêtés par sa majesté, et un cachet aux armes du roi, qu'il remettra au retour de la mer.

11. Il aura soin que, dans le cours de la campagne, les revues soient exactement faites, après chaque relâche, par les officiers chargés du détail sur les vaisseaux; et qu'il lui en soit remis des extraits signés d'eux, certifiés par tous les officiers de l'état-major, et visés du capitaine commandant. Il remettra lesdits extraits au général, qui les visera; et lorsque les circonstances le permettront, il prendra l'ordre du général pour faire lui-même ces revues.

12. Lorsque le général jugera à propos d'envoyer à bord des hôpitaux les malades qui seront dans les vaisseaux, l'officier chargé du détail de l'armée donnera des billets, qu'il fera viser par le général, pour que lesdits malades y soient reçus, et il aura soin qu'ils soient bien secourus de remèdes et de rafraîchissements.

13. S'il arrivoit qu'après un combat, ou quelque accident, il y eût un trop grand nombre de blessés et de malades dans les vaisseaux, et que les bâtiments servant d'hôpitaux en fussent trop remplis, en sorte qu'on ne pût les y assister commodément, et qu'il fût jugé à propos par le général de l'armée, ou par le conseil de guerre, de les mettre à terre, l'officier chargé du détail de l'armée prendra les ordres du général pour faire toutes les dispositions nécessaires pour établir des tentes, ou préparer des logements dans les lieux les plus proches du mouillage.

14. Pour cet effet, il formera un état qu'il signera, et au bas duquel sera l'ordre du général, pour tirer des vaisseaux les rafraîchissements et remèdes nécessaires, à proportion du nombre des blessés et des malades que chacun aura; il fera veiller, par les

officiers chargés du détail sur chaque vaisseau, à ce que les commis à la distribution des vivres n'en débarquent que la quantité qui sera ordonnée.

15. Si les vaisseaux de l'armée ont fait des prises sur les ennemis, il se transportera sur lesdites prises où se rendront de leur côté les officiers chargés du détail particulier des vaisseaux auxquels les bâtiments se seront rendus. Il examinera s'il n'en a rien été diverti, et donnera les ordres du général auxdits officiers, pour que tout ce qui est ordonné par sa majesté sur ce sujet soit exactement exécuté.

16. Lorsque le général estimera nécessaire de faire des répartitions d'équipages ou de munitions sur les vaisseaux, l'officier chargé du détail de l'armée en formera les états, conformément aux ordres qu'il aura reçus du général; et ce qui devra être tiré des uns et versé dans les autres ne sera délivré ou reçu qu'en conséquence de l'ordre par écrit que le général mettra au bas desdits états.

17. S'il est jugé nécessaire par le général de faire des rafraîchissements ou des achats pour approvisionnements et radoubs, l'officier chargé du détail de l'armée sera chargé de faire dresser les états desdits rafraîchissements ou approvisionnements, conformément aux demandes qui en auront été faites par écrit par l'officier commandant chaque vaisseau ou autre bâtiment.

18. Si l'armée a relâché dans un port de quelqu'une des colonies sous la domination de sa majesté, lesdits états, signés de l'officier chargé du détail de l'armée, et visés du général, seront remis à l'intendant de la colonie, et lesdits général et intendant se concerteront ensemble et avec le commandant général de la colonie, sur les moyens de pourvoir aux besoins de l'armée. L'intendant passera et arrêtera les marchés relatifs à l'approvisionnement de l'armée en présence du général, s'il juge à propos d'y assister, de l'officier chargé du détail de l'armée, et des capitaines ou officiers commandant les vaisseaux ou autres bâtiments, et à leur défaut, des officiers chargés, sous leurs ordres, du détail; lesquels tous signeront au bas desdits marchés, qui seront visés par le général : lesdits marchés seront faits doubles et il en sera remis une copie au général. Tous les approvisionnements seront remis à l'officier chargé du détail de l'armée, et il en sera dressé trois états appréciés; le premier, des effets tirés des magasins de la colonie, desquels ledit officier donnera son reçu, visé du général, au garde-magasin; le deuxième, des mu-

nitions et marchandises, autres que les comestibles, fournies à l'armée en conséquence des marchés; et le troisième, des comestibles : lesquels deux derniers états seront certifiés par ledit officier chargé du détail général et visés du général de l'armée et de l'intendant de la colonie; et lesdits états seront faits doubles, pour l'une des deux expéditions être remise audit intendant, et l'autre rester entre les mains dudit officier chargé du détail général. Les vivres et effets achetés ou provenants des magasins appartenants à sa majesté seront distribués aux vaisseaux, conformément aux états de demande et aux ordres du général, et il en sera donné à l'officier chargé du détail général de l'armée, par les officiers chargés du détail sur chaque vaisseau ou autre bâtiment, des certificats de réception, visés du capitaine ou officier commandant.

19. Si l'armée a relâché dans un port étranger où réside un consul pour sa majesté, ledit consul sera chargé, conjointement avec l'officier chargé du détail général, de pourvoir à l'approvisionnement de l'armée, conformément aux états qui auront été visés par le général : les marchés seront passés et arrêtés par ledit consul, et il en sera usé du reste ainsi qu'il est prescrit par l'article précédent.

20. Si l'armée a relâché dans un port étranger où sa majesté n'entretienne pas de consul, l'officier chargé du détail général pourvoira à tous les besoins de l'armée, en conformité des ordres qu'il aura reçus du général : il passera et arrêtera tous les marchés en présence des capitaines commandant les vaisseaux, ou à leur défaut, des officiers chargés du détail, et en se conformant d'ailleurs à tout ce qui est prescrit par l'article 18; l'officier chargé du détail général rapportera les marchés et quittances en bonne forme des fournisseurs; il prendra au surplus toutes les précautions qui paroîtront les plus convenables pour assurer les intérêts de sa majesté.

21. Dans tous les cas, le compte général qui sera formé de toutes les denrées ou effets achetés pour le compte de l'armée sera visé par le général, à peine de nullité.

22. Si l'armée relâche dans un port du royaume où résident un commandant de la marine et un intendant ou commissaire ordonnateur, il en sera usé, pour les remplacements à faire, ainsi qu'il est prescrit pour les armements par l'ordonnance de ce jour concernant la régie et administration générale et particulière des ports et arsenaux de marine.

23. Si sa majesté juge à propos qu'il soit fait des fonds à l'armée pour les approvisionnements ou remplacements à faire dans le cours de la campagne, ces fonds seront remis à l'officier chargé du détail de l'armée, sur l'ordre de l'intendant du port, adressé au commis du trésorier général de la marine; et ledit officier en donnera au commis dudit trésorier un récépissé qui sera visé du général.

24. Si les besoins de l'armée exigent qu'il soit tiré des lettres de change pour le paiement des approvisionnements ou remplacements nécessaires, elles seront tirées par l'intendant de la colonie ou par le consul du port où l'armée aura relâché; et dans les ports étrangers où il n'y aura pas de consul, par l'officier chargé du détail général, soit sur le caissier du munitionnaire général des vivres, soit sur le trésorier général de la marine, suivant la nature des approvisionnements; lesdites lettres de change seront visées par le général, qui en donnera avis, par la plus prompte voie, au secrétaire d'état ayant le département de la marine.

25. Au retour de la mer, l'officier chargé du détail général de l'armée remettra au conseil de marine ses registres, ainsi que les procès verbaux des marchés ou achats de munitions ou effets, les quittances des fournisseurs, les certificats de réception des officiers chargés du détail de chaque vaisseau, et toutes autres pièces servant à justifier des remplacements et des dépenses dont il aura été chargé, afin que lesdites pièces soient examinées dans le conseil, et qu'il en soit rendu compte à sa majesté, conformément à ce qui est prescrit par l'ordonnance de ce jour concernant la régie et administration générale et particulière des ports et arsenaux de marine, titre XVIII du conseil de marine permanent.

26. Il sera remis, du magasin général, à l'officier chargé du détail d'un vaisseau ou autre bâtiment, un inventaire double, visé du commissaire du magasin général, de tous les agrès, apparaux, ustensiles et munitions ordonnés pour l'armement dudit vaisseau; et un registre coté et paraphé par l'intendant du port, sur lequel se trouvera transcrit ledit inventaire.

27. Il lui sera pareillement remis des feuilles séparées de l'article de chacun des maîtres, visées du commissaire général, lesquelles l'officier chargé du détail signera et remettra à chacun desdits maîtres, afin que, sur la présentation d'icelles, il leur soit délivré du magasin les divers ustensiles et munitions y men-

tionnées ; et il sera présent par lui-même, ou par un officier du vaisseau que le capitaine aura nommé, à la délivrance et réception desdits effets.

28. Les ustensiles et munitions ayant été délivrés, il remettra un des doubles de l'inventaire, signé de lui et visé du capitaine, au garde-magasin pour lui servir de décharge.

29. Il fera ensuite signer et obliger chacun des maîtres, à son article, sur le registre qu'il aura reçus du magasin général. Lesdits maîtres seront tenus de lui rendre journellement compte des choses qui se consommeront, et de lui en remettre chaque mois un état par écrit signé d'eux. Il emploiera exactement dans ledit registre toutes les consommations, lesquelles seront par lui arrêtées et signées tous les mois, et visées par le capitaine ou officier commandant.

30. Il lui sera remis un état des remèdes simples et composés, drogues, onguents et ustensiles, contenus aux coffres de chirurgie dont la visite aura été faite, conformément à ce qui est ordonné par sa majesté, en présence d'un officier du vaisseau nommé à cet effet par le capitaine, et dont la clef aura été remise entre les mains de l'officier chargé du détail pour n'être rendue au chirurgien que lorsque le vaisseau sera sous voile. Il sera rendu compte chaque jour audit officier de détail, par le chirurgien, de la consommation des médicaments et ustensiles, lequel compte ledit officier arrêtera et signera tous les mois, et fera viser par le capitaine commandant.

31. Il recevra du bureau des armements et vivres un rôle exact des officiers-majors, gens de mer et autres dont l'équipage sera composé ; dans lequel rôle il sera fait mention du jour que les appointements et la solde auront commencé, sur quel pied ils doivent être payés à chacun, et des avances qui auront été faites ; une liste des passagers, de quelque qualité qu'ils puissent être ; et un état des munitions de bouche qui seront embarquées par le munitionnaire général ; et du tout il remettra une copie au capitaine.

32. Il lui sera remis par le contrôleur, des modèles imprimés ou protocoles de testament, de procès verbal et de lettres de change, auxquels il se conformera lorsque le cas requerra qu'il en fasse usage. Il lui sera pareillement remis du magasin général la quantité de papier de différentes espèces qui aura été réglée par les états qui seront arrêtés par sa majesté, et un cachet aux armes du roi, qu'il remettra au retour de la mer.

33. Si après la revue générale, pendant que le vaisseau sera en rade, quelqu'un des gens de l'équipage se trouve hors d'état de faire la campagne, par maladie ou accident, l'officier chargé du détail enverra au bureau des armements un billet signé de lui, certifié du chirurgien et visé du capitaine, dans lequel seront marqués le nom, le signalement, l'état des hardes du malade et le genre de sa maladie: le bureau des armements portera ledit billet sur son registre, et le fera passer au bureau de l'hôpital où le malade sera conduit par le chirurgien du vaisseau, qui exposera l'état de la maladie, et sera chargé de remettre à l'hôpital les hardes dudit malade: le bureau des armements en fera le remplacement sur le vaisseau, en ayant soin de marquer sur le billet qui sera remis à l'officier chargé du détail le nom de celui à qui le nouveau venu sera substitué; et ledit officier donnera un certificat de l'arrivée de celui-ci à bord, lequel sera visé du capitaine commandant. Si le vaisseau fait partie d'une escadre, le capitaine prendra les ordres du général avant que d'ordonner que le malade soit débarqué, et l'officier chargé du détail sur le vaisseau remettra à l'officier chargé du détail général de l'escadre une copie du billet qui lui aura été envoyé par le bureau des armements.

34. L'officier chargé du détail fera inscrire sur un registre le rôle des gens de mer et autres nourris par le munitionnaire, arrêtera tous les mois toutes les rations qui lui auront été fournies, et en fera au bas l'évaluation en denrées de chaque nature; et l'arrêté du compte, signé de lui, sera visé par le capitaine.

35. Pendant le voyage, ledit officier marquera sur le rôle qui lui aura été remis du bureau des armements, les divers changements qui arriveront dans l'équipage, le jour et le lieu de la mort, de la désertion, ou de la destination sur un autre vaisseau de ceux qui ne s'y trouveront plus, ou le jour de l'arrivée de ceux qui y auront été versés par un autre bâtiment; et ledit rôle sera visé du capitaine.

36. Après chaque relâche, et aussi souvent que le capitaine l'ordonnera, il fera la revue de l'équipage, à laquelle assisteront tous les officiers de l'état-major, lesquels en certifieront l'extrait qui sera visé du capitaine; et si le vaisseau fait partie d'une armée, escadre ou division, il remettra à l'officier chargé du détail général, un extrait de la revue, dans lequel seront spécifiés les mouvements ou changements survenus depuis la revue générale.

37. Toutes les demandes qui seront faites pendant la campagne, pour remplacements de consommations ou suppléments, ou pour rafraîchissements, seront signées de lui, et visées du capitaine commandant, pour être remises à l'officier chargé du détail général de l'armée ou escadre; et si le vaisseau a été expédié pour une mission particulière, et qu'il soit nécessaire de faire des remplacements ou achats dans les colonies françaises, dans un port étranger, ou dans un port du royaume, le capitaine et l'officier chargé du détail se conformeront, chacun pour ce qui le concerne, à ce qui est prescrit par la présente ordonnance, en pareil cas, au général et à l'officier chargé du détail de l'armée.

38. L'officier chargé du détail aura une attention particulière à porter sur les registres tous les ustensiles et munitions qui seront fournis au vaisseau, en remplacement ou supplément, pendant la campagne, d'en signer l'arrêté et de le faire viser par le capitaine: et si le vaisseau fait partie d'une armée, escadre ou division, il fera pareillement viser par le capitaine tous les reçus qu'il en donnera à l'officier chargé du détail général.

39. Lorsqu'il arrivera quelque accident considérable dans le vaisseau, qui donnera lieu à des consommations de mâtures, de câbles, d'ancres, et autres de cette conséquence, il en dressera un procès verbal, qu'il signera conjointement avec l'officier principal de quart, fera certifier par tous les autres officiers de l'état-major, et viser par le capitaine.

40. Après le combat, il remettra à l'officier chargé du détail général de l'armée ou escadre, un extrait certifié de tous les officiers, et visé du capitaine, de l'équipage existant; il écrira au bas, nom par nom, les tués et les blessés. Il remettra audit officier un état, en même forme, des rechanges qui resteront à bord après que le vaisseau aura été regréé et réparé.

41. Si le vaisseau fait une prise sur l'ennemi, l'officier chargé du détail sera envoyé à bord du bâtiment, pour empêcher qu'il s'en soit rien détourné, et sera accompagné par le premier enseigne; il fera un inventaire abrégé du corps et des agrès du bâtiment; il fera fermer les écoutilles, les armoires, les chambres, et y apposera le cachet de sa majesté; et si le vaisseau fait partie d'une armée ou escadre, ledit officier recevra les ordres du général, par l'officier chargé du détail de l'armée, lequel doit de son côté se transporter à bord de ladite prise.

42. Si quelqu'un des officiers ou gens de l'équipage et passa-

gers, étant à la mer, veut faire son testament, ses dernières volontés seront reçues, écrites et signées par l'officier chargé du détail, sur son registre, en présence de l'officier principal de quart, qui les signera aussi, et le capitaine en certifiera la date: et, en cas de mort, le testament sera exécuté comme s'il eût été fait dans les formes prescrites et qui s'observent dans les villes du royaume; ledit testament sera déposé au contrôle de la marine, au retour de la mer.

43. Les inventaires des hardes de tous officiers, gardes du pavillon et de la marine, aumôniers, chirurgiens, gens de l'équipage et passagers, qui viendront à mourir pendant la campagne, seront faits par l'officier chargé du détail général de l'armée ou escadre, ou, à son défaut, par l'officier chargé du détail dans chaque vaisseau, sur le gaillard d'arrière, en présence de tous les officiers et équipages; lesdits inventaires seront signés par l'officier qui les aura faits, et par l'officier principal de quart, certifiés par tous les autres, et visés par le capitaine commandant.

44. Si la nature des effets constatés par lesdits inventaires permet de les garder sans en craindre le dépérissement, ils seront renfermés dans des malles ou sacs, sur lesquels l'officier qui aura fait l'inventaire apposera le cachet de sa majesté: mais si l'on juge nécessaire de les vendre, pour en éviter le dépérissement ou pour procurer des hardes aux matelots qui pourroient en manquer, la vente en sera faite publiquement sur le gaillard d'arrière; et l'état qui constatera le produit de ladite vente sera revêtu des formes ci-dessus prescrites pour les inventaires.

45. Les hardes des officiers et autres personnes mortes à bord, ou le produit de la vente d'icelles, seront gardés en dépôt pendant la campagne, par les soins de l'officier chargé du détail de l'armée, ou, à son défaut, de l'officier chargé du détail dans chaque vaisseau; et seront remis par lui, au retour de la mer, ainsi que les inventaires et les états et produits des ventes, savoir:

Ceux des officiers et des gardes du pavillon ou de la marine, au major de la marine et des armées navales; ceux des soldats, au major de la division du corps royal d'infanterie de la marine; ceux des aumôniers, des chirurgiens et des gens de l'équipage, au bureau des armements; et ceux des passagers, aux ordres des intendants des colonies, ou de ceux des ports; pour lesdites hardes ou produits de la vente d'icelles être gardés en dépôt jusqu'à ce qu'ils soient réclamés par les familles des morts.

46. Lorsque le vaisseau sera rentré dans le port pour désarmer,

l'officier chargé du détail veillera à ce qu'il ne soit détourné aucun des effets appartenants à sa majesté, et que rien ne soit brisé ni dissipé.

47. Il fera porter au magasin général les coffres des remèdes qu'il aura fermés en présence du capitaine et du chirurgien, aussitôt que le vaisseau aura été de retour en rade; et il en sera usé, pour lesdits remèdes remis au magasin, ainsi qu'il est ordonné par sa majesté.

48. L'officier chargé du détail veillera à ce que tout soit rapporté dans les magasins, ainsi qu'il est prescrit par l'ordonnance de ce jour *concernant la régie et administration générale et particulière des ports et arsenaux de marine*, et assistera par lui-même, ou par un officier que le capitaine aura nommé, à la remise qui sera faite de tous les agrès, apparaux, ustensiles et munitions provenants du désarmement.

49. Il se fera rapporter les reçus que le garde-magasin aura donnés aux divers maîtres, lors de la remise qu'ils auront faite des effets provenants du désarmement, afin qu'il puisse justifier de la remise desdits effets, lorsqu'il comptera au magasin général.

50. Il fera rendre compte à chaque maître, en présence du capitaine, des choses que chacun aura reçues à l'armement et pendant la campagne; il vérifiera ensuite, récapitulera et arrêtera les consommations sur son registre, au bas de l'article de chaque maître, lesquels arrêtés seront signés de lui et visés du capitaine.

51. Il remettra les inventaires, registres, rôles, procès verbaux de consommations, marchés passés pour remplacements et achats de munitions et toutes autres pièces, au conseil de marine, qui en fera l'examen, conformément à ce qui est prescrit par la susdite ordonnance de ce jour, au titre XVIII du conseil de marine permanent.

52. Les officiers généraux commandant les armées navales, escadres et divisions, les majors ou officiers chargés du détail général, les capitaines commandant les vaisseaux, et les officiers chargés du détail sur chaque vaisseau, se conformeront au surplus pour le service à remplir à la mer, dans les ports et rades, et dans le combat, à ce qui leur est prescrit par l'ordonnance du 25 mars 1765, concernant la marine, en tout ce qui n'est pas contraire à la présente ordonnance.

Veut, sa majesté, que la présente ordonnance soit exécutée selon sa forme et teneur, à commencer du 1er décembre prochain;

dérogeant à toutes ordonnances et règlements précédemment rendus, et à toutes instructions, commissions ou brevets contraires à icelle.

N° 545. — ORDONNANCE *concernant les officiers de port.*

Versailles, 27 septembre 1776 (Ord. mil.)

V. 1er janvier 1774, 1er décembre 1775, 1er janvier 1786. Loi, 12 octobre 1791. Déc., 10 mars 1807. Ord., 3 juillet 1814.

Sa majesté considérant que par son ordonnance de ce jour, *concernant la régie et administration générale et particulière des ports et arsenaux de marine*, elle a attribué aux officiers de port des fonctions qui les mettent en concurrence continuelle de service avec les officiers de vaisseau; et estimant nécessaire, pour la facilité et l'harmonie des opérations, de réunir lesdits officiers de port aux officiers de vaisseau, pour ne former des uns et des autres qu'un seul et même corps, elle a ordonné et ordonne ce qui suit :

1. Les capitaines, lieutenants et enseignes de port seront à l'avenir partie des officiers de vaisseau, et il leur sera expédié, en conséquence, des commissions et brevets de capitaines, lieutenants et enseignes de *vaisseau et de port*.

2. Veut néanmoins, sa majesté, que lesdits capitaines, lieutenants et enseignes de port, ne prennent rang, dans leur grade respectif, qu'après les capitaines, lieutenants et enseignes de vaisseau, et ne soient portés sur les listes qu'après eux, quelle que soit la date des commissions ou brevets desdits officiers de port qui continueront d'avoir entre eux l'ancienneté qu'ils auront acquise par leur entrée au service, ou par leur avancement.

3. Les capitaines de port commanderont aux lieutenants et enseignes de vaisseau, et les lieutenants de port aux enseignes de vaisseau, lorsqu'ils se trouveront de service ensemble, soit à terre dans les arsenaux, soit à la mer dans le cas où sa majesté jugeroit à propos d'y employer lesdits officiers de port.

4. Les capitaines, lieutenants et enseignes de port porteront le même uniforme que les capitaines, lieutenants et enseignes de vaisseau; sa majesté n'entendant mettre d'autre distinction entre les uns et les autres, qu'en ce que les officiers de port seront et demeureront toujours les derniers de leurs grades respectifs.

5. Aucun officier de port ne pourra opter pour passer de ce détail à un autre, ni quitter le service du port autrement qu'en se retirant.

6. Les avancements des officiers de port, d'un grade à l'autre, seront entre eux, n'auront rien de commun avec ceux des autres officiers de vaisseau, et seront seulement communs entre les officiers de port, à quelque département qu'ils soient affectés, se réservant, sa majesté, de faire passer lesdits officiers d'un port dans un autre, lorsqu'elle le jugera nécessaire pour compléter le nombre fixé pour chaque grade dans chaque département.

7. Les aides de port seront et demeureront supprimés, l'intention de sa majesté étant qu'à l'avenir les places qui viendront à vaquer parmi les enseignes de port soient remplies par les capitaines de navires particuliers, et des maîtres d'équipages, ou maîtres-pilotes de marine du roi, qui, par la nature de leurs services et leur intelligence, auront été jugés susceptibles de cette grâce.

8. Les officiers de port rempliront dans les arsenaux de marine, et les ports et rades, les fonctions qui leur sont attribuées par l'ordonnance de ce jour concernant la régie et administration générale et particulière des ports et arsenaux de marine, et continueront de jouir des appointements qui leur ont été attribués par l'ordonnance du 11 janvier 1762.

9. Dans le cas où sa majesté jugeroit à propos de nommer un capitaine de ses vaisseaux pour exercer les fonctions de capitaine de port, ledit capitaine conservera son rang parmi les capitaines de vaisseaux, et roulera avec eux pour son avancement.

10. Veut, sa majesté, que la présente ordonnance soit exécutée, selon sa forme et teneur, à commencer du 1er décembre prochain, dérogeant à toutes ordonnances et règlements contraires à icelle.

N° 546. — LETTRES PATENTES *portant exemption du droit d'aubaine en faveur de la principauté de Schwartzemberg.*

Versailles, septembre 1776. Reg. au parl. le 12 mai 1777. (R. S. C.)

N° 547. — RÈGLEMENT *sur les droits et prérogatives des charges de l'état-major de la cavalerie.*

Versailles, 1er octobre 1776. (R. S. C. Ord. mil.)

N° 548. — ARRÊT *du conseil qui, en interprétant celui du* [14] *mars dernier, ordonne que les négociants des ports* *Saint-Brieuc, Binic et Porterieux, ne pourront à l'avenir* *faire directement le commerce des îles et colonies françaises de l'Amérique que par le port de Saint-Brieuc, duquel ils jouiront des privilèges accordés par ledit arrêt, en se conformant aux conditions qui y sont prescrites.*

Versailles, 3 octobre 1776. (R. S.)

V. a. d. c. 14 mars 1776.

N° 549. — DÉCLARATION *du roi, portant règlement pour le collége d'Auxerre.*

Fontainebleau, 13 octobre 1776. Reg. en parl. 10 juin 1777. (R. S.)

N° 550. — ARRÊT *du conseil portant interprétation de la déclaration du 6 juin 1768, sur les défrichements.*

Fontainebleau, 27 novembre 1776. (R. S.)

V. décl. 7 novembre 1775. Merlin, V° *défrichement.*

Vu le mémoire présenté par les députés des états de Bretagne, etc., le roi, étant en son conseil, a ordonné et ordonne que les acquéreurs et cessionnaires des terres incultes ou inondées qui ne se seront pas conformés, lors de leurs acquisitions, à ce qui est réglé par les articles 3 et 4 de la déclaration du 6 juin 1768, seront tenus de payer provisoirement les droits de contrôle et de centième denier des contrats et actes passés en leur faveur, à raison des sommes qui en formeront le prix : voulant néanmoins, sa majesté, que si, dans la première année de leur possession, ils font et font faire les déclarations et publications prescrites pour jouir des priviléges et exemptions accordés aux entrepreneurs de défrichements et dessèchements, et qu'ils en justifient dans le même délai, le droit de contrôle soit réduit à dix sous seulement pour chaque acte, et celui de centième denier, à un denier par journal, non compris les huit sous pour livre ; et que ce qui aura été perçu au-delà soit restitué par les commis préposés de l'adjudicataire général des fermes. Enjoint. sa majesté au sieur intendant et commissaire départi dans la province de Bretagne, etc.

551. — LETTRES PATENTES *portant abolition du droit d'aubaine en faveur de la république de Raguse.*

Fontainebleau, 29 octobre 1776. Reg. en parl. de Paris, le 16 décembre; de Grenoble, 9 janvier 1777; de Lorraine, même jour; en Corse, 21 janvier 1777. (L. S. Gachon, pag. 106. R. Dauph. Lorr. Code Corse.)

V. 30 mai 1814, art. 28.

552. — LETTRES *par lesquelles M. Taboureau des Réaux est nommé contrôleur général des finances* (1).

Fontainebleau, 30 octobre 1776. (Goujon.)

553. — ARRÊT *du conseil qui renvoie devant les intendants les contestations pour cause d'émigration de bestiaux qui ont eu lieu dans les provinces qui ont été affligées des maladies épizootiques.*

Fontainebleau, 31 octobre 1776. (R. S.)

554. — LETTRES PATENTES *portant confirmation des priviléges de l'ordre de Malte* (2).

Fontainebleau, octobre 1776. Reg. en Corse, 13 février 1777; au parlement de Lorraine, 3 février 1777. (Cod. Corse, R. Lorr.)

Louis, etc. L'ordre de Saint-Jean de Jérusalem n'a cessé, depuis son institution, de mériter l'affection et la protection de nos prédécesseurs, et celle de tous les princes chrétiens. Créé dans les premiers temps pour la défense des lieux saints, il exerçoit l'hospitalité la plus généreuse envers les fidèles qui le visitoient, en même temps qu'il combattoit sans relâche les ennemis de notre sainte religion, il n'a jamais perdu de vue ce double objet de son institut hospitalier et militaire; forcé enfin s'éloigner de cette terre, où ces chevaliers avoient prodigué

---

(1) Renvoi de Turgot, mai 1776; contrôleur général, M. de Cugny, décédé le octobre 1776.

M. Necker est adjoint à M. Taboureau, sous le titre de conseiller des finances, directeur du trésor royal.

(2) Créé vers le milieu du XIIe siècle; biens confisqués, 19 septembre 1790; réunion au profit de la France, 24 prairial an VI; indépendance rétablie, traité d'Amiens, 6 germinal an X; l'île de Malte adjugée à l'Angleterre, traité de Paris, 30 mai 1814, acte du congrès du 9 juin 1815. V. 20 janvier 1776.

leur sang, et s'étoient signalés par des prodiges de valeur, [à] s'établit dans l'île de Rhodes que pour être plus à portée de [con]tinuer de faire la guerre aux infidèles. Après avoir sou[tenu] dans cette île, avec le plus grand courage, deux siéges mé[mo]rables, ces chevaliers se retirèrent dans celle de Malte, [con]tre laquelle vinrent échouer, en mil cinq cent soixante-cinq, [les] forces de l'empire ottoman acharné à leur destruction. Les [ser]vices importants rendus à la religion et à toute la chrétienté [ont] dans tous les temps, porté les rois nos prédécesseurs, et les au[tres] rois et princes de l'Europe, à accorder à l'ordre et à ses che[va]liers toutes les immunités, exemptions, et franchises des droit[s et] devoirs auxquelles leurs personnes et biens n'auroient pu deme[u]rer assujettis sans être détournés de leur premier institut et de [la] guerre perpétuelle qu'ils ont vouée aux ennemis de la foi. Richa[rd,] roi d'Angleterre, duc de Normandie et de Guyenne, et com[te] d'Anjou, fut un des premiers qui les déchargea par sa charte [de] 1194 de toute espèce de devoir, hors ceux du ressort et d'hom[m]age. Cette charte a servi de base à toutes les concessions et co[n]firmations des rois nos prédécesseurs; elle fut confirmée [par] les lettres de Philippe-Auguste, de l'an 1219, et par celles [de] Louis VIII, de 1225; le roi saint Louis accorda à l'ordre, en 12[..] la confirmation la plus solennelle des mêmes priviléges, et [son] exemple fut imité par Philippe-le-Bel, en 1304, qui les accrut [à la] suite de ceux des templiers, après que tous les biens de cet or[dre] eurent été réunis à celui de Saint-Jean de Jérusalem. Tou[tes] ces concessions, priviléges et immunités furent renouvelés [par] Philippe de Valois, en 1350; par le roi Jean, en 13[..;] par Charles V, en 1365; par Charles VII, en 1441, et [en] 1453; par Louis XI, en 1461; par Louis XII, en 1498; et [par] François Ier, en 1514. Ce fut sous le règne de ce monarque q[ue] l'absence des chevaliers occupés d'abord à la défense de l'île [de] Rhodes, et ensuite à leur établissement dans celle de Malte, fa[ci]lita des entreprises multipliées sur leurs priviléges et sur le[urs] biens, que l'on voulut assujettir aux impositions nouvelles occa[ca]sionées par la nécessité des temps; mais le roi Henri II, non c[on]tent de leur avoir accordé, à son avènement au trône, ses lett[res] de confirmation du mois de mai 1547, leur en donna de second[es] au mois de juillet 1549, qui contiennent la déclaration plus p[ré]cise de leurs priviléges et immunités, et de toutes les exempti[ons] d'impositions, contributions et levées, tant anciennes que no[u]velles, auxquels étoient astreints les autres nos sujets, entre [au]

..s de toutes aides, droits, tributs, coutumes, exactions, cueil-
..s et levées, soit étapes pour le passage des gens de guerre, em-
..ois, soldes, contributions, ponts et chaussées, foraines leydes,
..lettes, minages, voiries, passages, péages, panages, travers, et
..tres, tant ordinaires qu'extraordinaires, exprimés ou non ex-
..més, sans que l'on puisse objecter aucune discontinuation,
..terruption, laps de temps ou prescription, dont ils sont relevés;
..lant qu'en l'honneur de Dieu et de la sainte foi lesdits cheva-
..rs en fussent exempts, quittes et affranchis, et qu'eux, leurs
..s, serviteurs, fermiers, censiers, procureurs, receveurs, famil-
.., ménages, et tous chacun leurs biens, fussent et demeurassent à
..is sous notre protection et garde; même que, pendant les guer-
.., ils jouissent du bien, fruit et bénéfice de paix, comme gens
..tres, dédiés, ordonnés et députés au service de Dieu. Ce même
..arque, voulant assurer l'exécution de ces priviléges et im-
..nités, ordonna par de troisièmes lettres patentes du mois de
..i 1549, que si par inadvertance ou faute des officiers ils se
..uoient compris dans les impositions, ils en fussent, par le
..nier des officiers sur ce requis, délivrés, et déchargés. Ces
..ouvellements des priviléges ont eu depuis la sanction de tous
..s rois nos prédécesseurs; ils ont été rappelés et confirmés par
..res patentes de François II, Charles IX, Henri III, Henri IV,
..is XIII, Louis XIV, et en dernier lieu par celles du feu roi
..is XV, notre très honoré seigneur et aïeul, du mois de dé-
..bre 1716, registrés en nos cours de parlement, chambres des
..ples, cour des aides de notre bonne ville de Paris, et autres
..pagnies de notre royaume, par lesquelles il a expressément
..rmé lesdits priviléges, ainsi qu'ils sont contenus dans les
..es patentes desdits rois nos prédécesseurs, et notamment dans
..s du roi Henri II. Nous sommes d'autant plus porté à suivre
..emple qu'il nous a donné, que l'ordre de Malte acquiert tous
..jours de nouveaux droits à notre bienveillance par les services
..aits qu'il ne cesse de rendre à la chrétienté, et particulière-
..t à nos sujets. C'est par ces motifs, et pour donner au chef et
..membres de cette milice chrétienne des marques éclatantes
..tre protection, que nous avons écouté favorablement la sup-
..cation que notre très cher cousin le grand-maître de l'ordre
..aint-Jean de Jérusalem, et nos chers et bien amés les baillis,
..rs, commandeurs, chevaliers, frères religieux, officiers et
..pots dudit ordre nous ont fait faire par notre cher et bien-
..é le bailli de Saint-Simon, chevalier grand-croix dudit or-

dre, son ambassadeur près de notre personne, de faire jouir d[ans] notre royaume tous ceux dudit ordre desdits privilèges, franchi[ses] et immunités, libertés, honneurs, exemptions, tels qu'ils leur o[nt] été accordés par les rois nos prédécesseurs; et voulant, à l'exe[m]ple du feu roi notre auguste aïeul, augmenter plutôt le[sdits] privilèges, s'il étoit possible, que de les affoiblir et diminuer, [et] donner en même temps des marques de notre amour pour l[a] religion et de la satisfaction que nous avons des services du[dit] ordre.

A ces causes, etc., nous avons, par ces présentes signées de no[tre] main, continué et confirmé, continuons et confirmons tous [et] chacun desdits privilèges, immunités, honneurs, droits, exem[p]tions, franchises, libertés et autres concessions accordées [audit] ordre, et notamment par les lettres patentes du roi Henri II, [du] mois de juillet 1549, et autres, pour en jouir et user par eux [et] leurs successeurs suivant et conformément à leurs statuts, com[me] ils en ont bien et dûment joui et dû jouir et usé par le passé, [et] qu'ils en jouissent actuellement sans pour ce leur être fait, [mis] ou donné par quelque personne, et sous quelque prétexte que [ce] soit, aucun trouble, ni empêchement pour le présent.

Si donnons en mandement à nos amés féaux, les gens ten[ant] notre conseil supérieur de l'île de Corse, etc., et à tous autr[es] nos officiers et justiciers qu'il appartiendra, chacun en dr[oit] soi que lesdits privilèges, franchises, exemptions, honneu[rs,] immunités, concessions, unions et démembrements, ils f[as]sent et souffrent ceux dudit ordre, et chacun d'eux jouir [et] user tout, ainsi qu'il est contenu ès chartes desdites conce[s]sions; et à ces fins faire enregistrer et publier ces présen[tes] partout où il appartiendra, nonobstant tous édits, ordonnanc[es,] arrêts, règlements et autres choses à ce contraires, auxquell[es,] en faveur dudit ordre, et aux dérogatoires y contenus, n[ous] avons de nos mêmes grâce, pouvoir et autorité, dérogé, [et] dérogeons par cesdites présentes, et parceque de cesdites pr[é]sentes et autres y mentionnées on pourroit avoir affaire [en] divers endroits, nous voulons qu'au *vidimus* d'icelles, d[û]ment collationnées par l'un de nos amés et féaux conseill[ers] secrétaires, ou sous le scel royal, foi soit ajoutée comme au p[résent] original, etc.

N° 556. — ORDONNANCE *sur le service des ouvriers du corps royal d'artillerie dans les arsenaux en construction.*

Fontainebleau, 3 novembre 1776. (Ord. mil. et Rec. cons. d'état infol.)

N° 557. — ORDONNANCE *concernant le corps royal d'artillerie.*

Fontainebleau, 3 novembre 1776. (Ord. mil. Rec. cons. d'état infol.)

V. 3 octobre 1774, Règle. du 23 mars 1775; ord. 19 décembre 1784; sur le génie, V. 31 décembre 1776.

N° 558. — RÈGLEMENT *portant défenses de faire porter aux domestiques la livrée du roi, sous peine de 500 livres d'amende* (1).

Fontainebleau, 4 novembre 1776. (R. S. C.)

Sa majesté jugeant à propos de renouveler les défenses qu'elle a ci-devant faites par ses ordonnances du 10 février 1704, et notamment par celle du 6 février 1755, à toutes personnes, excepté aux officiers de sa maison qui ont droit, par leurs charges, de faire porter par leurs domestiques la livrée de sa majesté; ainsi que celles portées par son ordonnance du 12 décembre 1705, de faire porter une livrée de couleur bleue, quoique le galon fût différent de celui qui sert à la livrée de sa majesté ; ce qui marque l'intention qu'elle a toujours eue qu'il n'y ait que les pages, valets de pied et autres de sa maison, qui soient habillés de sa livrée : néanmoins plusieurs particuliers, sous prétexte de charges qu'ils ont dans sa maison, continuent de faire porter la même livrée à leurs domestiques, ce qui est un manque de respect aux ordres de sa majesté. A quoi voulant pourvoir, etc.

Sa majesté a fait itératives défenses à toutes personnes, à peine contre les contrevenants de cinq cents livres d'amende, de faire porter sa livrée à leurs domestiques, à moins qu'ils n'en aient droit par concession particulière, auquel cas ils continueront de la faire porter en la manière accoutumée : faisant, sa majesté, pareilles défenses à tous ses officiers de la faire porter, à moins

---

(1) En vigueur selon Mars, 1-465.
V. Merlin v° *domestique*, art. 14, 15 juin 1779, 7 juillet 1782.

qu'ils n'en aient droit par leurs charges; à l'effet de quoi ils seront tenus d'en prendre permission par écrit de M. le prince de Lambesc, grand écuyer de France; enjoint sa majesté, au sieur Lenoir, conseiller d'état, lieutenant général de police de la ville, prévôté et vicomté de Paris; et au sieur marquis de Sourches, prévôt de son hôtel et grand prévôt de France, chevalier de ses ordres, etc.

N° 559. — LETTRES PATENTES *concernant l'aggrandissement du port et de l'arsenal de Rochefort.*

Fontainebleau, 9 novembre 1776. Reg. en parl. 13 mars. (R. S. C.)

N° 560. — ORDONNANCE *contenant règlement sur les pavillons et marques de commandement des vaisseaux du roi, à la mer* (1).

Versailles, 19 novembre 1776. (R. S. C. Ord. mil.)

Sa majesté s'étant fait représenter le titre XVIII du livre III, de l'ordonnance du 25 mars 1765, concernant la marine, lequel règle les pavillons et marques de commandement que doivent porter l'amiral, les officiers généraux, capitaines de vaisseaux et autres officiers de sa marine, commandant ses armées, escadres et divisions; et considérant que la couleur blanche a été de tout temps la marque distinctive de la marine françoise, et que les pavillons blancs et bleus, et bleus affectés par ledit titre, pour être les marques de commandement des chefs de ses armées, escadres et divisions, selon le nombre des vaisseaux dont elles sont composées, les mettent dans le cas de ne pas être reconnues comme françoises par les flottes et citadelles maritimes des autres puissances, elle a jugé nécessaire de pourvoir aux moyens de prévenir des méprises qui pourroient compromettre l'honneur de son pavillon, et donner lieu à plusieurs autres inconvénients, elle a en conséquence ordonné et ordonne ce qui suit :

1. Dans quelque occasion que ce soit et de quelque nombre de bâtiments que soient composées les armées, escadres et divisions

---

(1) En vigueur ; arrêté du 13 avril 1814.
V. ord. du 3 mars 1781, 9 janvier 1793, 27 pluviôse an II : sur les pavillons des navires de commerce, règl. du 3 décembre 1817.

la marque de commandement du chef qui sera à leur tête ne pourra jamais être que toute blanche.

2. Le seul vaisseau que montera l'amiral en personne portera au grand mât un pavillon carré blanc, avec l'écusson de France au milieu, et deux ancres en sautoir derrière l'écusson.

3. Un vice-amiral commandant en chef une armée portera un pavillon carré blanc au grand mât.

4. Un lieutenant-général, soit qu'il commande en chef une escadre, ou qu'il soit employé en sa qualité sous l'amiral ou sous un vice-amiral, portera un pavillon carré blanc au mât de misaine.

5. Un chef d'escadre, soit qu'il commande en chef une escadre, ou qu'il soit employé dans une armée ou escadre en sa qualité, sous un officier général d'un grade supérieur, portera un pavillon carré blanc au mât d'artimon.

6. Un capitaine de vaisseau commandant en chef une division, de quelque nombre de bâtiments qu'elle soit composée, portera un guidon blanc au grand mât, placé comme un pavillon.

7. Un officier de la marine du roi, dont le grade sera au-dessus de celui de capitaine de vaisseau, et qui aura sous ses ordres plus d'un bâtiment de sa majesté, portera au grand mât un guidon blanc envergué, flottant comme une flamme.

8. Tout vaisseau, frégate ou autre bâtiment appartenant à sa majesté, étant seul, quelque grade qu'ait l'officier qui le commande, ne portera qu'une flamme blanche au grand mât.

9. Tous les vaisseaux, frégates et autres bâtiments appartenants à sa majesté, réunis par son ordre, ou fortuitement, sous le commandement d'un officier général, capitaine de vaisseau ou autre officier de sa marine, à la mer ou dans les rades, porteront tous, sous le pavillon ou guidon de celui qui commandera, une flamme blanche au grand mât; cette flamme ne devant être considérée que comme la marque spéciale distinctive de tout bâtiment appartenant à sa majesté.

10. Dans les grandes armées, où il est essentiel que les trois corps principaux ou escadres qui les composent aient des marques de commandement qui les distinguent entre eux, le général de l'armée, qui dans l'ordre de bataille se trouve au centre du premier corps ou escadre appelée *escadre blanche*, portera un pavillon carré blanc au grand mât.

11. L'officier général, quel que soit son grade, commandant sous les ordres du général, le second corps ou escadre appelée

escadre blanche et bleue, portera un pavillon carré, mi-partie blanc et bleu au grand mât.

12. L'officier général, quel que soit son grade, commandant sous les ordres du général le troisième corps ou escadre appelée *escadre bleue*, portera un pavillon carré bleu au grand mât.

13. Chacun des trois corps de l'armée étant ensuite partagé en trois divisions, les officiers généraux qui seront à la tête des secondes divisions de chacun de ces trois corps porteront au mât de misaine le pavillon carré de la couleur de leur escadre.

14. Les officiers généraux qui seront à la tête des troisièmes divisions de chaque corps porteront au mât d'artimon le pavillon carré de la couleur de leur escadre.

15. S'il y a d'autres officiers généraux dans l'armée qui ne commandent ni corps ni division, ils porteront au grand mât un guidon de la couleur de l'escadre à laquelle ils seront attachés.

16. Les capitaines des vaisseaux et autres officiers commandant les bâtiments de l'armée porteront les flammes de la couleur de leur escadre au mât qui indique la division dont ils seront.

17. Si dans une armée il n'y a pas autant d'officiers généraux qu'il en faudroit pour en mettre à la tête des trois escadres et de leurs divisions, les capitaines des vaisseaux de l'armée à qui on donnera ces commandements porteront, au lieu de pavillons carrés, au mât qui indiquera la division qui sera à leurs ordres, des guidons de la couleur de l'escadre dans laquelle ils seront employés en cette qualité.

18. Les pavillons mi-partie blancs et bleus, et tout bleus, ne seront employés que dans les grandes armées dont la force exigera ces marques de distinctions d'escadres et de divisions particulières; et dans les escadres moins nombreuses, il ne sera, autant qu'il sera possible, employé que la couleur blanche pour en marquer les divisions.

19. Si le général de l'armée en faisoit un détachement auquel il donnât une mission particulière qui l'en séparât, le commandant de ce corps séparé, s'il portoit dans l'armée un pavillon de division mi-partie blanc et bleu, ou tout bleu, le quittera pendant le temps de sa séparation pour porter le pavillon blanc de son grade, et tous les vaisseaux à ses ordres en useront de même, et ils ne remettront les marques de distinction qu'ils portoient dans l'armée que lorsqu'ils l'auront rejointe.

20. Nonobstant la disposition générale des pavillons affectés

aux grades des officiers généraux, portés par les articles 3, 4 et 5, sa majesté se réserve de donner des ordres particuliers sur les pavillons qu'elle voudra que les commandants de ses armées ou escadres portent, selon la force desdites armées ou escadres, ou les circonstances de leur destination.

21. Si le général est obligé de changer de vaisseau par la suite du combat, ou dans quelque autre circonstance, il portera son pavillon sur celui des vaisseaux de l'armée qu'il jugera à propos de choisir.

22. En cas de mort du général, ou d'absence par maladie, ou autrement, le pavillon qui lui étoit affecté demeurera arboré au même mât pendant le reste de la campagne, sous le commandement de l'officier général ou autre qui commandera l'armée, soit qu'il passe sur le vaisseau que le général a laissé vacant, soit qu'il préfère de conserver son propre vaisseau, sur lequel, en ce cas, le pavillon sera porté, et la même chose sera observée pour les autres pavillons dans les mêmes circonstances.

23. Deux escadres ou divisions se rencontrant à la mer, ou dans les rades, si leurs commandants portent des marques de commandement à la même place, le commandant moins ancien changera la marque du sien, en prenant celle de distinction immédiatement inférieure à l'autre, tant qu'ils resteront ensemble.

Il en sera usé de même, si un officier général se trouve employé dans une escadre, sous le commandement d'un autre officier général du même grade.

24. Pour conserver à la flamme blanche au grand mât, qui caractérise spécialement tout bâtiment appartenant à sa majesté, le respect et la prééminence qui lui est due, les seuls bâtiments appartenants à sa majesté, et armés pour son service, auront le droit de la porter à la mer, dans les ports et rades du royaume, et dans les rades étrangères.

25. Un officier de la marine royale commandant un bâtiment de guerre ou de commerce, même quand il appartiendroit à sa majesté, s'il n'est pas armé directement pour son service et à sa solde, ne pourra jouir pendant tout le temps qu'il aura ce commandement particulier, d'aucune des marques de distinction et prérogatives attachées à la marine royale, et qui la caractérisent; et quel que soit son grade, il n'en portera jamais la marque.

26. Dans les grandes rades de commerce, aux colonies françoises, ou chez l'étranger, où il se trouve toujours beaucoup de

bâtiments marchands françois rassemblés, l'ancien capitaine marchand, chargé de la police des bâtiments de sa nation en l'absence des bâtiments du roi, ne portera qu'au mât de misaine la flamme blanche destinée à le faire reconnoître, et il l'amènera dès qu'un bâtiment de sa majesté voudra mouiller, dans cette rade.

27. Il sera permis, pendant la guerre, aux bâtiments armés en course pour le particulier, de mettre la flamme blanche au grand mât, mais seulement quand ils seront à la mer, et dans les circonstances où ils croiront cette marque de distinction nécessaire au succès de leur manœuvre. Dans tous les cas ils ameneront devant tout bâtiment de sa majesté.

28. Le seul général commandant en chef l'armée ou escadre portera un pavillon blanc à l'avant de son canot, pour le distinguer des autres officiers généraux et des capitaines de vaisseau, qui ne le porteront qu'à la poupe.

29. Le général commandant l'armée ou escadre portera son pavillon de distinction au mât de son canot; et si l'armée est partagée en trois corps, dont chacun ait sa couleur, les commandants des second et troisième corps porteront également au mât de leur canot leur pavillon de distinction, pour être reconnus des vaisseaux de l'armée.

30. Les officiers généraux qui ne commanderont aucun corps dans l'armée, les capitaines chefs de divisions et les autres capitaines commandants, porteront au mât de leur canot un guidon ou flamme, selon qu'il est attribué à leur grade ou à leur division.

31. Les canots de l'amiral, ou en son absence du vice-amiral, porteront, lorsqu'ils y seront embarqués en personne, leur pavillon en avant, soit dans le port, soit en rade ou à la mer; mais les autres officiers généraux amèneront leur pavillon d'avant en rentrant dans le port, s'ils ne commandent qu'en rade, ou en entrant en rade, s'ils ne commandent que dans le port, et qu'il y ait un officier général en rade.

32. Les pavillons de poupe et de beaupré seront toujours blancs, soit pendant la navigation, soit pendant le combat, quelle que soit la couleur des pavillons, guidons ou flammes de distinction que les vaisseaux porteront.

33. Les pavillons de commandement mis au haut des mâts auront de guindant un tiers de la longueur du maître-bau du

vaisseau sur lequel ils seront arborés, et un tiers plus de battant que de guindant.

34. Les guidons auront de guindant, ou envergure, deux neuvièmes du maître-bau, et de longueur les deux tiers du maître-bau du vaisseau sur lequel ils seront arborés; ils seront fendus dans les deux tiers de leur longueur, et terminés en pointe. Les flammes auront un neuvième du maître-bau d'envergure; et de longueur, une fois le maître-bau et un tiers en sus.

35. Le général de l'armée ou escadre, et tous les officiers généraux, porteront trois fanaux à la poupe de leur vaisseau. Le général portera de plus un fanal dans la grande hune; et si l'armée est partagée en trois corps, les commandants des second et troisième corps porteront aussi un fanal dans la grande hune. Tous les autres vaisseaux de l'armée et autres bâtiments à la suite ne porteront qu'un fanal à poupe.

36. Le vaisseau amiral dans les ports de Brest, Toulon et Rochefort, et dans les autres ports de sa majesté, portera un pavillon carré blanc au grand mât.

37. Les pavois seront, pour les seuls vaisseaux, frégates et autres bâtiments de sa majesté, de couleur bleue, bordés de blanc et semés de fleurs de lis jaunes.

38. Veut, sa majesté, que tout ce qui est prescrit par la présente ordonnance soit exécuté selon sa forme et teneur, dérogeant en ce à toutes ordonnances contraires à icelle.

N° 561. — ARRÊT *du conseil d'où il résulte que l'état de navigateur dans la marine marchande n'exclut pas des charges de la magistrature.*

Versailles, 22 novembre 1776. (M. de S. M.)

N° 562. — LETTRES PATENTES *qui statuent sur les honneurs à rendre à l'avenir, par la chambre des comptes, à Monsieur et à Monseigneur le comte d'Artois, frères du roi.*

Versailles, 1er décembre 1776.-Reg. chambre des comptes, 10 décembre 1776 (R. S.)

N° 563. — DÉCLARATION *pour l'évaluation des offices dans le duché de Berry et le vicomté de Ponthieu donnés en supplément et en remplacement d'apanage à M. le comte d'Artois.*

Versailles, 1er décembre 1776. Reg. chambre des comptes, 20 décembre 1776.
(R. S.)

N° 564. — DÉCLARATION *portant que les actes d'échange de terrains au-dessous de dix arpents qui seront en Bourgogne et Bresse continueront de jouir des exemptions et modérations du centième denier, droits royaux et seigneuriaux.*

Versailles, 2 décembre 1776. (Cons. d'état. Col. S.-Geniés.)

V. loi du 9 juin 1825.

N° 565. — ARRÊT *du conseil, portant que les primes gratuites établies par l'arrêt du 30 juin dernier sont supprimées; que les lots sont portés, savoir, à 5,100 au lieu de 4,900 fois la mise pour l'ambe déterminé; à 5,500 au lieu de 5,200 pour le terne; à 75,000 au lieu de 70,000 pour le quaterne; que les extraits simples et déterminés seront reçus à raison de 10 sous, et non au-dessous, et successivement de 10 sous en 10 sous, la ambes à raison de 4 sous, le terne à raison de 2 sous, le quaterne et le quine à raison d'un sou; et portant suppression des billets à souche et remplacement par d'autres conformes au modèle annexé à l'arrêt.*

Versailles, 3 décembre 1776. (R. S.)

N° 566. — ORDONNANCE *de police qui fait défenses à tous particuliers, de quelque état qu'ils soient, d'étaler et de vendre aucunes marchandises dans les rues, sur les quais, sur les ponts et sur les places publiques de cette ville et faubourgs.*

Paris, 3 décembre 1776. (R. S.)

N° 567. — ORDONNANCE *de police qui fait très expresses défenses à tous les marchands de courir les uns sur les autres pour le débit de leurs marchandises, ni d'user d'aucun artifice pour surprendre les acheteurs et se les ménager au préjudice de la liberté du commerce.*

Paris, 3 décembre 1776. (R. S.)

568. — Arrêt *du conseil qui supprime les termes injurieux au commis des fermes inséré dans un mémoire.*

Versailles, 7 décembre 1776. (R. S.)

N.º 569. — Règlement *sur les consuls du Levant* (1).

Versailles, 9 décembre 1776. (R. S. Ord. mil.) Merlin, v° *chancellerie*, v° *consul*, v° *drogman*.

Sa majesté s'étant fait représenter les ordonnances et les règlements rendus sur l'état et sur les fonctions des consuls et autres officiers employés dans les échelles du Levant et de Barbarie, et jugeant à propos d'y faire des changements devenus nécessaires au bien de son service, elle a ordonné et ordonne ce qui suit :

1. Les échelles du Levant seront divisées en consulats généraux, en consulats particuliers et en vice-consulats.

Sa majesté établit quatre consulats généraux : un à Smyrne, qui réunira à son département les îles de l'Archipel; un en Morée, un dans la Syrie et la Palestine, et un en Égypte. Et quatre consulats particuliers, dont un à Salonique, un à la Canée, un à Chypre, et un à Alep. Sa majesté se réserve de fixer le nombre de vice-consuls qui résideront dans des échelles particulières ou auprès des consuls.

2. Les vice-consuls qui seront auprès des consuls seront logés chez eux, et nourris à leur table; ils assisteront aux cérémonies publiques et à toutes les fonctions consulaires, à côté des consuls, mais ils ne pourront en exercer aucune que par ordre exprès desdits consuls.

V. art. 8. ord. 11 juin 1816.

3. Les consuls généraux seront choisis parmi les consuls particuliers, et même parmi les vice-consuls, lorsqu'ils auront mérité d'avancement par des services distingués; mais les consuls particuliers seront toujours choisis parmi les vice-consuls, sans que dans aucun cas, et par aucune considération, cet ordre puisse être interverti.

4. Sa majesté voulant que les consuls généraux et particuliers,

---

(1) En vigueur dans plusieurs dispositions.
Sur les fonctions administratives, V. ord. du 27 septembre 1776; sur les fonctions judiciaires, édit de juin 1778; sur les élèves consuls ord. 3 mars 1781, 20 mai et 15 décembre 1815, 11 juin 1816.

et les vice-consuls, jouissent d'un traitement avantageux, proportionné à leurs grades, elle se propose de le fixer, après qu'elle se sera fait rendre compte de la nature des dépenses auxquelles ils seront assujettis dans les différents lieux de leur résidence, d'y donner un effet rétroactif, dont elle détermine dès à présent l'époque au 1ᵉʳ janvier 1777.

5. L'uniforme des consuls généraux, des consuls particuliers et des vice-consuls sera composé d'un habit de drap bleu de roi, avec parements de même couleur; veste et culotte de drap écarlate, doublure de l'habit de serge écarlate; manches en botte, boutonnières jusqu'à la taille, trois sur chacune des poches et des manches; boutons de cuivre doré, timbrés aux armes du roi.

L'habit et la veste des consuls généraux seront bordés à la Bourgogne, d'un galon d'or de neuf lignes de largeur, et d'un autre de dix-huit lignes; le grand galon double sur les manches et sur les poches, conformément aux modèles qui seront envoyés dans chaque échelle.

L'habit et la veste des consuls particuliers seront bordés comme ceux des consuls généraux, à l'exception du double galon sur les manches et sur les poches.

Les vice-consuls auront seulement sur l'habit et sur la veste le grand bordé de dix-huit lignes.

6. Sa majesté défend aux consuls généraux, consuls particuliers et vice-consuls, de porter d'autre habit que l'uniforme ci-dessus dans les fonctions publiques de leurs charges, telles que visites, cérémonie et assemblées nationales.

7. Sa majesté supprime tous les chanceliers actuels des échelles, à l'exception de ceux de Barbarie; elle veut que leurs fonctions soient exercées à l'avenir par des drogmans, à la nomination des consuls, qui en répondront, conformément à l'article 16 du titre IX de l'ordonnance de la marine de 1681.

8. Les émoluments des chancelleries appartiendront en totalité aux drogmans qui feront les fonctions de chanceliers, quand ils n'excéderont pas la somme de mille livres; et lorsque ces émoluments surpasseront cette somme, ils en partageront l'excédant avec les autres drogmans de l'échelle.

9. Ordonne, sa majesté, que les drogmans chargés des chancelleries ne pourront cependant, sous ce prétexte, se dispenser du service ordinaire de drogmans.

10. Sa majesté, connoissant l'utilité et l'importance des fonctions de ses consuls dans les royaumes de Maroc, d'Alger,

Tunis et de Tripoli de Barbarie, les établit consuls généraux dans ces différents états.

11. Il résidera un vice-consul auprès du consul général de Maroc, et un auprès de chaque consul général des trois autres royaumes de Barbarie; ces vice-consuls rouleront, pour leur avancement, avec les vice consuls du Levant.

12. Les consuls et les vice-consuls employés dans les états de Barbarie porteront l'uniforme ainsi qu'il est prescrit par les articles 5 et 6 de la présente ordonnance.

13. Sa majesté accorde également le titre de consul général à son consul à Bagdad.

14. En cas de mort d'un consul, le vice-consul sera chargé des affaires du consulat et il jouira des appointements attachés au consulat pendant tout le temps qu'il le régira. Veut, sa majesté, que dans le cas d'absence, par congé, des consuls et vice-consuls, les deux tiers des appointements de ces officiers absents soient retenus et attribués à ceux qui en rempliront les fonctions, et qui seront nommés par sa majesté.

15. Sa majesté défend expressément à tous ses officiers employés dans les échelles du Levant et de Barbarie de faire aucun commerce directement ou indirectement, sous peine de révocation.

N° 570. — ARRÊT *du conseil sur la perception d'un droit de 5 pour 100, sous le titre de consulat en Levant* (1).

Versailles, 9 décembre 1776. (R. S.)

Sa majesté s'étant fait rendre compte de l'administration du commerce du Levant et de Barbarie, elle a reconnu que l'établissement d'une caisse nationale dans chaque échelle étoit vicieux, en ce qu'il facilitoit les moyens de faire des dépenses immodérées et de contracter des dettes : que le droit d'avarie de l'échelle étoit abusif, parcequ'il étoit arbitraire; qu'il étoit imposé de manière à n'être supportable que lorsque le commerce étoit heureux, et qu'il devenoit ruineux et accablant dans les temps de calamité et dans les circonstances où le commerce avoit besoin de soulagements et de secours : que le droit de consulat exigé dans toutes les échelles sur les bâtiments français qui vont

---

(1) V. ord. 24 mai 1656, 20 janvier 1660; 21 mai 1671; 24 mai et 2 octobre 1728, 21 juillet 1731; déc. 22 août 1793; 11 août 1808; ord. 2 juillet 1822, 5 bert 1822; Inst. 20 février 1815 annales marit. 1816, p. 150.

à l'étranger n'étoit propre qu'à ralentir les progrès de la navigation dans la Méditerranée. A quoi voulant pourvoir : ouï le rapport.

1. A commencer du 1ᵉʳ janvier 1777, les caisses nationales de toutes les échelles du Levant et de Barbarie seront et demeureront supprimées.

2. A la même époque, le droit d'avarie de l'échelle demeure également supprimé, de même que le droit de consulat qui se perçoit dans les échelles sur les marchandises et denrées des bâtiments françois qui y chargent pour l'Italie et autres pays étrangers de chrétienté.

3. Il n'y aura plus à l'avenir qu'une seule caisse pour payer les appointements des officiers du roi dans les échelles, et pour fournir à toutes les dépenses qu'entraîne leur administration; cette caisse sera celle de la chambre du commerce de Marseille; cet établissement unique aura lieu au 1ᵉʳ janvier 1777.

4. La chambre du commerce nommera un préposé dans chaque échelle, pour y faire la dépense et la recette dont elle sera chargée; et cette nomination, pour être valable, devra être autorisée par le commissaire du roi inspecteur du commerce du Levant et de Barbarie.

5. Pour mettre la caisse de la chambre en état de fournir aux différents objets de dépenses dont elle est chargée, sa majesté l'autorise à percevoir cinq pour cent sur le commerce des échelles du Levant et de Barbarie; cette imposition portera le nom de *droit de consulat*, et commencera à être perçue le 1ᵉʳ janvier 1777. Sa majesté se propose de réduire ce droit après l'entier remboursement des dettes de la chambre.

6. Pour faciliter le paiement de ce droit, la perception sera divisée de la manière suivante.

7. Il sera perçu, par les préposés de la chambre, deux pour cent sur toutes les marchandises de France, à leur arrivée dans les échelles du Levant et de Barbarie, conformément au tarif qui aura été arrêté par la chambre et autorisé par l'inspecteur du commerce.

8. Il sera perçu trois pour cent sur toutes les marchandises qui arriveront directement à Marseille des ports de Turquie et de Barbarie; cette partie du droit de consulat sera exigée à Marseille par la chambre, de la même manière et dans la même forme qu'elle a perçu jusqu'ici le droit de consulat de deux pour cent.

9. Personne ne sera exempt de payer le droit de consulat, tou-

les pacotilles, même celles des capitaines, y seront soumises.

10. Pour assurer la perception du droit de consulat, les capitaines, à leur arrivée en Levant et en Barbarie, déposeront dans les chancelleries un manifeste de leur chargement, dans lequel seront spécifiés la qualité des marchandises, le nombre des balles, ballots, caisses et futailles; le poids, la mesure et la consignation; ils en remettront en même temps un double aux préposés de la chambre; et ils ne délivreront les marchandises de leurs chargements que sur le permis des préposés, qui ne le donneront qu'après avoir vérifié l'exactitude du manifeste. Ordonne, sa majesté, à tous capitaines et patrons, de se conformer aux dispositions du présent article, sous peine de punition.

11. Sa majesté enjoint aux négociants et autres d'acquitter exactement le droit imposé, et de ne s'y soustraire, sous quelque prétexte que ce soit, à peine, contre les François établis en Levant et en Barbarie, de payer le quadruple pour la première fois, et, en cas de récidive, d'être renvoyés en France; et, s'ils sont gens de mer, d'être déclarés incapables de commander.

12. La chambre allouera deux pour cent à ses préposés, sur la recette qu'ils feront du droit du consulat.

13. Ladite chambre aura soin d'avoir dans chaque échelle, entre les mains de son préposé, les fonds nécessaires pour le service: elle en retirera ceux qui excèderont les besoins.

14. Les préposés de la chambre lui enverront tous les trois mois l'état du droit de consulat qu'ils auront perçu; et le compte détaillé de la dépense et de la recette dont ils seront chargés.

15. La chambre du commerce de Marseille adressera tous les trois mois au secrétaire d'état ayant le département de la marine, l'état en détail du produit général du droit de consulat, et celui des dépenses relatives à l'administration de toutes les échelles.

16. Sa majesté déroge, en tant que besoin est, à tous arrêts, règlements et ordonnances à ce contraires.

N° 571. — ARRÊT *du conseil qui, entre autres choses, défend aux négociants établis dans les échelles du Levant d'emprunter en corps de nation.*

Versailles, 9 décembre 1776. (R. S.).

N° 572. — ARRÊT *du conseil qui ordonne que Monsieur sera mis en possession des droits de trépas de Loire et traite par terre d'Anjou, comme lui appartenant en vertu de son apanage.*

Versailles, 14 décembre 1776. (R. S.)

N° 573. — ORDONNANCE *du roi concernant les compagnies des Suisses de la garde de Monsieur et de M. le comte d'Artois.*

Versailles, 14 septembre 1776. (R. S.)

N° 574. — ARRÊT *du conseil qui fixe la compétence des officiers de l'amirauté sur ce qui concerne les feux et signaux établis sur les côtes du royaume pour la sûreté de la navigation* (1).

Versailles, 15 décembre 1776. (R. S.)

Sur ce qui a été représenté au roi, étant en son conseil, par Louis-Jean-Marie de Bourbon, duc de Penthièvre, amiral de France, que l'attention qu'il doit à la conservation de la dignité, prérogatives et droits de la charge dont il a plu au roi de lui confier l'exercice, l'oblige de recourir à sa justice et à ses bontés, pour faire maintenir les officiers des amirautés dans la compétence de tout ce qui peut survenir de contentieux à l'occasion et en conséquence des arrêts par lesquels sa majesté a jugé à propos d'ordonner l'établissement de feux sur les côtes et rivages de la mer, pour la sûreté de la navigation et du commerce. Quelques uns de ces arrêts ont été adressés aux intendants et commissaires départis dans les provinces où ces établissements ont eu lieu; d'autres aux commissaires de la marine, sans mandement ni adresse à l'amiral, ainsi qu'il est d'usage et de règle pour tout ce qui a rapport à la navigation et au commerce : que cette attribution aux intendants dans les uns, et dans d'autres aux maires et échevins, pouvoit au plus avoir son application aux ouvrages relatifs à l'établissement et à ce qui concerne l'administration des recettes et dépenses; mais qu'à l'égard de la connoissance des contraventions, soit de la part des préposés à l'entretien des feux, soit au paiement des droits établis pour

---

(1) Amirautés supprimées: loi du 9 août 1791, titre 5. V. sur les phares loi du 15 septembre 1792, 3 pluviôse an II.

...nir, et des difficultés qui peuvent s'élever à ce sujet, elle appartient incontestablement aux officiers des amirautés, auxquels les arrêts doivent être adressés par l'amiral, en conséquence du mandement à lui fait; qu'on ne peut révoquer en doute que les amiraux de France ont toujours connu, par eux ou par leurs lieutenants, de toutes les causes concernant le commerce et la navigation: que leur compétence est établie et reconnue par toutes les lois qui se sont succédé, et notamment par l'ordonnance de 1681, dans laquelle on trouve mention des feux, ainsi que des tonnes et balises, à l'article 4 du titre de l'amiral; les feux étant, pendant la nuit, pour suppléer les tonnes et balises qui dirigent le navigateur pendant le jour; que les officiers des amirautés ont toujours eu la connoissance des tonnes et balises, et qu'il ne peut y avoir plus de doute à l'égard des feux, soit par leur position sur les grèves et rivages qui sont du ressort des amirautés, soit par leur destination pour le service de la navigation et la nature des droits établis pour leur entretien, qui sont supportés par les navigateurs; que, dans cet état, les officiers des amirautés sont seuls compétents de connoître des plaintes qui seroient portées sur le défaut d'entretien des feux, de la négligence des préposés et du refus d'acquitter les droits, soit en totalité, soit pour partie: qu'enfin ces officiers sont les seuls à portée de pourvoir aux cas provisoires qui peuvent arriver, ce que les intendants ne peuvent faire par l'éloignement de leur résidence; et qu'à l'égard des maires et échevins, dont il est parlé dans quelques uns des arrêts qui ont ordonné l'établissement des feux, ils n'ont et ne peuvent avoir aucun tribunal ni juridiction; et par conséquent punir et contraindre les contrevenants. Vu ladite requête, l'article 4 du titre Ier de l'ordonnance de 1681, les articles 2 et 5 du titre XI de la même ordonnance; ensemble les arrêts du conseil des 30 avril 1685, 21 avril 1717, 21 avril 1726, 9 novembre 1732, 7 juin 1738, 8 octobre 1740, 11 décembre 1768, 21 juillet 1769, 16 octobre 1772; et les lettres patentes du 10 décembre 1773, pour l'établissement des tours et feux sur les côtes de Normandie:

Ouï le rapport, et tout considéré, le roi, étant en son conseil, a ordonné et ordonne que les contestations nées et à naître sur l'entretien des tours, feux et signaux établis sur les côtes du royaume, pour la sûreté de la navigation, ou qui pourroient l'être à l'avenir, ainsi que sur le paiement des droits dus à ce sujet par les navigateurs (1), seront portées aux sièges des amirautés du ressort où lesdits feux et signaux sont ou seront établis, pour y être jugées sommairement, ainsi qu'il appartiendra.

Enjoint, sa majesté, auxdits officiers de tenir la main à ce que lesdits feux et signaux soient exactement entretenus; sans néanmoins qu'ils puissent prendre connoissance de l'emploi du produit desdits droits, ou autres deniers destinés à la construction et entretien desdites tours, feux et signaux, ainsi que des réparations d'iceux.

N° 575. — ARRÊT *du conseil, qui ordonne l'exécution des articles* 101, 102, 103, 104 *et* 105 *du règlement de* 1723 (2) *sur la librairie, fait défense d'imprimer aucuns livres sans permission, et condamne un contrevenant à* 500 *livres d'amende.*

Versailles, 15 décembre 1776. (R. S. C.)

N° 576. — DÉCLARATION *portant règlement en faveur des ouvriers du faubourg Saint-Antoine à l'égard des corps et communautés de Paris.*

Versailles, 19 décembre 1776. (R. S.)

N° 577. — DÉCLARATION *portant établissement d'un syndic et d'un adjoint en chaque profession libre.*

Versailles, 19 décembre 1776. Reg. en parl. le 30 décembre (R. S. C.)

V. Renaud, *Traité des brevets d'invention*, 1825.

Louis, etc., etc., par l'article 2 de notre édit du mois d'août dernier, nous avons permis à toutes personnes d'exercer librement les métiers, commerces et professions compris en la liste annexée audit édit; et, par l'article 45 de la même loi, nous avons supprimé les lettres domaniales qui étoient ci-devant accordées, en notre nom, pour la vente en regrat de la bière, du cidre, de l'eau-de-vie et autres marchandises; mais comme il n'importe pas moins d'établir l'ordre parmi les ouvriers exerçant les professions libres, que parmi ceux d'une profession dépendante des corps et communautés, nous avons jugé nécessaire d'employer les moyens

---

(1) Droits supprimés, 27 vendémiaire an II.
(2) Règlement en vigueur, arrêt de cassation, 4 octobre 1822; voyez 30 août 1777.

propres à remplir ces vues, et capables de faciliter la répartition et le recouvrement des impositions; nous avons pareillement cru qu'il étoit de notre justice de venir au secours des particuliers auxquels il a été accordé ci-devant des lettres domaniales, brevets ou quittances de finances, pour la vente en regrat du cidre, de la bière et de l'eau-de-vie, en modérant, en faveur de ceux qui borneroient leur commerce à la vente de ces objets, le prix de leur admission dans la communauté des limonadiers-vinaigriers, et en ordonnant qu'il leur sera tenu compte de ce qu'ils justifieront avoir payé pour l'obtention desdites lettres domaniales, brevets ou quittances de finances.

1. Il sera incessamment fait choix et nommé par le lieutenant général de police, dans chacune des professions déclarées libres par notre édit du mois d'août dernier, et comprises dans la liste annexée audit édit, d'un syndic et d'un adjoint, lesquels exerceront lesdites charges; savoir, le syndic pendant une année, et l'adjoint pendant deux; la première en ladite qualité d'adjoint, et la seconde en celle de syndic; laquelle nomination sera renouvelée tous les ans pour le remplacement de l'adjoint qui prendra la place du syndic sortant.

2. Tous ceux qui voudront exercer une des professions déclarées libres par notredit édit seront tenus, après avoir fait, devant le lieutenant général de police, la déclaration ordonnée par l'article 2 dudit édit, de rapporter le certificat de leur inscription aux syndic et adjoint de ladite profession, au domicile dudit syndic, lesquels seront tenus, de leur côté, d'en faire registre; et il sera payé par chacun desdits particuliers, une fois seulement, auxdits syndic et adjoint, et pour les deux, la somme de trois livres pour les indemniser de leurs peines et soins, sans qu'ils puissent exiger ni recevoir une plus forte somme, sous peine de concussion.

3. Les maîtres, et les veuves de maîtres des communautés supprimées par notredit édit, seront dispensés, tant de ladite déclaration devant le lieutenant général de police, que de la représentation du certificat ordonné par l'article précédent; et, pour y suppléer, il sera fait remise auxdits syndic et adjoint par les derniers jurés desdites communautés, ou par tout autre dépositaire, des registres de réception des maîtres, ainsi que des rôles des impositions.

4. Lesdits syndic et adjoint seront tenus de faire annuellement deux visites, assistés d'un huissier, l'une au mois d'avril, et l'autre au mois d'octobre, chez tous les particuliers de leur pro-

fession qui se seront fait enregistrer, pour connoître s'ils emploient de bonnes marchandises, et si elles sont bien et fidèlement fabriquées, lors desquelles visites ordinaires il leur sera payé par chaque particulier enregistré cinq sous pour les dédommager de leurs frais et dépenses.

5. Ils seront tenus aussi de faire des visites extraordinaires ou contre-visites, lorsqu'ils les jugeront nécessaires, ou qu'elles seront ordonnées par le lieutenant général de police, tant pour s'assurer de la manière dont les particuliers enregistrés se comporteront dans l'exercice de leurs professions, que pour veiller à ce qu'aucun particulier n'exerce leur profession qu'après avoir rempli les formalités prescrites par l'article 2 de notredit édit, et par les présentes; lesquelles visites extraordinaires seront faites sans frais.

6. Dans le cas où ils découvriroient quelques contraventions, lesdits syndic et adjoint les feront constater par un procès verbal, lequel sera remis et déposé dans les vingt-quatre heures à l'un des commissaires du Châtelet, qui en fera son rapport à l'audience du lieutenant général de police, pour être par lui statué sommairement et sans frais, et prononcé telle amende qu'il appartiendra, applicable, moitié à notre profit, et l'autre moitié aux syndic et adjoint.

7. Les rôles des impositions que supporteront lesdits particuliers enregistrés seront arrêtés par le lieutenant général de police en la forme ordinaire, et dressés sur les états qui seront formés et proposés par lesdits syndic et adjoint, lesquels feront le recouvrement desdites impositions; pour, les deniers en provenants, être versés à la déduction des quatre deniers de remise à eux attribués, dans la caisse qui leur sera indiquée.

8. Les particuliers qui voudront exercer le commerce du cidre, de la bière et de l'eau-de-vie en détail et en boutique, seront tenus d'en faire leur déclaration au lieutenant général de police, et d'en obtenir la permission, au moyen de quoi ladite déclaration sera inscrite sur un registre à ce destiné; et ils y seront admis, en payant une fois seulement, savoir, par ceux qui feront le commerce du cidre et de la bière, la somme de cent livres; par ceux qui feront le commerce de l'eau-de-vie, celle de cent cinquante livres; et enfin par ceux qui réuniront les commerces du cidre, de la bière et de l'eau-de-vie, celle de deux cent cinquante livres, dont les trois quarts seront perçus à notre profit, et l'autre quart à celui de la communauté des limonadiers-vinaigriers, à laquelle

dits particuliers seront agrégés ; le tout sans préjudice des droits à nous dus à cause de la vente et débit des boissons.

9. Sur les trois quarts qui seront perçus à notre profit, il sera tenu compte à ceux qui se trouveront pourvus de lettres domaniales, dites de regrat, de brevets ou de quittances délivrées par le trésorier des parties casuelles, des sommes qu'ils justifieront avoir payées pour l'obtention desdites lettres, brevets ou quittances qu'ils rapporteront audit trésorier.

10. Après avoir acquitté lesdits trois quarts, ils seront tenus de présenter aux syndics de la communauté des limonadiers-vinaigriers la quittance du trésorier général des parties casuelles, ainsi que le certificat d'enregistrement sur les livres de la police ; et au moyen du paiement qu'ils leur feront du quart restant, ils seront enregistrés, sans autre formalité, sur les livres de la communauté, et compris sur le troisième tableau ordonné par l'art. 15 de notre édit du mois d'août dernier.

11. Lesdits particuliers seront tenus de se renfermer dans l'exercice du commerce pour lequel ils auront été admis, qu'ils feront concurremment avec les marchands et les maîtres des corps et communautés, ayant droit de vendre lesdites boissons, sans pouvoir entreprendre sur les autres parties du commerce attribué auxdits corps et communautés, et ce, sous peine de saisie et d'amende.

12. Pourront, les anciens marchands du corps de l'épicerie, et leurs veuves, continuer leur vie durant, comme avant notre édit de suppression des corps et communautés, de servir et donner à boire de l'eau-de-vie dans leurs boutiques. A l'égard de ceux qui ont été reçus depuis notre édit du mois d'août, ou qui seront reçus par la suite, ils seront tenus, pour la vente de l'eau-de-vie en détail, de se conformer aux dispositions de notredit édit : entendons néanmoins rien innover en ce qui concerne l'exécution de l'art. 45 de notredit édit, au sujet de la faculté de débiter de l'eau-de-vie à petite mesure dans les rues.

13. Seront au surplus, tant les particuliers exerçant les professions déclarées libres, et ceux qui, en vertu de nos présentes, se feront agréger à la communauté des limonadiers-vinaigriers, que leurs apprentis, garçons et compagnons, assujettis à la même police et discipline que les maîtres, apprentis et compagnons des corps et communautés.

578. — **Lettres patentes** *du roi concernant l'école royale gratuite de dessin* (1).

Versailles, 19 décembre 1776. Reg. parl. 30 décembre 1776.

Louis, etc. Salut. Les avantages que les arts mécaniques retirent journellement de l'établissement de l'école royale gratuite de dessin dans notre bonne ville de Paris, la facilité que les jeunes gens qui fréquentent cette école trouvent à acquérir gratuitement les connoissances et les talents nécessaires pour se rendre habiles dans les professions auxquelles ils se destinent, un zèle enfin vraiment patriotique, avoient déterminé plusieurs corps et communautés à contribuer, sous l'autorité et la protection du feu roi notre aïeul, de glorieuse mémoire, à la dotation de cette école, les uns par des rentes qu'ils avoient volontairement constituées sur eux-mêmes, les autres en consentant qu'à chaque réception de maîtres et apprentis il fût perçu un droit au profit de l'école. Les changements survenus depuis dans lesdits corps et communautés et la nouvelle existence qui leur a été donnée par l'édit du mois d'août dernier, ont privé cette école d'une portion des revenus qui lui étoient devenus nécessaires; quoique les engagemens contractés à cet égard par les anciens corps et communautés ne soient pas de la nature des dettes que nous nous sommes chargés d'acquitter, cependant, désirant favoriser tout ce qui peut étendre l'industrie nationale, comme un moyen propre à rendre plus florissant le commerce de notre royaume, et confirmer le désir que la plupart des corps et communautés nous ont fait témoigner de concourir au soutien de cet établissement, nous avons cru qu'il étoit de notre justice de pourvoir au remplacement des revenus dont l'école royale gratuite de dessin se trouve privée. Et si, dès les premiers moments de notre avènement au trône, nous avons honoré cet établissement de notre protection, en lui faisant donation de l'ancien amphithéâtre de Saint-Côme, pour y établir son chef-lieu, notre intention est de lui donner aujourd'hui une nouvelle marque de cette même protection, qui influera plus particulièrement encore sur cette classe indigente de citoyens dont le soulagement fixera toujours notre attention.

A ces causes, etc.

Nous avons par ces présentes, signées de notre main, dit, sta-

---

(1) V. a. d. c. 19 mai 1776, décret 4 septembre 1790, 25 mars 1791.

...é et ordonné, disons, statuons et ordonnons, voulons et nous plaît, qu'à compter du 1er janvier prochain il sera reçu annuellement dans chacun des corps et communautés d'arts et métiers de notre bonne ville de Paris, savoir, dans chacun des six corps, deux marchands, et dans chaque communauté, un maître ou une maîtresse, au profit de l'école royale gratuite de dessin; le prix desquelles réceptions, sur le pied fixé par le tarif annexé à notre édit du mois d'août dernier, sera perçu en entier par les gardes, syndics et adjoints, pour être la totalité, sans aucune déduction, par eux versée dans la caisse de ladite école: voulons en conséquence qu'à compter dudit jour 1er janvier prochain, les fondations, dotations et autres obligations quelconques contractées par les anciens corps et communautés au profit de ladite école demeurent éteintes et supprimées.

N° 579. — LETTRES PATENTES, *en forme d'édit, portant fixation du nombre et de la qualité des marchands et artisans privilégiés de la cour, maison et suite de sa majesté, nommés par le prévôt de l'hôtel, avec un tarif des droits qui seront payés par ceux desdits marchands et artisans qui voudront réunir à leurs professions un nouveau genre de commerce* (1).

Versailles, décembre 1776. Reg. grand conseil du roi, le 20 décembre 1776. (R. S.)

N° 580. — ARRÊT *du conseil sur la distribution et le colportage des billets de loterie.*

Versailles, 21 décembre 1776. (R. S. C.)

V. a. d. c. 30 juin 1776.

Sur ce qui a été représenté au roi, étant en son conseil, par l'administration de la loterie royale de France et loteries y réunies, qu'il étoit nécessaire, pour la sûreté du public et celle de ladite administration, d'établir une police et une discipline exacte et invariable parmi les colporteurs desdites loteries en province, auxquels elle auroit jugé à propos, pour le bien de son service, de donner commission de vendre et colporter les billets faits,

---

(1) V. 19 mars 1543, 3 mai 1603, 16 septembre 1606, décembre 1611, janvier 1613, mai et 24 juillet 1659, 28 août 1669, 30 juin 1674, 18 juin, 1er septembre 1723, 29 octobre 1725, 30 octobre 1748 (Mars, 1. § 20) 1er avril 1762, 15 mars 1778.

soit de la loterie royale, soit des loteries de Piété et des Enfants-trouvés de Paris, y réunies; comme aussi de faire connoître aux colporteurs, auxquels le colportage et vente desdits billets pourront être confiés dans les différentes provinces du royaume, les obligations dont ils sont tenus envers le public et l'administration de la loterie royale de France. A quoi voulant pourvoir, etc.

1. Aucun particulier ne pourra à l'avenir vendre, distribuer, crier et colporter des billets et listes de la loterie royale de France, ainsi que des loteries de Piété et des Enfants-trouvés y réunies, s'il n'est avoué de l'administration de ladite loterie, et par elle pourvu d'une commission et d'une plaque ou écusson de cuivre, portant d'un côté les armes du roi, et de l'autre ces mots, *Loterie royale de France;* et le numéro du bureau auquel le colporteur sera attaché.

2. Nul ne pourra obtenir lesdites commissions, s'il ne justifie à l'administration, d'un extrait de baptême en bonne forme, qu'il est né sujet de sa majesté, ayant l'âge au moins de trente ans, qu'il sait lire et écrire, et s'il ne rapporte un certificat de ses bonnes vie et mœurs, signé du curé de sa paroisse et de trois personnes notables du lieu qu'il habite, ensemble du consentement du receveur desdites loteries, de lui confier des billets pour être vendus et colportés dans la ville où le bureau de la loterie royale est établi; desquels billets ledit receveur demeurera responsable, devant être signés de lui et délivrés uniquement par lui audit colporteur.

3. Celui qui sera pourvu de commission et de plaque ne colportera des billets et listes de loteries que pour celui desdits receveurs qui sera autorisé par l'administration à l'employer, lequel receveur en fera la présentation et déclaration au bureau général de l'administration; et dans le cas de changement, soit du receveur, soit du colporteur, ils seront tenus l'un et l'autre d'en faire la déclaration au susdit bureau.

4. Seront tenus lesdits colporteurs de porter leur plaque ou écusson attachée en évidence au-devant de leur vêtement, et de porter leur commission sur eux, à peine de cent livres d'amende: ils ne pourront, sous quelque prétexte que ce puisse être, prêter à qui que ce soit leur commission ou plaque, à peine de trois cents livres d'amende et de prison, tant contre celui qui auroit fait le prêt, que contre celui qui l'auroit accepté: pourront même les porteurs de commissions et plaques être arrêtés sur-le-champ.

5. Lesdits colporteurs pourront vendre et distribuer lesdits billets et listes des loteries, par les rues, places et marchés seulement, et non dans leurs maisons, depuis sept heures du matin jusqu'à six heures du soir, à compter du 15 octobre jusqu'au 15 mars; et depuis six heures du matin jusqu'à huit heures du soir, à compter du 16 mars jusqu'au 14 octobre. Leur défend sa majesté d'en colporter hors lesdites heures, et de vendre des reconnoissances desdites loteries, ou autres imprimés quelconques, à peine de cent livres d'amende, et de prison en cas de récidive.

6. Aucun des receveurs desdites loteries ne pourra employer un plus grand nombre de colporteus que celui qui sera fixé par l'administration.

7. Aucuns colporteurs ne pourront vendre et distribuer des billets et listes des loteries, dans les villes autres que celle ou réside le receveur, au bureau duquel ils sont attachés par leurs commissions et le numéro de leurs plaques; et ce à peine de trois cents livres d'amende et d'interdiction entière de leurs fonctions: permettons aux receveurs desdites villes de faire dresser, en leur présence, par un huissier sur ce requis, procès verbal au nom et à la requête d'Antoine Blanquet, contre les colporteurs d'une autre ville que celle qu'ils habitent, lorsqu'ils contreviendront au présent arrêt et règlement.

8. En cas d'une maladie, absence ou autre cause d'interruption de service de colporteur, il pourra être suppléé par un colporteur dit *surnuméraire*, ayant les qualités requises par l'article II du présent arrêt; lequel colporteur surnuméraire aura le consentement du receveur et l'autorisation de l'administration : auquel cas, et pendant l'intervalle du temps où le colporteur ordinaire sera privé de son service, le colporteur surnuméraire sera pourvu de sa plaque et de sa commission sur laquelle le receveur certifiera préalablement de la permission qu'il a reçue de l'administration, qui l'autorise pendant ledit temps à colporter et vendre des billets.

9. Ceux des colporteurs qui par leur âge, infirmité, retraite volontaire ou destitution de la part de l'administration, cesseront leurs fonctions, et les héritiers ou représentants les colporteurs qui décéderont, seront tenus, dans la huitaine, de remettre aux receveurs, pour être renvoyées au bureau de l'administration, les plaques et commissions qui leur avoient été délivrées, à peine de cent livres d'amende.

10. Les sieurs intendants et commissaires départis dans les provinces et généralités du royaume, et le sieur lieutenant de police pour la ville et faubourgs de Paris, connoîtront de toutes les contestations relatives aux colportages et distributions de billets de la loterie royale de France et autres y réunies, ainsi que des contraventions au présent arrêt et règlement ; sa majesté leur attribuant toutes cour et juridiction nécessaires à cet effet, sauf l'appel au conseil : fait défenses, sa majesté, à toutes ses cours et autres juges de prendre connoissance desdites contestations et contraventions, et aux parties de se pourvoir ailleurs que par-devant lesdits sieurs commissaires, sous peine de nullité et cassation de procédures, et de tous dépens, dommages et intérêts.

N° 581. — RÈGLEMENT *pour la liquidation des dettes et le paiement des dépenses de la maison du roi.*

Versailles, 22 décembre 1776. (R. S, C.)

1. L'année révolue de toutes les dépenses de la maison du roi, tant par entreprises que par fournitures, sera à l'avenir payée comptant au trésor royal, dans le courant de l'année suivante, à raison d'un douzième par mois, et ce, à commencer du 1er de janvier 1777, pour les dépenses de 1776, et ainsi de suite, d'année en année.

2. Toutes les créances antérieures au 1er janvier 1776, pour ces mêmes objets de fournitures et entreprises, seront acquittées dans l'espace de six années, et il sera fait à cet effet un fonds de quatre millions pendant les trois premières années, à commencer en 1777; et ce fonds sera augmenté, pour les trois dernières, jusqu'à la concurrence du montant entier de ces créances : sa majesté se réservant d'indiquer l'ordre des remboursements, d'après la connoissance précise qui lui sera donnée de la date de ces créances et de leur objet.

3. Il ne sera délivré aucun effet négociable pour totalité ni partie des remboursements indiqués par l'article précédent; mais ils seront faits, suivant l'usage, sur des états de distribution, à chacune des époques fixées pour le paiement.

4. Indépendamment du fonds ordinaire destiné à payer chaque année une année des gages et appointements de la maison de sa majesté, il sera fait, à commencer de l'année prochaine, un fonds extraordinaire de cinq cent mille livres, applicable à la liquidation des autres arrérages de ces mêmes gages, et par pri-

..... au paiement des plus petites parties; se réservant, sa majesté, d'augmenter ce fonds aussitôt que les circonstances pourront le permettre.

5. Les diverses personnes qui prennent directement les ordres de sa majesté pour les dépenses de sa maison, lui remettront avant deux mois, du jour de la publication du présent règlement, un projet général d'économie relatif à leur département, sur lequel projet sa majesté fera connoître ses intentions.

6. A moins de circonstances particulières, tous les projets de dépenses extraordinaires ne seront présentés à sa majesté qu'au mois de décembre de chaque année, pour l'année suivante; et dans tous les cas, il y sera joint un état des fonds que ces dépenses pourront exiger.

582. — RÈGLEMENT *concernant les pensions et autres grâces pécuniaires.*

Versailles, 22 décembre 1776. (R. S. C.)

V. déc. 17 avril 1759; a. d. c. 29 janvier 1770; 8 novembre 1778; 7 janvier, août 1779; 8 mai et 3 septembre 1785; 13 octobre 1787 — 22 août 1790; 15 germinal an III; décret 27 février 1811.

Le roi, en examinant la situation de son trésor royal, dont sa majesté s'est réservé la connoissance d'une manière plus particulière, a vu avec peine que des libéralités successives avoient extrêmement chargé l'état de ses finances; et sa majesté a senti la nécessité de prévenir cet inconvénient dans la suite.

Dans cette vue, elle se propose de renvoyer à une seule époque de l'année la distribution des grâces pécuniaires, de quelque espèce qu'elles soient : elle pourra découvrir ainsi toute l'étendue des demandes; et en rassemblant sous ses yeux la somme des différentes extinctions, elle pourra remplir le dessein qu'elle a formé de n'en appliquer qu'une partie à la distribution des grâces nouvelles, afin de ramener insensiblement cet objet de dépense à une mesure convenable. Éclairée par la réunion de ces circonstances, et par la connoissance de la situation de ses finances, sa majesté sera plus certaine de concilier toujours sa bienfaisance avec cette justice générale, le premier de ses devoirs, en se réservant néanmoins de prononcer elle-même sur ce petit nombre d'exceptions où la promptitude est une des conditions essentielles du bienfait.

Sa majesté a remarqué de plus, que la multitude de caisses et de trésoriers qui s'est introduite dans ses recettes et dans ses dépenses a permis d'assigner, d'autant de manières différentes le paiement des pensions et des gratifications annuelles; d'où il résulte une plus grande difficulté de les rassembler sous ses yeux, et une plus grande facilité pour obtenir des grâces sous différents rapports; ainsi, pour prévenir ce genre d'abus, et dans la résolution où est sa majesté d'établir au trésor royal une exactitude qui ne laisse rien à désirer, elle veut que toutes les pensions nouvelles y soient assignées, et que toutes les personnes qui solliciteront des grâces pécuniaires fassent connoître en même temps les divers traitements dont elles jouissent déjà, à quelque titre que ce soit.

C'est avec de semblables précautions que sa majesté se ménagera les moyens de ne jamais refuser des faveurs véritablement méritées, et qu'elle pourra même aller au-devant des hommes modestes qui ne demanderoient ni la récompense de leurs services, ni l'encouragement auquel des talents distingués peuvent prétendre.

Sa majesté est informée que, par une suite de circonstances malheureuses, les pensions ne commencent à être payées que trois ou quatre années après qu'elles ont été accordées; ce qui laisse dans la souffrance les personnes à qui ces pensions sont véritablement nécessaires, et la prive ainsi elle-même de la satisfaction qui lui est la plus chère: ainsi déterminée, comme elle l'est, à n'accorder des grâces qu'avec justice et modération, elle croit pouvoir, sans contrarier l'ordre de ses finances, rapprocher le paiement des pensions qu'elle donnera à l'avenir; et si les circonstances ne lui permettent point encore de changer l'ordre établi pour celles qui sont antérieures au présent règlement, sa majesté n'a pas moins à cœur d'en diminuer les arrérages: et c'est comme un gage de cette intention favorable qu'elle y destine, dès l'année prochaine, un fonds extraordinaire de cinq cent mille livres, applicable, par préférence, au paiement des plus petites parties.

Sa majesté n'ignore pas non plus que, par un usage qui ne sert qu'à perpétuer le souvenir d'opérations fâcheuses, auxquelles elle espère n'avoir jamais recours, on fait différentes déductions au trésor royal sur toutes les pensions que sa majesté accorde; et comme une telle méthode, en donnant à ses bienfaits un capital fictif, s'éloigne de la simplicité vers laquelle sa majesté désire ramener toutes ses affaires, elle veut que, sans rien changer

... usage, relativement aux pensions déjà accordées, il ne subsiste plus pour les nouvelles, et qu'elles soient payées sans aucune déduction.

Enfin, voulant dissiper l'obscurité à la faveur de laquelle on cache souvent l'étendue de ses demandes, et désirant au contraire donner aux grâces cette publicité qui retient les sollicitations indiscrètes, et procure aux bienfaits mérités un nouveau prix par l'approbation publique, sa majesté a cru devoir interdire toute demande, et toute attribution d'intérêt dans les fermes ou les régies de ses revenus, et dans toutes les affaires de finance, sous quelque dénomination que ce soit : son intention étant de n'y admettre, à titre d'intéressés, que les personnes qui sont nécessaires à l'administration de ces mêmes affaires, afin qu'on ne soit plus obligé de leur accorder un bénéfice qui excède la rétribution due à leur travail et à l'avance de leurs fonds. Sa majesté néanmoins n'entend priver personne des intérêts dont ils jouissent, lesquels leur seront conservés jusqu'à l'expiration des baux auxquels ils sont associés.

Par ces différentes considérations, sa majesté a ordonné et ordonne ce qui suit :

1. Les demandes de grâces pécuniaires de toute nature, soit sous la dénomination de pensions, gratifications, traitements, augmentations d'appointements, soit par forme d'échanges, ou à titre d'anciennes prétentions, ne pourront à l'avenir être présentées à sa majesté que dans le mois de décembre de chaque année; sa majesté se proposant de faire connoître ses intentions à cet égard aussitôt qu'elle aura fait l'examen de ces demandes.

2. Les pensions nouvelles, et autres grâces pécuniaires, ne seront plus accordées que sur le trésor royal; elles se paieront au bout de l'année révolue, et ne seront sujettes à aucune déduction.

3. Il sera fait, à commencer de l'année prochaine, un fonds extraordinaire de cinq cent mille livres, applicable à la liquidation des pensions arriérées, et par préférence au paiement des plus petites parties; se réservant, sa majesté, d'augmenter ce fonds aussitôt que les circonstances pourront le permettre.

4. Sa majesté défend toute demande et attribution d'intérêt dans les fermes ou les régies de ses revenus, ainsi que dans toute espèce d'affaires de finance, à moins qu'on n'en soit administrateur.

N° 583. — *Arrêt du conseil qui retire aux administrateurs de l'école royale militaire les fonctions qui leur avoient été confiées par arrêt du 10 mai 1776.*

Versailles, 31 décembre 1776. (R. S.)

V. 26 février 1777.

N° 584. — Arrêt *du parlement sur la marée* (1).

Paris, 31 décembre 1776. (R. S. C. mars 2-377, Fleurigeon 1-499.)

Vu par les commissaires généraux de la cour sur le fait et police de la marchandise de poisson de mer frais, sec, salé et d'eau douce, la requête présentée par le procureur général du roi, sur le fait et police de ladite marchandise de poisson : contenant que c'est sous le règne de saint Louis que les marchands chasse-marées ont commencé à fréquenter les halles de cette ville, et aussitôt l'on établit des vendeurs de marée, qui vendoient le poisson de mer pour le compte des marchands, auxquels ils en remettoient le prix, sous la déduction de ce qui leur étoit alloué pour leurs peines et salaires ; et comme il auroit été dangereux d'abandonner la décharge et compte de cette marchandise, laquelle arrive presque toujours de nuit, à des crocheteurs ou autres gens du bas peuple, dont les halles sont toujours remplies, l'on y établit des personnes de confiance sous le nom de compteurs et déchargeurs. Nos rois prirent, suivant plusieurs ordonnances, sous leur protection et sauvegarde spéciale les chasse-marées, leurs domestiques, serviteurs et marchandises, et attribuèrent la connoissance de toutes leurs causes, privativement à tous autres juges, à des commissaires choisis entre les présidents et conseillers du parlement de Paris. Les lettres patentes du 25 mai 1351, 7 février 1356, 16 janvier et 10 février 1362, et 20 juin 1369, adressées auxdits commissaires, « leur mandent à sept, six, cinq, quatre, trois

---

(1) En vigueur, arrêté du 1er messidor an VIII, ord. de police du 9 frimaire an X.

V. 9 avril 1700, 6 août 1715, 8 juin 1754, 23 février 1770; a. d. p. 9 1776, en vigueur (tom. Ier, pag. 552); 26 avril 1780, 14 août 1783, 10 1785.

deux d'eux, de prendre lesdites ordonnances et les articles d'icelles avec les priviléges desdits marchands, qu'ils aient à les faire tenir et garder formellement, selon leur forme et teneur, sans enfreindre, et qu'ils punissent tous ceux qu'ils trouveront avoir fait le contraire, si et par telle manière que ce soit exemple à tous autres : mande à son procureur ou à son substitut sur le fait de ladite marchandise, qu'il poursuive toutes les personnes, de quelque état qu'elles soient, tant par information qu'autrement, qui auront fait contre la teneur desdites ordonnances et priviléges de ladite marchandise, circonstances et dépendances. » En conséquence de ces lettres patentes, les commissaires s'assemblèrent et rendirent, le 4 octobre 1370, une ordonnance portant règlement général pour tout ce qui concerne la police, vente et débit du poisson de mer; et, depuis cette époque, tous les arrêts de règlements concernant la police et la vente de ce comestible, ont toujours été rendus par les commissaires composant la chambre de la marée, devant lesquels doivent être portées en première instance toutes les causes, tant civiles que criminelles, de marchands chasse-marées, détailleurs, détailleresses, officiers, travailleurs, enfin de tout ce qui a rapport à ladite marchandise de poisson, et ce depuis l'ordonnance du roi Jean, du mois de décembre 1360, confirmée par celle de Henri IV, du mois d'août 1595; les lettres patentes du 25 janvier 1690, la déclaration du roi du 9 février 1706, l'édit du mois de décembre de la même année, et celui du mois de mai 1708, celui du mois de mars 1709, renouvelant l'attribution à la chambre de la marée de toutes les contestations qui pourroient survenir relativement à ladite marchandise et police d'icelle; font défense à tous autres juges d'en connoître, et enjoignent aux commissaires composant la chambre de la marée, et à son procureur général sur le fait de la police et marchandise de poisson de mer frais, sec, salé et d'eau douce, d'y tenir la main, aussi bien qu'à l'exécution des édits et règlements sur ce intervenus. Des douze deniers qui étoient alloués aux vendeurs pour leurs peines, salaires et avances d'argent, il a été distrait deux deniers au profit de la marchandise, tant pour les honoraires que remboursement des frais indispensables de police, que pour récompenser les marchands chasse-marées des pertes de leurs chevaux et marchandises qu'un dégel ou un orage peuvent faire corrompre en chemin; ensuite le roi créa en titre d'office un receveur des deux deniers, qui en rendoit compte tous les ans en la chambre de la marée; ce droit au profit des marchands chasse-marées a subsisté jusqu'en 1719, qu'il fut supprimé aussi bien que le receveur. Suivant l'édit de 1350, les vendeurs étoient élus par lesdits commissaires, appelés à ce les plus suffisants et convenables du métier des harengiers et poissonniers. Cela s'est pratiqué jusqu'en 1543, que les vendeurs furent créés en titre d'office avec injonction de vendre et adjuger en personne ledit poisson de mer après l'avoir vu et visité; et au cas qu'il se trouvât gâté, corrompu ou vicié, d'en avertir les juges pour y être pourvu. Les compteurs et déchargeurs, lesquels, suivant l'article 24 de l'ordonnance de 1258, étoient choisis par les prud'hommes, furent aussi créés en titre d'office en 1543; et en cette même année le roi créa un contrôleur de la marée en titre d'office. Tous ces différents offices de vendeurs, compteurs, déchargeurs et contrôleurs furent supprimés par l'édit du mois de septembre 1719; et par l'édit du mois de juin 1730, tous ces offices furent rétablis sous le titre de jurés-vendeurs, compteurs et contrôleurs de poisson de mer frais, sec, salé et d'eau douce, le tout au nombre de cent quatre-vingt-cinq officiers, lesquels, suivant l'arrêt du conseil du 31 octobre 1730, revêtu de lettres patentes registrées où besoin a été, furent réunis au nombre de dix offices, sous le titre de dix anciens officiers jurés-vendeurs de poisson de mer frais, sec, salé et d'eau douce : ces dix officiers ont exercé ou fait exercer tous ces différents offices par les commis qu'ils commettoient, lesquels ont toujours prêté serment par-devant un des commissaires composant la chambre de la marée. En conséquence et en exécution de tous les arrêts de règlements de la cour, tous les deux ans lesdits officiers vendeurs étoient mandés en la chambre et en présence du procureur général du roi sur le fait et police de ladite marchandise de poisson, et sur ses conclusions y prêtoient serment pour différentes fonctions de police, concernant l'ordre et la discipline qui doit s'exercer, tant dans les halles que dans les autres marchés de cette ville, que la cour leur confioit, et qu'ils exerçoient accompagnés de l'huissier garde de la marchandise nommé par la cour; ladite cour a toujours permis auxdits officiers de nommer les différents travailleurs pour aider à la vente du poisson, qui s'est toujours faite conformément à l'article 28 de l'ordonnance du mois de juin 1680, des droits du poisson de mer, comme crieurs, verseurs et gardeuses de panier, dont les salaires sont à la charge des marchands chasse-marées, pour lesquels salaire étoit prélevé sur le montant de la vente de chaque voiture une somme de sept livres, et pour les mannes que fournissent les

...pteurs un sou par chaque panier ou article de vente, et les officiers vendeurs, sur les sommes qu'ils percevoient sur ce ...estible en vertu du tarif annexé audit édit du mois de juin ..., payoient les honoraires et remboursoient tous les frais de ...ice; lesdits officiers vendeurs nommoient aussi les femmes ...airement appelées donneuses par acquet, établies dans les ...es vers le commencement de ce siècle, et dont les fonctions ...sistent à être garantes envers lesdits vendeurs de tous les pa... ou articles de vente qui sont adjugés aux détailleresses qui ...nt point de crédit à la caisse. Le roi, par son édit du mois de ...vier de la présente année, ayant supprimé tous les offices créés ...rétablis par l'édit du mois de juin 1730, du nombre desquels se ...vent les jurés vendeurs, auxquels le roi avoit depuis réuni les ...ces de compteurs et de contrôleurs, et lesquels, sous l'autorité ...la cour, nommoient tous les travailleurs qui aident à la vente, ...sur lesquels ledit procureur général avoit la police et discipline. ...roi, par l'article premier de cet édit, défend aux commis ou ...posés desdits officiers supprimés, de continuer d'en exercer à ...enir les fonctions; et, suivant l'article 3 dudit édit, le roi or...ne seulement que les droits qui appartenoient auxdits officiers ...primés soient réunis à ses fermes et perçus à son profit par ...djudicataire général des fermes; il s'ensuit de ces deux articles: que c'est à l'adjudicataire général des fermes à percevoir les ...its qui sont imposés sur le poisson de mer frais, sec, salé et ...u douce; 2° que n'ayant plus d'officiers jurés-vendeurs, aux...els étoient réunis les offices de compteurs et de contrôleurs, ...quels jurés-vendeurs nommoient aussi les différents travail...rs nécessaires pour la vente; et comme, suivant les ordon...ces et édits, c'étoit la cour qui nommoit, choisissoit et élisoit ...jurés-vendeurs avant qu'ils fussent créés en titre d'office, et ...noit sur leurs salaires aussi bien que sur ceux des compteurs, ...t privativement à tous autres juges spécialement chargés de ...ller à la conservation des priviléges des marchands chasse-ma...s, aussi bien que de leur marchandise, et de fixer tous les ...ires et frais de balles qui sont à leur charge, afin que l'abon...ce de ce comestible, que l'on peut regarder comme de pre...re nécessité, règne en cette ville, et que la police, qui a tou...rs été très exactement observée, tant dans les halles que ... les différents marchés de cette ville, ne soit altérée en rien; ...ce qui est d'autant plus essentielle, que la santé des citoyens ...t en dépendre.

A ces causes requéroit, ledit procureur général du roi, sur [le] fait et police de ladite marchandise de poisson de mer frais, [sec,] salé et d'eau douce, qu'il plût à la cour ordonner ce qu'elle [ju]gera nécessaire et de plus avantageux pour les intérêts du r[oi et] du public, et de ladite marchandise de poisson de mer fra[is,] tant pour en faire la visite avant qu'elle soit exposée en ven[te,] que pour faire la vente et adjudication d'icelle, aussi bien q[ue] pour l'estimation du poisson d'eau douce à son arrivée, tant p[ar] eau que par terre, que pour remplacer les différentes fonctio[ns] que lesdits officiers vendeurs exerçoient, ou faisoient exerc[er,] même de ceux de police qu'ils exerçoient de l'autorité de la co[ur,] tant dans les halles que dans les différents marchés de cette vi[lle,] soit comme vendeurs que comme compteurs et contrôleu[rs;] statuer à qui la nomination des commis pour faire les vent[es,] celles des compteurs, contrôleurs, aussi bien que celle des di[ffé]rents travailleurs et celle des donneuses par acquêt, app[ar]tiendra. Régler les fonctions, les salaires de tous ces différ[ents] employés et travailleurs, augmenter le nombre de ceux qui [ne] sont pas suffisants, enjoindre à l'huissier garde de la march[an]dise de veiller à ce que la police, concernant la marchandise [de] poisson, soit observée très exactement, tant dans les halles q[ue] dans les différents marchés de cette ville; régler aussi sur q[uoi] seront pris les frais de cette police, qui est indispensable; ordo[nner] l'exécution de toutes les ordonnances, édits, déclaration du [roi] et de tous les arrêts de règlement de la cour, et enfin que l'ar[rêt] qui interviendra sur la présente requête soit imprimé et affi[ché] ès halles de cette ville, à ce que nul n'en prétende cause d'ig[no]rance, à sa requête, poursuite et diligence. Ladite requête sig[née] du procureur général du roi sur le fait et police de ladite m[ar]chandise de poisson de mer frais, sec, salé et d'eau douce. O[uï] le rapport de M° Denis-Louis Pasquier, conseiller-commissai[re,] la matière mise en délibération, tout considéré :

La cour a ordonné et ordonne que les anciennes ordonn[an]ces, édits, déclarations du roi, arrêts et règlements de la co[ur] sur le fait et police de la marchandise de poisson de mer fra[is,] sec, salé et d'eau douce, et notamment les ordonnances du m[ois] de décembre 1360 et de 1680, l'édit du mois de février 1776, [les] arrêts de règlement de la cour du 4 octobre 1570, 20 fév[rier] 1696, 27 août 1711, 24 avril et 9 mai 1776, seront exécu[tés] selon leur forme et teneur; en conséquence a ordonné et ordo[nne] ce qui suit :

1. Toute la marée fraîche sera amenée en droiture ès halles de cette ville, pour y être vendue et adjugée au plus offrant et dernier enchérisseur, et les droits perçus sur le prix de la vente, faisant défense de la mener vendre ailleurs et de la vendre autrement, sous les peines portées par les articles 27 et 29 de l'ordonnance du mois de juin 1680, et conformément à tous les arrêts de règlement; ladite vente commencera à trois heures du matin, sonnées à l'horloge de Saint-Eustache.

2. Ordonne qu'aussitôt que ladite marée fraîche aura été déchargée, elle sera vue et visitée pour connoître si elle n'est point gâtée, viciée ou corrompue, auquel cas en sera dressé procès verbal par l'huissier garde de la marchandise; après quoi celle qui aura été reconnue salubre sera exposée en vente par des commis vendeurs, nommés par l'adjudicataire général, lesquels, conformément audit article 29 de l'ordonnance de 1680, l'adjugeront au plus offrant et dernier enchérisseur; et les enchères seront reçues par des commis crieurs, préposés à cet effet par ledit adjudicataire général; et pour l'exécution de l'édit du mois de février 1776, lesdits commis vendeurs seront tenus d'écrire tous les articles de vente sur un registre coté et paraphé sans frais par premier et dernier feuillet, par ledit procureur général sur le fait de police de ladite marchandise; et lesdits commis vendeurs, avant que de pouvoir en faire aucunes fonctions, seront tenus de prêter serment par-devant l'un des commissaires de la chambre; fait très expresses défenses auxdits commis vendeurs de faire aucun rabais sur les articles ou paniers de marée qu'ils auront adjugés, sous peine de 10 liv. d'amende; et leur enjoint, sous les mêmes peines, de ne point souffrir qu'il soit enlevé ni pris aucun poisson par quelque personne quelconque, même sous le prétexte des déjeuners pour le conducteur ou voiturier, qu'il n'ait été au préalable vendu et adjugé à la chaleur des enchères; permet seulement aux marchands chasse-marées, lorsqu'ils seront présents en personne à la vente, d'en retirer quelques petites parties, en payant les droits sur le pied de l'estimation qui en sera faite par lesdits commis vendeurs.

3. Ordonne que les facteurs commissionnaires, qui ont prêté serment par-devant l'un desdits commissaires de la chambre, en exécution de l'arrêt de la cour du 24 avril 1776, feront les fonctions de contrôleurs; leur enjoint d'assister régulièrement aux ventes et de se trouver aux halles dès l'heure de deux heures du matin, et de se placer aux places où se fait la vente, à côté de la

donneuse par acquêt, où ils ont été installés par ledit procureur général, sur le fait et police de ladite marchandise, ou autre telle qu'elle leur sera indiquée, sans pouvoir en changer d'eux-mêmes, à l'effet d'écrire exactement chaque article de vente sur le registre qu'ils tiennent coté et paraphé dudit procureur général; leur ordonne, aussitôt la vente finie, de se transporter au bureau dudit adjudicataire-général, pour confronter les articles de ventes portés sur leur registre avec ceux portés sur les registres du commis vendeur dudit adjudicataire, qui aura écrit la vente, et de la donneuse par acquêt qui aura assisté à la vente, et ensuite retirer des mains du caissier dudit adjudicataire général la bourse où se met le montant de la vente du poisson appartenant au marchand chasse-marée, sous la déduction des droits et salaires, ainsi qu'ils seront réglés ci-après. Fait défense au caissier de remettre ladite bourse à d'autres qu'aux marchands chasse-marées en personne, ou auxdits facteurs commissionnaires, sous peine d'être responsable en son propre et privé nom de ladite somme étant dans ladite bourse; enjoint audit caissier, conformément à l'article 10 de l'arrêt de règlement de 1686, de mettre dans chaque bourse une cédule signée de lui, laquelle contiendra le jour et l'année de la vente, le nom du marchand auquel appartiendra la marchandise, la quantité de paniers vendus, le montant de ladite vente, les droits et frais qu'il a retenus sur le montant de la vente, enfin le net de l'argent revenant au marchand. Enjoint auxdits facteurs commissionnaires, comme faisant fonction de contrôleur, en cas de quelques abus ou contravention, d'en donner avis à l'huissier garde de la marchandise, qui en dressera procès verbal, d'observer tous les arrêts de règlement, et d'obéir en tout à ce qui leur sera ordonné pour le bon ordre, la police de la vente, l'utilité et l'avantage desdits marchands chasse-marées.

4. Les compteurs et leurs surnuméraires, appelés vulgairement verseurs, avant que d'en faire aucunes fonctions, prêteront serment par-devant l'un des commissaires de la chambre, et en cas de quelque contravention, surtout à l'arrêt de la cour du 9 mai 1776, qui fixe la grandeur des paniers et fait défense d'y mettre au fond plus d'un petit bouchon de paille, en avertiront l'huissier garde de la marchandise, qui en dressera procès verbal, qui sera remis dans l'instant audit procureur général pour y être statué. A l'égard des plumets ou déchargeurs, aussi bien que des gardeuses de paniers, ledit adjudicataire général

ses préposés, en mettront en nombre suffisant, pour que le service se fasse promptement sans aucun retard; et pour prévenir tout vol de paniers, lesdits plumets seront tenus de porter eux-mêmes les paniers à la vente; tous lesdits commis, vendeurs, crieurs, compteurs, verseurs, plumets, gardeuses de paniers, tenus d'assister régulièrement aux halles les jours de vente, et ce, depuis deux heures du matin jusqu'à midi, sous peine, contre ceux qui s'absenteront pendant ledit temps, d'être privés de la rétribution qui pourroit leur revenir pour la vente dudit jour, et leur part et portion accroîtra en faveur de ceux qui auront assisté régulièrement depuis lesdites heures de deux heures jusqu'à midi; tous les compteurs, aussi bien que les verseurs, les crieurs, les plumets et les gardeuses de paniers feront chacune bourse commune entre eux, et aucuns desdits travailleurs ne pourront prendre ni recevoir desdits marchands chasse-marées, ou leurs voituriers, aucun poisson ni présent, soit en argent ou autre chose, sous quelque prétexte que ce soit, sous peine d'être renvoyés dans l'instant des halles; mais tous lesdits travailleurs et commis, crieurs, facteurs, commissionnaires, contrôleurs, se contenteront de leurs salaires, ainsi qu'ils seront ci-après réglés. Fait défenses, sous les peines portées par tous les arrêts de règlement, à tous courtiers, hôteliers, valets d'écurie, gagne-deniers, et à tous autres, de s'immiscer en l'exercice des fonctions desdits travailleurs, ou d'emporter hors de la halle aucune manne servant à la vente dudit poisson et appartenant aux compteurs.

5. L'huissier garde de la marchandise assistera exactement aux halles les jours de vente, pour empêcher qu'il ne soit exposé en vente aucun poisson de mer corrompu, gâté ou vicié; conformément à l'article 2 ci-dessus, veillera à ce qu'il ne se passe aucun abus ni contravention, ni rien de contraire au bon ordre et à la police qui doit s'observer dans les halles, et qu'il ne reste aucun poisson au fond des paniers versant, ou à la levée, aura attention à ce que la voie publique ni le parquet à la marée ne soient embarrassés par des chariots, soit à leur arrivée, ou après qu'ils seront déchargés; empêchera que les détailleresses qui ont des places auprès du parquet à la marée n'étalent leurs marchandises que la vente en gros ne soit totalement finie, mais aient à se conformer à l'arrêt de la cour du 28 juin 1766; veillera à ce que les compteurs aient toujours une quantité suffisante de mannes, pour que la vente n'éprouve aucun retardement, et à ce que tous les travailleurs et commis aient à assister

19.

régulièrement aux halles les jours de vente depuis deux heures du matin jusqu'à midi; tous les dimanches et fête de Vierge qui arrivent pendant le carême, se transporter dans les différents marchés de cette ville, pour empêcher les détailleresses et détailleuses de vendre ces jours-là du poisson de mer sec et salé, et ce, sous les peines portées par l'arrêt de règlement du 20 janvier 1696; et enfin se transportera tous les jours qui lui seront indiqués par le procureur général du roi, sur le fait et police de ladite marchandise, dans les trempis des détailleurs et détailleresses de poisson de mer salé, pour empêcher que ledit poisson ne soit falsifié par chaux, alun, déguisement ou autrement, et si lesdits trempis ne sont point gâtés ou corrompus, et que les eaux ne puissent incommoder les voisins; et en cas de quelque abus ou contravention, en dressera procès verbal, qu'il remettra audit procureur général du roi, pour en faire son rapport à la chambre, et être par icelle statué dessus ainsi qu'il appartiendra.

6. Ordonne que les donneuses par acquêt, lesquelles seront choisies et nommées par l'adjudicataire général des fermes, ou ses préposés, seront caution de toutes les détailleresses auxquelles la marée fraîche sera adjugée, seront tenues d'assister régulièrement aux ventes, et d'écrire sur un registre coté et paraphé par ledit procureur général du roi, sur le fait et police de la marchandise jour par jour, de suite, sans aucun blanc, le nom de toutes les femmes auxquelles elles auront prêté leur nom, la quantité de paniers ou articles qui leur auront été adjugés, le prix d'iceux, ensemble l'argent qu'elles recevront; et seront tenues de donner audit procureur général les noms, surnoms des servantes ou écrivines dont elles veulent se servir, ce qu'elles seront tenues de faire toutes les fois qu'elles en changeront; lesquelles donneuses par acquêt, ni leurs servantes ni écrivines, ne pourront prendre pour leur compte particulier aucuns paniers de marée, ni faire commerce de ladite marchandise ni directement ni indirectement; et au cas que quelques unes desdites détailleresses soient refusantes de payer dans la semaine le montant du poisson qui leur aura été adjugé, lesdites donneuses par acquêt les feront assigner par-devant lesdits commissaires composant la chambre de la marée, et les contestations y seront jugées sommairement et sans frais; et pour prévenir les abus et conserver l'uniformité qui doit être entre toutes les détailleresses, fait défenses, sous les peines qu'il appartiendra, à l'adjudicataire général des fermes,

et à ses préposés, à compter du jour que le présent arrêt sera affiché ès halles de cette ville, d'accorder aucun crédit directement à leur caisse à aucune desdites détailleresses, sous quelque prétexte que ce soit; mais toutes lesdites détailleresses seront également assujetties à se servir du crédit desdites donneuses par acquêt.

7. Fait très expresses défenses et inhibitions à chacune des femmes donneuses par acquêt, d'attirer à la place où elles sont attachées, soit par parole ou par présent, aucun conducteur des voitures chargées de marée fraîche; mais enjoint auxdits conducteurs, sous peine de dix livres d'amende, laquelle somme sera retenue sur le montant de la bourse revenant au marchand, d'exposer sa marchandise en vente à la place qui se trouvera la première vacante, et ce sans choix ni option; et en cas de contravention, ordonne à l'huissier garde de la marchandise d'en dresser procès verbal, qu'il remettra dans l'instant audit procureur général du roi sur le fait et police de ladite marchandise pour y être statué.

8. Ordonne qu'à compter du jour que le présent arrêt sera affiché ès halles de cette ville, au lieu des sept livres que l'on retient pour le paiement du salaire des travailleurs par chaque voiture, dont la vente monte à trois cents livres et au-dessus, et du sou par chaque panier ou article de vente, pour fournitures de mannes, sera retenu sur la bourse du marchand chasse-marée, par le receveur dudit adjudicataire général, la somme de dix-sept livres lorsque le prix de la vente de chaque voiture montera à trois cents livres et au-dessus, laquelle somme de dix-sept livres, ledit receveur distribuera tous les mois aux ci-après nommés ainsi qu'il suit : 1° à l'huissier garde de la marchandise, trente sous, pour par lui être employés, de l'ordonnance de la chambre, au paiement des honoraires et remboursement des avances et déboursés des frais de police qui sont indispensables, et desquels trente sous par voiture ledit huissier se chargera, pour en rendre compte tous les ans, tant en recette que dépense, en la chambre, ainsi que le faisoit le receveur des deux deniers pour livre; aux crieurs, quatre livres; aux compteurs, quatre livres dix sous; auxdits compteurs, pour fournitures de mannes, dix sous; à leurs surnuméraires ou verseurs, dix sols, non compris les petits paniers, qui leur appartiendront ainsi qu'il est d'usage; aux plumets ou déchargeurs, deux livres dix sous; aux gardeuses de paniers ou gagne-deniers, vingt-cinq sous; aux facteurs commis-

sionnaires des marchands et contrôleurs, quarante-cinq sous. Et lorsque le total de la vente de la voiture ne montera pas à la somme de trois cents livres, il ne sera retenu sur icelle que huit livres dix sous; et chacun des travailleurs ci-dessus nommés, et l'huissier garde, ne recevront que la moitié de la somme à eux ci-dessus attribuée. Outre et par-dessus ladite somme, sera encore retenue celle de trente sous pour la conduite de chaque voiture, et celle de cinq sous pour la fourniture de la bourse de cuir où se met l'argent provenant de la vente.

9. Ledit adjudicataire général ou ses préposés nommeront les commis pour faire l'estimation du poisson d'eau douce à son arrivée, soit par eau, soit par terre; et s'il survient quelques difficultés relativement à l'estimation des grosses parties, ils en avertiront ledit procureur général sur le fait et police de ladite marchandise, pour y être statué sur-le-champ, et ce qui sera par lui ordonné, exécuté nonobstant opposition; et ne pourront lesdits commis, sous peine de nullité, faire aucunes fonctions qu'ils n'aient prêté serment par-devant l'un des commissaires de la chambre de la marée.

10. Tous les registres relatifs à la vente du poisson de mer, frais, sec, salé et d'eau douce, sous quelque dénomination qu'ils soient, seront cotés et paraphés sur chaque feuillet par premier et dernier, sans frais, par ledit procureur général sur le fait et police de ladite marchandise, conformément à l'article 16 de la déclaration du 6 août 1715, sous les peines y portées.

11. Ordonne, suivant et conformément à toutes les ordonnances et arrêts de la cour, que tous procès et contestations qui surviendront entre les marchands, chasse-marées, voituriers, détailleurs, détailleresses, commis, vendeurs, travailleurs, donneuses par acquêt, marchands de saline, détailleresses, facteurs, détailleurs, détailleresses du poisson d'eau douce, et autres personnes généralement quelconques, en ce qui regarde le fait et police de ladite marchandise de poisson de mer, frais, sec, salé et d'eau douce, seront portés en première instance et dernier ressort, tant en matière civile que criminelle, par-devant lesdits commissaires, en la manière accoutumée, avec défenses à tous autres juges d'en connaître, et aux marchands chasse-marées, de saline et poisson d'eau douce, détailleurs et détailleresses desdites marchandises, commis, vendeurs, crieurs, facteurs, commissaires, travailleurs et donneuses par acquêt, de procéder

qu'en la cour, à peine de nullité de procédure, mille livres d'amende; et s'il survient des contestations en matières provisoires de discipline sur le fait de ladite marchandise de poisson de mer frais, sec, salé et d'eau douce, elles seront réglées sommairement par ledit procureur général du roi sur le fait et police de ladite marchandise, et ce qui sera par lui fait et ordonné sera exécuté nonobstant opposition.

12. Enjoint audit procureur général du roi de faire observer les ordonnances, arrêts et règlements concernant ladite marchandise et police de poisson de mer, frais, sec, salé et d'eau douce, et à l'huissier garde de la marchandise de donner incessamment audit procureur général du roi des contraventions, si aucunes étaient faites, contre et au préjudice desdits règlements, pour lesquels il aura la faculté de saisir et arrêter toutes les marchandises des contrevenants, sans qu'il soit besoin d'autre permission que celle qui lui est donnée en vertu du présent arrêt; etc.

N° 585. — ORDONNANCE *concernant le corps royal du génie et le service des places* (1).

Versailles, 31 décembre 1776. (Ord. mil.)

Sa majesté ayant résolu de proportionner le nombre de ses ingénieurs aux vrais besoins de ses frontières et de ses armées, a voulu donner en même temps au corps du génie toute la consistance militaire qu'il doit avoir, et lui procurer les avantages auxquels peut prétendre un corps distingué par ses talents : en conséquence, elle a ordonné et ordonne ce qui suit :

TITRE I. — *Composition du corps royal du génie.*

1. Le corps des ingénieurs militaires portera à l'avenir le titre de corps royal du génie; tous les officiers de ce corps seront désignés par leurs grades respectifs, et par la dénomination commune d'officiers audit corps royal.

2. Le corps royal sera composé de trois cent vingt-neuf officiers.

3. De ces trois cent vingt-neuf officiers au corps royal du génie,

---

(1) En vigueur dans plusieurs dispositions. Décret du 24 décembre 1811; ord. 6 mars 1815, art. 4.

V. 3 octobre 1774; lett. pat. 12 mars 1814. Isambert, 1823, suppl., pag. 213.

treize seront directeurs, les autres, en paix comme en guerre, seront répartis en vingt-une brigades.

4. Chaque brigade sera composée d'un chef de brigade, d'un sous-brigadier, d'un major, de quatre capitaines en premier, de cinq capitaines en second et de trois lieutenants en premier.

5. A chaque direction seront de plus attachés par extraordinaire un ingénieur-géographe en premier et en second; ces ingénieurs-géographes seront aux ordres des directeurs.

6. Le nombre des élèves de l'école de Mézières sera proportionné aux besoins du service; leur existence à ladite école sera constatée sur la revue qu'en fera le commissaire des guerres.

7. Il sera établi dans chaque direction un conseil d'administration, qui sera composé du directeur et de tous les officiers supérieurs des brigades qui se trouveront le plus à portée du lieu de sa résidence : ce conseil sera présidé par le commandant de la province s'il est présent; les officiers généraux des divisions répartis dans l'étendue de la direction, y auront également séance: en cas de leur absence, le commandant de la place où résidera le directeur sera toujours appelé, le conseil d'administration ne pourra se tenir que chez le directeur.

8. Outre ces conseils établis dans les provinces, sa majesté fera assembler tous les ans chez le secrétaire d'état ayant le département de la guerre, tel nombre d'officiers généraux ou autres qu'il jugera convenable pour comparer le résultat des divers conseils d'administration du corps royal du génie, et pour statuer sur tout ce qui sera relatif aux fortifications.

Titre II. — *Formation du corps royal du génie.*

1. Nul ne pourra être admis à l'école de Mézières qu'il ne soit né sujet de sa majesté, et qu'il n'ait les mêmes preuves que celles exigées par l'ordonnance de l'administration du 25 mars 1776.

2. Il ne pourra être admis à ladite école aucun sujet qu'il n'ait subi, en présence de l'examinateur nommé par sa majesté et de tous les officiers et élèves de ladite école, un examen conforme au règlement particulier qui sera rendu incessamment à cet égard; en attendant sa publication, il sera procédé à l'examen dans la forme accoutumée.

3. Les élèves admis à l'école, après l'examen au concours, serviront deux années à la suite de cette école, auront rang de sous-lieutenant.

4. Après ces deux années de service à la suite de ladite école, les élèves prendront le titre d'aspirants au corps royal du génie; ils auront rang de lieutenant en second d'infanterie, et serviront en cette qualité deux autres années, à la suite du corps royal de l'artillerie, où ils seront particulièrement attachés comme surnuméraires aux compagnies des mineurs et de sapeurs.

5. Après ces deux nouvelles années de service à la suite desdites compagnies de mineurs et de sapeurs, les aspirants audit corps royal du génie serviront encore deux autres années à la suite des brigades dudit corps, où ils conserveront le titre d'aspirants, et où ils auront rang de lieutenant en premier.

6. Après ces deux autres années de service à la suite desdites brigades, lesdits aspirants, conservant toujours ce titre, seront placés à la suite des régiments d'infanterie; ils y serviront deux ans au moins, et jusqu'à ce qu'ils soient parfaitement au fait des manœuvres des troupes; ils seront en conséquence tenus de rapporter des certificats des compagnies des régiments à la suite desquels ils auront servi.

7. Après sept années d'épreuves, lesdits aspirants retourneront à la suite de leur brigade. Avant d'y être admis, ils seront tenus de subir un examen proportionné à l'importance des fonctions qu'ils auront alors à remplir. Cet examen sera fait par le directeur, en présence des officiers supérieurs des brigades qui en seront le plus à portée; il en sera rendu compte au secrétaire d'état ayant le département de la guerre, qui prendra les ordres de sa majesté sur l'admission de ses officiers dans les brigades, où leur avancement sera déterminé par leurs talents et leur application.

Sa majesté entend que les élèves ne sortent de l'école pour entrer dans les mineurs et les sapeurs qu'après avoir subi un second examen : dans le cas où, au terme de trois ans, lesdits élèves ne seroient pas jugés capables, ils seroient renvoyés chez eux.

8. Les treize directeurs seront choisis parmi les officiers généraux et les brigadiers du corps; à défaut d'officiers de ces grades, le choix se fera parmi les colonels, sans égard à l'ancienneté.

Le colonel, nommé directeur, aura du même jour rang de brigadier d'infanterie; à l'avenir, les directeurs seront choisis parmi les chefs de brigade, mais également sans suivre l'ordre du tableau, et sans consulter l'ancienneté de commission de colonel : bien entendu que les chefs de brigade qui seront brigadiers d'infanterie auront toujours la préférence sur les colonels pour monter à la place de directeurs.

9. Les chefs de brigade auront commission de colonel; les sous-brigadiers, commission de lieutenant-colonel; les majors brevet de major; les capitaines en premier, commission de capitaine en premier d'infanterie; et les capitaines en second, commission de capitaine en second d'infanterie.

Les autres officiers du corps royal du génie qui entreront dans la formation des brigades conserveront le grade de lieutenant en premier, ainsi que ceux des anciens ingénieurs qui se trouveront surnuméraires.

10. Tous les emplois dont il vient d'être parlé ci-dessus seront donnés, ainsi que ceux de directeur, au mérite et aux talents, et non à titre d'ancienneté. C'est d'après ce principe que les chefs de brigade seront choisis par les sous-brigadiers, ceux-ci parmi les majors, et ces derniers parmi les capitaines en premier: il en sera usé de même pour les grades inférieurs.

11. L'aspirant ne sera attaché particulièrement à l'une des brigades du corps du génie que du jour où il aura fini son service dans l'infanterie; jusque là, il sera attaché au corps en général à titre d'aspirant.

12. Le nombre des ingénieurs militaires étant réduit à trois cent vingt-neuf par la présente ordonnance, ceux des officiers dudit corps qui se trouveront surnuméraires seront employés dans les compagnies de sapeurs et de mineurs, et successivement dans les brigades du corps royal du génie et les régiments d'infanterie, ainsi qu'il a été dit ci-dessus.

Titre III. — *Répartition du corps royal du génie.*

1. Les vingt-une directions aujourd'hui existantes seront réduites à douze: chacune de ces directions sera commandée par un directeur. Indépendamment de ces douze directeurs, il en sera établi un toujours amovible près du secrétaire d'état ayant le département de la guerre. Les douze directions seront établies, ainsi que les vingt-une brigades, conformément au tableau de distribution qui sera joint à la présente ordonnance.

2. Sa majesté fera passer, selon les besoins du service, à la suite des brigades, tel nombre qu'il lui plaira des aspirants détachés dans les compagnies de mineurs, de sapeurs, et les régiments d'infanterie. Elle enverra aussi dans lesdites brigades ceux des élèves de l'école de Mézières qu'elle jugera assez avancés pour mériter cette distinction, avant la fin des deux ou trois années qui sont fixées pour leur séjour à ladite école.

3. Quand les besoins du service exigeront dans une direction [demi] ou un tiers de brigade de plus, ces détachements s'appelleront *section*. La demi-brigade qui sera détachée, sera commandée par le sous-brigadier, qui aura à ses ordres le premier et [troi]sième capitaine en premier; le premier, le troisième et le [qua]trième capitaine en second, et un lieutenant en premier; [s'il] sera détaché un tiers de brigade, les sections seront [faite]s en prenant successivement les officiers qui devront composer chaque tiers, qui sera commandé, le premier par le chef de [bri]gade, le second par le sous-brigadier, et le troisième par le [...]

4. Quand des ouvrages extraordinaires et le service des colonies, [ou tout] autre circonstance, exigeront qu'il soit détaché quelques [offi]ciers des brigades, l'intention de sa majesté est qu'ils ne soient [pris] que de celles qui se trouveront dans des directions où les [trav]aux seront moins urgents.

5. Les officiers détachés d'une brigade dans une autre ne [fero]nt pas moins partie de celle à laquelle ils seront réellement at[ta]chés; ils rouleront cependant pour le service journalier avec [les offi]ciers de la brigade dans laquelle ils seront accidentellement [incor]porés, serviront suivant leur rang et grade, et obéiront ou [com]manderont en conséquence.

6. L'intention de sa majesté est que dans le nombre des offi[ciers] du corps royal du génie il en soit détaché deux à la suite [du dé]pôt de la guerre, à Versailles, aux ordres de l'officier muni[cip]al, auquel ledit dépôt sera confié; les fonctions de ces deux offi[ciers] seront de contribuer au bon ordre des papiers, cartes, plans [et mé]moires, et d'étendre leurs connoissances topographiques par [la com]munication de ces archives militaires, et pour faire circu[ler les]dites connoissances dans toutes les parties du corps royal [du] génie, sa majesté entend rendre amovibles et périodiques ces [pla]ces à la suite du dépôt, de façon à faire de cette marque de [con]fiance, aussi bien que du supplément d'appointements qui en [s]era la suite, une récompense à laquelle les officiers du corps [roy]al du génie pourront tous également prétendre sans distinc[tion] de grade.

7. L'école de génie continuera d'être établie à Mézières, et l'in[ten]tion de sa majesté est qu'il y soit attaché un commandant, un [ma]jor et un aide-major: ces deux derniers officiers seront uni[qu]ement occupés à suivre l'instruction des élèves dans toutes les [par]ties qui y ont rapport; ils seront choisis, ainsi que le comman-

dant, parmi les chefs de brigade, les sous-brigadiers, les ma[jors]
et les capitaines en premier du corps royal du génie; mais [ils]
feront constamment partie des brigades.

Le commandant sera de plus chargé des travaux de la place,[et]
il sera subordonné, tant pour ces travaux que pour tout ce q[ui]
concernera les détails et l'instruction de l'école, au directeur [du]
département.

8. Les fonctions particulières du commandement de l'école [de]
Mézières demeureront à l'avenir incompatibles avec celles [de]
directeur des places de la Meuse, et de lieutenant pour sa majes[té]
à Mézières; mais cette place de commandant pourra se concil[ier]
avec le commandement d'une des brigades du corps royal du gé[nie.]

TITRE IV. — *Traitement pour les officiers du corps royal [du]
génie.*

1. Les directeurs jouiront, par an, des appointements réglés [ci-]
après: savoir, les deux plus anciens de nomination à la directi[on,]
de douze mille livres chacun.

Les six qui suivront, de dix mille livres chacun; et les ci[nq]
derniers de neuf mille livres chacun, sans que ces treize dire[c-]
teurs puissent prétendre d'augmentation pour frais de dessi[na-]
teurs, ni pour appointements de réforme à titre d'offic[iers]
généraux, quand ils parviendront ou seront parvenus à ce gra[de.]

2. Les vingt-un chefs de brigade jouiront, par an, chacun [de]
quatre mille huit cents livres d'appointements; et tous ceux d[es]
anciens directeurs qui, par la présente formation, se trouver[ont]
réduits aux fonctions de chefs de brigade, jouiront, par suppl[é-]
ment, du même traitement qui leur étoit ci-devant attri[bué.]

Entend au surplus, sa majesté, que lesdits suppléments, uni[que-]
ment accordés à titre de dédommagement aux anciens pourv[us]
de directions devenus chefs de brigade, cessent à mesure q[ue]
chacun d'eux parviendra de nouveau à une des directions de [la]
nouvelle-formation.

Ces autres officiers qui, par la nouvelle constitution, sero[ient]
dans le cas d'éprouver quelque diminution sur leurs anciens tr[ai-]
tements, jouiront du surplus, par forme de supplément, jus[qu'à]
leur promotion à un nouveau grade qui leur donne les mê[mes]
appointements et traitements.

3. Chacun des vingt-un sous-brigadiers jouira par an de tr[ois]
mille trois cent soixante livres d'appointements; chaque maj[or]

[...]brigade, de trois mille livres; le plus ancien capitaine en [pre-]mier de chaque brigade, de deux mille quatre cents livres; [cha-]cun des soixante-trois autres capitaines en premier, de deux [mille] livres; le plus ancien capitaine en second de chaque brigade, de seize cents livres; chacun des quatre-vingt-quatre autres [capit]aines en second, de treize cent cinquante livres; chacun [des] soixante-trois lieutenants en premier, placés dans les brigades, de mille quatre-vingts livres; ceux de ce grade qui se trouveront excédants à la composition, et qui devront être dans les [comp]agnies de mineurs et de sapeurs, ensuite dans les brigades [des] corps et dans les régiments d'infanterie, jouiront aussi de [mille] quatre-vingts livres.

Les élèves qui passeront avec le grade de lieutenant en second dans les troupes de l'artillerie et dans les brigades du génie [jou]iront de neuf cents livres d'appointements, et de mille quatre-vingts livres lorsqu'ils quitteront les brigades pour être déta[chés] dans les régiments d'infanterie.

[Quant] à l'officier du corps royal du génie qui continuera [d'êt]re établi à Paris, tant pour la conduite des ouvrages de fortification qui s'exécuteront à la Bastille, que pour la tenue des [plans] en relief, il aura dans le corps la commission du grade [auqu]el il sera appelé par son ancienneté, et jouira en conséquence des appointements dudit grade. Il jouira de plus de seize [cents] livres pour la garde desdits plans, et de douze cents livres [pour] lui tenir lieu de logement.

[Ent]end, sa majesté, qu'il ne puisse prétendre à des appointe[ments] au-dessus de ceux qui sont attribués par la présente ordon[nance] au grade de lieutenant-colonel auquel il se trouvera borné [dans son] avancement.

Le commandant de l'école du corps royal du génie jouira [des app]ointements qui lui seront attribués par son rang dans les [briga]des;

[Et] du supplément, par an, de deux mille six cents livres, en sa [quali]té de commandant de l'école.

Le major jouira aussi des appointements attribués par son [ran]g dans les brigades, et du supplément de mille livres en sa [quali]té de major.

L'aide-major jouira également des appointements de son rang [dans] les brigades;

Et du supplément de six cents livres, en sa qualité d'aide-major.

Le chirurgien, de neuf cents livres.

Le professeur de physique et mathématique pratique, de trois mille livres.

Le maître de dessin, de dix-huit cents livres.

Quant aux dépenses relatives à l'entretien de l'école, elles continueront d'être payées sur les états qui en seront arrêtés par le commandant de l'école, et visés par le directeur du département qui les adressera, tous les trois mois, au secrétaire d'état ayant le département de la guerre.

Dans ces dépenses sera comprise une somme de deux cents livres, qui sera payée chaque année au prêtre qui dira la messe tous les jours de fêtes et de dimanches, pour les élèves de l'école ; entend, à cet effet, sa majesté, que lesdits élèves s'assemblent les jours ci-dessus, à l'heure qui leur sera indiquée, chez l'aide-major, qui les conduira chez le major, et le major chez le commandant, qui les mènera à la messe ; aucun d'eux ne pourra en être dispensé à moins de prétextes légitimes.

5. Les élèves qui seront admis à l'école de Mézières continueront de jouir du traitement de sept cent vingt livres d'appointements par an.

6. Les deux officiers du corps qui seront détachés à la suite du dépôt de la guerre jouiront des appointements qui leur seront attribués par leur rang dans les brigades.

Il leur sera de plus réglé par an un supplément d'appointements, savoir, de deux mille livres au premier, et de quinze cents au second.

Le directeur du corps royal du génie qui sera résidant à Versailles, jouira d'un supplément de traitement de trois mille livres.

7. Les ingénieurs-géographes détachés aux ordres du directeur du corps royal du génie seront payés sur les fonds de l'extraordinaire des guerres, ainsi que ceux qui seront conservés au dépôt de la guerre : savoir, les ingénieurs-géographes en premier, de dix-huit cents livres d'appointements, et chacun des ingénieurs-géographes en second, de douze cents livres. Sa majesté se réserve de récompenser par des gratifications ceux dont les talents, le zèle et les travaux extraordinaires pourront mériter cette faveur.

Ceux de ces ingénieurs qui jouissent actuellement d'appointements plus forts que ceux qui leur sont attribués par la présente ordonnance seront payés également, sur les fonds de l'extraordinaire des guerres, du surplus de leur traitement, par forme de supplément.

V. ci-après, ord. 26 février 1777.

8. Il sera accordé un traitement extraordinaire à celui des directeurs qui sera nommé pour commander le génie en chef à l'armée, aux officiers supérieurs qui y commanderont sous lui, ainsi qu'aux major et aide-major et autres officiers dudit corps qui y seront employés.

9. Les directeurs continueront de jouir du traitement affecté pour leur logement, dans l'étendue de leur direction; il en sera usé de même à l'égard des autres officiers des brigades, et des ingénieurs-géographes; mais, dans tous les cas, ces officiers et ingénieurs-géographes seront logés, soit en nature, soit en argent, suivant leur grade.

10. On se conformera dans le corps royal du génie, pour ce qui regarde les récompenses militaires, à ce qui est prescrit par le titre VIII de l'ordonnance d'administration aux articles 1, 2, 3, 4, 5, 6 et 7.

Tit. V. — *Service du corps royal du génie dans les places et sur les frontières.*

1. Le grade, à l'avenir, décidera seul du commandement dans le service intérieur du corps royal du génie, tant dans les places que dans les armées; à grade égal, l'ancienneté de commission décidera; à égalité de grade et d'ancienneté de commission, l'ancienneté dans le corps décidera du commandement. Se réserve seulement, sa majesté, d'avoir l'égard convenable aux services de guerre des officiers dudit corps royal du génie, tant pour la nouvelle formation du corps que pour la distribution des grades à accorder par la suite.

Entend, sa majesté, que les ingénieurs en chef de l'ancienne composition ayant un emploi supérieur à tous les ingénieurs ordinaires soient préférés à ceux-ci pour les places de major et de lieutenant-colonel qui seront accordées par la présente formation.

2. Les directeurs changeront quelquefois de directions; les brigades changeront de direction tous les cinq ans au moins; mais lorsque plusieurs brigades seront de service dans la même direction, ces brigades ne changeront jamais toutes de directions à la fois ni dans la même année; et lorsqu'elles feront un mouvement, ce sera de proche en proche, relativement à la situation des frontières.

3. Sa majesté laisse à chaque directeur le soin de répartir dans

les places, et selon les besoins réels du service, les officiers composant les brigades qui se trouveront à ses ordres; lui enjoignant toutefois d'assigner un district fixe et séparé à chacune desdites brigades quand il s'en trouvera plusieurs employées dans sa direction.

4. Quand un directeur n'aura qu'une brigade à ses ordres, assignera pareillement un district séparé à chaque section de ladite brigade; le chef de brigade aura le commandement sur les officiers de la première section, dans toute l'étendue du district séparé; le sous-brigadier aura la même autorité dans l'étendue du district assigné à la seconde section; le major aura le commandement de la troisième section.

5. Sa majesté en remettant au directeur du corps royal du génie le pouvoir de répartir ainsi les officiers des brigades, elle entend les rendre personnellement responsables de toutes les négligences contraires à l'entretien de ses places de guerre.

6. Les directeurs ne seront plus astreints aux tournées fixes du printemps et d'automne, auxquelles les tenoit obligés l'article 5 de l'ordonnance du 10 mars 1759, mais sa majesté leur enjoint expressément de se porter exactement où les besoins du service exigeront leur présence, de façon à visiter au moins tous les deux ans la totalité des places de leur direction; les commandants de districts rendront compte, à la fin de l'année, de la capacité et bonne conduite des officiers qui seront à leurs ordres, au directeur, qui en informera le secrétaire d'état de la guerre.

Les mémoires concernant des demandes de congé ou de telle autre grâce que ce puisse être ne seront remis au secrétaire d'état de la guerre que par les directeurs, d'après le compte qui leur aura été rendu des officiers des brigades, par les commandants de districts; les directeurs seront très réservés sur les demandes de congés, qui ne devront être accordés aux officiers du génie que de deux années l'une, hors les cas extraordinaires.

A l'égard des directeurs, ils auront la liberté de vaquer à leurs affaires depuis le 1ᵉʳ novembre jusqu'au 1ᵉʳ avril suivant; ils informeront de leur départ le secrétaire d'état de la guerre et le commandant de la province.

7. Lorsque les directeurs visiteront les places de leur direction, ils y jouiront des honneurs, prééminences et prérogatives attribués suivant leur grade aux officiers généraux et brigadiers employés dans les places ou aux armées; quant au lieu de leur résidence, sa majesté entend qu'ils ne jouiront de ces honneurs et prérogatives qu'en l'absence de son lieutenant dans la place. Le mot de

[...]dre leur seront portés par un officier de l'état-major de la place ou aux armées. A l'égard des autres officiers du corps royal du génie détachés dans les places ou aux armées, ils y jouiront des mêmes honneurs, prérogatives et commandement attribués suivant le grade et l'ancienneté, aux officiers d'infanterie.

8. Quand les districts seront assignés par brigade, les officiers particuliers du corps royal du génie ne rendront compte qu'aux chefs de brigade; et ceux-ci aux directeurs. Quand les districts seront assignés par section, les officiers particuliers rendront compte aux commandants de section, les commandants de districts soit qu'ils soient chefs de brigade, sous-brigadiers ou majors, rendront compte immédiatement aux directeurs.

9. Toutes les fois qu'un directeur jugera à propos, dans le cours de l'année, d'apporter quelque changement dans cette première répartition de district, il en sera le maître, mais il en fera part sur-le-champ au secrétaire ayant le département de la guerre.

10. Chaque directeur vérifiera l'inventaire des plans, cartes, mémoires, registres et papiers relatifs à chaque place de sa direction; si cet inventaire n'existe pas, il le fera dresser; s'il est incomplet, il le complètera, et en enverra un double au secrétaire d'état ayant le département de la guerre, et n'en confiera l'original qu'à l'officier du corps qui, pendant son absence, commandera dans la direction.

11. Relativement à chaque district et à chaque place en particulier, il y aura un extrait de cet inventaire général; et les extraits particuliers en seront confiés successivement à chaque commandant de district ou autre officier du corps.

12. Sa majesté permet au directeur, qui aura à remettre les papiers de sa direction à l'officier du corps commandant en son absence, de renfermer sous une enveloppe scellée de son cachet, avec une note signée de lui, ceux desdits papiers qu'il jugera devoir tenir secrets; ceux-là lui seront remis dans le même état à son retour; en cas de dépôt semblable il en sera fait mention dans l'inventaire, qui sera dressé et signé du directeur absent, aussi bien que de l'officier commandant en son absence.

13. En cas de mort d'un officier du corps, employé en chef dans une place, les papiers concernant les fortifications seront remis au major ou à l'aide-major de la place; celui-ci sera tenu de donner avis à l'instant au commandant du district, et de lui remettre lesdits papiers, dès qu'il se présentera pour les recevoir; mais en attendant l'arrivée de cet officier, le scellé y aura été ap-

posé, immédiatement après décès, par le major, qui ne pourra lever qu'en présence du commandant du district ou autre officier commis par lui, pourvu d'un ordre par écrit dudit commandant de district. En cas de mort du commandant de district, le major de la place en informera le directeur, et ne sera la remise des papiers qu'à lui ou à l'officier auquel il aura donné par écrit l'ordre de les recevoir. En cas de mort d'un directeur, le major de la place en rendra compte au secrétaire d'état ayant le département de la guerre, et demeurera dépositaire des papiers de la direction auxquels le scellé aura été également apposé, jusqu'à ce qu'il ait été autorisé par sa majesté à les remettre à l'officier du corps qui lui sera indiqué.

14. Au dépôt de chaque place de guerre, sera attaché un grand plan nommé *directeur*. S'il n'y en a point, un des premiers soins de l'officier supérieur du corps dans la place sera d'en lever ou faire lever un sur une échelle de quatre pouces pour cent toises: sur ce plan toutes les parties de la place seront figurées avec la plus grande précision et dans le plus grand détail ; les bâtiments royaux y seront particulièrement désignés : il y sera distingué dans la légende les bâtiments entretenus sur les fonds des fortifications, ceux qui sont à la charge de l'artillerie de l'extraordinaire des guerres et des villes. Ce plan sera collé sur toile et signé par le directeur; il servira pour tous les projets de la place, et ne pourra être transporté hors de la maison de l'officier du corps employé en chef dans la place.

15. L'officier supérieur du corps fera lever aussi un plan exact de la place, s'il n'en existe pas au dépôt, où seront marqués les environs jusqu'à la distance d'une lieue au moins, en tous sens : sur ce plan, seront exactement exprimés les fossés, ravins, monticules, rideaux, bois, haies, maisons, chapelles, ruisseaux, étangs, flaques d'eaux et autres particularités qui peuvent servir à reconnoître le local : ce plan sera levé sur une échelle d'un pouce pour cent toises.

16. Dans le dépôt des papiers de chaque place, il y aura pareillement un grand livre *in-folio*, coté et paraphé à toutes les pages par l'officier du corps employé en chef dans ladite place; le nombre des pages dudit *in-folio* sera en outre certifié et visé par le directeur sur ce livre ; ledit officier enregistrera tous les plans et profils relatifs aux toisés et attachements généraux de toute espèce d'ouvrage; ils y seront tous inscrits au même instant qu'ils seront pris, et seront signés par l'officier du corps chargé de la conduite particulière de l'ouvrage et par l'entrepreneur.

17. Chaque officier du corps royal du génie, employé dans une place, aura une copie du plan de la place, sur un pouce pour cent toises : sur ce plan seront indiqués toutes les pièces de la fortification et tous les bâtiments appartenants au roi ; quand ledit officier passera d'une place dans une autre, il remettra ce plan au dépôt de la place à la suite de laquelle il cessera d'être employé.

18. Chaque officier du corps aura en outre, et relativement à la place où il résidera, un registre à la tête duquel sera copié l'état des ouvrages ordonnés par sa majesté pour l'année courante ; audit état seront joints les plans et profils, les devis, conditions et marchés desdits ouvrages.

19. A l'arrivée d'une troupe dans la place un officier du corps fera, conjointement avec un officier-major de la place et un de la troupe, la visite des casernes et ustensiles appartenants à sa majesté, et remis à ladite troupe ; il sera fait un inventaire de leur état actuel ; chacun de ses officiers gardera une copie dudit inventaire, laquelle sera signée de ces trois officiers. La même visite sera faite au départ de la troupe ; si elle se trouve avoir commis quelque dégradation, l'officier du corps en rendra compte à son supérieur, celui-ci en donnera un état estimatif signé de lui ; ledit état sera remis par le directeur à l'intendant de la province, et en son absence au commissaire des guerres chargé de la police de ladite troupe, afin que la retenue soit faite en raison du dommage.

20. Lorsque les commandants de provinces et les lieutenants généraux de division feront leur visite, ils pourront se faire accompagner du chef de brigade, ou d'un autre officier de la brigade, qui leur rendra compte de tout ce qui aura rapport au service des fortifications ; il leur donnera communication de tous les papiers qui lui seront confiés, des plans, projets, et mémoires concernant les fortifications, sans qu'ils soit permis de les déplacer ni de leur en donner des copies : cependant les directeurs seront tenus de se rendre chez le commandant de la province seulement, avec les plans, mémoires et projets, toutes les fois qu'il l'exigera.

21. Ces officiers généraux pourront aussi vérifier dans les visites qu'ils feront l'exécution des ouvrages faits pendant l'année.

22. Les directeurs du corps royal du génie, les chefs de brigade et autres officiers du corps, communiqueront aussi, lors de la visite, à l'officier général commandant dans la province, ou à celui qui commandera la division, lorsque celui-ci y aura été autorisé par sa majesté, les projets et estimations de l'année

suivante, pour les constructions et réparations des ouvrages de fortification et bâtiments militaires. Lesdits projet et estimation ne pourront être adressés au secrétaire d'état de la guerre qu'après avoir été examinés par le commandant de la province ou le commandant de la division, qui lui feroit part de ses observations s'il y reconnoissoit quelque chose de contraire à la sûreté de la place et au bien du service.

23. Les devis pour les adjudications à faire des ouvrages de fortification seront adressés par le directeur au secrétaire d'état de la guerre, qui les fera passer ensuite à l'intendant de la province, qui autorisera le commissaire des guerres, et à son défaut le subdélégué, à faire afficher les placards, et à procéder à l'adjudication au rabais, en présence du commandant de la place et de celui du génie, ou autres officiers supérieurs des brigades, du maire ou officier municipal, censé avoir connoissance du prix des matériaux et de la main d'œuvre du pays. Aucun sujet ne pourra être admis à mettre au rabais, qu'il n'ait été reconnu capable, et d'un art propre aux entreprises d'un ouvrage de cette nature; celui à qui les ouvrages seront adjugés sera tenu de fournir bonne et valide caution entre les mains du commissaire des guerres qui aura été chargé de dresser le procès verbal d'adjudication dont il enverra une expédition à l'intendant de la province, qui l'adressera au secrétaire d'état de la guerre pour avoir son approbation.

24. Il sera dressé un autre procès verbal signé des assistants, qui certifieront que tous ceux jugés capable de remplir les conditions du devis et du marché auront été admis à faire librement leur rabais, et que l'adjudication aura été faite au meilleur marché possible. Ce procès verbal sera adressé par le commandant du génie au secrétaire d'état de la guerre; il en sera adressé un double, par le commissaire des guerres à l'intendant de la province, dans le cas où le directeur ou autre officier du corps auroit connoissance de quelques connivences secrètes, pratiquées par l'adjudicataire pour se procurer des rabais plus avantageux, ou qu'il manqueroit de fidélité dans l'exécution des ouvrages, et qu'il n'auroit pas la capacité nécessaire. Le directeur en informera l'intendant de la province, qui en fera part sur-le-champ au secrétaire d'état de la guerre, qui donnera ses ordres pour que, suivant la circonstance, le marché soit résilié, et qu'il soit passé une autre adjudication dans les formes ci-dessus prescrites.

L'intendant de la province informera de même des pratiques

secrètes et abus qui viennent d'être détaillés, et dont il pourroit avoir connoissance.

35. L'intendant de la province conviendra avec le directeur du jour à fixer pour passer l'adjudication; et le commissaire des guerres préviendra ensuite, huit jours à l'avance, le commandant de la place, le maire et un officier municipal, du jour qui aura été pris pour passer l'adjudication au rabais, afin qu'ils aient le temps de prendre des renseignements sur les prix des matériaux, les transports, et de la main d'œuvre. L'officier général commandant la division en sera également prévenu, pour qu'il puisse, s'il le juge nécessaire, assister à la dite adjudication. Enjoint, sa majesté, aux officiers ci-dessus dénommés de s'y trouver d'après l'avertissement qui leur en aura été donné; et leur défend, sous aucun prétexte, de s'en dispenser.

36. Entend, sa majesté, qu'il ne sera fait à l'avenir dans les provinces frontières, aucune construction d'ouvrage, soit par l'administration des provinces et des villes, soit même par les ingénieurs des ponts et chaussées, soit que ces constructions soient relatives aux ports marchands, aux routes ou aux canaux, que les projets n'en aient été communiqués au secrétaire d'état ayant le département de la guerre.

37. Sa majesté enjoint pareillement aux officiers du corps royal du génie de ne point souffrir qu'il soit fait aucuns chemins, maisons, levée, ni chaussée, ni creusé aucun fossé, à cinq cents toises près d'une place de guerre, sans que l'alignement n'en ait été auparavant concerté avec l'officier du corps employé dans la place: dans tous les cas ledit officier sera tenu de prendre les ordres du commandant du district, qui, selon l'importance de l'objet, prendra l'avis du directeur ou décidera provisoirement par lui-même.

38. Entend aussi, sa majesté, qu'il ne soit bâti aucunes maisons et clôture de maçonnerie dans les faubourgs et aux avenues des places, plus près de deux cent cinquante toises de la palissade du chemin couvert; défendant sa majesté à toutes personnes, de quelque qualité et condition qu'elles soient, de contrevenir à ses intentions à cet égard, sous peine de désobéissance, et de la démolition et du rasement desdites maisons ou jardins, sans aucun dédommagement: de même aucune personne ne pourra faire transporter des décombres ailleurs que dans les lieux indiqués par l'officier du corps.

39. Enjoint, sa majesté, à tous les officiers du corps royal du

génie, de tenir la main à ce que les bâtiments du roi ne soient point employés à d'autres usages que ceux de leur destination; qu'il n'y soit logé personne que ses troupes et ceux qui en auront le droit; et qu'il ne soit mis dans les magasins et greniers desdits bâtiments, ainsi que dans les poternes et souterrains, que les effets appartenants à sa majesté, à moins d'un ordre de sa part; elle ordonne que, pour ôter tout prétexte aux abus, les clefs desdits bâtiments, greniers, magasins, poternes et souterrains, seront remises, suivant l'usage, entre les mains de l'officier du corps, qu'elle rend responsable de l'inexécution.

30. Les portes et poternes qui pourront donner entrée dans la place seront masquées en maçonnerie, ou fermées solidement avec bonne porte double de charpente, à leur issue dans le fossé: dans ce dernier cas les clefs de ces portes extérieures seront remises au commandant de la place.

31. Les munitionnaires ou autres, à qui sa majesté a permis ou permettra de déposer des grains dans les greniers des pavillons et casernes, seront tenus de réparer à leurs dépens toutes les dégradations causées par ces dépôts à cet effet. Les officiers du corps royal du génie, avant d'en remettre les clefs, dresseront un procès verbal de visite de ces bâtiments, qu'ils signeront ainsi que le munitionnaire; ils tiendront pareillement la main à ce que les planchers ne soient pas trop chargés.

32. L'officier du corps aura une grande attention à prendre connoissance des écluses et de la manœuvre des eaux, s'il y en a dans la place ou aux environs; il reconnoîtra si ces eaux peuvent être détournées ou non, et les moyens d'en accroître ou diminuer l'effet, pour ou contre la défense de ladite place.

33. L'intention de sa majesté est que les clefs des écluses qui dépendront de la fortification demeurent entre les mains de l'officier employé en chef dans la place en son absence, ces clefs seront remises à celui qui en fera les fonctions; l'un ou l'autre satisfera à ces objets de la manière la plus prompte et la plus convenable au service et au bien public.

34. Lorsque les portes et vannages des écluses serviront en même temps de fermeture ou d'entrée dans une place, les clefs resteront entre les mains du commandant, qui ne pourra les refuser à l'officier du corps, quand celui-ci les demandera pour opérer la manœuvre des eaux: laisse au surplus, sa majesté, à la prudence du commandant à prendre en pareil cas les mesures qu'il jugera convenables pour la sûreté de la place.

55. Les éclusiers nommés par sa majesté, ou ceux commis par les magistrats des villes, n'obéiront qu'aux ordres de l'officier du corps employé en chef ou principal, pour toutes les manœuvres d'eau qu'il conviendra de faire au moyen des écluses construites dans les places de guerre, et leurs dépendances : cette disposition aura lieu, soit que les manœuvres d'eau s'exécutent pour l'usage ordinaire de la navigation ou pour un objet militaire.

56. Sa majesté trouve bon cependant que les commandants de ces places prennent connoissance des manœuvres d'eau qui peuvent avoir rapport à la sûreté desdites places dans l'étendue de la fortification ; elle enjoint même aux officiers du corps royal du génie, de communiquer à cet égard leurs dispositions auxdits commandants. Dans le cas où il y auroit diversité de sentiments, le commandant de la place rendra compte au commandant de la province, l'officier du corps au commandant du district, et celui-ci au directeur ; le secrétaire d'état de la guerre en sera informé par le commandant de la province, et le directeur auquel les décisions de sa majesté seront ensuite adressées. Dans les cas pressants, le commandant de la place donnera un ordre par écrit, et l'officier du corps sera tenu de s'y conformer provisoirement.

57. Les inondations autour d'une place de guerre ne pourront être formées ou mises à sec, qu'en conséquence d'un ordre exprès de sa majesté : dans un cas pressant, il faudra au moins un ordre par écrit de celui qui commandera dans la province, s'il est à portée de le donner : à son défaut, on suivra l'ordre du commandant de la place ; l'officier du corps en rendra compte sur-le-champ au commandant du district, celui-ci au directeur, et le dernier, sans délai, au secrétaire d'état ayant le département de la guerre.

58. Un officier du corps royal du génie fera, tous les mois, avec un officier major de la place, une visite exacte de tous les bâtiments, corps-de-garde, guérites, ponts, barrières et autres objets entretenus sur le fond des réparations à y faire ; il aura soin de distinguer ce qui devra être à la charge des troupes, et rendra compte de la situation de sa place tous les mois au commandant du district, celui-ci tous les trois mois au directeur, et le directeur deux fois l'an seulement au secrétaire d'état de la guerre, excepté dans les cas imprévus.

59. Nul officier du corps royal du génie ne pourra s'absenter du lieu de sa résidence, sous quelque prétexte que ce puisse être, sans la permission du commandant du district, celui-ci ne

pourra la donner que pour quinze jours au plus, en en prévenant le directeur, et ce dernier pour un mois, à charge d'en prévenir sur-le-champ le secrétaire d'état de la guerre.

40. Quant à la permission à demander au commandant des places, les officiers du corps royal du génie qui auront à s'absenter se conformeront à ce qui est porté par l'article 548 de l'ordonnance du 25 juin 1750.

41. Sa majesté entend que tous les travaux de fortification, à moins de cas extraordinaire, soient suspendus à commencer du 15 septembre de chaque année, afin de donner aux ouvrages le temps de se ressuyer avant l'hiver.

42. Dans la seconde quinzaine dudit mois de septembre, tous les officiers du corps de chaque district s'assembleront dans la place où le commandant du district fera sa résidence, le 20 dudit mois de septembre au plus tard; chaque commandant de district rassemblera chez lui les officiers du corps qu'il aura eu à ses ordres pendant l'année; chacun de ces officiers rendra compte dans ces assemblées particulières, et par écrit, de tous les travaux dont il aura été chargé, des difficultés dans l'exécution qu'il aura rencontrées, et de l'état dans lequel la saison l'aura obligé de laisser les travaux. Un résumé général de tous ces comptes rendus sera dressé en présence de tous les officiers du district; chaque article du résumé sera signé par le commandant du district et par l'officier auquel ledit article sera relatif.

43. Avant le 1ᵉʳ octobre, les commandants des districts seront tenus de se rassembler dans les résidences des directeurs, et de présenter au conseil d'administration lesdits résumés, ainsi que les mémoires, reconnoissances, plans et cartes qui leur auront été remis par les officiers du corps employés dans leurs districts.

44. Dans la première assemblée du conseil d'administration, le directeur exposera les travaux les plus nécessaires à faire, l'année suivante, dans chaque lieu de sa direction; tous les dessins relatifs seront mis sous les yeux des officiers du corps, qui seront invités à donner, chacun par écrit, leurs idées particulières; le résumé général, qui en sera fait dans les dernières assemblées et signé de tous les membres dudit conseil, sera envoyé par le directeur au secrétaire d'état de la guerre en même temps que les projets de l'année suivante.

45. Les mémoires, projets, plans et comptes rendus, seront remis par le secrétaire d'état de la guerre au conseil des fortifica-

jons; on examinera avec soin les résultats des travaux de l'année, et de ceux proposés pour l'année suivante; un résumé signé des membres dudit conseil sera remis au secrétaire d'état de la guerre, qui prendra en conséquence les ordres définitifs de sa majesté, et les adressera au directeur.

46. Lorsque le directeur aura reçu l'état des ouvrages ordonnés par sa majesté pour l'année suivante, il en enverra copie collationnée par lui au commandant des districts de sa direction; ces commandants distribueront respectivement des états desdits ouvrages à chaque officier du corps qu'il aura à ses ordres, et lorsqu'il sera question de renouveler les adjudications et marchés, il y sera procédé dans la forme prescrite par l'article 23 du présent titre.

47. Lorsqu'il y aura quelques ouvrages à tracer, l'officier supérieur du corps se fera aider et accompagner par les officiers inférieurs; il leur expliquera les raisons de la construction des ouvrages, leur utilité pour la défense, et les différentes opérations auxquelles la construction donnera lieu en même temps; l'officier supérieur délivrera à ceux qui en seront chargés, les plans, profils, devis et marchés nécessaires et approuvés par le directeur.

48. Lorsque, selon le projet général d'une place, il devra être exécuté des contre-mines dans les ouvrages des fortifications, la construction desdites contre-mines, ne pouvant être séparée de celle des ouvrages mêmes, appartiendra aux seuls officiers du génie, ainsi qu'il s'est pratiqué jusqu'à présent.

49. Dans le cas où il s'agiroit de construire des contre-mines sous les glacis d'une place, qu'il n'y auroit pas de projet arrêté par sa majesté, et qu'on n'auroit pas le temps d'attendre ses ordres, le commandant des mineurs se transportera dans le cabinet du commandant du génie, qui lui communiquera son projet général sur la place, et lui montrera les parties qu'il jugera convenable de contre-miner; il lui expliquera les raisons qui, dans la combinaison des différents moyens de défense, lui feront réserver les mines pour ces parties; ils se concerteront pour la disposition et la quantité de contre-mines à exécuter, de façon à ne faire que ce qui sera nécessaire pour établir l'équilibre entre les différents fronts, et ne point se jeter dans des travaux inutiles et surabondants.

50. Le commandant du génie fera part aussi au commandant des mineurs, lorsque le bien du service l'exigera, des manœu-

vres d'eau secrète, qu'il se réserve pour le temps de siège; il l'instruira des niveaux auxquels ces eaux peuvent être élevées, afin qu'ils déterminent ensemble le sol et les détails de construction des différentes galeries, de façon que les manœuvres d'eau ne les endommagent pas et ne les rendent inutiles dans l'occasion. Ces officiers rendront compte du tout au commandant de la place; s'ils n'étoient pas d'accord, il décidera et leur donnera ses ordres. Quand toutes ses dispositions seront fixées, l'officier de mineurs ne pourra plus s'en écarter dans l'exécution, qu'il dirigera de concert avec le commandant du génie; et tous deux arrêteront aussi de concert le toisé général et définitif desdits ouvrages dont les attachements auront été pris conjointement par les officiers particuliers des mineurs et du génie chargés de la conduite de l'ouvrage.

Le toisé sera enregistré sur le livre *in-folio* déposé dans le cabinet du commandant du génie.

51. Chaque officier du corps du génie fera lui-même tous les toisés, et prendra tous les attachements des ouvrages dont il sera chargé; il les enregistrera aussitôt sur l'atelier, dans le carnet destiné à cet usage, et les signera et fera signer par l'entrepreneur. Ces carnets serviront ensuite à dresser le toisé général, à la marge ou en tête desquels se trouveront les plans, profils et développements nécessaires pour l'intelligence parfaite desdits attachements, dont l'officier rendra compte immédiatement après à son supérieur, qui, à son tour, les portera sans délai sur son registre, les signera ainsi que l'officier particulier et l'entrepreneur.

52. Les officiers du corps veilleront exactement au travail dont ils seront chargés, et ne laisseront employer aucuns matériaux, sans les avoir auparavant examinés, et trouvé conformes aux conditions du marché. Dans aucun cas, le directeur, le commandant de district, et tout autre officier du corps, ne pourront faire aucun changement à ce qui aura été arrêté par sa majesté, ni porter un fonds, en tout ou en partie, d'un article à l'autre, à moins d'un ordre supérieur.

53. Lorsque les ouvrages seront faits, l'officier supérieur fera, en présence de l'entrepreneur et de tous les officiers du corps employés dans la place, le toisé général et définitif; ils le signeront tous. Il en sera fait un extrait à l'instant même, pour former l'état détaillé qui sera remis au directeur; ces états seront

examinés par le conseil d'administration du corps, et [en]voyés au secrétaire d'état de la guerre.

54. Aucun officier du corps ne pourra faire construire aucune [pièce] de fortification, ni ouvrir la place, sans en avoir auparavant prévenu le commandant de la place.

55. L'intention de sa majesté est que les officiers du corps royal [du génie] s'appliquent particulièrement à acquérir beaucoup d'exactitude et de légèreté dans le dessin, beaucoup d'usage dans la [levée] des plans et des cartes, et généralement tous les talents [propres] à procurer une connoissance rapide et sûre du pays.

56. Entend, à cet effet, sa majesté, qu'autant que les constructions nouvelles, les réparations majeures et les autres besoins indispensables des places de guerre pourront le permettre, chaque directeur emploie annuellement et successivement à peu près un [tiers] des officiers du corps de sa direction à perfectionner la reconnoissance militaire de la frontière, de façon qu'au bout de quatre [ou] cinq ans de séjour de chaque brigade, dans la même direction, [tous] les membres de ladite brigade connoissent à fond la topographie de la frontière relative, et aient enrichi le dépôt [par] des plans et des mémoires qui puissent, en temps de guerre, [servir] aux armées et faire connoître même en temps de paix le [zèle] et les talents de leurs auteurs. A l'égard des frais qu'exigeront [les] connoissances et la levée des cartes et plans, il en sera adressé [par] le directeur un état, tous les six mois, au secrétaire d'état [de] la guerre qui en ordonnera le paiement; cet état contiendra [la] dépense des journées des manœuvres et des chevaux qui seront employés à cet objet.

57. Veut, sa majesté, que les directeurs, et sous eux les commandants du district, s'entendent avec les chefs des corps, et [pren]nent les ordres des officiers généraux commandant les [divi]sions, pour faire exécuter, le plus souvent qu'il sera possible, [et] en présence des troupes, des tracés de retranchements de campagne en tout genre, et adaptés à toute sorte de terrains, de façon que ces exercices répétés procurent aux officiers du corps [une] habitude essentielle à la guerre, et aux troupes des connoissances indispensables pour l'attaque et la défense.

58. Toutes les fois que ces simulacres auront lieu, les aspirants [du] corps royal du génie qui se trouveront à la suite des régiments, en présence desquels ils devront s'exécuter, seront demandés aux colonels des régiments par les officiers du corps en [rési]dence dans la place. Ces aspirants seront employés comme

aides dans l'exécution des tracés de retranchements de campagne, et autres ouvrages simulés pour l'instruction des troupes.

59. Sa majesté fait défense à tout officier du corps royal du génie, de laisser lever, par qui que ce soit, les plans des places du royaume où ils font leur résidence, ni de laisser prendre des copies de ceux dont ils sont dépositaires, à moins d'une permission expresse de sa majesté ; le tout sous peine d'être cassé, même de plus grande punition suivant l'exigence du cas.

60. Tout ingénieur géographe, tout entrepreneur et dessinateur, soit de directeur, soit de commandant de district, ou de tout autre officier du corps, qui communiquera des plans ou des mémoires concernant la fortification, sans la permission, par écrit, de celui qui l'aura employé, sera puni très sévèrement, et même de mort, selon la circonstance du délit.

61. Les officiers du corps royal du génie continueront de porter l'uniforme qui leur a été prescrit par les règlements du 2 septembre 1775 et 31 mai 1776 ; mais la coupe du parement et le chapeau des officiers du corps seront en tout conformes à ceux des officiers d'infanterie.

Les sous-lieutenants de l'école de Mézières porteront le même uniforme que les officiers du corps royal du génie; tant que les aspirants du corps du génie seront détachés à la suite de l'artillerie et des brigades du génie, ils continueront de porter leur uniforme; mais ils prendront celui du régiment d'infanterie à la suite duquel ils seront attachés, avec la différence que l'épaulette sera fond de tresse d'or, losangée de soie de la couleur du régiment, et ornée de franges d'argent et de soie; ils porteront cet uniforme pendant tout le temps qu'ils seront dans lesdits régiments.

Les lieutenants en premier, employés comme surnuméraires, y seront également assujettis; mais comme ils ont déjà subi tous les examens nécessaires pour leur admission dans le corps du génie, ils seront dispensés d'en subir à l'avenir pour faire partie des brigades.

62. Quiconque n'étant pas du corps royal du génie en portera l'uniforme sera arrêté et conduit en prison : il en sera rendu compte au secrétaire d'état de la guerre, qui prendra les ordres de sa majesté à ce sujet.

63. Tout officier du corps qui aura dressé volontairement quelques mémoires relatifs à une place ou frontière étrangère à la direction où il se trouvera employé pour le moment, sera le maître de les adresser, signés ou non signés, directement au

...il d'administration; quant aux mémoires relatifs à la di... ...où un officier se trouvera employé, il ne pourra les re... ...qu'au commandant du district.

... Lecture desdits mémoires et projet sera faite au conseil ...inistration en présence de tous les membres dudit conseil; ...rsque ces mémoires seront jugés dignes de l'attention parti... ...re de sa majesté, ils seront adressés au secrétaire d'état de ...guerre par ledit conseil, avec le nom de l'auteur, s'il a signé ... mémoire; ou avec son nom sous cachet, ou sans nom, si ...eur a exigé l'une ou l'autre de ces conditions, en adressant ...ouvrage: le tiers des voix suffira pour en déterminer l'envoi.

... Les procédés nouveaux tendants à la solidité et à l'écono... ...de la construction, les épreuves nouvelles et tous les projets, ...pourront être de quelque utilité réelle pour le service, seront ...ême présentés au secrétaire d'état de la guerre, qui s'en ...rendre compte par le conseil des fortifications; et quand ces ...moires seront jugés dignes de quelque importance, des récom... ...es pécuniaires, et même des grades, pourront être accordés ... auteurs, selon l'utilité de leurs découvertes.

... Enfin c'est dans le conseil des fortifications, assemblé ...les ans dans le mois de décembre, et composé au choix du ...étaire d'état de la guerre, que seront examinés en dernier ...t les projets relatifs aux places qu'il sera question de ré... ..., d'augmenter, de réduire ou d'abandonner.

VI. — *Service du corps royal du génie dans les armées.*

1. En temps de guerre, les brigades devant servir dans les ...es ne seront composées que d'officiers en état d'en soutenir ...fatigues, et propres à remplir toutes les fonctions auxquelles ...ront destinés.

2. Lorsque sa majesté fera assembler des brigades pour servir ... armées, il sera fait choix d'un commandant en chef, d'un ...mandant en second, d'un major, et d'un aide-major, qui ...t pris, le premier, parmi les directeurs; le second, parmi ...chefs de brigade; le major, parmi les sous-brigadiers ou ...s; et l'aide-major, parmi les capitaines en premier ou ...taines en second.

3. Le général de l'armée pourra confier aux officiers du corps, ...la proportion de leur grade, le commandement sur les trou... ..., dans les détachements ou postes où se trouveront lesdits ...ciers; mais, en pareil cas, le général expédiera un ordre ex-

près, par écrit, à ceux qu'il jugera dignes de cette marque [de] confiance. Sa majesté jugeant qu'il est du bien de son ser[vice] que les officiers généraux et autres officiers supérieurs du co[rps] royal du génie se livrent entièrement au service des fortifi[ca]tions, elle ordonne que lesdits officiers généraux, ainsi que l[es] brigadiers dudit corps qui seront pourvus de lettres de servi[ce] ne fassent qu'une fois, pendant la campagne, ainsi que le ch[ef] de brigade et le sous-brigadier, le premier en qualité de colon[el] et le second en qualité de lieutenant-colonel, le service de jo[ur] à l'armée, suivant leur grade et leur ancienneté.

4. Le commandant en chef du corps du génie dans cha[que] armée rendra compte directement au général de l'armée de [ce] qui concernera le service des brigades : à son défaut, le comma[n]dant en second en sera chargé ; et au défaut de celui-ci, le pl[us] ancien chef de brigade fera les mêmes fonctions.

5. Le commandant en chef chargera, à son choix, des différents détails, ceux des officiers qu'il aura à ses ordres, et qu[i] croira les plus propres à les bien remplir. Mais en accorda[nt] cette étendue de pouvoir audit commandant en chef, sa majes[té] entend le rendre spécialement responsable de toutes les négligences qui pourroient compromettre le service.

6. Le major se trouvera tous les jours à l'ordre chez le majo[r] général de l'infanterie ; il portera ledit ordre à son commandan[t,] recevra les siens en conséquence, et les fera passer aux che[fs] de brigade par un officier de chaque brigade, qui viendra l[es] prendre chez lui. Le même major commandera les officiers à l'ordre, pour le service ; il arrêtera aussi, avec le trésorier et le munitionnaire, les décomptes des officiers du corps.

7. Lors du décès d'un officier du corps, à l'armée ou dans l[es] quartiers du cantonnement, le major apposera le scellé, et fe[ra] l'inventaire et la vente des effets du défunt, de la manière pre[s]crite pour les majors d'infanterie, *par l'article 606 et les suivants de l'ordonnance du 17 février 1753.*

8. Dans chaque armée où il y aura au moins deux brigad[es] du corps royal du génie employées, il sera en outre nommé [un] aide-major, au choix du commandant en premier : les foncti[ons] de cet aide-major consisteront particulièrement à prendre soin d[u] logement, de la fourniture du pain, du fourrage et du bois, [et] à porter les ordres du commandant ; il aidera le major dans s[es] fonctions, ira à sa place, dans le cas de nécessité, à l'ordre ch[ez] le major général, pour porter ledit ordre à son commandant,

donner ensuite chez le major, s'il est absent, aux officiers des différentes brigades, qui ne s'assembleront pas ailleurs à cet effet.

9. Il sera donné une garde de dix hommes et un sergent au commandant en chef du corps; s'il est officier général, il en aura selon son grade.

10. Le commandant du corps, dans chaque armée, aura toujours un logement convenable à ses fonctions, au quartier-général, ou le plus près que faire se pourra; les officiers qui seront sous ses ordres feront également partie du quartier-général.

11. Le commandant du corps entrera tous les jours à l'ordre, en cette qualité, chez le général de l'armée : le major dudit corps recevra le mot du maréchal-de-camp de jour.

12. Chaque jour de marche, il sera commandé un chef de brigade, sous-brigadier ou major, pour accompagner le maréchal-de-camp de jour au campement, exécuter ses ordres, prendre connoissance exacte de la situation du camp, et reconnoître les ouvrages et retranchements dont il seroit susceptible; un officier particulier dudit corps accompagnera également le maréchal-de-camp de jour, à l'effet de dessiner le terrain du camp, dont il donnera le plan au général.

13. Défend de nouveau, sa majesté, et très expressément, à tout officier du corps royal du génie servant dans ses armées, de donner ou d'envoyer aucun plan de places ou des ouvrages qu'il aura exécutés, si ce n'est au général de l'armée, ou à l'officier général commandant le corps de troupes avec lequel il sera détaché.

14. Défend pareillement, sa majesté, à tout chef de brigade, sous-brigadiers, majors et autres officiers du corps, de quitter, sous tel prétexte que ce soit, leur brigade, sans la permission du commandant et du général de l'armée.

15. Lorsqu'un officier général, commandant quelque division, aura besoin d'un ou de plusieurs officiers du corps du génie pour le service, il en fera la demande au général de l'armée, qui ordonnera au commandant dudit corps de désigner ceux qui en premier pourront être choisis sans intervertir l'ordre du service des brigades.

16. Le jour d'une affaire générale, le commandant du corps, le major et deux officiers dudit corps, se tiendront près du général, qui leur donnera ses ordres pour la distribution et l'emploi des autres officiers du corps.

17. Quand le siége d'une place aura été résolu, les officiers du

génie se rendront avec les premières troupes devant cette place pour en commencer aussitôt la reconnoissance : le commandant en chef et les principaux officiers du génie reconnoîtront avec soin la disposition générale et relative des ouvrages, et ils chargeront les officiers les plus intelligents de reconnoître en détail chaque front; ensuite rassemblant les résultats de toutes les reconnoissances et observations particulières, l'on construira un plan de la place, aussi juste qu'il sera possible; ce plan servira pour asseoir le plan général de l'attaque, que le commandant en chef du génie, aidé des principaux officiers, formera, et qu'il présentera au général commandant le siége.

18. Le commandant en chef du corps du génie dirigera les opérations du siége, sous l'autorité du général; il lui rendra compte directement, prendra ses ordres pour tout ce qui regardera les officiers dudit corps, et le service de la tranchée; il lui remettra tous les jours une copie du plan sur lequel seront marqués les progrès des attaques; il en enverra également une autre tous les jours au secrétaire ayant le département de la guerre.

19. La disposition des tranchées et autres travaux du siége, supposant nécessairement des emplacements de batteries, le commandant du génie exprimera sur son plan d'attaque lesdites batteries, et proposera, de concert avec le commandant de l'artillerie, au général commandant le siége, celles que la suite des opérations pourra exiger.

20. Lorsqu'on fera usage des mines, le commandant en chef du génie donnera journellement connoissance au commandant des mineurs, du travail de la tranchée projetée; et ces officiers conviendront ensemble de la quantité d'ouvrage que chacun proposera de faire, et de sa direction. Indépendamment du concert établi par le présent article, l'officier supérieur du génie de tranchée et l'officier supérieur des mineurs se rendront compte de temps en temps de l'état de leurs ouvrages respectifs; ils compareront les progrès, afin de voir si les travaux de dessus et ceux du dessous se correspondent bien, et s'ils reçoivent des uns et des autres toute la protection qu'ils se doivent.

21. Dans une place assiégée, lorsque le chef du génie ne commandera pas, il dirigera la défense de la même façon qui a été expliquée pour l'attaque, proposant journellement au commandant de la place tous les moyens qui pourront concourir à la meilleure défense. Dans le cas où l'on feroit usage des mines, le commandant du génie et celui des mineurs se conformeront

dispositions détaillées par *l'article 49 du titre V de la présente ordonnance*.

22. Dans le même cas où il s'agira de former un siége, outre le commandant en second, il sera nommé par sa majesté un commandant de troisième: ils feront conjointement le détail de la tranchée, d'après les ordres du commandant en chef, et ne seront attachés à aucune des brigades; l'un ira tous les soirs montrer au chef de brigade, ou autre officier supérieur qui monte la tranchée, l'ouvrage qu'il aura à faire, conformément aux ordres qu'il aura reçus du commandant; il l'instruira des moyens et précautions qu'il devra prendre, et décidera sur les difficultés qui pourroient survenir pour les débouchés; l'autre ira, à le point du jour, reconnoître l'ouvrage fait pendant la nuit, examiner les moyens à employer, et le chemin à tenir relativement au plan arrêté pour les attaques; il donnera à ce sujet les instructions nécessaires au chef de brigade, ou autre officier supérieur; il fera le dispositif du projet pour le travail de la nuit suivante; et l'un et l'autre, à leur retour, rendront compte de leurs observations au commandant en chef, afin qu'il soit en état de recevoir sur le tout les ordres du général.

23. Quand le commandant en chef aura donné ses ordres sur le travail de la tranchée, le major du corps ira en conséquence demander au major général de l'infanterie, le nombre de travailleurs de nuit et de jour jugé nécessaire; il préviendra l'officier major d'infanterie du dépôt de tous les matériaux et outils qui devront être préparés ou transportés pour le service de la tranchée; il paiera les sapeurs et les mineurs, tiendra un état exact et détaillé, jour par jour, de ses paiements, ainsi que de ce qui aura été fourni et employé; à la fin du siége il en remettra une copie signée de lui au commandant en chef du corps. Les billets de travailleurs seront donnés par les officiers du corps, aux ordres desquels ils auront travaillé, ensuite visés par le major ou celui qui en fera les fonctions, et payés par le trésorier ou son commis. Les billets ne pourront être délivrés qu'à ceux des travailleurs qui resteront jusqu'à la fin du travail.

24. L'aide-major ira tous les jours porter le mot et l'ordre au commandant en troisième chargé du détail.

25. Lors de l'investissement de la place, le major du corps demandera au major général de l'infanterie deux sergents intelligents pour le commandant en chef; un pour chacun des deux officiers du corps chargés du détail de la tranchée; un pour le

major, et deux pour chaque brigade : ces sergents ou soldats, auxquels on donnera le rang de sergent, seront choisis entre les plus actifs et les plus éprouvés ; ils ne feront point de service à leur corps ; ils resteront aux ordres des officiers du génie pendant tout le siége, et seront payés ainsi qu'il est d'usage.

26. Hors le cas de siége, et pendant tout le temps que les officiers du corps resteront à l'armée, le commandant en chef, le commandant en second et le major auront avec eux des sergents, ainsi qu'il a été prescrit par l'article précédent ; ils seront tirés de l'infanterie, et non des compagnies de mineurs et sapeurs, comme par le passé.

27. Tous les officiers du corps seront logés le plus près de la queue de la tranchée que faire se pourra.

28. Les travailleurs de nuit et de jour seront comptés avec la plus grande exactitude, au dépôt où ils auront ordre de s'assembler, par les officiers du génie qui iront les y chercher pour les conduire au travail de la tranchée.

29. Les travailleurs de nuit et de jour ne pourront être payés que sur le certificat de l'officier principal de chaque section qui les aura employés, lequel certificat sera visé par l'officier général commandant la tranchée, et par le major du corps du génie ; bien entendu que le paiement ne sera fait qu'à ceux qui se trouveront présents à la fin du travail.

30. Les claies et gabions qui seront fournis ne pourront être payés que sur le certificat de l'officier du corps, qui aura été nommé pour les examiner et les recevoir au dépôt ; et sa majesté lui enjoint de n'en recevoir aucun qui ne soit bien fait, et des dimensions qui auront été prescrites.

31. Les officiers du corps seront tenus, toutes les fois qu'ils feront des logements et des débouchés pour les sapes, et toutes les fois qu'ils traceront des tranchées sous le feu de l'ennemi, de s'armer de pot-en-tête, et de leur cuirasse, sous peine, aux contrevenants, d'être renvoyés sur-le-champ à leur résidence.

32. Aussitôt que la place assiégée aura capitulé, le commandant du corps prendra l'ordre du général pour y envoyer un officier royal du génie ; cet officier prendra connoissance des mines, galeries, souterrains et poternes de communication, et adressera un état de tout ce qui peut concerner la fortification.

33. Le commandant proposera au général les officiers du corps qu'il croira les plus utiles pour entrer dans la place en même temps que les troupes.

DÉCEMBRE 1776.

4. Il recevra en même temps les ordres du général sur tout ce qui concerne la fortification de la place, les fera exécuter et rendra sur-le-champ au général de l'armée un compte par écrit, que ledit général fera passer sans délai au secrétaire d'état ayant le département de la guerre.

5. Pour mettre le secrétaire d'état de la guerre en état de rendre compte aux officiers du corps du génie de leurs services de guerre, le commandant en chef fera rendre compte au général par les chefs de brigade, à la fin de chaque campagne, de leurs services de toute espèce; il en sera donné un état détaillé, qui sera lu ensuite à haute voix en présence de tous les officiers du corps assemblés, afin qu'ils puissent faire les représentations qu'ils croiront convenables : s'il survenoit à cet égard quelques contestations, le commandant requerroit, au besoin, les sentimens des officiers supérieurs ; cet état, après avoir été signé du commandant en chef, des deux officiers chargés du détail et du jour, sera envoyé au secrétaire d'état de la guerre, et sera enregistré.

6. Enfin pour donner au zèle des officiers du corps royal du génie un nouvel encouragement, un nouveau ressort à leur émulation, veut bien, sa majesté, déroger à *l'article 29 de l'ordonnance du 10 mars 1759*, et se réserve à l'avenir de pouvoir employer quelques officiers dudit corps dans les états-majors de ses armées.

7. Entend, sa majesté, que les ordonnances et règlements rendus sur le fait des fortifications soient exécutés en tout ce qui n'est pas contraire à la présente.

586. — Édit *portant établissement d'une sénéchaussée à Jérémie* (1).

Versailles, décembre 1776. Reg. au conseil du Port-au-Prince le 13 mars 1777. (M. S.-M.)

587. — Arrêt *du conseil qui ordonne la continuation des travaux du canal de la Dive.*

Versailles, 1776. (Arch. des Ponts-et-chaussées.)

V. loi des 16 et 19 novembre 1790.

---

(1) Un édit du même jour crée une amirauté au même lieu.

N° 588. — LETTRES PATENTES *portant confirmation du don fait au sieur. N., de deux offices de conseiller au bailliage de Nantes et des gages y attribués.*

Versailles, 3 janvier 1777. Reg. au parl. le 20 juin 1777. (R. S.)

N° 589. — ARRÊT *du conseil qui supprime un écrit intitulé:* Très humble et très respectueuse représentation des élus généraux d'état de Bourgogne, au roi.

Versailles, 3 janvier 1777. (R. S.)

N° 590. — LETTRE (1) *du ministre de la marine portant que les traités d'aubaine ne sont pas applicables aux colonies.*

Paris, 4 janvier 1777. Reg. au Port-au-Prince le 14 avril même année, et au Cap le 18. (M. S. M.)

V. lett. du ministre du 25 juillet 1779; les traités avec la Suisse de 1777 et de 1803.

Je suis informé, messieurs, que vous pensez qu'en vertu des traités conclus avec diverses puissances, le droit d'aubaine est aboli aux colonies, comme il l'est en Europe: ces traités ne doivent point être étendus en Amérique, plusieurs des puissances contractantes ne possédant point de colonie n'offrent pas de réciprocité; et à l'égard de celles qui en possèdent, les traités n'en font aucune mention; ce qui en pareille matière est une véritable exclusion. C'est d'après ce principe que le droit d'aubaine s'exerce dans les îles anglaises contre les Français, quoiqu'il soit aboli en Europe entre les deux nations; et par les mêmes motifs les traités ne vous ont point été adressés. L'intention du roi est en conséquence que vous vous conformiez aux lois générales du royaume pour les successions des étrangers décédés dans l'étendue de votre ressort et que vous procédiez à l'enregistrement de cette lettre.

N° 591. — RÈGLEMENT *sur la tenue et les attributions du conseil d'administration de l'école militaire.*

Versailles, 4 janvier 1777. (R. S.)

V. décl. du 1er février 1776.

---

(1) Elle est adressée aux conseils de Saint-Domingue.

N° 592. ARRÊT *du conseil du roi qui ordonne que les provinces de Flandre, Hainaut et Artois demeureront exceptées de l'exécution de l'édit du mois de février 1771 et des arrêts du conseil qui l'ont suivi, rendus pour ordonner l'évaluation des offices et le paiement des droits de centième denier et de mutation* (1).

Versailles, 4 janvier 1777. (R. S.)

N° 593. — ARRÊTS *du conseil (au nombre de 13), qui autorisent des gens de mainmorte à couper des arbres épars à charge de remplacement.*

Paris, 7 janvier 1777. (Beaudrillart, tom. Ier, 2e livraison, pag. 446.)

N° 594. — ÉDIT *portant création d'une loterie en rentes viagères et perpétuelles* (2).

Versailles, janvier 1777. Reg. au parl. 7 janvier 1777. (R. S.)

N° 595. — DÉCLARATION *portant que le dépôt des marques prétendues fausses, enlevées des cuirs saisis, doit être fait sur-le-champ au greffe.*

Versailles, 10 janvier 1777. Reg. cour des aides, 31 janvier 1777. (R. S.)

V. l'art. 29 des lett. pat. du 29 mai 1766, et l'art. 13 des lett. pat. du 2 avril 1772.

N° 596. — ARRÊT *de règlement qui ordonne l'exécution des anciennes ordonnances sur l'usure* (3).

Paris, 10 janvier 1777. (R. S. C. R. Toul.)

La cour, etc., faisant droit sur les conclusions du procureur-général du roi, ordonne que les ordonnances du royaume, déclarations du roi, arrêts et règlements de la cour, notamment ceux dont les teneurs s'ensuivent, savoir : Le capitulaire de Charlemagne, donné à Aix-la-Chapelle, en l'année 789 : « De

---

(1) Autre arrêt du même jour, applicable à l'Alsace.
(2) Par l'art. 12 les étrangers peuvent acquérir ces rentes sans être sujets au droit d'aubaine, ni même de confiscation en cas de guerre.
(3) Prêt à intérêt autorisé, loi du 2 octobre 1789; le taux de l'intérêt laissé à l'arbitrage des parties, loi du 11 avril 1793 et 6 floréal an II, Code civil, art. 1907; limité par la loi du 3 septembre 1807, dont l'effet fut suspendu pendant un an par décret du 18 janvier 1814. V. Merlin, v° *usures.*

usuris. Omnibus. Item in eodem consilio, seu in decretis [...] Leonis nec non et in canonibus qui dicuntur apostolo[rum] sicut et in lege ipse dominus præcepit omnino omnibus in[ter]dictum est ad usuram aliquid dare. » L'ordonnance de Phili[ppe] III, au parlement de l'Assomption, à Paris, en 1274 : « *Man[da]mus tibi, præclaræ recordationis carissimi Domini et ge[ni]toris nostri Ludovici regis Franciæ sequentes vestigia, quate[nus] omnes tales, si qui fuerint in tua Ballivia, videlicet in nos[tra] justicia, nisi relinquere velint prorsus usuras hujusmodi [et] eas penitus abjurare, abinde prorsus amoveas et expella[s,] præfixo eis nihilominus termino duorum mensium, à te[m]pore publicationis presentis mandati recedendi, infra qu[em] illi qui habent pignora penes eos possint redimere, quæ fo[re] soluta sine usuris volumus et præcipimus eis reddi.* » L'ordonnance de Philippe IV, dit le Bel, donnée à Montargis le same[di] avant la Purification, le 30 janvier 1311 : « *Pro reformatio[ne] publica regni nostri usuras a Deo prohibitas et a sanc[tis] patribus, nec non progenitoribus nostris damnatas prohib[e]mus, et omnibus et singulis, tam regnicolis nostris qu[am] aliis in regno nostro quomodo libet contrahere genus vel s[pe]ciem quamlibet usurarum, sed graviores usuras, substanti[am] populi gravius devorantes, prosequimur attentius atque pu[ni]mus, pœnam enim corporis et bonorum ipso facto incur[rat] regnicola, vel forensis, qui contra prohibitionem hujus p[ræ]sumpserit usuras graves hujusmodi frequentare, seu per s[e] vel per alium se usuris hujusmodi exercendis conferre re[ci]piendo, vel exigendo ultra unum denarium in septiman[a,] quatuor denarios in mense, vel quatuor solidos in anno p[ro] libra.* » L'ordonnance de Philippe IV, dit le Bel, donnée à Pois[sy] le 8 décembre 1312, interprétative de celle ci-dessus : « No[us] déclarons, par ces présentes lettres, que nous en l'ordonna[nce] dessus dite, avons réprouvé et défendu, et encore réprouvons [et] défendons toutes manières d'usures, de quelque quantité qu'ell[es] soient causées, comme elles sont de Dieu et des saints Pèr[es] défendues : mais la peine de corps et d'avoir dessus dite nous n[e] mettons mie, fors contre ceux qui les plus grosses usures rec[e]vront, useront ou fréquenteront, selon qu'en l'ordonnance de[ssus] dite se tient. Mais pour ce, nous ne souffrons mie usures [de] menue quantité, ains voulons être donnée simplement et [à] plein, barre et défense à tous ceux à qui seront demandées, a[fin] qu'ils ne les soient tenus de payer et répétition de ceux qui le[s] payées, de quelque manière ou quantité soient icelles. Et voulons encore et commandons celles usures de me- quantité, pour lesquelles nous n'avons pas mis la peine dite, être corrigées et punies, et ceux qui les recevront, ou fréquenteront, être corrigés et punis ainsi comme Dieu et droiture, profit public des sujets de notre royaume à faire ». L'ordonnance de Louis XII, de juin 1510, pour le de la justice, article 64 : « Pour obvier qu'aucunes usures se commettent en notredit royaume, avons enjoint et enjoi- à tous nos justiciers et officiers, que sans dissimulation et toute diligence, sur peines de suspension de leurs offices et amende arbitraire, chacun en son détroit et juridiction, s'en- ..... de ceux qui commettent usures manifestes et par contrats ... et simulés, et procède contre les coupables selon la dispo- ... de droit et l'exigence des cas. » Article 65 : « Avons interdit défendu, interdisons et défendons à tous notaires de ne rece- .... aucuns contrats usuraires, sur peine d'être privés de leurs ..., et d'amende arbitraire. » Article 66 : « Et afin que chacun plus enclin de dénoncer ceux qui commettent telles usures, ordonnons que ceux qui les dénonceront à justice auront tierce partie des amendes qui en viendront et istront; et aussi tels délateurs, par l'issue du procès, étoient trouvés calom- ...eurs, seront punis comme de raison. » L'ordonnance d'Or- ..., de janvier 1560, article 142 : « Défendons à tous marchands autres, de quelque qualité qu'ils soient, de supposer aucun ... de marchandises, appellé perte de finance, laquelle se fait revente de la même marchandise à personnes supposées, et à peine contre ceux qui en useront, en quelque sorte qu'elle déguisée, de punition corporelle et confiscation de biens; que nos juges puissent modérer la peine. » L'arrêt de la ..., rendu contre les usuriers le 26 juillet 1565, publié à Paris premier août audit an : « Sur la remontrance judiciairement à la cour par le procureur-général du roi, que par parti- ...ères occurrences de fait, et infinité de plaintes et avertisse- ...ents qui lui étoient faits chacun jour, se pouvoit recueillir que ...eurs gens de cette ville, tant marchands qu'autres par eux par gens attitrés et interposés, exerçoient usures réprouvées les lois de Dieu, constitutions des hommes et ordonnances ...rois et arrêts de la cour, et se faisoit par tels moyens si grand ... et négociation d'argent, que l'on délaissoit non seulement charité, mais le train légitime de la marchandise, l'exercice des arts et métiers et le labour et culture de la terre, d'où étoient à craindre plusieurs grands inconvénients; pour à quoi obvier, requéroit que défenses publiques fussent faites par la ville de Paris, à toutes personnes, de s'entremettre de tels usuraires trafics, sur peine du quadruple et punition corporelle, avec injonction à toutes personnes de venir révéler et déclarer ceux qui les font et s'en entremettent directement ou indirectement, sur peine de cent livres parisis et de punition corporelle; en outre lui fût permis obtenir et faire publier monitions générales en toutes les églises de cette ville et faubourgs, sans nul excepter, à fin de révélation contre ceux et celles qui commettent et exercent telles usures et s'en entremettent directement ou indirectement. La cour ayant égard à la requête faite par le procureur-général en icelle, et icelle entérinant, a ordonné et ordonne qu'il aura monition en termes généraux, sans nul excepter, contre tous ceux et celles de quelque état, qualité et condition qu'ils soient, qui sous ombre et prétexte de trafic public et autrement baillent et prêtent deniers à usure, tant par eux que gens attitrés et interposés, laquelle monition sera publiée ès églises de cette ville et faubourgs, et autres lieux où il appartiendra; a fait et fait, la cour, inhibitions et défenses à toutes personnes de quelque état, qualité et condition qu'elles soient, marchands ou autres tant hommes que femmes, d'exercer usure par eux ou par gens attitrés et interposés, ni de prêter deniers sous prétexte de commerce public à intérêt, soit sur gages ou autrement, sur peine de confiscation de corps et de biens; enjoint icelle cour à tous ceux et celles qui en savent et connoissent aucuns, de venir en révélation, sur peine de cent livres parisis d'amende applicable au roi, et de punition corporelle, à ce que telles manières de gens, comme pestilents et pernicieux à la chose publique, soient du tout exterminés. Il a été ordonné que ledit arrêt seroit lu et publié à son de trompe et cri public par cette ville de Paris et faubourgs d'icelle, ès lieux et carrefours accoutumés à y faire cris et publications, à ce qu'aucun n'en puisse prétendre cause d'ignorance. » L'ordonnance de Charles IX donnée à Fontainebleau en mars 1567 : « Et pour du tout décharger et extirper les usures de nos pays, terres et seigneuries de notre obéissance, nous, en suivant plusieurs édits et ordonnances de nos prédécesseurs rois, avons icelles usures prohibé et défendu, prohibons et défendons, sur peine de confiscation de tous les biens, meubles et immeubles de ceux qui seroient atteints et convaincus en avoir commis

...cunes : et lesquels biens nous, dès à présent comme dès lors, ...déclarés à nous acquis et confisqués. Et où lesdites personnes seroient continuants à commettre lesdites usures, voulons et ordonnons iceux être bannis à perpétuité hors de notre royaume, pays, terres et seigneuries, sans que notre cour ou autres ...ges puissent aucunement modérer les mulctes et amendes ci-devant déclarées, sur peine d'en répondre en leurs propres et privés noms. » L'ordonnance de Blois du mois de mai 1579, article 202 : « Faisons inhibitions et défenses à toutes personnes de quelque état, sexe et condition qu'elles soient, d'exercer aucunes usures ou prêter deniers à profit et intérêt, ou bailler marchandises à perte de finance par eux ou par autres, encore que ce fût sous prétexte de commerce public, et ce sur peines, pour la première fois, d'amende honorable, bannissement et condamnation de grosses amendes, dont le quart sera adjugé aux dénonciateurs, et pour la seconde fois de confiscation de corps et de biens ; ce que semblablement voulons être observé contre les proxénètes, médiateurs et entremetteurs de tels trafics et contrats illicites et réprouvés ; sinon au cas qu'ils vinssent volontairement à révélation, auxquels cas seront exempts de ladite peine. » Article 203 : « Enjoignons à tous juges de garder et faire garder étroitement l'ordonnance faite sur la revente des marchandises qu'on appelle perte de finances, et non seulement dénier actions à tels vendeurs et supposeurs de pertes, mais aussi procéder rigoureusement contre eux et contre leurs courtiers et racheteurs qui se trouveront être sciemment participants de tels trafics et marchandises illicites, par mulctes ou confiscations de biens, amendes honorables, et autres peines corporelles, selon les circonstances et sans aucune dissimulation ou connivence. » L'arrêt de la cour du 26 mars 1624, rendu les chambres assemblées, « par lequel la cour, en jugeant le procès criminel pendant en icelle, pour fait d'usure, après avoir cassé et annulé les titres et obligations... et ordonné la confiscation des sommes prêtées au profit de...... faisant droit sur les conclusions du procureur-général du roi, entre autres dispositions, fait défenses de prêter aux enfants de famille, encore qu'ils se disent majeurs en majorité, et qu'ils mettent l'extrait de leur baptistère entre les mains de ceux qui leur prêtent, à tous marchands, orfèvres-joailliers et autres, leur prêter marchandises à perte de finance, bagues, joyaux, sous promesse en blanc ou autrement, directement ou indirectement, à peine de nullité desdits prêts, promesses, et confiscation de leurs marchandises, bagues, joyaux et autres choses par eux prêtées, et de punition corporelle. Ordonne qu'à la levée de la cour, à la requête du procureur-général du roi, ledit arrêt et autres ci-devant donnés seront publiés à son de trompe et cri public, tant en la cour du Palais, au Châtelet, l'audience tenante, qu'à l'auditoire des juges-consuls, signifiés au syndic des notaires, imprimés et affichés aux carrefours de cette ville; ordonne que des contraventions, il en sera, à la requête dudit procureur-général du roi, informé, pour, l'information vue et communiquée audit procureur-général du roi, être procédé contre les contrevenants, ainsi que la cour verra être à faire par raison. » Autre arrêt de la cour du 2 juin 1699. — Autre arrêt de la cour du 10 janvier 1736. — Autre arrêt de la cour du 28 juillet 1752. — Autre arrêt de la cour du 27 août 1764, qui tous ordonnent l'exécution des précédents arrêts, règlements et ordonnances, lesquels seront exécutés selon leur forme et teneur; en conséquence fait, ladite cour, très expresses inhibitions et défenses à toutes personnes de quelque état et condition qu'elles soient, d'exercer aucunes espèces d'usures prohibées par les saints canons reçus et autorisés dans le royaume, ordonnances du royaume, arrêts et règlements de la cour; en quelque manière que ce soit, où puisse être, et même sous apparences feintes et controuvées, de faits de commerce, directement ni indirectement, par elles-mêmes ou par personnes interposées. Fait pareillement défenses à toutes personnes de servir de proxénètes, médiateurs ou entremetteurs de tels prêts et négociations illicites et prohibés : le tout sous peine de mulctes, amendes pécuniaires, bannissement, confiscation de corps et de biens, amendes honorables et autres peines corporelles, selon l'exigence des cas et la gravité des délits, ainsi qu'il est porté par les ordonnances, arrêts et règlements ci-dessus dits. Ordonne que le présent arrêt sera imprimé, publié à son de trompe en la cour du Palais, au Châtelet de Paris, au bureau de l'Hôtel-de-Ville et aux consuls de ladite ville; icelui lu au Châtelet de Paris, au bureau de l'Hôtel-de-Ville, l'audience tenante, à l'auditoire des juges-consuls, et registré ès registres des bannières, etc., etc.

N° 597. — ARRÊT *du parlement qui supprime un écrit intitulé:* Suite de la justification du sieur de Beaumarchais.

Paris, 18 janvier 1777. (R. S.)

N° 598. — **Arrêt** *du conseil servant de règlement sur les diligences et messageries du royaume.*

Versailles, 23 janvier 1777. (R. S. C.)

V. 7 août 1775.

1. Tous les objets compris dans la réunion faite au domaine du roi, par les arrêts du conseil des 7 août et 11 décembre 1775, et à la ferme générale des postes, par celui du 17 août 1776, seront exploités par Claude Laure et ses cautions, en vertu du bail qui leur en a été passé par ladite ferme générale des postes; à la charge par eux de continuer les établissements de diligences en poste, même d'en former de nouveaux dans tous les lieux où ils seront reconnus être de quelque utilité pour le public, en payant aux maîtres de postes les prix portés par l'article 3 dudit arrêt du conseil du 17 août dernier: voulant, sa majesté, que lorsque les maîtres de postes se seront chargés dudit service des diligences, ils ne puissent en être dispensés que six mois après en avoir obtenu l'agrément de l'intendant général des postes.

2. Les diligences seront conduites à jours et heures fixés par la voie des maîtres de postes, ou par les relais établis par les fermiers des messageries, dans les lieux où les maîtres de postes se refuseroient audit service; de façon qu'elles parcourent deux lieues par heure, moyennant *seize sous* par lieue pour les places dans lesdites diligences, et *dix sous* aussi par lieue pour les places en dehors desdites diligences; à la charge par lesdits fermiers des messageries, de faire mettre six chevaux en été et huit en hiver sur les voitures à huit places, et quatre chevaux sur celles à quatre places, le tout conformément aux articles 3 et 5 de l'arrêt du conseil du 17 août dernier.

3. Les diligences que lesdits fermiers de messageries feront conduire extraordinairement sur les routes où il y aura des diligences ordinaires établies ne pourront être dirigées qu'à des heures différentes de celles fixées pour la diligence ordinaire, de manière à ce qu'elles ne nuisent pas à ce dernier service; et il sera payé pour les places dans lesdites diligences extraordinaires servies en poste, soit sur lesdites routes, soit sur d'autres, *vingt-trois sous* par place et par lieue. Les places dans les autres voitures ou fourgons allant à journées réglées, ainsi que les transports des effets continueront à être payés aux prix fixés par les arrêts du conseil du 7 août 1775.

4. Les fermiers de messageries, autorisés à exiger les sommes fixées pour l'expédition des permis de messageries, sur les routes où ils ont des établissements formés, de quelque nature qu'ils soient, soit que leurs voitures soient remplies ou non, ne pourront néanmoins exiger aucun droit de permis pour les personnes allant en poste, soit avec des voitures à elles appartenantes ou prises à loyer : pourront seulement exiger qu'il soit pris des permis, et s'en faire payer par les loueurs de chevaux, toutes les fois qu'ils conduiront des voyageurs sur des routes où il y aura des établissements de messageries ; et lorsqu'ils les conduiront, partie sur des routes où il n'y aura pas d'établissement de voitures publiques, et partie sur celles où il y en aura de formés, le prix desdits permis sera proportionné à l'espace de chemin que lesdits loueurs de chevaux parcourront sur lesdites dernières routes.

5. Les voitures appartenantes à la ferme des messageries, de quelque espèce qu'elles soient, continueront d'être visitées aux barrières ou aux douanes, comme elles l'étoient avant l'arrêt du conseil du 7 août 1775 ; à l'exception des diligences arrivant à Paris, attelées de six ou huit chevaux de poste, dont il sera remis, par la ferme des messageries à la ferme générale, un état contenant les jours de leur arrivée, ainsi que les heures approchantes auxquelles elles doivent arriver : lesquelles diligences seront seulement visitées dans l'intérieur de la voiture à leur arrivée à la barrière, le plus promptement que faire se pourra, les paniers ou magasins d'icelle demeurant cadenassés, de manière à ne pouvoir être ouverts dans l'intervalle de la barrière aux différents lieux d'établissement de messageries ; à l'effet de quoi les fermiers des messageries seront tenus de faire mettre des bâches sur lesdits magasins, auxquelles on puisse adapter un cadenas, dont la clef sera remise aux préposés de la ferme générale, comme aussi de fournir à un commis de la barrière une place dans lesdites diligences, pour les accompagner, et de ne faire conduire lesdites voitures qu'au pas, depuis la barrière jusqu'aux lieux de leurs établissements, pour y être, l'ouverture desdits paniers ou magasins, faite par les employés des fermes, et les marchandises sujettes aux droits, être envoyées en leur présence à la douane, aussitôt, si faire se peut, sinon être déposées dans un magasin fermant à clef, lesquelles seront remises auxdits employés, pour ensuite lesdites marchandises être transportées, aux frais desdits fermiers des messageries, à la douane, sous la conduite desdits employés, et les droits y être perçus. A l'effet

de quoi lesdits fermiers des messageries seront tenus d'avoir dans chaque lieu de leurs établissements un magasin à ce destiné, et de fournir en outre une chambre ou bureau, pour y recevoir de jour et de nuit les commis des fermes, et les mettre par là en état de remplir leurs fonctions; duquel bureau lesdits employés auront également la clef.

6. Seront au surplus exécutés tous les règlements, arrêts, ordonnances et déclarations rendus tant en faveur des anciennes messageries, que pendant la régie des messageries, ainsi que l'arrêt du conseil du 17 août 1776, en ce qui n'y est pas dérogé par le présent.

7. Sa majesté a évoqué et évoque à soi et à son conseil toutes les causes et contestations qui pourront être mues entre lesdits fermiers ou entrepreneurs, leurs procureurs, commis ou préposés, concernant l'exploitation des objets réunis à la ferme générale des postes par l'arrêt du 17 août dernier, et les marchands, voituriers, voyageurs et tous autres; et icelles renvoie au sieur lieutenant général de police de la ville de Paris, et aux sieurs intendants et commissaires départis dans les provinces et généralités du royaume, chacun en ce qui les concerne, pour être par eux jugés en première instance, sauf l'appel au conseil.

N° 599. — ARRÊT *du conseil qui, en déclarant les ecclésiastiques constitués dans les ordres sacrés qui font partie du clergé de France exempts du franc-fief, tant pour les biens nobles dépendants de leurs bénéfices et leurs biens patrimoniaux, que pour ceux de même genre qu'ils auront acquis ou pourront acquérir, leur fait défenses de prêter leurs noms à aucuns particuliers pour les faire profiter de cette exemption, à peine du triple du droit franc-fief et de 200 livres d'amende.*

Versailles, 27 janvier 1777. (R. S. R. Lorr. Toul.)

V. a. d. c. du 29 novembre 1776.

N° 600. — ARRÊT (1) *du parlement sur l'échenillage des arbres.*

Paris, 29 janvier 1777. (R. S. C.)

La cour ordonne que dans huitaine, à compter du jour de la publication du présent arrêt, tous propriétaires, fermiers, loca-

---

(1) Renouvelé par loi du 26 ventôse an IV; Code pénal, art. 471, n° 8. V. a. d. p., 4 février 1732; ord. pol., 2 mars 1738.

taires ou autres, faisant valoir leurs propres héritages, ou exploitant ceux d'autrui, seront tenus, chacun en droit soi, d'écheniller ou de faire écheniller les arbres étant sur lesdits héritages, à peine de trente livres d'amende, ou autre plus grande si elle y échet, et d'être en outre responsables des dommages-intérêts des parties : ordonne que les bourses et toiles qui seront tirées des arbres, haies ou buissons, seront sur-le-champ brûlées dans un lieu de la campagne où il n'y aura aucun danger de communication de feu, soit pour les forêts, bois, landes et bruyères, soit pour les maisons ou bâtiments, arbres fruitiers ou autres, en quelque manière que ce soit, le tout sous les mêmes peines ; les syndics des paroisses tenus d'y veiller aussi sous les mêmes peines ; les officiers tant royaux que subalternes tenus de tenir la main à l'exécution du présent arrêt. A cet effet ordonne que les ordonnances et jugements qui seront rendus par lesdits officiers seront exécutés par provision, nonobstant oppositions ou appellations quelconques, et que le présent arrêt sera imprimé et affiché partout où besoin sera.

N° 601. — ARRÊT *du parlement, portant règlement pour les courtiers et interprètes.*

Paris, 31 janvier 1777. (R. S. C.)

V. ord. de 1681, titre 7 du liv. 1er ; ord. du 10 juillet 1776.—La loi du 11 avril 1791 les a réunis aux courtiers de commerce ordinaires. V. arrêtés des 15 messidor, 9 thermidor an IX ; 2 fructidor an X ; 13 pluviôse an XI.

1. Les articles 8 et 14 du titre VII de l'ordonnance de la marine seront exécutés selon leur forme et teneur ; en conséquence, les courtiers conducteurs des maîtres de navires seront tenus d'avoir des registres cotés et paraphés par le lieutenant de l'amirauté de la Rochelle, dans lequel ils écriront les noms des maîtres de navires pour lesquels ils seront employés, le jour de l'arrivée, le port et cargaison de leurs navires, avec l'état en détail des avaries, des droits et sommes qu'ils auront payés pour eux, comme aussi des salaires qu'ils en auront reçus ; et sera le tout arrêté et signé sur lesdits registres par les maîtres qui sauront écrire ; et à défaut, par leurs correspondants.

2. Fait défenses auxdits courtiers conducteurs des maîtres de navires, relativement à l'article 9 du même titre, d'employer dans leurs comptes plus grands droits ni plus grande somme que ceux par eux payés, et de recevoir des maîtres qu'ils conduiront, au-

chose que les droits à eux légitimement dus, à peine de concussion ; et pour prévenir les abus, ordonne que lesdits courtiers feront une quittance détaillée, conforme à l'état par eux marqué sur leurs registres, des sommes qu'ils recevront, lesquelles distinguées par articles seront écrites en toutes lettres, à peine d'interdiction, et même de faux en cas de contrariété entre la quittance et leur registre.

3. Pour prévenir les abus et l'arbitraire, fait défenses auxdits courtiers de percevoir plus grands droits que ceux ci-après. (*Suit le détail des droits.*)

4. Ordonne que, dans le cas où lesdits bâtiments retourneraient chargés après leur décharge, et que ce seroit le courtier qui eût procuré un fret, il lui sera payé pour le courtage du retour, la valeur du fret d'un tonneau par bâtiment de quarante cinquante tonneaux et au-dessus, qui seront frétés en plein, et la valeur de demi-fret d'un tonneau au-dessous de quarante, ou qui ne seroit frété qu'en partie ; et le prix du fret, pour fixer le salaire du courtier, sera établi sur le prix commun du fret total de la cargaison ; ce qui aura lieu pour tous les bâtiments qui viendroient au même port. Si le bâtiment n'est pas chargé en plein, ou qu'il ne décharge que partie de sa marchandise dans le port, le droit du courtier sera proportionné à la taxe ci-dessus ; et à l'égard des bâtiments qui ne seront que de relâche, ne sera payé au courtier que ses droits pour la déclaration du maître, tant à l'amirauté qu'au bureau des fermes s'il est nécessaire, lesquels seront de trois livres pour tous les bâtiments de quelque grandeur qu'ils soient.

5. Quant aux navires et autres bâtiments venant de l'Amérique, de Marseille ou de l'Orient, les cargaisons de ces bâtiments étant d'un plus grand détail, sera payé pour le droit de courtier. (*Suit le détail des droits.*)

6. Les navires et autres bâtiments qui viendront à leur lest dans le port, pour y prendre un fret, ne seront sujets au droit de courtage pour leur arrivée, que comme les vaisseaux simplement de relâche ; et les droits seront payés comme il est dit ci-dessus ès articles 4 et 5.

7. Pour ce qui concerne les bâtiments étrangers, sera payé pour droit de courtage d'un navire chargé en plein, et qui y fera son entière décharge (*. Suit le détail des droits.*)

8. Et si les maîtres de navires ou les négociants à qui ils seront adressés exigent que les courtiers prennent le poids des mar-

chandises dans les bureaux; qu'ils fassent des recensements dans les magasins pour en dresser des états ainsi que les décomptes des armements, qu'ils dressent les comptes des avaries, grosses ou autres opérations de cette nature, il leur sera dû une rétribution à part pour lesdites peines extraordinaires, ainsi qu'il sera convenu entre lesdits maîtres et courtiers; en cas de contestation, la taxe en sera faite par le lieutenant de l'amirauté, en présence du substitut de notre procureur-général, après avoir entendu les parties.

Fait défenses auxdits courtiers d'exiger de plus grands droits que ceux ci-dessus fixés, à peine de restitution, de vingt livres d'amende pour la première fois, et d'interdiction en cas de récidive; ordonne que lecture et publication du présent règlement sera faite à l'audience de l'amirauté de France à Paris, et à celle de la Rochelle, etc.

N° 602. — ÉDIT *portant règlement pour les communautés d'arts et métiers de la ville de Lyon.*

Versailles, janvier 1777. Reg. parl. 24 janvier 1777. (R. S.)

V. édit analogue d'août 1776; a. d. c., 18 décembre 1779, 27 juin 1785, 10 février 1784, 30 juin 1787.

N° 603. — ÉDIT *portant réunion de l'office de lieutenant du bailliage de Fismes, à celui de lieutenant général de police de la même ville.*

Versailles, janvier 1777. Reg. en parl. le 20 juin 1777. (R. S.)

N° 604. — ARRÊT *du conseil concernant l'établissement des ramoneurs publics.*

Versailles, 2 février 1777. (R. S. C.)

N° 605. — DÉLIBÉRATION *approuvée par le roi* (1), *sur l'habillement des chevaliers du Saint-Esprit.*

Paris, 2 février 1777. (Statuts de l'ordre du Saint-Esprit. Impr. royale, 1788.)

Sur la délibération prise par le chapitre assemblé des cardi-

---

(1) V. édit mai 1783; déc. 8 juin 1783; édit janvier 1784; lett. pat. 26 mars 1786; a. d. c. 30 août 1786; édit décembre 1787; a. d. c. 29 décembre 1787.

..., prélats, chevaliers et officiers de l'ordre, et approuvée par le roi, il a été décidé que les jours où l'ordre n'est pas en grand manteau ou en deuil, les chevaliers et officiers laïques aux jours de cérémonies ordinaires, afin qu'il y ait plus d'uniformité dans leur habillement, porteront, à compter du 1er janvier 1778, savoir, en hiver, un habit de velours noir sans broderies, doublé en soie noire, boutonnières unies, boutons d'or uniformes, parements d'habit brodés en or sur une étoffe de soie verte pareille à celle de la veste qui sera aussi brodée et doublée de soie blanche, manteau de velours noir doublé de soie noire, avec des revers brodés sur une étoffe de soie verte, conformément au dessin approuvé par sa majesté, toque noire garnie de plumes blanches, et bas blancs : et pour la cérémonie de la Pentecôte, même broderie et dorure qu'en hiver, avec la différence que le fond de l'étoffe pour l'habit et le manteau sera de musulmane noire.

Que les officiers qui ne sont pas commandeurs porteront, soit en hiver soit en été, un habit dont le fond sera pareil à celui de MM. les chevaliers avec le bouton uniforme, mais sans parements, veste unie (1), manteau sans revers et chapeau sans plume.

Et que ceux de MM. les chevaliers qui seront dans le cas de porter des deuils particuliers, même des deuils de respect, ne puissent s'exempter de se revêtir de cet habit uniforme, s'ils jugent à propos d'assister à cette cérémonie.

N° 606. — DÉCLARATION *portant que dans le cas où les revenus des villes et communautés ne pourront suffire à payer les gages des officiers municipaux, créés par édit de novembre 1771, le fonds en sera fait dans les états de recettes des finances royales.*

Versailles, 5 février 1777. Reg. à la chambre des comptes le 27 du même mois. (R. S. C.)

N° 607. — ARRÊT *du conseil concernant l'établissement de voitures pour desservir, par la ferme des messageries, les environs de Paris, avec le tarif.*

Versailles, 5 février 1777. (R. S. C.)

---

(1) Depuis il a été décidé que la veste serait brodée comme celle des chevaliers. Sur l'ancien habillement, voyez art. 28 et 71 des statuts de décembre 1578, et règl. du 31 décembre 1619. Sur l'habillement pour le sacre, il existe une décision de Charles X, dont je n'ai pu me procurer la date.

N° 608. — Arrêt du conseil qui fixe le temps dans lequel tous ceux qui ont été enregistrés ou qui le seront par la suite, pour exercer le commerce ou des professions dépendantes des corps et communautés, seront tenus d'acquitter le droit de dixième annuel.

Versailles, 6 février 1777. (R. S.)

V. décl. du 19 décembre 1776.

N° 609. — Arrêt de la cour des aides, en forme de règlement, portant que N. Lefèvre, à Paris, sera tenu de souffrir les visites et exercice des commis pour les droits de marque et de contrôle, de représenter à toute réquisition ses ouvrages d'or et d'argent, même ceux qu'il pourroit avoir dans ses poches (1).

Paris, 6 février 1776. (R. S.)

N° 610. — Arrêt de la cour des monnaies portant défense de faire entrer en France les espèces de billon et de cuivre de fabrique étrangère, à peine de confiscation et de 3,000 livres d'amende (2).

Paris, 7 février 1777. (Merlin, v° monnoies, § 1.)

N° 611. — Arrêt du conseil qui déboute les juifs de la demande qu'ils avoient formée pour être autorisés à faire le commerce de draperie et de mercerie à Paris.

Versailles, 7 février 1777. (R. S. C. Merlin, v° juif, sect. 4.)

V. a. d. c. du 14 août 1774.

N° 612. — Arrêt du conseil qui autorise l'ordre du Saint-Esprit à faire un emprunt en rentes perpétuelles et viagères, et affecte au remboursement les produits de marc d'or et subsidiairement le droit sur les postes; et qui porte art. 8, que le roi renonce à tous droits d'aubaine, d'amortissement et de bâtardise à l'égard desdites rentes.

Versailles, 7 février 1776. (R. S.)

---

(1) Le 18 du même mois la cour a porté un arrêt semblable. V. décl. 26 janvier 1749, en vigueur; a. d. c. 2 juillet 1812, et 21 janvier 1771. V. loi du brumaire an VI, tit. 8; ord. du 5 mai 1820.

V. a. d. c. 26 mai 1774.

(2) V. autre arrêt du 14 octobre 1780.

FÉVRIER 1777.

N° 613. — ARRÊT *du parlement qui ordonne qu'un libelle intitulé*, Motifs *de ne point admettre la nouvelle liturgie de M. l'archevêque de Lyon, sera lacéré et brûlé par l'exécuteur de la haute justice.*

Paris, 7 février 1777. (R. S.)

N° 614. — LETTRES PATENTES, *sur arrêt du conseil, qui accordent des priviléges aux frères Perrier, pour l'établissement des pompes à feu dans Paris.*

Versailles, 7 février 1777. Reg. au parl. le 16 juillet. (R. S.)
V. 2 mai 1786.

N° 615. — ARRÊT *du parlement portant homologation d'une délibération faite au bureau de l'Hôtel-Dieu, le 27 novembre 1776, concernant la nomination et présentation aux lits de l'hôpital des Incurables* (1).

Paris, 17 février 1777. (R. S.)

(*Suit le texte de la délibération.*)

M. Dupont a dit qu'il lui a été remis un mémoire, dans lequel une personne également respectable par la place qu'elle occupe, et par son mérite personnel, ayant droit à la nomination de trois lits sur la présentation des parents de la fondatrice, se plaint d'un abus que la compagnie soupçonnoit depuis long-temps avoir lieu dans les nominations et présentations aux lits des incurables.

Que cet abus consiste :
1° En ce que quelques uns de ceux qui ont droit à ces nominations, ou à une simple présentation, regardant ces lits comme portion du patrimoine de leurs ancêtres qui les ont fondés, ou par d'autres motifs, qu'aucun prétexte même de prétendue charité pour d'autres pauvres ne peut excuser, font payer aux présentés ou aux nommés le prix de leurs présentations ou de leurs nominations.
2° En ce que ces nominations ou présentations se trouvent quelquefois négociées par personnes interposées, à l'insu même des nominateurs ou présentateurs.

Que, dans le premier cas, c'est faire commerce de la charité

(1) En vigueur, arrêté du 16 fructidor an II, 3 septembre 1803. Fleurigeon. t. 13; code des hospices, n° 1815.

22.

des fondateurs, et faire, en quelque manière, rentrer dans le patrimoine de leurs héritiers, ou de ceux qu'ils ont désignés pour nominateurs ou présentateurs, un fonds dont tout le produit utile est destiné à la subsistance d'un pauvre, et dont ils n'ont réservé que l'honneur de déterminer le sujet auquel il seroit appliqué; que ce choix est de sa nature purement gratuit, et ne peut être vendu licitement, même au profit d'autres pauvres qui n'étoient point dans l'intention des fondateurs, et qui n'ont point droit de partager indirectement le bénéfice de ces fondations.

Que le trafic illicite et sordide qui résulte du second cas met à prix d'argent, au profit des intrigants de la plus basse classe des citoyens, un bien consacré à la religion et à l'humanité; que les conséquences en sont préjudiciables au bon ordre et à la discipline de la maison, la plupart de ceux qui y sont entrés par cette voie s'y regardant comme propriétaires de leur lit à titre d'achat, et conséquemment affranchis de toutes règles et de toute subordination; et que dans ces circonstances il lui paroit intéressant de prendre les précautions les plus promptes et les plus sages pour réprimer un pareil abus.

Sur quoi, la matière mise en délibération,

La compagnie a arrêté: 1° qu'à l'avenir toutes nominations ou présentations aux lits de l'hôpital des Incurables seront purement gratuites, sans que, sous aucun prétexte, il puisse être rien reçu ni payé par qui que ce soit pour raison et à l'occasion desdites nominations et présentations antérieurement ou postérieurement à icelles.

2° Que dans le cas où les nominateurs ou présentateurs auroient reçu quelque chose que ce soit, antérieurement ou postérieurement, ils demeureront privés du droit de présentation ou nomination, qui passera à celui ou à ceux à qui lesdites présentations ou nominations appartiennent à leur défaut; et le malade par eux présenté ou nommé, sera congédié dudit hôpital.

3° Que lorsqu'à l'insu des présentateurs ou nominateurs, aura été payé quelque chose à personnes interposées, avant ou après lesdites présentations ou nominations, et à raison d'icelles, le malade sera pareillement congédié dudit hôpital, sauf auxdits malades ainsi congédiés à se pourvoir dans tous les cas contre ceux qui auront indûment perçu quelque chose à raison de leur présentation ou nomination.

Et la compagnie a prié M. le procureur général, etc.

FÉVRIER 1777.

N° 616. — RÈGLEMENT *pour déterminer le rang de quelques régiments d'infanterie française.*

Versailles, 19 février 1777. (R. S. C.)

N° 617. — RÈGLEMENT *sur les places et rangs dans les églises et dans les marches des cérémonies publiques, dans les établissements français de l'Inde* (1).

Versailles, 22 février 1777. Reg. à Pondichéry, 3 septembre 1777. (R. S. C.)

Le roi étant informé que les places et rangs dans les églises, processions, et autres cérémonies publiques, dans la ville de Pondichéry, ont donné lieu à des discussions contraires au bon ordre et à la tranquillité publique; voulant éviter à l'avenir toute difficulté à cet égard, a ordonné et ordonne ce qui suit :

1. Veut sa majesté que le gouverneur général de ses établissements dans l'Inde, et l'intendant ou l'ordonnateur, commis par sa majesté pour en remplir les fonctions, aient prie-dieu et fauteuils dans le chœur de la principale église de Pondichéry, du côté de l'épître ; et que les prie-dieu et fauteuils destinés au gouverneur général soient placés un peu au-dessus de ceux de l'intendant.

2. Dans les autres églises de Pondichéry, et des différents établissements qui en dépendent, il sera mis dans le chœur des prie-dieu et fauteuils, de la manière réglée par l'article précédent, toutes les fois que les gouverneur général et intendant ou ordonnateur s'y trouveront.

3. L'officier de l'état-major, et celui de l'administration, qui auront le droit, par leur grade, de remplacer les gouverneur général et intendant, auront dans la principale église de Pondichéry un banc dans le chœur, du côté de l'évangile.

4. Lesdits officiers ne pourront prendre les places attribuées aux gouverneur général et intendant, encore qu'ils fussent chargés de l'administration en chef, pour cause de maladie ou d'absence : permet seulement sa majesté auxdits officiers de prendre lesdites places dans le cas où ils auront remplacé les gouverneur général et intendant décédés.

Veut sa majesté, que dans la principale église, hors du chœur et du côté de l'épître, il y ait un banc contre la muraille pour les officiers du conseil supérieur; et que le juge de la chauderie et

---

(1) V. arrêt du 6 janvier 819. Isambert, 1820, pag. 604.

le lieutenant de police aient leur banc après celui du conseil, sur la même ligne.

6. Il sera aussi mis un autre banc hors du chœur, du côté de l'évangile et contre la muraille, dans lequel se placeront, en premier lieu, les officiers de l'état-major, et ensuite les officiers de l'administration, autres que ceux mentionnés aux articles précédents.

7. Pourront seulement les femmes des gouverneur général et intendant ou ordonnateur susdits, prendre place aux prie-dieu de leurs maris; mais ne pourront les femmes, les enfants des autres officiers militaires et civils ci-dessus mentionnés, se placer dans les bancs destinés à leurs maris et à leurs pères, ni prétendre dans les églises aucune place de distinction.

8. Le pain bénit sera d'abord présenté au prêtre célébrant, aux ecclésiastiques assistants, dont les enfants de chœur font partie; ensuite au gouverneur général, à l'intendant ou ordonnateur; à l'officier de l'état-major, et l'officier d'administration, qui auront le droit par leurs grades de remplacer le gouverneur général et l'intendant; aux officiers du conseil supérieur, au juge de la chauderie et au lieutenant de police; aux officiers de l'état-major et de l'administration mentionnés en l'article VI, aux marguilliers en charge, lorsqu'ils se trouveront dans le banc de l'œuvre, après quoi, au public sans distinction. Le même ordre sera suivi lorsqu'on ira à l'offrande.

9. L'encens ne sera donné qu'aux gouverneur général et intendant ou ordonnateur, et aux officiers qui les auront remplacés après leur décès, seulement; auxquels officiers sa majesté défend de le donner, et à eux de l'exiger en aucun autre cas.

10. Aux processions et marches publiques, les gouverneur général et intendant ou ordonnateur marcheront sur une même ligne à la tête du conseil, l'intendant à la gauche du gouverneur général; le gouverneur général sera précédé de ses gardes, et l'intendant des huissiers, qui marcheront aussi sur une même ligne: marcheront ensuite le premier officier d'administration, après l'intendant, lorsqu'il aura le grade requis par l'article III de l'édit de février 1776, pour avoir séance au conseil, à la droite du doyen ou du plus ancien conseiller; les conseillers titulaires, suivant leur rang dans le conseil; le procureur général, le greffier en chef, les assesseurs, le substitut, le juge de la chauderie et le lieutenant de police; et sera cette marche fermée par des archers de police.

11. Aux feux de joie, il sera présenté trois torches : une au prêtre officiant, et les deux autres aux gouverneur général et intendant ; et dans le cas où ils seroient décédés, aux deux officiers qui les auront remplacés : et lorsqu'il ne s'y trouvera aucun des deux administrateurs, il ne sera présenté qu'une seule torche au prêtre officiant.

12. Lorsqu'en l'absence de l'intendant, le gouverneur général se trouvera aux processions et marches publiques, il marchera seul, précédé de ses gardes, à la tête du conseil ; et l'intendant, précédé des huissiers, marchera également seul à la tête dudit conseil, en l'absence dudit gouverneur général.

13. Toutes les fois que l'intendant se trouvera aux processions et marches publiques, il sera précédé des huissiers, quand même aucuns des conseillers n'y assisteroient.

14. Dans le cas où les administrateurs en chef n'assisteroient pas aux processions et marches publiques, le conseil y marchera précédé de ses huissiers : mais il ne sera point censé faire corps lorsqu'il ne s'y trouvera pas cinq de ses officiers, dans lesquels sont compris le procureur général, le greffier en chef, les assesseurs et le substitut.

15. Les autres officiers non mentionnés en l'article 10 ne feront point corps dans les processions et marches publiques : pourront néanmoins les officiers de l'état-major et d'administration, qui remplaceront les gouverneur général et intendant décédés, prendre leurs places dans lesdites processions et marches publiques : défend, sa majesté, auxdits officiers, de prendre lesdites places, lorsqu'ils suppléeront les gouverneur général et intendant en toute autre circonstance.

16. Fait, sa majesté, défenses à toutes personnes, de telle qualité et condition qu'elles soient, autres que les officiers mentionnés au présent règlement, de se placer dans les bancs, ni de se mêler dans les rangs ci-dessus réglés, ni de prétendre à aucune autre sorte de rang ni distinction dans les églises, marches et cérémonies publiques, à peine de deux cents livres d'amende applicable aux besoins de l'église où la contravention aura été commise.

17. Révoque, sa majesté, toutes les concessions qui pourroient avoir été faites de bancs distingués dans le chœur ou autre endroit des églises de Pondichéry, et des différents établissements qui en dépendent ; ordonne que lesdites concessions demeureront sans effet, à quelque titre qu'elles aient été faites : fait défenses de faire de semblables concessions à l'avenir ; voulant qu'il n'y

sit d'autres places de distinction dans les églises que celles ci-dessus réglées.

18. Autorise néanmoins, sa majesté, les administrateurs à faire un règlement provisoire pour déterminer les places de distinction que pourront occuper les officiers de l'état-major et de l'administration dans les différentes églises dépendantes du gouvernement général autres que la principale église de Pondichéry, et leur rang dans les processions et marches publiques; les autorise également à faire un semblable règlement, relativement aux Indiens qui font profession de la religion chrétienne, pour accorder aux principaux d'entre eux employés au service de sa majesté, des places et des rangs distingués dans leurs églises, et dans leurs processions et cérémonies publiques.

19. Attribue, sa majesté, aux administrateurs de ses colonies de l'Inde, toute juridiction et connoissance au sujet des discussions qui pourront survenir sur le présent règlement, et des contraventions qui y seront commises; leur donne pouvoir de statuer, à l'exclusion de tous autres juges, sur lesdites discussions et contraventions, dans la forme prescrite pour les affaires dont la connoissance leur est attribuée par les lettres patentes de sa majesté du mois de février 1776.

N° 618. — DÉCLARATION *sur l'administration des biens des mineurs dans les établissements français de l'Inde* (1).

Versailles, 22 février 1777. Reg. à Pondichéry, 3 septembre 1777. (R. S. C.)

Louis, etc. Nous sommes informé que, par un usage pratiqué de tout temps à Pondichéry, l'administration des biens des mineurs est confiée à notre procureur général, lorsque les parents desdits mineurs n'ont pas d'immeubles à hypothéquer, ou d'autres sûretés à donner pour répondre de ces biens : mais d'après l'établissement que nous venons de faire à Pondichéry, d'un conseil supérieur, à l'instar de ceux de nos autres colonies, nous avons jugé à propos de décharger notre procureur général d'une partie des soins et des embarras de cette régie, et de faire connoître nos intentions sur la manière dont il sera pourvu désormais à la sûreté et à l'administration des biens des mineurs, dans le cas où notredit conseil supérieur ne jugera pas à propos de leur donner des tuteurs. A ces causes, etc.

---

(1) V. arrêté du 6 janvier 1819. Isambert, 1820, p. 604.

1. Seront les biens des mineurs, qui étoient ci-devant dans le cas d'être remis au ministère public, déposés au greffe avec leurs titres et papiers, et en demeurera le greffier chargé, par l'inventaire qui en sera fait, comme dépositaire de biens de justice.

2. Lesdits biens continueront néanmoins à être régis et administrés par les ordres de notre procureur général; et ne pourra le greffier faire aux mineurs, aux créanciers, ni à qui que ce puisse être, aucune délivrance de deniers ou d'autres objets appartenants auxdits mineurs, à moins qu'on ne lui rapporte à cet effet des mandats de notre procureur général; à peine contre le greffier de répondre, en son propre et privé nom, des deniers et effets qu'il pourroit avoir délivrés, et pour raison desquels il ne justifieroit point desdits mandats.

3. Lorsqu'il se présentera des occasions de placer avec sûreté les biens desdits mineurs, pour leur faire produire des intérêts, il sera convoqué, devant notredit conseil supérieur, une assemblée de sept des plus proches parents desdits mineurs, lesquels parents seront suppléés, lorsqu'il en manquera, par des amis choisis parmi les plus notables habitants : ladite assemblée donnera son avis sur l'emploi qui aura été proposé; sur quoi, et d'après les conclusions de notre procureur général, il sera par notredit conseil supérieur ordonné ce qu'il appartiendra, sans que le suffrage de ladite assemblée, fût-il même unanime, puisse faire ordonner l'emploi, lorsque nos juges n'y verront pas les sûretés suffisantes.

N° 619. — DÉCLARATION *sur la contribution en cas de déconfiture dans les établissements français de l'Inde* (1).

Versailles, 22 février 1777. Reg. à Pondichéry, 3 septembre 1777. (R. S. C.)

Louis, etc. Nous ayons, par notre édit du mois de février 1776, établi à Pondichéry un conseil supérieur, à l'instar de ceux de nos autres colonies, pour procurer bonne et prompte justice à nos sujets, habitant et faisant le commerce dans nos différents établissements de l'Inde; et par l'article 12 dudit édit, nous avons, comme par notre déclaration du mois d'août 1664, or-

---

(1) V. arrêté du 6 janvier 1819. Isambert, 1820, pag. 604. Merlin, v° *contribution au sol la livre.*

donné que ledit conseil supérieur se conformera, dans ses jugements, à la coutume de Paris; mais nous sommes informé que nos anciens conseils supérieurs de Pondichéry, et les juges de leur ressort, ont toujours ordonné, dans les arrêts, jugements et sentences d'ordre qu'ils ont rendus dans les cas de déconfiture, que le produit des immeubles et des meubles, et même celui des meubles, lorsqu'il ne s'est pas trouvé d'immeubles, seroit distribué suivant l'ordre des hypothèques, et que le surplus, en cas que la masse ne fût pas épuisée par les créanciers hypothécaires, seroit réparti, au marc la livre, entre les créanciers chirographaires; le tout suivant la jurisprudence observée dans plusieurs de nos provinces régies par le droit romain. Nous avons reconnu que cet usage, contraire à l'article 179 de la coutume de Paris, s'étoit introduit dans l'Inde à cause de la nature des biens, la plupart mobiliers, que possèdent nos sujets, et parceque la femme, pour ses reprises et conventions matrimoniales, ni les autres créanciers hypothécaires, n'auroient, pour ainsi dire, aucun avantage sur les créanciers chirographaires, si tous les meubles d'un débiteur étoient sujets à la contribution au marc la livre entre tous ses créanciers en cas de déconfiture : considérant la nature desdits biens, les différents jugements rendus dans tous les temps sur cette matière, et les contrats de mariages et autres actes authentiques, faits par des habitants éloignés qui ont regardé la jurisprudence de leurs tribunaux comme la loi immuable de leurs conventions. A ces causes, etc.

1. Nous avons approuvé et approuvons, par ces présentes, tous les arrêts, jugements et sentences rendus par notre conseil supérieur de Pondichéry et par les juges de son ressort, dans lesquels arrêts jugements et sentences, ils ont ordonné que le produit des biens meubles et immeubles, ou des meubles seulement d'un débiteur, en cas de déconfiture, seroit distribué entre la femme et les autres créanciers hypothécaires, suivant les dates de leurs différents titres authentiques, et que le surplus seroit réparti au marc la livre entre les créanciers chirographaires. Voulons que, contre lesdits arrêts, jugements et sentences, il ne puisse être admis aucune demande en cassation, ni requête civile, à moins que lesdites demandes ne fussent fondées sur d'autres moyens légitimes.

2. Autorisons ledit conseil supérieur et les juges de son ressort à continuer de suivre dans l'Inde la jurisprudence mentionnée en l'article précédent toutes les fois qu'il s'agira de distribuer

en cas de déconfiture, le produit des biens d'un débiteur entre sa femme et ses autres créanciers, ou entre créanciers seulement; dérogeant, pour ce regard seulement, à l'article 179 de la coutume de Paris.

3. Il ne sera néanmoins accordé aucune suite par hypothèque sur les meubles qui ne se trouveront plus en la possession du débiteur à son décès, ou à l'époque de l'abandon qui aura été fait de ses biens à ses créanciers.

4. N'entendons, par ces présentes, donner atteinte aux priviléges et droits de revendication sur les meubles, réglés par les articles 171, 175, 176, 177, 178 et 182 de la coutume de Paris; lesquels articles seront observés suivant leur forme et teneur.

N° 620. — RÈGLEMENT *pour les procédures dans les établissements français de l'Inde* (1).

Versailles, 22 février 1777. Reg. à Pondichéry 9 septembre 1777.

Le roi s'étant fait rendre compte de la manière dont la justice a été administrée à Pondichéry et dans les établissements qui en dépendent, sa majesté a reconnu que si son ordonnance de 1670 avoit été exactement observée dans l'instruction des procès criminels, il n'en avoit pas été de même de celle de 1667, concernant les matières civiles, de laquelle les tribunaux de l'Inde s'étoient écartés en plusieurs points. Mais considérant que les changements introduits par ces tribunaux avoient été avantageux à ses sujets, parceque les immeubles qu'ils possèdent dans l'Inde ne consistent en général qu'en maisons et jardins renfermés dans des bornes très étroites, et que la plupart de leurs contestations portent sur des biens mobiliers; sa majesté a jugé à propos de laisser subsister la forme suivie de temps immémorial dans toutes les affaires, et d'approuver qu'elles continuassent d'être instruites par les parties intéressées; cette forme simple et naturelle lui ayant paru la plus convenable pour des contestations qui sont de nature à être traitées par les voies les plus sommaires, et la plus propre en même temps à diminuer le nombre des

---

(1) En vigueur. Arrêté du 9 janvier 1819. Isambert, 1820, pag. 604.
Le règlement sur l'organisation judiciaire fait pendant l'occupation anglaise, le 15 mai 1805, se trouve dans Isambert 1823, S. 528.
Il y a des règlements spéciaux pour Karikal et Chandernagor, 13 août 1817 et 12 mars 1818; et Pondichéry, 1er juin 1817.
V. 3 février 1776, tom. Ier, pag. 311.

procès et les frais de procédure, en écartant des tribunaux les avocats et les procureurs qui auroient dessein de s'y établir, et que le gouvernement n'a jamais cru devoir y admettre. A quoi voulant pourvoir, etc.

1. Le conseil supérieur de Pondichéry et les juges de son ressort continueront d'observer l'ordonnance de 1670, dans toutes les affaires criminelles : sa majesté les autorise seulement à prolonger les délais fixés par ladite ordonnance, lorsque l'éloignement des lieux ou la difficulté des communications pourront l'exiger.

2. Ordonne néanmoins, sa majesté, que les requêtes en plainte seront répondues, sans qu'il soit besoin de délibération, par l'intendant, l'ordonnateur, ou le plus ancien officier du tribunal qui se trouvera sur les lieux ; et ledit intendant, ordonnateur ou officier du tribunal, après avoir donné communication desdites requêtes au ministère public, rendra avec la célérité requise, les ordonnances aux fins d'informer, ou de constater le délit par des transports sur les lieux.

3. En toute matière civile, le demandeur produira sa requête au greffe, avec les pièces justificatives de sa demande : cette requête et les pièces seront remises sur le bureau par le greffier ; et, après en avoir fait lecture, le conseil supérieur ordonnera qu'elles soient signifiées.

4. Pourra, le défendeur, proposer ses moyens de défense par une autre requête, à laquelle il joindra également ses pièces justificatives ; et la forme prescrite par l'article précédent sera observée à son égard.

5. Après que ces deux requêtes auront été respectivement signifiées avec les pièces au soutien, les parties pourront encore fournir réciproquement des répliques par requêtes dans la même forme ; et ensuite les requêtes et pièces seront remises à un conseiller ou assesseur, pour en faire son rapport.

6. Le nombre de trois juges suffira pour remplir les formalités prescrites par les trois articles précédents.

7. Lorsque les pièces seront entre les mains du rapporteur, il ne sera plus fait aucune instruction, à moins que les parties n'aient recouvré de nouveaux titres, ou formé incidemment de nouvelles demandes ; et les procès civils rapportés seront jugés au nombre de cinq juges au moins, par le conseil supérieur, et de trois juges par les juridictions, dans le délai le plus court qu'il sera possible.

8. Sa majesté autorise le conseil supérieur à fixer par un règlement les délais des procédures, à raison de l'éloignement des lieux et de la difficulté des communications.

9. Lorsque le défendeur n'aura pas remis sa requête au greffe dans le délai qui aura été fixé par ledit règlement, l'affaire sera jugée sur les pièces produites par le demandeur, et sur le rapport qui en aura été fait, après que les objets de la demande auront été vérifiés.

10. Pourra néanmoins, le défendeur, se pourvoir par opposition contre les arrêts, jugements et sentences par défaut, dans les délais qui auront été également fixés par ledit règlement; et les instances sur les oppositions seront instruites et jugées dans la forme prescrite par les articles 3, 4, 5, 6 et 7 du présent règlement.

11. Dans le cas où il sera nécessaire de faire des descentes sur les lieux, il sera nommé un commissaire qui y procédera le plus sommairement qu'il sera possible, en présence des parties, ou icelles dûment appelées, et dans les délais que le conseil supérieur aura déterminé.

12. Il sera aussi ordonné, dans le cas où la preuve testimoniale est admissible, des enquêtes sommaires, auxquelles il sera procédé par un commissaire, en présence des parties, ou icelles dûment appelées; pourront néanmoins, les juges, ordonner, lorsqu'ils le jugeront nécessaire, qu'après la prestation du serment des témoins, faite en présence des parties, ou icelles dûment appelées, le commissaire recevra les dépositions desdits témoins à huis clos.

13. Lorsqu'il s'agira de vérifications à faire par experts, les parties auront réciproquement la faculté d'en choisir, et il sera nommé un commissaire pour recevoir le serment desdits experts, en présence des parties, ou icelles dûment appelées, et même pour nommer lesdits experts d'office au refus desdites parties ou de l'une d'elles.

14. Il sera délivré, par le greffier, à la partie la plus diligente, expédition des procès verbaux de descentes sur les lieux, d'enquêtes et de rapports d'experts; lesquels procès verbaux seront signifiés et joints aux pièces; pourront, les parties, chacune par une requête seulement, fournir leurs moyens résultants desdits procès verbaux; lesquelles requêtes seront aussi respectivement signifiées.

15. Pourront, les juges, renvoyer les affaires devant des arbitres,

lorsqu'ils l'estimeront nécessaire : dans ce cas, lorsque lesdites affaires seront jugées suffisamment instruites, les pièces seront remises par le greffier aux arbitres nommés par les parties, sinon d'office; lesquels arbitres déposeront leur avis arbitral au greffe, le plus tôt qu'il sera possible, pour ensuite, et sur le rapport qui en sera fait, être ordonné ce qu'il appartiendra.

16. Il ne sera alloué d'autres dépens que les frais de signification, le coût des expéditions du greffe, les salaires des témoins et des experts, lorsqu'ils en auront requis; et seront, lesdits dépens, liquidés en définitif, par les arrêts, jugements et sentences.

17. La forme ci-dessus autorisée sera observée dans les tribunaux de l'Inde, tant en première instance qu'en cause d'appel, dans les matières civiles quelconques, pour suppléer à toute instruction et écriture des avocats et procureurs *ad lites*, dont le ministère ne sera nécessaire ni même admis en aucun cas: se conformeront au surplus, lesdits tribunaux, à l'ordonnance de 1667, en ce qui n'y est pas dérogé par le présent règlement, sauf à prolonger les délais déterminés par les différentes dispositions de ladite ordonnance, eu égard à l'éloignement des lieux et aux difficultés des communications.

18. N'entend, sa majesté, empêcher les parties de se faire représenter par des particuliers fondés de leurs procurations, sans qu'ils puissent néanmoins exiger d'émoluments, ni même qu'il puisse leur en être accordé à aucun titre : ordonne à ses gouverneur général et intendant, et à son procureur général, de veiller à ce qu'il ne s'établisse, sous ce prétexte, dans l'Inde, aucune personne pour y faire le métier de solliciteur ou d'instigateur de procès.

19. Pourront au surplus, les juges, ordonner, lorsqu'ils l'estimeront nécessaire, que les parties comparoîtront en personne, pour être entendues sommairement sur leurs prétentions respectives, et être ensuite, sur les comparutions, dires et réquisitions desdites parties, ou de l'une d'elles, l'autre dûment appelée, fait droit ainsi qu'il appartiendra.

20. Ledit conseil supérieur ne pourra recevoir aucune demande en révision des affaires jugées par les anciens conseils supérieurs de Pondichéry que sa majesté a supprimés, sauf la voie de la requête civile, s'il y a lieu.

21. Il n'y aura pas ouverture de requête civile, dans le cas où le demandeur n'aura d'autre moyen à proposer que l'inexécution de la procédure réglée par les ordonnances du royaume; et sera,

FÉVRIER 1777.

moyen, limité à la forme prescrite par le présent règlement.

22. Seront d'ailleurs admis par le conseil supérieur les autres moyens de requête civile énoncés en l'ordonnance de 1667.

23. Les instances sur les requêtes civiles seront instruites dans la forme prescrite par le présent règlement, pour les autres affaires, sans qu'il soit besoin de consultation d'avocats, ni du ministère des avocats et procureurs.

24. Le règlement que le conseil supérieur est autorisé à faire, en vertu de l'article 8 ci-dessus, déterminera les différents délais des requêtes civiles, et des procédures qui s'instruiront en conséquence.

25. Sa majesté autorise ledit conseil supérieur à prononcer par un même arrêt, sur le rescindant et sur le rescisoire desdites requêtes civiles; pourra aussi, ledit conseil, ainsi que les juges de son ressort, réunir le possessoire avec le pétitoire, en cas de complainte.

26. L'édit de sa majesté de 1673, sur le commerce, et son ordonnance de 1681, sur la marine, seront observés par ledit conseil supérieur, et par les juridictions de son ressort, sous les mêmes réserves et exceptions établies par l'article 17 du présent règlement.

27. Dans toutes les affaires où l'intervention du ministère public est nécessaire, il ne sera rendu aucune ordonnance, jugement ou arrêt préparatoire ou définitif, que sur les conclusions verbales ou par écrit du procureur général ou des procureurs pour sa majesté dans les juridictions.

28. Les règlements de justice ne pourront être faits que sur le réquisitoire du procureur général; et les administrateurs en seront toujours prévenus, afin qu'ils y soient présents, s'ils le jugent à propos.

N° 621. — LETTRE *du ministre, portant, entre autres choses, qu'il sera envoyé des conseillers métropolitains pour former, avec des conseillers pris sur les lieux, le conseil supérieur de Pondichéry.*

Paris, 23 février 1777. Reg. à Pondichéry le 16 mai 1778. (Col. min. de M. S. M.)

N° 622. — RÈGLEMENT *concernant les trois amphithéâtres établis dans les hôpitaux militaires de Strasbourg, Metz et Lille* (1).

Versailles, 26 février 1777. (R. S. Ord. mil.)

N° 623 — ORDONNANCE *concernant les hôpitaux militaires* (2).

Versailles, 26 février 1777. (R. S. C. Ord. mil.)

N° 624 — ARRÊT *du conseil contenant, condamnation de N. pour inexécution du règlement du 27 janvier 1739, art. 94, concernant les papeteries, et nouveau règlement à cet égard* (3).

Versailles, 26 février 1777. (R. S.)

Le roi, étant en son conseil, a condamné et condamne, conformément à l'article 48 du règlement du 27 janvier 1739, à trois cents livres d'amende payable par corps, pour avoir reçu et donné du travail à divers ouvriers de la fabrique de Courtalin, sans congé par écrit de leur dernier maître, ou du juge des lieux: et, en exécution de l'article 49 du même règlement, condamne les nommés Rosse, Deslauriers et Roche, ci-devant ouvriers à Courtalin, en l'amende de 100 liv. chacun, payable également par corps; savoir, ledit Rosse, pour avoir débauché et attiré lesdits ouvriers à la manufacture de La Motte; ledit Deslauriers, pour avoir écrit aux ouvriers de Courtalin des lettres de reproche de n'avoir pas pris le parti du nommé la Déroute lorsqu'il fut chassé, et leur confirmer la condamnation d'amende de trente-six livres contre chacun d'eux, avec menaces, si ces amendes n'étoient pas payées le 17 novembre 1776, d'en donner avis aux ouvriers des autres papeteries; et ledit Roche, pour avoir été l'espion de ce qui se passoit à Courtalin, en avoir donné avis à ceux de La Motte, et avoir été l'entremetteur chargé de faire tenir les lettres écrites auxdits ouvriers de Courtalin.

Veut, sa majesté, que le règlement du 27 janvier 1739 soit bien et dûment exécuté dans tous les articles auxquels il n'a pas été dérogé, et notamment ceux qui concernent la discipline et la police entre les maîtres et les ouvriers : et en outre, fait défenses

---

(1) Rapporté, ord. 1ᵉʳ janvier 1780.
(2) Rapportée, ord. 1ᵉʳ janvier 1780.
(3) En vigueur, arrêté du 16 fructidor an IV, décret du 21 septembre 1791.
V. 17 juin 1791, 23 nivôse an II. Merlin, v° *papeteries*.

à tous ouvriers, de former aucune association, d'exercer aucune espèce de police entre eux; et à chacun desdits ouvriers, et à tous en général, de s'immiscer directement ni indirectement dans les discussions qui pourroient survenir entre les maîtres desdites manufactures et les ouvriers qui y sont attachés; de s'assembler à cet effet, de détourner lesdits ouvriers, soit de vive voix, soit par écrit, du travail dont ils sont chargés; de les condamner à des amendes; le tout sous peine d'emprisonnement, même sous plus grande peine, s'il y échoit. Ordonne à tous maîtres de manufactures de papier qui auront connoissance d'association entre leurs ouvriers et ceux de quelque autre manufacture, de complots formés pour faire cause commune, ou d'amendes prononcées par lesdits ouvriers, sous quelque prétexte que ce puisse être, d'en donner avis sur-le-champ aux officiers de maréchaussée les plus prochains des lieux, lesquels s'assureront des contrevenants, et les conduiront en prison pour y demeurer jusqu'à ce qu'il en soit autrement ordonné : et enjoint aux Commissaires Départis, etc., etc.

n° 625. — Règlement *concernant les ingénieurs-géographes* (1).

Versailles, 26 février 1777. (R. S. C.)

Sa majesté ayant fixé, par son ordonnance du 31 décembre 1776, la composition et le service du corps royal du génie; et ayant réglé qu'il seroit attaché, par extraordinaire, des ingénieurs-géographes à ce corps, elle a jugé à propos d'expliquer particulièrement ses intentions à leur égard : en conséquence elle a ordonné et ordonne ce qui suit.

1. Les ingénieurs-géographes des camps et armées, entretenus à la suite du département de la guerre, seront à l'avenir désignés par la dénomination d'ingénieurs-géographes *militaires*.

2. Il en sera détaché deux à chacune des douze directions du corps royal du génie et aux ordres des directeurs, suivant la disposition de l'article 5 du titre Ier de l'ordonnance du 31 décembre 1776.

3. Leur traitement ayant été réglé par l'article 7 du titre IV de la même ordonnance, cet article aura son exécution pour tout ce qui y est prescrit.

---
(1) Supprimés 17 août, 16 octobre 1791, rétablis 30 vendemiaire an IV, organisation nouvelle, décret 30 janvier 1809; ord. 1er août 1814.

4. Les ingénieurs-géographes *militaires* qu'on détachera aux directions du corps royal du génie seront choisis parmi ceux pourvus de commissions de capitaines réformés à la suite de l'infanterie, ou de lettres de lieutenants.

5. Lorsque dans la suite sa majesté jugera à propos d'attacher par extraordinaire, aux directions du corps royal du génie, d'autres ingénieurs-géographes qui n'auroient pas obtenu le grade d'officiers, ils ne pourront être désignés que par la dénomination d'ingénieurs-géographes.

6. Les ingénieurs-géographes *militaires* continueront de porter l'uniforme qui leur a été prescrit, en qualité d'ingénieurs-géographes des camps et armées, par le règlement du 2 septembre 1775; mais la coupe du parement et le chapeau seront en tout conformes à ceux des officiers de l'infanterie.

7. Pendant la paix, les fonctions principales des ingénieurs-géographes *militaires*, soit de ceux qui seront détachés aux directions du corps royal du génie, soit de ceux qui seront conservés au dépôt de la guerre, seront de lever avec les officiers du corps royal du génie les plans des frontières et des pays dans lesquels ils seront employés; de dresser des cartes, et d'exécuter, relativement à la topographie, tout ce qui leur sera prescrit pour le service de sa majesté.

En temps de guerre, ceux qu'on détachera aux armées seront employés, avec les officiers du corps royal du génie, à dessiner les marches et le terrain des camps, et à former les cartes topographiques du pays, et les plans des positions et des opérations des armées.

8. Sa majesté fait défense à tout ingénieur-géographe *militaire*, de donner ou laisser prendre copie des plans, cartes ou mémoires relatifs au travail dont il aura été chargé, sans la permission par écrit de l'officier principal auquel sera confié le dépôt de la guerre, ou du directeur du corps royal du génie aux ordres duquel il sera détaché, sous peine d'être cassé, et même de plus grande punition, suivant l'exigence des cas.

9. Tout ingénieur-géographe, non militaire, qui pourra dans la suite être attaché aux directions du corps royal du génie, et qui communiquera, sans la permission par écrit de celui qui l'aura employé, des plans et mémoires relatifs à son travail, sera puni suivant ce qui est porté à l'article 60 du titre V de l'ordonnance du 31 décembre 1776, concernant le corps royal du génie.

10. Les ingénieurs-géographes *militaires* seront logés dans les provinces du royaume, soit en nature, soit en argent, suivant leur grade. Les ingénieurs-géographes, non militaires, seront traités à cet égard comme les lieutenants d'infanterie, quoiqu'ils n'aient point le grade d'officier.

N° 626. — LETTRES PATENTES *qui règlent la forme des comptes à rendre pour les receveurs des consignations des cours et juridiction de Paris.*

Versailles, le 27 février 1777. Reg. en parl. le 13 mars 1777. (R. S.)
V. édit d'avril 1775.

N° 627. — ÉDIT *qui restreint à trente les quarante offices de conseillers laïques, supprimés dans le parlement de Paris par édit de novembre 1774, et indique les titulaires desdits offices, et ceux des quatre conseillers-clercs sur lesquels porte ladite suppression.*

Versailles, février 1777. Reg. en parl. le 13 mars 1777. (R. S.)

N° 628. — LETTRES PATENTES *qui valident les paiements faits aux officiers des maisons de monseigneur le comte et madame la comtesse d'Artois, à partir du 1ᵉʳ octobre 1773, quoique le mariage n'ait été célébré que le 16 novembre suivant.*

Versailles, 1ᵉʳ mars 1777. Reg. à la chambre des comptes le 16 avril 1777. (R. S.)

N° 629. — ARRÊT *du conseil qui casse les délibérations des états de Bretagne des 18 et 27 décembre 1776, en ce que, entre autres choses, ils ont nommé pour les ordres de la noblesse et du tiers état d'autres députés que ceux recommandés par le gouverneur de la province.*

Versailles, 1ᵉʳ mars 1777. (R. S.)

N° 630. — LETTRES PATENTES *portant que le conseil provincial d'Artois sera tenu de déclarer, dans les jugements qu'il rendra en dernier ressort, qu'il juge en vertu de l'attribution à lui donnée par l'article 10 de l'édit du mois de novembre 1774.* (1).

Versailles, 3 mars 1777. Reg. en parl. le 12 même mois. (R. S.)

---

(1) Cet article autorisait le conseil à juger en dernier ressort certaines affaires, à l'instar des présidiaux.

N° 631. — Déclaration *qui permet l'entrée et l'entrepôt* (1) *des tafias venant des colonies françaises d'Amérique.*

Versailles, 6 mars 1777. Reg. au parl. le 20 juin 1777. (R. S. M. S. M.)

N° 632. — Arrêt *du conseil, portant règlement sur les ventes et reventes* (2) *des domaines.*

Versailles, 7 mars 1777. (R. S. Toul.)

Le roi s'étant fait représenter en son conseil, sa majesté y étant, les édits des mois de mars 1695, avril 1702, mai 1708 et août 1717; ensemble les arrêts de son conseil des 14 juillet 1722, 13 mai et 20 juin 1724, 26 février, 12 juin et 20 novembre 1725, et 24 mars 1739, concernant les reventes des domaines: et sa majesté étant informée qu'il s'est introduit dans les reventes et adjudications qui sont faites de ces domaines, des abus auxquels il n'a pas été suffisamment pourvu par les dispositions de ces édits et arrêts, et qui consistent principalement en ce que les engagistes, pour se maintenir dans la jouissance de ceux qui sont mis en revente, les font enchérir sous des noms inconnus, ou composent avec ceux qui les ont enchéris, et font ensuite passer des déclarations au profit de personnes notoirement insolvables ou inconnues, de manière que la plupart des contrats de revente ne sont point levés, et que sa majesté se trouve privée du montant des rentes, moyennant lesquelles les adjudications ont été faites; elle se seroit fait rendre compte des moyens les plus convenables, pour prévenir dans la suite des manœuvres aussi préjudiciables au produit de cette branche de ses revenus, en écartant en même temps des reventes toute voie arbitraire, et en mettant, par des délais convenables et suffisants, les enchérisseurs de bonne foi, à portée d'avoir connoissance des enchères qui auront été faites, et de former les tiercement ou doublement qu'ils jugeront à propos. Sa majesté auroit reconnu que les délais fixés par les précédents règlements à vingt-quatre heures pour le tiercement, et à huitaine pour le doublement simple, ne sont pas suffisants, et que celui réglé à

---

(1) Prohibés par décret du 24 janvier 1713.

(2) Modifié, 14 janvier 1781. V. a. d. c. 15 août 1779, 27 octobre 1787, 15 mars 1788. — Lois du 22 novembre, 1ᵉʳ décembre 1790, 4 et 21 septembre 1791, 10 frimaire an II, 22 frimaire an III, 14 ventôse an VII, 12 pluviôse an XII. — 5 décembre 1814, 28 avril 1816, 15 mai 1818 et 12 mars 1820; ord. des 31 août 1816 et 31 mars 1819.

six mois pour le doublement au total, en éloignant jusqu'à ce terme les déclarations, procure à ceux qui se rendent adjudicataires les plus grandes facilités pour former avec les engagistes des traités et compositions secrets, au moyen desquels il n'est fait aucune déclaration, ou elles le sont sous des noms inconnus, et qu'il est indispensable de restreindre ce délai; que les mêmes motifs exigent qu'il soit prescrit les précautions nécessaires pour qu'il ne soit fait aucune enchère sur des pouvoirs illimités, et pour d'autres que pour des personnes connues et domiciliées, et d'astreindre les avocats aux conseils à faire, dans les vingt-quatre heures de l'adjudication, leur déclaration des noms, qualités et demeures de ceux pour lesquels ils se seront rendus adjudicataires : sa majesté auroit pareillement jugé nécessaire de régler les délais dans lesquels les adjudicataires seront tenus de lever et faire signifier aux engagistes les contrats de revente, ceux dans lesquels ces derniers seront astreints à représenter leurs quittances de finance et autres titres, pour être procédé à la liquidation, et pourvu au remboursement desdites finances; et en dérogeant à cet égard à l'arrêt du conseil du 20 juin 1724, qui a fixé sur le pied du denier trente les intérêts du montant de ces finances, d'en ordonner à l'avenir le paiement, à raison de l'intérêt auquel l'argent a ou aura cours, à la seule déduction des impositions; enfin de rappeler aux engagistes leurs obligations, relativement aux réparations des bâtiments dépendants des domaines qui leur seront adjugés, et de prescrire les formalités auxquelles les habitants des communautés qui se proposeront d'enchérir seront tenus de se conformer pour être admis aux enchères. A quoi voulant pourvoir, etc.

1. Les engagistes actuels des domaines et droits domaniaux appartenants à sa majesté ne pourront à l'avenir en être dépossédés que par des adjudications qui seront faites au plus offrant et dernier enchérisseur, dans la forme prescrite par le présent arrêt, à peine de nullité des reventes; sauf néanmoins le cas de réunion desdits domaines et droits domaniaux engagés, à l'égard desquelles réunions, et lorsqu'elles devront avoir lieu, les précédents règlements seront exécutés selon leur forme et teneur.

2. Les offres et soumissions de ceux qui désireront provoquer la revente des domaines et droits domaniaux continueront d'être faites dans la forme prescrite par l'article 2 de l'arrêt du conseil du 13 mai 1724; elles contiendront l'obligation de rembourser comptant, et en un seul paiement, les finances dues aux anciens

engagistes, et de payer en outre annuellement une rente ou redevance au domaine de sa majesté.

3. Lorsque ces offres et soumissions auront été admises par un arrêt du conseil, il sera, après trois publications de huitaine en huitaine, tant dans les villes où résident les sieurs intendants et commissaires départis, que dans les lieux les plus prochains de la situation desdits domaines, procédé par-devant lesdits sieurs intendants et commissaires départis à l'adjudication d'iceux, au plus offrant et dernier enchérisseur, sauf une quatrième et dernière publication, et l'adjudication définitive qui sera faite au château des Tuileries, par-devant les sieurs commissaires généraux, nommés par sa majesté pour la vente et revente des domaines et droits domaniaux.

4. Les arrêts du conseil qui auront admis les offres et soumissions qui seront faites pour la revente des domaines et droits domaniaux engagés, et qui, en conséquence, auront ordonné ces reventes, seront signifiés aux engagistes actuels desdits domaines et droits domaniaux, soit à leur domicile, soit en la personne de leurs fermiers ou receveurs qui seront chargés de le leur faire savoir; ceux qui se prétendroient fondés à s'opposer à ces reventes, seront tenus de former leurs oppositions devant les sieurs intendants et commissaires départis, avant ou lors des publications qui se feront devant eux, desquelles oppositions il leur sera donné acte par lesdits sieurs intendants et commissaires départis. Il sera néanmoins passé outre aux adjudications, à la charge desdites oppositions; ceux qui n'auront point formé leurs oppositions par-devant les sieurs intendants et commissaires départis avant les adjudications pourront les former au greffe de la commission établie pour la vente et revente des domaines, dans les trois jours au plus tard avant celui qui sera indiqué pour l'adjudication définitive.

5. Les oppositions ne pourront être reçues qu'en rapportant les pièces justificatives d'icelles, soit devant les sieurs intendants et commissaires départis, soit au greffe de la commission; ces pièces seront remises ensuite au sieur contrôleur général des finances, pour, après qu'elles auront été communiquées à l'un des inspecteurs généraux du domaine, être ensuite statué par sa majesté, ainsi qu'il appartiendra; et jusqu'à ce, il sera sursis par lesdits sieurs commissaires généraux à l'adjudication définitive. Veut, sa majesté, que faute par les engagistes d'avoir formé leurs oppositions, et d'en avoir remis les pièces justificatives dans les délais

ci-dessus fixés, il soit passé outre par lesdits sieurs commissaires généraux aux adjudications définitives; lesquelles seront exécutées par provision, et sans que les anciens engagistes puissent prétendre aucun intérêt de leurs finances contre les adjudicataires, jusqu'au jugement des oppositions qu'ils viendroient à former après lesdites adjudications.

6. Les enchères et sur-enchères aux adjudications qui se feront au château des Tuileries, par-devant les sieurs commissaires généraux nommés par sa majesté pour la vente et revente de ses domaines et droits domaniaux, ne pourront être faites que par le ministère des avocats aux conseils, lesquels seront tenus de signer sur-le-champ au pied du procès verbal de l'adjudication; leur fait sa majesté très expresses inhibitions et défenses d'enchérir sur des pouvoirs illimités, ni pour d'autres personnes que pour des gens connus et domiciliés.

7. Il ne pourra, après l'adjudication faite en présence desdits sieurs commissaires généraux, être reçu de tiercement, s'il n'est fait dans le mois de l'adjudication, et s'il n'est au moins du tiers en sus de la rente, moyennant laquelle ladite adjudication aura été faite. L'adjudication sur le tiercement sera remise à la première assemblée des sieurs commissaires généraux, après laquelle il ne pourra plus être reçu d'enchères que par doublement, qui ne pourra être moindre de moitié du montant de l'adjudication, ni être reçu que dans le délai de six semaines, sauf néanmoins le doublement du prix total et principal de l'adjudication définitive, qui pourra être reçu à l'avenir lorsqu'il sera fait et signifié dans le délai de deux mois, et ce, nonobstant ce qui est prescrit à cet égard par l'arrêt du conseil du 12 juin 1725. Veut, sa majesté, que dans le cas où sur le même domaine il auroit été fait un tiercement ou doublement simple, ou doublement au total, il soit procédé à l'adjudication sur l'offre la plus forte, et que cette adjudication soit définitive, lorsqu'elle sera faite sur doublement au total.

8. Les avocats aux conseils qui demeureront adjudicataires seront tenus de faire, dans les vingt-quatre heures de l'adjudication, sur le registre tenu à cet effet par le greffier de la commission, leur déclaration des noms, qualités et demeures de ceux au profit desquels ils se seront rendus adjudicataires; et faute par eux d'y satisfaire dans ledit délai, il sera procédé à une nouvelle adjudication, et ils seront contraints, en leur propre et privé nom, au paiement de la folle enchère.

9. Ceux aux noms desquels les avocats aux conseils se seront rendus adjudicataires et auront fait leur déclaration, seront tenus dans un mois au plus tard, à compter du jour de l'expiration du délai de deux mois, réglé par l'article 5 du présent arrêt pour la réception du doublement, de payer entre les mains du caissier de la commission pour la vente et revente des domaines, le sou pour livre du capital, au denier trente, de la rente moyennant laquelle l'adjudication leur aura été faite, et de lever et retirer du greffe de la commission l'expédition du contrat qui leur sera passé par les sieurs commissaires généraux, en conséquence de l'adjudication définitive.

10. Faute par lesdits adjudicataires de se conformer à ce qui est prescrit par l'article ci-dessus, et dans les délais qui y sont fixés, il sera, après une seule publication dans les lieux où les domaines se trouveront situés, procédé par les sieurs intendants et commissaires départis, à une nouvelle adjudication des mêmes domaines, au plus offrant et dernier enchérisseur, à la folle enchère desdits adjudicataires, sauf une dernière publication et adjudication, qui sera faite au château des Tuileries, devant les sieurs commissaires généraux; et seront lesdits adjudicataires contraints, à la diligence de Jean Berthaux, régisseur des domaines de sa majesté, au paiement, suivant le montant de la folle-enchère, du principal, à raison du denier trente de la totalité ou de la portion des rentes à la charge desquelles les adjudications leur auront été faites.

11. Les adjudicataires seront tenus de remettre à Jean Berthaux, chargé de la régie des domaines de sa majesté, des expéditions en bonne forme des contrats qui leur auront été passés par les sieurs commissaires généraux, et ce dans quinzaine au plus tard du jour et date desdits contrats; ils seront pareillement tenus, conformément aux arrêts du conseil des 5 avril 1703, 30 décembre 1710, 14 juillet 1733 et 14 avril 1750, et dans le délai d'un mois du jour et date desdits contrats, de les faire enregistrer aux greffes des bureaux des finances des généralités dans l'étendue desquelles les domaines se trouveront situés, ou aux greffes des chambres des comptes des provinces dans lesquelles il n'y a point de bureaux des finances, et de payer pour lesdits enregistrements les droits fixés par l'arrêt du conseil du 20 mai 1755.

12. Les adjudicataires seront tenus, dans deux mois au plus tard du jour et date du contrat de revente, de le faire signifier

aux précédents engagistes, avec offre de leur rembourser le montant de leurs finances, ensemble les intérêts d'icelles, sur le pied du denier vingt, à compter du jour de l'adjudication, après qu'il aura été procédé à la liquidation desdites finances, au conseil de sa majesté.

13. Les anciens engagistes seront tenus, dans un mois du jour de la signification qui leur aura été faite du contrat de revente, de remettre leurs titres et quittances de finances en original, entre les mains du sieur contrôleur général des finances; et faute par eux d'y satisfaire dans ledit temps, et icelui passé, les adjudicataires demeureront déchargés des intérêts, qui ne courront lors que du jour de la remise des titres; ces intérêts seront payés sur le pied qu'ils ont ou auront cours, à la déduction des impositions; sa majesté dérogeant à cet égard à l'arrêt du conseil du 20 juin 1724.

14. Les anciens engagistes seront tenus de recevoir dans un mois du jour de la signification qui leur sera faite de l'arrêt de liquidation, leur remboursement sur le pied de ladite liquidation.

15. Faute par les anciens engagistes de recevoir leur remboursement dans le délai fixé par l'article ci-dessus, ordonne, sa majesté, que l'arrêt du conseil du 20 juin 1724 sera exécuté; en conséquence permet aux nouveaux engagistes, de consigner le montant des sommes dont le remboursement aura été ordonné par les arrêts de liquidation, aux périls, risques et fortune desdits anciens engagistes, entre les mains du receveur des consignations du parlement dans le ressort duquel les domaines seront situés, ou les droits domaniaux perçus.

16. Indépendamment de la remise qui sera faite par les nouveaux engagistes aux régisseurs des domaines de sa majesté, des expéditions des contrats qui leur auront été passés par les sieurs commissaires généraux, et de l'enregistrement qui en sera fait aux greffes des bureaux des finances, ou à ceux des chambres des comptes des généralités où il n'y a point de bureaux des finances, les nouveaux engagistes seront tenus de remettre dans l'année qui suivra leur entrée en jouissance, au receveur général des domaines de la généralité dans l'étendue de laquelle les domaines ou droits domaniaux par eux acquis se trouveront situés, une copie du contrat de revente qui leur aura été passé par les sieurs commissaires généraux, et un état en détail, par eux certifié véritable, des fonds et droits par eux acquis; ils seront pa-

reillement tenus de fournir tous les dix ans au même receveur général des domaines, un semblable état en détail, à peine de réunion desdits domaines, ou des parties qui pourroient avoir été omises dans lesdits états.

17. Ordonne, sa majesté, que l'arrêt du conseil du 6 juin 1722 sera exécuté selon sa forme et teneur ; en conséquence, que les engagistes de ses domaines, même ceux à vie, continueront d'être tenus d'entretenir les bâtiments dépendants desdits domaines de toutes réparations nécessaires audit bâtiment, de quelque nature qu'elles soient ; à quoi faire ils seront contraints par saisie des revenus desdits domaines, en vertu des ordonnances qui seront rendues par les bureaux des finances, à la requête des procureurs de sa majesté auxdits bureaux : faute par lesdits engagistes de faire faire lesdites réparations dans le délai de six mois du jour de la saisie de leurs revenus, l'adjudication desdites réparations sera faite au rabais par les officiers des bureaux des finances, ou par ceux des cours et juridictions qui ont connoissance des matières du domaine, dans les généralités où il n'y a point de bureau des finances, à la requête des procureurs de sa majesté ; et le montant de l'adjudication ainsi que celui de l'exécutoire qui sera décerné des frais qui auront été faits seront payés sur le produit desdits domaines par préférence à toutes autres charges et dettes.

18. Faute de paiement des rentes moyennant lesquelles les domaines ou droits domaniaux auront été vendus ou revendus, il sera, après une sommation faite à l'adjudicataire, procédé à la diligence dudit Berthaux, régisseur des domaines, à la revente et adjudication desdits domaines et droits domaniaux.

19. Les communautés qui voudront enchérir les domaines et droits domaniaux qui seront mis en revente ne pourront y être admises, qu'au préalable elles n'aient représenté aux sieurs intendants et commissaires départis les délibérations qu'elles seront tenues de prendre à cet effet, et qui contiendront les motifs qui les engagent à acquérir ces domaines, l'utilité qu'elles peuvent en retirer, et les fonds avec lesquels elles se proposent de rembourser les anciens engagistes, et payer les rentes dont elles se trouveront chargées, pour être lesdites délibérations approuvées ou rejetées par lesdits sieurs intendants et commissaires départis, suivant qu'ils le jugeront convenable pour le plus grand avantage desdites communautés. Fait, sa majesté, défenses à tous avocats aux conseils, de requérir aucune adjudication pour et au profit desdites

communautés, si ce n'est en vertu de délibérations bien et dûment autorisées par lesdits sieurs intendants et commissaires départis; à peine par lesdits avocats d'être tenus en leur propre et privé nom du paiement tant de la finance des anciens engagistes que des rentes annuelles envers le domaine de sa majesté, ains qu'ils puissent ni eux, ni ceux qui leur auroient donné des pouvoirs, en faire dans aucun temps cession ou déclaration au profit desdites communautés ; et en cas que lesdites délibérations n'ent été autorisées par les sieurs intendants de l'adjudication faite au profit desdites communautés, elles seront tenues d'obtenir des lettres patentes avant que le contrat puisse leur être expédié.

20. Ceux qui, par le passé, se sont rendus définitivement adjudicataires d'aucuns domaines et droits domaniaux, et qui n'ont pas fait expédier leurs contrats, seront tenus d'y satisfaire dans le délai de trois mois, à compter du jour de la publication du présent arrêt; sinon, et faute de ce faire dans ledit temps, et icelui passé, veut, sa majesté, que sur le certificat qui sera donné par le greffier de la commission pour la vente et revente des domaines, portant que lesdits adjudicataires n'ont point fait expédier les contrats, il soit procédé à la revente et adjudication à leur folle enchère, conformément à ce qui est prescrit par l'article 7 du présent arrêt. Ordonne en conséquence, sa majesté, que les avocats aux conseils qui se sont rendus ci-devant adjudicataires des domaines et droits domaniaux, et qui n'ont point passé leur déclaration, seront tenus de faire lesdites déclarations au greffe de la commission dans huitaine, à compter du jour de la signification du présent arrêt, qui leur sera faite à la requête et diligence des régisseurs des domaines de sa majesté; sinon, et faute par eux de faire lesdites déclarations dans ledit délai, il sera procédé à la revente desdits domaines, et lesdits avocats seront contraints, en leur propre et privé nom, au paiement du montant des folles enchères.

21. Ordonne, sa majesté, que les nouveaux engagistes, leurs veuves et héritiers, ou autres qui succèderont à leurs engagements, continueront de jouir de l'exemption du droit de franc-fief pour les domaines et droits domaniaux tenus à titre d'engagement, ainsi et de la même manière qu'en ont joui ou dû jouir les précédents engagistes. Enjoint, sa majesté, aux sieurs intendants et commissaires départis dans les provinces et généralités, et aux procureurs de sa majesté dans les bureaux des finances, etc.

N° 633. — LETTRES PATENTES *pour accorder en première instance aux élections, et par appel à la cour des aides, la connoissance des contestations* (1) *relatives à la perception des droits réservés* (2), *à la charge de les juger sommairement et sans frais.*

Versailles, 9 mars 1777. Reg. en la cour des aides le 21 mars 1777. (R. S.)

N° 634. — DÉCLARATION *qui ordonne la continuation de la fabrication des espèces de cuivre, dans les monnoies d'Aix* (3), *Montpellier, Lille et La Rochelle, en conséquence de l'édit du mois d'août 1768 et des arrêts et lettres patentes, du 5 avril 1769.*

Versailles, le 14 mars 1777. Reg. en la cour des monnoies le 22 avril 1777.
(R. S.)

N° 635. — ARRÊT *du conseil et lettres patentes sur icelui qui ordonnent qu'à compter de la huitaine après la publication desdites lettres patentes, il sera payé, au profit de l'hôpital général, un droit de vingt livres par quintal sur toute la mélasse qui entrera dans la ville, faubourgs et banlieue de Paris.*

14 mars 1777. Reg. en la cour des aides le 16 avril 1777. (R. S.)

N° 636. — DÉCLARATION *en faveur de l'académie royale de peinture et de sculpture* (4).

Versailles, 15 mars 1777. Reg. au parl. le 2 septembre (R. S. Rec. Lor.)

Louis, etc. Les arts de peinture et de sculpture, qui font partie des arts libéraux, ont été destinés dans tous les temps, chez les

---

(1) Jugées auparavant par les intendants et commissaires départis. V. 24 mars 1775.

(2) Établis en 1758 et 1759.

(3) V. 17 décembre 1783, 16 février, 7 avril et 16 septembre 1784, 25 avril, 22 septembre, 10 novembre, 1785, 28 mai et 8 juin 1788.

(4) Statuts de la communauté des peintres 1391; priviléges accordés 1430; confirmés 4 mai 1548, 22 novembre 1582, avril 1612; réunis aux sculpteurs 1613. statuts 30 janvier 1738. V. encore ord. de février 1648, janvier 1655, décembre 1663, let. pat. nov. 1676.

Abolie, loi des 8 et 14 août 1793; sursis à l'exécution 29 septembre 1793; jury des arts, décret 8 et 29 brumaire an II, 9 brumaire an III; commission des

peuples éclairés, à concourir à la gloire nationale par des monuments qui conservent la mémoire des actions vertueuses, des travaux utiles et des hommes célèbres : ces mêmes arts contribuent encore à l'avantage ainsi qu'à la perfection de la plupart des arts d'industrie, et à rendre plusieurs branches de commerce plus étendues et plus florissantes. C'est par ces motifs que, transportés d'Italie en France par François 1er, ils ont été depuis chéris, et particulièrement protégés par la plupart des rois nos prédécesseurs, et surtout par Louis XIV et par Louis XV, notre très honoré seigneur et aïeul de glorieuse mémoire. Par une suite de cette protection et des encouragements qu'ils ont reçus, ces arts nobles se sont de plus en plus perfectionnés, et répandus dans notre royaume; ils ont produit un très grand nombre de monuments et d'ouvrages qui attestent leurs progrès, et ont servi à embellir notre capitale, nos principales villes et nos maisons royales. Ces avantages auroient dû assurer à la peinture et à la sculpture une distinction particulière, et faire jouir ceux qui les exercent des mêmes droits dont jouissent ceux qui font profession des arts libéraux; c'est pourquoi, par notre édit du mois d'août dernier portant nouvelle création de communautés d'arts et métiers, nous aurions déjà fait connoître que les arts de peinture et de sculpture ne doivent point être confondus avec les arts mécaniques, et nous leur aurions rendu cette liberté dont ils eussent dû jouir dans tous les temps. Néanmoins l'intérêt que nous prenons à tout ce qui peut honorer et encourager des arts aussi estimables et aussi utiles, ainsi qu'à tout ce qui peut contribuer à la prospérité de nos peuples, nous a fait juger digne de notre attention de manifester plus expressément notre volonté sur ce sujet, et d'accorder à ces arts des distinctions particulières et des encouragements propres à les diriger vers leur but et leur perfection. Voulant donc spécialement protéger ceux de nos sujets qui cultivent et qui cultiveront les arts de peinture et de sculpture d'une manière libérale, et les porter à de nouveaux efforts pour mériter des grâces par l'emploi honorable de leurs talents, nous

---

arts, 8 brumaire an II ; institut, constitution de l'an III, art. 298; réunion de la classe des arts à celle de littérature, 3 brumaire an IV; institut confirmé, constitution de l'an VIII, art. 88; réorganisé, arrêté du 3 pluviôse an XI, ord. 21 mars 1816; peinture 14 membres, sculpture 8 membres, art. 17. — Sur l'académie d'architecture, *V.* novembre 1775.

avons jugé à propos d'établir dans cette déclaration toutes nos vues sur ce sujet, et de donner la forme la plus utile à notre académie royale de peinture et de sculpture.

A ces causes, etc.

1. Les arts de peinture et de sculpture seront et continueront d'être libres, tant dans notre bonne ville de Paris que dans toute l'étendue de notre royaume, lorsqu'ils seront exercés d'une manière entièrement libérale, ainsi qu'il sera expliqué par les deux articles ci-après. Voulons qu'à cet égard ils soient parfaitement assimilés avec les lettres, les sciences et les autres arts libéraux, spécialement l'architecture; en sorte que ceux qui voudront exercer de cette manière les susdits arts ne puissent, sous quelque prétexte que ce soit, être troublés ni inquiétés par aucun corps de communauté ou maîtrise.

2. Ne seront réputés exercés libéralement les arts de peinture et de sculpture que ceux qui s'adonneront, sans aucun mélange de commerce, à quelqu'un des genres qui exigent, pour y réussir, une connoissance approfondie du dessin, et une étude réfléchie de la nature, tels que la peinture et la sculpture des sujets historiques, celles du portrait, le paysage, les fleurs, la miniature et les autres genres desdits arts, qui sont susceptibles d'un degré de talent capable de mériter, à celui qui le possède, l'admission à l'académie royale de peinture et de sculpture.

3. A l'égard de ceux qui, indépendamment de l'exercice de ces arts, ou sans les exercer personnellement, voudront tenir boutique ouverte, faire commerce de tableaux, dessins, sculptures, qui ne seroient pas leur ouvrage, débiter des couleurs, dorures ou autres accessoires des arts de peinture et de sculpture; qui s'immisceroient enfin, soit directement soit indirectement, dans l'entreprise de peinture ou sculpture de bâtiments, ou d'autres ouvrages de ce genre susceptibles d'être appréciés et payés au toisé, ils seront tenus de se faire recevoir dans la communauté des peintres-sculpteurs, établie par notre édit du mois d'août 1776, et de se conformer aux dispositions de cet édit.

4. Dans la vue de donner à notre académie de peinture et de sculpture établie à Paris, une marque spéciale de notre protection, nous ordonnons qu'à l'avenir, et dans toute l'étendue de notre royaume, elle soit distinguée de toute autre académie des mêmes arts, qui pourra être dorénavant établie, tant par l'honneur d'être sous notre protection immédiate, que par le titre d'académie royale de peinture et de sculpture première et pri-

cipale. Voulons qu'elle soit regardée comme la mère et l'appui de toutes celles qui seront dans la suite établies pour l'exercice des peintures, sculptures et arts en dépendant, et qu'elle soit leur guide en tout ce qui concernera la culture et l'enseignement desdits arts.

5. Les peintres et sculpteurs admis dans notre académie royale de peinture et de sculpture établie à Paris pourront seuls prendre le titre de peintres et sculpteurs du roi; défendons à tout autre artiste de se donner la susdite qualité.

6. Renouvelons, en tant que de besoin, les dispositions des lettres patentes du mois de novembre 1676, concernant l'établissement des académies de peinture et de sculpture dans les principales villes de notre royaume; voulons en conséquence que le directeur et ordonnateur général de nos bâtiments, jardins, arts, académies et manufactures royales, comme chargé spécialement par nous du soin de veiller au progrès desdits arts, soit le chef et le protecteur unique des académies qui seront à l'avenir établies dans notre royaume, pour pratiquer et enseigner les arts de peinture et de sculpture, et autres en dépendant : qu'il leur donne, autorise ou confirme leurs statuts et règlements, sans qu'il soit besoin à cet effet d'autre acte de notre volonté.

7. Comme le moyen le plus sûr de faire prospérer lesdits arts est l'unité et la communication des principes, lesquels doivent être plus sûrs, plus connus et plus fixes dans notre académie royale première et principale de peinture et de sculpture, que partout ailleurs, soit à cause de la tradition des lumières des artistes célèbres qu'elle a produits, soit à cause de l'avantage qu'ont la plupart de ceux qui la composent d'avoir été, sous nos auspices, former leur goût par l'étude des beaux monuments de l'Italie, et d'être plus fréquemment employés à de grands ouvrages, nous avons fait et faisons expresses inhibitions et défenses à toutes personnes de quelque qualité et condition qu'elles soient, d'établir des exercices publics desdits arts de peinture et de sculpture, de poser le modèle, faire montre ou donner des leçons en public, touchant le fait desdits arts, qu'en ladite académie royale, ou dans les lieux par elle choisis et accordés, et sous sa conduite, ou avec sa permission.

8. La réputation et la gloire méritées par d'excellents ouvrages étant le but principal que doivent se proposer les artistes de notre académie royale, afin de prévenir le tort qu'ils recevroient, si l'on faisoit paroître sous leur nom des ouvrages qui n'en se-

roient pas, ou si l'on défiguroit à leur insu ceux qui en seroient, nous avons jugé à propos de renouveler les défenses faites, à cet égard, à tous graveurs et autres de faire paroître aucune estampe sous le nom d'aucun des membres de ladite académie, sans sa permission, ou à son défaut celle de l'académie, comme aussi défendons à tous graveurs de graver ou contrefaire les ouvrages des graveurs de ladite académie, et d'en vendre des exemplaires contrefaits, en telle manière et sous tel prétexte que ce puisse être, à peine contre chacun des contrevenants d'amende telle qu'il sera vu appartenir, et de confiscation, tant des exemplaires contrefaits, que des planches gravées et autres ustensiles qui auront servi à les contrefaire et imprimer, ainsi que de tous dépens, dommages et intérêts; faisons pareillement, et sous les mêmes peines, très expresses inhibitions et défenses à tous sculpteurs, et autres de quelque qualité et condition, et sous quelque prétexte que ce puisse être, de mouler, exposer en vente, ni donner au public aucun des ouvrages des sculpteurs de notre académie royale de peinture et de sculpture, ni copie d'iceux, sans la permission de leur auteur, ou, à son défaut, celle de l'académie.

9. Notre intention étant de mettre notredite académie royale, première et principale, de peinture et de sculpture de Paris en état de subvenir aux frais qu'entraîne nécessairement l'entretien de son école, nous lui avons fait et faisons don de la somme de dix mille livres par chacun an, pour être lesdits deniers employés au paiement des honoraires des professeurs qui vaqueront à enseigner lesdits arts de peinture et de sculpture, et des officiers qui la desservent, à celui des modèles et autres frais qu'il conviendra faire pour l'augmentation et entretien de ladite académie; de laquelle somme de dix mille livres emploi sera fait annuellement dans l'état de nos bâtiments.

10. Pour que ceux qui composent ladite académie royale aient moyen de vaquer à leurs fonctions d'enseignement avec toute l'attention et l'assiduité possibles, nous les déchargeons, à présent et pour l'avenir, jusqu'au nombre de trente, de toute tutelle, curatelle, guet et garde; savoir: le directeur, le chancelier, les quatre recteurs, les douze professeurs, les huit conseillers, le trésorier, le secrétaire et les deux qui rempliront les principales places de ladite académie selon leur rang d'ancienneté; comme aussi nous avons accordé et accordons auxdits trente le droit de *committimus* par-devant les maîtres des re-

quêtes ordinaires de notre hôtel ou aux requêtes du palais à Paris, à leur choix, tout ainsi qu'en jouissent ceux de notre académie françoise et les officiers commensaux de notre maison.

11. Afin que ceux qui se vouent à étudier les arts de peinture et de sculpture, sous la direction de ladite académie royale, jouissent de la tranquillité nécessaire pour cultiver leurs dispositions, nous les avons exemptés et exemptons à l'avenir de toute milice et enrôlement pendant le temps qu'ils seront étudiants à ladite académie, et comme tels inscrits sur la liste qu'elle tient de ses élèves.

12. Pour donner enfin à notre académie royale de peinture et de sculpture une forme plus stable et plus conforme aux vues de son établissement, nous nous sommes fait représenter ses divers règlements et statuts, desquels nous avons fait former un règlement général en quarante articles, lequel nous avons arrêté et fait attacher sous le contre-scel de la présente déclaration, et suivant lequel nous entendons que ladite académie se régisse à l'avenir; dérogeant à toute autre disposition contraire, et confirmant au surplus toutes autres lettres patentes, arrêts et règlements donnés en sa faveur, en ce qui ne se trouvera point contraire à la présente déclaration.

Si donnons en mandement à nos amés et féaux conseillers les gens tenant notre cour de parlement à Paris, etc. (*Suivent les statuts.*).

1. L'académie royale de peinture et de sculpture étant destinée à rassembler dans son sein les artistes qui, par les talents les plus distingués, mériteront d'y être admis, sera la seule à laquelle sa majesté accordera à l'avenir sa protection immédiate. Elle aura seule le droit de se qualifier *académie royale principale et première*, et elle recevra les ordres du roi par le directeur et ordonnateur général de ses bâtiments, jardins, arts, académies et manufactures royales.

2. Le nombre des sujets qui composeront l'académie sera illimité, et leur adoption dépendra toujours du vœu de l'académie déterminé par le jugement qu'elle sera dans le cas de porter sur les talents des sujets qui se présenteront : mais son administration sera représentée par 1 directeur, 1 chancelier, 4 recteurs, 2 adjoints à recteurs, 16 honoraires, dont 8 amateurs et 8 associés libres, 12 professeurs de peinture et de sculpture, 6 adjoints à professeurs, 1 professeur de géométrie pour donner des leçons d'architecture et de perspective, 1 professeur d'anatomie, 8 conseillers, 1 trésorier, et 1 secrétaire historiographe. Tous ces

différents titres et grades, à l'exception des 16 honoraires et des professeurs de géométrie et d'anatomie, ne pourront être conférés qu'à des sujets déjà membres de l'académie et par voie d'élection.

3. Les titres d'honoraires, tant amateurs qu'associés libres, sont destinés et seront conférés, par voie d'élection, à des personnes qui, sans exercer les arts comme les académiciens proprement dits, seront distinguées par leurs connoissances dans la théorie des arts et de leurs parties accessoires, par leur goût pour ces mêmes arts et leur amour pour leurs progrès, enfin, par une intelligence en matière d'affaires qui puisse rendre leur surveillance utile pour le maintien et la conservation des droits et des intérêts de l'académie. La voix délibérative, conjointement avec les officiers de l'académie (hors les cas où elle sera commune à tous les académiciens, comme au jugement des grands prix, ou dans des objets de délibération pour lesquels l'académie a coutume ou jugeroit à propos d'admettre leurs voix) n'appartiendra néanmoins qu'aux 8 honoraires amateurs; mais nul ne pourra parvenir à ce titre qu'après avoir passé par la classe des honoraires associés libres, et ce sera toujours le plus ancien de cette classe qui passera de plein droit, et sans qu'il soit besoin d'élection à celle d'honoraire amateur, quand il y aura une place vacante. A l'égard des professeurs de géométrie et d'anatomie, ils seront à la nomination du directeur et ordonnateur général de nos bâtimens.

4. Il ne pourra être pourvu à tous titres, grades et emplois composant l'administration de l'académie, que dans une assemblée générale de ladite administration à la pluralité des suffrages recueillis par scrutins. Pour procéder à ces élections, il sera fait une convocation générale de ladite administration, d'après laquelle l'assemblée sera formée de ceux de ses membres qui auront pu s'y rendre, et pour le moins au nombre de quatorze.

5. Les élections, même de simples académiciens, étant faites, l'académie les fera connoître au directeur et ordonnateur général de nos bâtimens, afin qu'il nous en fasse son rapport, que nous les confirmions, et que, par ce moyen, nous connoissions tous les artistes qui composent notre académie; et ce sélections ne pourront avoir leur effet qu'après notre confirmation.

6. Le directeur sera changé tous les trois ans, à moins que l'académie ne juge convenable de le continuer pour trois autres années seulement; et, à chaque mutation, il nous en sera fait

rapport par le directeur et ordonnateur général de nos bâtiments pour avoir notre confirmation. Dans le cas cependant où le directeur de l'académie se trouveroit être notre premier peintre, l'académie pourra le continuer tant et aussi long-temps qu'elle le jugera à propos.

7. Nul ne pourra être chancelier qu'il n'ait été recteur, afin qu'il soit connu être capable de ladite charge; il aura la garde des sceaux de l'académie, pour en sceller les actes, mettre le cire sur les expéditions, et la place sera à vie.

8. Le sceau de l'académie aura d'un côté l'image du roi, et de l'autre les nouvelles armes que nous accordons à notre académie; savoir *Minerve*, et pour exergue : *Libertas artibus restituta*.

9. Il y aura quatre recteurs perpétuels choisis d'entre les professeurs, l'un desquels présidera par quartier en l'absence du directeur, et fera observer l'ordre dans l'académie. En cas de décès de l'un desdits recteurs, la place sera remplie par un des deux adjoints à recteurs, suivant son rang. Le recteur de quartier sera obligé de se trouver tous les samedis en ladite académie, pour, conjointement avec le professeur en mois, pourvoir à toutes les affaires d'icelle, vaquer à la correction des élèves, et rendre compte à la dernière assemblée du mois des affaires survenues, et de la conduite des élèves. En cas d'absence du recteur, son adjoint, qui aura fait les fonctions, recevra les honoraires dudit recteur pour le temps où il aura fait les fonctions de recteur.

10. Le directeur et les recteurs jugeront tous les différents qui surviendront touchant la connoissance des arts de peinture et de sculpture, et seront arbitres des ouvrages desdits arts, dans toutes les contestations qui surviendroient entre les membres de l'académie.

11. Les professeurs serviront chacun un mois de l'année, et se trouveront tous les jours à l'heure prescrite pour faire l'ouverture de l'école, poser le modèle, le dessiner ou modeler, afin que leur ouvrage serve d'exemple aux étudiants; ils auront soin de les instruire, les corriger, les maintenir dans l'ordre et l'attention qu'exige l'étude pendant les heures de ces exercices, et de remplir toutes les fonctions de leurs charges. En cas d'absence ou maladie du professeur, l'adjoint, qui aura fait sa fonction, recevra les gages et la rétribution dudit professeur, relativement au temps qu'il en aura rempli les fonctions; et, lorsqu'il arrivera

changement ou décès d'aucun desdits professeurs, la place sera remplie par celui d'entre les adjoints qu'il plaira à l'académie de choisir.

12. Nul ne sera reçu en ladite charge de professeur qu'il n'ait été nommé adjoint, et nul ne sera nommé adjoint qu'il n'ait fait connoître sa capacité à dessiner la figure, et à composer l'histoire, ou en peinture, ou en sculpture; et qu'il n'ait remis à l'académie le tableau d'histoire ou l'ouvrage qui lui aura été ordonné.

13. Les professeurs qui auront servi assidument en cette qualité pendant dix années révolues, et qui demanderont la vétérance, l'obtiendront si l'académie le juge convenable. Ils prendront alors le rang de professeurs anciens. L'académie pourra conférer ce titre d'ancien professeur, ou même des grades plus élevés à ceux de ses officiers qui se seront distingués à la tête de l'école royale académique de Rome ou dans la cour de quelque souverain, avec l'agrément de sa majesté.

14. Le secrétaire historiographe sera à vie, à moins qu'il ne se démette par raison de santé, d'âge ou autre cause aussi favorable; dans lequel cas il aura qualité, fonction et séance de conseiller de l'académie, quand même les huit places de conseillers seroient remplies au moment de sa démission. Ses fonctions, pendant son exercice, seront de proposer les objets de délibérations suivant ce qui est ci-après réglé par l'article 22, de tenir registre journal de toutes les délibérations qui seront prises dans les assemblées de l'académie, des expéditions qui en résulteront. Toutes les feuilles seront signées des directeurs, chanceliers, recteurs, professeurs et autres membres de l'administration qui se trouveront présents. Le secrétaire aura aussi la garde de tous les titres et papiers de l'académie; et, en cas de mort du chancelier, ou d'absence prolongée et permise par le roi, la garde des sceaux sera confiée au secrétaire, à la charge néanmoins de ne pouvoir en user, pour quelque cause que ce soit, qu'en présence de l'académie assemblée.

15. Les expéditions, tant des délibérations que des provisions pour admettre dans le corps de ladite académie ceux qui en seront jugés dignes, seront purement émanées et intitulées de l'académie, signées du directeur, du chancelier, du recteur en quartier et du professeur en mois, scellées du scel de l'académie, et contre-signées par le secrétaire. Dans lesdites provisions seront énoncés et spécifiés les ouvrages présentés par les aspirants, lors

de leur réception, afin qu'on sache à quel titre ils ont été admis à l'académie. Celui qui se trouvera présider leur fera prêter serment de garder et observer religieusement les statuts et règlements en présence de l'assemblée; et nul ne sera censé du corps de ladite académie qu'il n'ait sa lettre de provision, laquelle ne lui sera délivrée qu'après qu'il aura donné son tableau ou ouvrage de sculpture pour demeurer à l'académie.

16. Pour faire la recette et la dépense des deniers communs de ladite académie, elle nommera celui des officiers-artistes qui sera trouvé le plus propre pour cet emploi, en qualité de trésorier, et il aura la direction et principale garde des tableaux, sculptures, meubles, ustensiles de l'académie, dont il rendra compte tous les ans en présence de ceux qui auront été nommés pour cet effet; et ledit trésorier pourra être changé ou continué tous les trois ans, ainsi que l'académie l'estimera à propos. Ledit trésorier pourra, de son côté, remercier et quitter sa place, si des raisons personnelles l'y déterminent.

17. Dans le cas où l'académie croira devoir soulager ou suppléer le professeur de géométrie ou celui d'anatomie, il lui sera permis de choisir à chacun des deux un adjoint. Elle pourra aussi nommer un adjoint au secrétaire, pour le soulager ou le suppléer en cas de maladie ou d'absence; et ces adjoints n'auront pas de voix.

18. Il n'y aura qu'un seul lieu destiné aux assemblées de l'académie royale première et principale: dans ce lieu se décideront tous les différents qui pourroient survenir relativement à la peinture et à la sculpture, et aux autres arts qui y ont rapport. On y procèdera aux élections des officiers, aux réceptions des académiciens, et à la distribution des grands prix qui seront proposés aux étudiants. Il sera libre cependant à ladite académie de destiner, lorsqu'elle le jugera convenable, des lieux particuliers pour y faire les études du modèle, sous les ordres et la conduite des officiers qu'elle nommera, et qui rendront compte à cet égard aux assemblées de l'académie: aucune autre assemblée de peinture et de sculpture ne pourra s'établir en cette ville, et poser le modèle, pour instruction publique, sans le consentement de l'académie royale première et principale. Les contrevenants seront avertis et contraints de se conformer, à cet égard, aux dispositions du présent article.

19. Le lieu où l'académie tiendra ses assemblées, étant consacré à la vertu et à l'étude, doit être en vénération à tous ceux

qui s'y rassemblent; en conséquence, on ne parlera dans lesdites assemblées académiques que des arts de peinture, et de sculpture, et de ce qui y a rapport, sans qu'il soit permis d'y traiter d'aucune autre matière; et, s'il arrivoit que quelqu'un de ceux qui composent ladite assemblée blessât la religion, les mœurs ou l'état, il sera exclus de ladite académie, et déchu de la grâce qu'il avoit plu à sa majesté de lui accorder en l'y admettant.

20. Tous les jours de la semaine, excepté les dimanches et fêtes, l'académie sera ouverte aux élèves, pour y dessiner et modeler l'espace de deux heures d'après le modèle, et profiter des leçons du professeur qui le mettra en attitude; pour recevoir du professeur de perspective les leçons de géométrie, de perspective et d'architecture; et de celui d'anatomie, celles de cette science qui conviennent aux arts de peinture et de sculpture. Le professeur de perspective donnera ses leçons au moins une fois par semaine, et le professeur d'anatomie en donnera un cours tous les ans.

21. L'académie s'assemblera tous les premiers et derniers samedis du mois, pour s'entretenir et s'exercer par des conférences sur les peintures, sculptures et autres arts de leur dépendance, et pour délibérer sur les affaires qui la concernent.

22. Les propositions seront ouvertes par le secrétaire; et l'on délibérera sur ce qu'elles contiendront avec ordre, avec décence, sans partialité, sans passion, sans brigue, sans sortir de sa place et sans s'interrompre mutuellement.

23. Dans les assemblées qui auront pour objet, soit des élections d'officiers, soit les affaires de l'administration intérieure, économique et de police de l'académie, soit le jugement des ouvrages présentés pour être agréé ou pour être admis comme académicien, la voix délibérative n'appartiendra qu'au corps de l'administration, tel qu'il est désigné par l'article 2, en exceptant néanmoins les associés libres. Il suffira, pour que les délibérations sur les objets du présent article soient valables, qu'elles aient été arrêtées entre quatorze délibérants, dont le directeur, le secrétaire et douze autres membres du corps de l'administration, ayant voix délibérative; et les délibérations ainsi formées seront consignées dans les registres de l'académie pour être exécutées, sauf néanmoins l'approbation du roi quant à celles qui auront eu pour objet des élections à quelque place ou titre, suivant la disposition de l'article 5. Au surplus les huit honoraires associés libres et les simples académiciens au-

ront la liberté d'assister auxdites assemblées; mais ils n'y jouiront que de la voix consultative, et même ne pourront l'énoncer que par la communication qu'ils en donneront à un des officiers de l'administration jouissant de la voix délibérative.

24. Lorsque quelqu'un des officiers de l'académie, ayant donné sa démission par quelqu'un des motifs énoncés dans les articles 13 et 14, aura obtenu le titre de vétéran, il jouira de la voix délibérative, quand même le nombre des titulaires fixé par l'article 2 seroit complet; il sera, comme tel, compris dans les convocations faites pour les objets de l'article précédent, et jouira des mêmes droits et prérogatives que les titulaires actuels.

25. Nul ne pourra être admis au titre d'académicien sans avoir, au préalable, obtenu celui d'agréé; et il ne sera délibéré sur l'admission à l'un ou à l'autre titre, que dans une assemblée générale du corps de l'administration de l'académie, convoquée pour cet effet, et tenue suivant la forme prescrite par les deux articles précédents; nul aspirant à l'un ou à l'autre de ces titres ne l'obtiendra qu'en réunissant les deux tiers au moins des voix qui seront prises par scrutin, sans que, pour aucun prétexte que ce soit, on puisse éluder la rigueur de cette loi.

26. Dans le cas où un aspirant au titre d'agréé aura été refusé, il lui restera la faculté de se représenter de nouveau pour obtenir ce titre sur d'autres ouvrages; mais lorsqu'un artiste déjà admis au titre d'agréé, et aspirant à celui d'académicien, aura été refusé, il demeurera privé même du titre et des avantages d'agréé, jusqu'à ce que, par de nouveaux efforts présentés à l'académie, il ait obtenu d'être réintégré dans cette classe.

27. Et comme ce titre, une fois obtenu, pourroit conduire quelques sujets à un relâchement aussi préjudiciable à eux-mêmes qu'aux arts, tout agréé peintre sera tenu, dans les trois ans de son admission, de se présenter pour être reçu académicien, sous peine de perdre même le titre et les avantages d'agréé, et de ne pouvoir le recouvrer que sur de nouveaux ouvrages et nouvel examen de l'académie assemblée, comme s'il se présentoit pour la première fois. A l'égard des agréés sculpteurs ou graveurs, comme les ouvrages demandés pour leur réception sont ordinairement dispendieux et de longue exécution, l'académie pourra, sur la considération de la nature et de l'étendue de ces morceaux, proroger de quelques années le terme ci-dessus fixé.

28. Nul ne pourra remplir une place d'académicien, s'il n'est

de bonnes mœurs et de probité reconnue ; et, pour que l'académie n'admette pas dans son sein des artistes sur les mœurs desquels il y auroit de l'incertitude, chaque aspirant se procurera un présentateur, qui sera toujours un des officiers de l'académie, lequel préviendra la compagnie, dans une assemblée précédente, sur les mœurs de l'aspirant et sur le genre de son talent, après quoi il sera procédé par la voix du scrutin à son agrément ; et, s'il est agréé, le nom du présentateur sera inscrit sur les registres. Le jour du scrutin les ouvrages de l'aspirant seront placés dans les salles pour être jugés par tous les officiers ayant voix ; et, dans le cas d'absence ou de mort du présentateur pendant l'intervalle de l'agrément à la réception, l'académie en nommera un d'office, en se conformant sur le reste à ce qui est dit ci-dessus dans l'article précédent.

29. Les ouvrages que les académiciens auront donnés à l'académie pour leur réception, y demeureront sans qu'on puisse en disposer ou en substituer d'autres sous quelque prétexte que ce soit, si ce n'est par délibération générale faite dans une assemblée indiquée sur les billets d'invitation pour cet effet.

30. Les agréés jouiront, ainsi qu'ils ont joui, de tous les priviléges accordés à la qualité d'académicien, à l'exception de l'admission aux assemblées, et autres avantages intérieurs, qui seront à la disposition de l'académie, et sur lesquels elle suivra les usages établis.

31. Pour prévenir tout sujet de différent et de jalousie à l'occasion des rangs et des séances, le directeur aura la place d'honneur en l'absence du directeur et ordonnateur général des bâtiments du roi ; à sa droite seront le chancelier, le recteur en quartier, les anciens directeurs, les recteurs, les adjoints à recteurs, les professeurs, trésorier et adjoints ; et à la gauche dudit président seront le professeur en exercice, les honoraires amateurs et associés libres, les anciens professeurs, les professeurs d'anatomie et de perspective, les conseillers de l'académie, et les adjoints aux professeurs d'anatomie et de perspective, s'il y en a ; le secrétaire sera placé comme à l'ordinaire, et de la manière qui sera jugée la plus convenable pour l'exercice de ses fonctions.

Il sera fait tous les ans une assemblée générale le premier samedi de juillet, auquel sera faite l'élection des officiers, pour remplir les places vacantes ; et, lorsque ces places regarderont le service de l'école, les académiciens qui aspireront au titre d'adjoint apporteront de leurs ouvrages à l'assemblée, et les adjoints qui aspireront au professorat seront tenus d'y apporter aussi des ouvrages.

33. L'académie choisira deux huissiers qui auront la charge du nettoiement et entretènement des logements de peinture et de sculpture, meubles et ustensiles, d'ouvrir et fermer la porte, et de servir aux autres besoins et affaires de ladite académie.

34. Tout artiste, membre de l'académie, qui fera commerce de tableaux, dessins, matières et meubles destinés à la mécanique des arts, ou se mettra en société avec des marchands brocanteurs, sera exclus de l'académie.

35. Si aucun de ceux qui composent ladite académie, ou qui seront reçus ci-après, se permettoient des discours désobligeants et insultants pour leurs confrères, ils seront avertis, pour la première fois, d'être plus circonspects; et, en cas de récidive, ils seront privés de l'entrée aux assemblées, aussi long-temps qu'il sera déterminé par l'académie, d'après les circonstances.

36. Dans le cas où quelque officier des académies provinciales, affiliées à l'académie royale, se trouveroit à Paris, il jouira du privilége d'assister aux assemblées de l'académie royale première et principale, mais placé hors de rang, et sans avoir de voix aux scrutins; il pourra seulement rendre compte des progrès de son école, et des objets de discussion qui pourroient s'élever dans ces académies provinciales, au sujet des arts qui y sont pratiqués et enseignés.

37. Le concours pour les grands prix sera ouvert au commencement du mois d'avril de chaque année. L'académie, généralement convoquée, jugera du degré de capacité nécessaire, sur les esquisses peintes ou dessinées pour la classe de la peinture, ainsi que sur celles dessinées ou modelées pour celle de la sculpture, qui auront été faites dans l'académie, et en présence du professeur du mois. Les élèves qui auront été admis feront leur tableau ou bas-relief sur le sujet tiré de l'histoire, qui leur aura été donné par le professeur en exercice, dans les loges préparées à cet effet dans l'académie, et seront exclus du concours s'ils emploient aucun secours étranger et frauduleux. Leurs ouvrages seront examinés par l'académie avant que d'être exposés en public, et seront jugés dans une assemblée générale de l'académie spécialement convoquée, pour ce jugement, le dernier samedi du mois de juin.

38. La distribution des prix de peinture et de sculpture sera

faite par le directeur et ordonnateur général de nos bâtiments, dans une assemblée de l'académie indiquée par lui, et que, suivant les circonstances, il pourra rendre publique.

39. Les présents statuts et règlements seront lus, chaque année une fois, dans une des assemblées générales de l'académie, afin que personne n'en ignore ; et, dans le cas où il y seroit contrevenu en quelque partie, le directeur en informera le directeur et ordonnateur général de nos bâtiments, afin qu'il prenne nos ordres sur ce qu'il conviendra statuer, suivant l'exigence du cas, ainsi que s'il se présentoit quelque cas non prévu par le présent règlement.

40. Quoique les statuts et règlements ci-dessus doivent avoir leur exécution à compter de l'instant de leur publication dans l'académie, cependant il ne sera rien innové, jusqu'au moment des prochaines élections, dans l'état où ladite académie se trouve actuellement. Tous les membres qui la composent, en quelque grade et quelque qualité que ce soit, conserveront respectivement leurs état, droits et fonctions ; mais, de cet instant, ceux qui ne tiennent à l'académie que par le titre d'agréé demeureront soumis, pour obtenir celui d'académicien, aux dispositions de l'article 27 ci-dessus.

N° 637. — LETTRES PATENTES *portant exemption du droit d'aubaine en faveur de la principauté de Furstemberg à charge de réciprocité, et fixation au 10ᵐᵉ du droit de détraction.*

Versailles, 16 mars 1777. Reg. au parl. le 12 août. (R. S. C. Gaschon.)

N° 638. — LETTRES PATENTES *portant exemption* (1) *du droit d'aubaine, à charge de réciprocité, en faveur du comté de Wiedneuwied* (2).

Versailles, 16 mars 1777. Reg. au parl. de Paris le 12 février 1778 ; de Lorraine le 12 mars 1778. (R. S. Gaschon. Rec. Lorr.)

---

(1) Les reversales sont du 15 décembre 1777.
(2) Réuni à la Prusse, traité du 30 mai 1814.

N. 639. — ORDONNANCE *de police concernant les marchés de Sceaux et de Poissy* (1).

Paris, 18 mars 1777, publiée 17 avril. (Mars, Corps de droit criminel.)

1. Enjoignons à tous marchands forains, herbagers, laboureurs et autres, de mener directement aux marchés de Sceaux et de Poissy, et à la place aux veaux, à Paris, tous les bœufs, veaux et moutons à eux appartenants, ou dont ils auront la conduite; leur défendons de les entreposer, vendre ou autrement les distraire en tout ou en partie, tant dans les rues de Paris, villages, maisons et cabarets des environs de cette ville, au Petit-Montreuil, Rocquancourt, Perray, les Gatines, Ecquevilly, Flins, Mantes, Beaumont-sur-Oise, Houdan, Longjumeau, Saint-Germain-en-Laye, qu'autres endroits, au-delà des vingt lieues fixées par les anciens règlements, à peine de confiscation des bœufs, veaux et moutons trouvés entreposés, vendus, exposés en vente ou autrement distraits des bandes, et de 500 livres d'amende solidaire, tant contre le vendeur que contre l'acheteur ou l'entreposeur; leur défendons, sous plus grande peine, de vendre aux bouchers, dans lesdits marchés ou hors desdits marchés, des bestiaux malades, et dont les viandes, par leur usage, seroient contraires à la santé des citoyens. Ordonnons, à l'effet de ce que dessus, que les cabaretiers et aubergistes logeant lesdites bandes de bœufs, troupeaux de moutons et voitures de veaux, seront tenus de souffrir les visites et exercices des commis par nous préposés pour veiller aux distractions desdites bandes, à peine de 300 livres d'amende pour le premier refus, et de plus forte en cas de récidive.

V. art. 419 du Code pénal.

2. Les marchands forains propriétaires des bestiaux, leurs facteurs ou commissionnaires ne pourront faire sortir des marchés de Sceaux et de Poissy les bestiaux qu'ils n'auront pas vendus, qu'après le renvoi sonné de la manière ordinaire, et avoir représenté leurs bestiaux restant à vendre à l'inspecteur par nous commis, fait et signé leurs soumissions de ramener et représenter lesdits bestiaux de renvoi dans les deux marchés suivants et

---

(1) En vigueur, mars 2-316.
Ord. sur l'ouverture, 21 mars 1744; police, a. d. c., 29 mars 1746; ord. de police, 20 juin 1749 et 14 avril 1769. — arrêté, 21 nivôse, 19 et 30 ventôse an XI; décret, 6 février 1811 et 15 mai 1813 — loi du 28 avril 1816; ord. 14 mai 1817 et 22 décembre 1819.

consécutifs, laquelle soumission contiendra élection de domicile pour lesdits marchands forains ou autres soit à Sceaux, à Poissy, à Paris ou autres lieux voisins; et seront, les procès verbaux, exploits, assignations et autres actes de procédure qui seront faites au domicile élu en cas de non représentation desdits bestiaux bons et valables comme s'ils étoient faits au domicile ordinaire desdits marchands forains et autres; et néanmoins, en cas de disette auxdits marchés, ou de suspensions des déclarations des bœufs de renvoi, ordonnons qu'à la requête, poursuite et diligence du procureur du roi, les bœufs déclarés de renvoi seront remis au dépôt aux frais des propriétaires, pour être représentés aux deux marchés consécutifs, en la forme ordinaire, lesdits marchands propriétaires présents ou dûment sommés, si mieux ils n'aiment déclarer les maisons et lieux où ils entendent les déposer, auquel cas ils seront tenus de les représenter ou faire représenter à la première réquisition et visite des employés par nous préposés pour veiller à ce que les mêmes bestiaux soient exposés en vente aux deux marchés consécutifs, à peine de 50 livres d'amende par chaque bœuf manquant aux quantités portées par les billets de renvoi.

3. Défendons, sous les mêmes peines, aux marchands forains propriétaires, leurs facteurs et commissionnaires, de vendre leurs bestiaux, dans les écuries et étables, la veille ou le jour des marchés, et à tous particuliers d'acheter sur le marché pour revendre, même de s'immiscer dans les ventes, à moins qu'ils ne soient munis de lettres d'avis, ou autres titres portant commission pour vendre, de la part des propriétaires desdits bestiaux; comme aussi d'aller au-devant desdits marchands, soit pour leur donner avis des quantités de bestiaux déjà arrivées, soit pour acheter d'eux sur les routes.

Art. 419 du Code pénal.

4. Défendons à toutes personnes de s'immiscer dans la conduite des bestiaux achetés auxdits marchés, qu'après s'être fait inscrire sans frais sur un registre qui sera tenu à cet effet par l'officier de police que nous avons chargé de l'inspection desdits marchés : enjoignons, en conséquence, à tous conducteurs et toucheurs desdits bestiaux, de déclarer audit officier de police, dans la huitaine de la publication de notre présente ordonnance, leurs noms, qualités et demeures, et les lieux où sont situées leurs bouveries; le tout à peine de 200 livres d'amende solidaire contre les maîtres, comme responsables de leurs domestiques et toucheurs.

5. Défendons aux conducteurs et aux toucheurs de bestiaux vendus aux marchés de Sceaux et de Poissy, de les faire sortir desdits marchés, sans en avoir acquitté les droits et s'être munis d'un congé ou billet de sortie, qui leur sera délivré sans frais et sur papier non timbré, lequel fera mention du nombre et de l'espèce desdits bestiaux et des lieux où ils les conduiront, lequel congé ou billet de sortie ils seront tenus de représenter toutefois et quantes aux commis des barrières de Paris et à ceux par nous préposés sur les routes, pour surveiller la conduite desdits bestiaux ainsi que le nombre et l'espèce des bestiaux portés auxdits congés, à la déduction de ceux trouvés las en route, dont ils feront leur déclaration, que lesdits commis seront tenus de vérifier. Défendons aux commis des barrières de laisser entrer dans Paris aucuns bestiaux, sans s'être fait remettre lesdits congés ou billets de sortie des marchés : le tout à peine de 300 livres d'amende solidaire contre les maîtres, comme responsables de leurs domestiques et toucheurs, et de confiscation des bestiaux manquant ou excédant aux quantités portées audit congé.

6. Enjoignons auxdits conducteurs de bestiaux de former les bandes de quarante bœufs séparément de celles des vaches ; de ne comprendre dans chacune que quarante bœufs ou quarante vaches, et de mener lesdites bandes par les routes ordinaires, savoir : les bestiaux sortant du marché de Sceaux, par le grand chemin du Bourg-la-Reine, et ceux sortant du marché de Poissy, par Saint-Germain-en-Laye, le Pecq et Chatou, ou par le port de Marly, Nanterre et Neuilly, à peine de confiscation des bestiaux trouvés dans les routes détournées et de 200 livres d'amende pour chaque contravention, solidaire comme ci-dessus.

7. Défendons auxdits conducteurs et toucheurs de forcer les bestiaux dans leur marche, soit par les chiens dont ils se servent, soit en les maltraitant ; le tout à peine de demeurer responsables en leurs propres et privés noms des bœufs et vaches qui pourront rester estropiés, ou mourir sur les routes, et en outre de 200. liv. d'amende ; pourront même, en cas de contravention, les conducteurs et toucheurs être arrêtés sur-le-camp.

8. Les bestiaux achetés au marché de Sceaux ne pourront entrer à Paris que par les barrières de Saint-Michel, de Saint-Jacques et de Saint-Victor, et ceux achetés au marché de Poissy, que par les barrières du Boule et de la Ville-l'Évêque, à l'effet de quoi les conducteurs ne pourront avoir des bouveries que sur les routes desdites barrières ; leurs défendons d'en avoir à Fonta-

rabie et autres lieux éloignés, et de faire conduire les bestiaux achetés à Poissy à leur bouverie destinée pour le marché de Sceaux, et les bestiaux achetés à Sceaux à leur bouverie destinée pour le marché de Poissy; le tout à peine de 500 livres d'amende solidaire.

9. Ne pourront, les conducteurs et toucheurs de bestiaux achetés par les bouchers de Paris, se charger de conduire ceux achetés par les bouchers de campagne, ni les conducteurs des bestiaux destinés pour la campagne, se charger de ceux destinés pour Paris, à peine de 200 livres d'amende.

10. Seront tenus, lesdits conducteurs, de bien et soigneusement garder et nourrir les bestiaux qu'ils auront fait conduire dans leur bouverie, d'en faire l'ouverture aux employés qui seront par nous préposés, de continuer à souffrir leurs visites et exercices toutefois et quantes, et de représenter la quantité de bestiaux qu'ils auront fait sortir desdits marchés, à la déduction de ceux portés aux registres d'entrée aux barrières ci-dessus désignées, et de ceux qui se seront trouvés las en route, à l'effet de quoi ils seront tenus de justifier et faire déclaration auxdits commis des maisons et lieux où ils auront laissé lesdits bestiaux las, lesquelles déclarations seront également vérifiées par les préposés, le tout à peine de 300 livres d'amende.

11. Enjoignons aux marchands bouchers de nourrir convenablement les bestiaux, de les tenir à l'attache, de leur fournir de bonne litière en toute saison et de les héberger dans les bouveries nettes, bien couvertes et en bon état de toute réparation, à peine d'être déchus de toute garantie contre les marchands forains, même de 500 livres d'amende.

N° 640. — RÈGLEMENT *qui enjoint à tous fermiers, laboureurs et cultivateurs de retirer le soir, après leur travail, les coutres de leurs charrues et de les enfermer chez eux* (1).

Versailles, 22 mars 1777. (R. S. C.)

Sa majesté étant informée qu'un des instruments qui sert le plus souvent aux malfaiteurs pour forcer les portes, s'introduir

---

(1) En vigueur selon Mars 1-547.
V. Code pénal, art. 471, § 7 et une ord. du directeur général de la police du 18 novembre 1814.
V. Arrêt du parlement de Paris, du 5 mars 1768; du conseil d'Artois, du juillet 1777; du parl. de Flandre, du 10 février 1779 et 9 février 1781

dans les maisons, briser les coffres et commettre des délits, est le coutre des charrues, que les laboureurs négligent de retirer lorsqu'ils ont fini leur travail, et dont ces malfaiteurs se saisissent dans la nuit.

Le roi a ordonné et ordonne à tous les laboureurs, fermiers et cultivateurs, ayant des charrues, d'en retirer le soir les coutres, et de les enfermer chez eux, à peine de telle amende qui sera arbitrée : leur enjoint, sous pareille peine, d'y faire mettre leurs noms, afin qu'on puisse en reconnoître les propriétaires.

Mande et ordonne sa majesté, au sieur intendant et commissaire départi en la généralité de Paris, de tenir la main à l'exécution des présentes, lesquelles seront publiées, lues et affichées partout où besoin sera : autorise, sa majesté, ledit sieur intendant à rendre, pour ladite exécution, toutes ordonnances nécessaires ; et enjoint à tous officiers, cavaliers de maréchaussée et autres, de lui prêter assistance et main-forte, si le cas y échoit.

N° 641. — ORDONNANCE *du bureau des finances de la généralité de Paris, concernant la police et la conservation des travaux pour la construction du canal de Bourgogne* (1).

Paris, 25 mars 1777. (R. S. C.)

Sur ce qui nous a été représenté par le procureur du roi, que les travaux qui se font par les ordres de sa majesté pour la construction du canal de Bourgogne sont journellement endommagés par les entreprises des particuliers riverains dudit canal : que, malgré les précautions prises et les barrières établies, les uns, soit en formant des sentiers pour abréger leur chemin, soit en faisant passer et repasser sans cesse leurs bestiaux sur les parties faites, et même en laissant paître ces bestiaux dans les endroits déjà semés en gazon, dégradent les digues, glacis et talus, qui n'étant que de pur gravier, et qui n'ayant point encore acquis la consistance nécessaire pour résister à l'impression des pieds, s'éboulent et forment des traces et des inégalités préjudiciables à ce genre d'ouvrage; que les autres, encore plus coupables, enlèvent

---

(1) En vigueur dans plusieurs dispositions; loi du 21 septembre 1792; arrêté du 9 ventôse an VI, rapporté par Favart, v° *cours d'eau*
V. ord. du 22 décembre 1780.
V. règlement de police du canal du Midi du 31 juin 1782; loi du 29 floréal an X; arrêté du 19 ventôse an VI.

la terre végétale sortie de l'emplacement du canal, et déposée sur les côtés pour former les banquettes ; que dans les parties du canal qui sont faites, où des sources entretiennent une certaine hauteur d'eau, on y apporte des chanvres à rouir, ce qui, indépendamment de l'odeur infecte et malsaine qui en résulte, occasione des dégradations de la part des chevaux et voitures qu'on emploie à ces transports ; que des entreprises de cette nature, et plusieurs autres non moins préjudiciables, qui se commettent non seulement sur le canal, mais encore le long des nouveaux lits de rivière ouverts pour la conservation dudit canal, exigent de son ministère la dénonciation qu'il nous en fait, et de notre part un règlement qui puisse les arrêter. A ces causes, etc.

1. Défendons à toutes personnes de traverser d'un bord à l'autre, des parties faites ou commencées du canal de Bourgogne, en descendant et remontant les glacis, dans le dessein d'abréger leur route ; comme aussi de passer avec des voitures, chevaux, bœufs, vaches, moutons et autres bestiaux, et de laisser paître ces bestiaux sur les banquettes, les bermes, et le long des glacis et talus du canal ; de même que sur ceux des nouveaux lits de rivière ouverts pour la conservation dudit canal.

2. Faisons défenses de fouiller, prendre ni enlever aucunes terres, sables ou gravois déposés sur les bords du canal, ou des nouveaux lits de rivière, et servant à y former des digues et banquettes ; et pareillement de dégrader les différents ouvrages de maçonnerie déjà faits, et ceux à faire par la suite ; ainsi que de couper, rompre et endommager, en quelque façon que ce soit, les arbres qui sont ou seront plantés sur les bords du canal.

3. Il ne pourra être ouvert de terriers, sablières, carrières et autres fouilles quelconques, à moins de trente toises (1) de distance des bords extérieurs des ouvrages du canal ; ordonnons de remplir et combler, dans le délai de trois mois, à compter du jour de la publication de la présente ordonnance, les fouilles de toute espèce, faites depuis le commencement des travaux.

4. Défendons aux propriétaires des terrains sur lesquels passera le canal, d'enlever ou faire enlever la touche de terre végétale qui se trouve à la superficie desdits terrains, à moins de trente pieds de distance du bord extérieur des ouvrages ; ces terres devant être réservées, tant pour la construction des levées et

---

(1) V. a. d. c. 15 septembre 1776.

banquettes du canal, que pour en empêcher les pertes d'eau.

5. Défendons aux seigneurs, propriétaires, leurs fermiers et à tous autres, d'entamer, en aucune façon, les berges des nouveaux lits de rivière, même celles des rivières qui avoisinent le canal, soit en les ouvrant pour y faire des saignées qui conduisent l'eau sur les prés, soit en coupant ou arrachant les souches et les arbres qui sont et seront plantés par la suite, et dont les racines peuvent en conserver les bords et les empêcher d'être dégradés : ne pourront lesdits seigneurs et autres faire dans les susdites rivières et nouveaux lits, des épis, barrages, batardeaux et autres ouvrages qui tendroient à détourner le cours de l'eau, et à le jeter plus sur une rive que sur l'autre, à moins qu'ils ne s'y soient fait dûment autoriser, en suivant toutefois ce qui leur sera prescrit à cet égard par l'ingénieur de sa majesté pour les ponts et chaussées, chargé de la conduite des travaux du canal, et par celui de nous, commissaire en cette partie.

6. Il ne sera fait aucuns dépôts de pierres, sables, bois, décombres de bâtiments, gravas, fumiers et immondices sur les digues, banquettes et contre-fossés du canal et des nouveaux lits de rivière.

7. Faisons défenses à toutes personnes, de pêcher dans les parties du canal nouvellement faites ou à faire, et d'y mettre rouir, ainsi que dans les nouveaux lits de rivière, aucuns chanvres et autres plantes de pareille nature.

8. Tous les matériaux approvisionnés pour les ouvrages du canal ne pourront être vendus ou repris, ni cédés par les carriers, marchands de bois et autres, sous prétexte de défaut de paiement par les entrepreneurs dudit canal, à moins qu'ils n'y soient autorisés par l'ingénieur chargé de la conduite des ouvrages et par celui de nous, commissaire en cette partie : défendons pareillement à tous particuliers d'acheter et faire enlever lesdits matériaux, sans s'être assurés si les formalités ci-dessus prescrites ont été remplies.

9. Défendons à tous cabaretiers, aubergistes et autres, de prendre ou recevoir en gages, et garder les équipages et outils qui auroient pu être détournés des ateliers; sauf à eux à se pourvoir par-devant nous, relativement à ce qui pourroit leur être dû par les ouvriers.

10. Tous ceux qui contreviendront aux dispositions de la présente ordonnance seront assignés sur-le-champ, à la requête du procureur du roi en ce bureau, pour être condamnés en telle amende qu'il appartiendra, et même en plus grande peine, sui-

vant l'exigence des cas. A cet effet, enjoignons expressément aux maires et échevins des villes, et aux syndics des paroisses limitrophes du canal de Bourgogne, de même qu'aux entrepreneurs et autres employés à la conduite des ouvrages dudit canal, d'informer exactement celui de nous, commissaire en cette partie, ou le procureur du roi, des contraventions et des noms, domiciles et qualités des contrevenants; à peine de demeurer garants et responsables, en leur propre et privé nom, desdites contraventions et des amendes dues pour icelles.

11. Pour assurer l'exécution de la présente ordonnance, autorisons tous lieutenants, officiers et cavaliers de maréchaussée, à vérifier les contraventions au présent règlement; s'informer exactement des noms et domiciles des contrevenants; les dénoncer, soit audit sieur commissaire, soit au procureur du roi, soit à l'ingénieur chargé de la conduite des ouvrages du canal, pour, sur lesdites dénonciations, être assignés par-devant nous, à la requête du procureur du roi : autorisons en outre lesdits lieutenants, officiers et cavaliers de maréchaussée, à saisir et arrêter les voitures, outils et équipages; comme aussi de mettre en fourrière les chevaux et autres bestiaux qui se trouveront en contravention aux articles 1ᵉʳ, 2, 6 et 7 de la présente ordonnance; même à arrêter et emprisonner les délinquants et contrevenants à l'article 2, qui seront pris sur le fait, et ainsi qu'il est prescrit par les ordonnances pour les cas de flagrant délit; à la charge par eux d'en dresser leur procès verbal sommaire, de le remettre ou adresser dans le jour, audit sieur commissaire ou au procureur du roi, pour y être pourvu ainsi qu'il appartiendra. Ordonnons que, conformément aux anciennes ordonnances, et notamment aux règlements des 3 mai 1720, 4 août 1731 et 23 août 1745, il appartiendra auxdits officiers et cavaliers de maréchaussée, pour chaque saisie ou déclaration par eux faite, ou pour chaque assignation qu'ils feront donner à la requête du procureur du roi, les tiers des amendes qui seront prononcées par le jugement qui interviendra sur lesdites saisies, déclarations ou assignations; duquel tiers ils seront payés par celui qui fera le recouvrement des amendes, sur un simple certificat donné par le commissaire, et sur la simple quittance de l'officier énoncé audit certificat.

12. Afin que personne ne puisse prétendre cause d'ignorance, ordonnons que la présente ordonnance sera imprimée, lue, publiée et affichée partout où besoin sera, et notamment dans les

villes, bourgs et villages limitrophes du canal de Bourgogne;
même publiée dans les villes, à la diligence des maires et échevins; et dans les bourgs et villages, par les syndics des paroisses,
le dimanche le plus prochain, au sortir de la messe paroissiale,
dont ils seront tenus de certifier dans le mois ledit sieur commissaire; et signifiée au greffe des justices seigneuriales des environs,
à ce que personne n'en ignore : et sera, la présente ordonnance,
exécutée, nonobstant oppositions ou empêchements quelconques, pour lesquels ne sera différé; sauf sur iceux, si aucuns interviennent, à se pourvoir au conseil.

N° 642. — LETTRES PATENTES *concernant le défrichement des marais de Lille, Douay et Orchies.*

Versailles, 27 mars 1777. Enreg. à Douay le 14 novembre (Arch. du royaume. Guyot, v° *marais*.)

V. sur les marais d'Artois, lett. pat. 13 novembre 1779, et l'arrêt du 26 août 1768.

N° 643. — DÉCLARATION *qui proroge le délai accordé par la déclaration du 11 mars 1776, pour la représentation des titres concernant la noblesse et les privilèges des communautés.*

Versailles, 27 mars 1777. Reg. à la cour des aides le 11 avril 1777. (R. S.)

N° 644. — ÉDIT *qui sépare les fonctions d'avocat et de procureur dans la sénéchaussée et présidial du Mans.*

Versailles, mars 1777. (R. S.)

N° 645. — ARRÊT *du conseil qui ordonne la réunion, à compter du 1ᵉʳ octobre prochain, des régies des droits réunis, des greffes, des hypothèques, des droits réservés, des quatre membres de Flandre, et des papiers et cartons, en une seule régie, sous le titre de régie générale.*

Versailles, 3 avril 1777. (R. S.)

N° 646. — ARRÊT *du conseil portant commission à M. le lieutenant général de police, et à M. le comte d'Angiviller, pour veiller à la suite des opérations qu'exige l'état actuel des carrières des environs de Paris, et qui révoque les pouvoirs donnés à cet égard par l'arrêt du 15 septembre dernier, attribuant audit lieutenant général la connaissance de toutes les contestations.*

Versailles, 4 avril 1777. (R. S.)

N° 647. — ARRÊT *du parlement portant défense de former opposition aux mariages soit des mineurs ou des majeurs, ni d'interjeter appel comme d'abus des publications de bans, sous prétexte d'intérêt civil ou promesse verbale de mariage, et fait défense à tous huissiers de prêter leur ministère à de pareils actes, sous peine d'interdiction.*

Versailles, 10 avril 1777. (R. S.)

N° 648. — ARRÊT *du parlement qui supprime une brochure intitulée :* Le plan de l'Apocalypse.

Paris, 11 avril 1777. (R. S.)

N° 649. — DÉCLARATION *du roi pour l'admission des demoiselles nobles de Corse à la maison royale de Saint-Louis à Saint-Cyr, à charge par elles de faire les preuves de noblesse prescrites par la déclaration du 3 mars 1774.*

Versailles, 15 avril 1777. Reg. en parl. le 20 juin 1777. (R. S. Code corse.)

N° 650. — ARRÊT *du conseil portant union de la commission des messageries à celle des postes* (1).

Versailles, 16 avril 1776. (R. S. C.)

N° 651. — ORDONNANCE *de l'amirauté de France, portant injonctions à toutes personnes demeurant dans l'étendue de l'amirauté de France, ou des amirautés particulières de son ressort, qui ont à leur service des nègres ou mulâtres, de l'un ou l'autre sexe, d'en faire leurs déclarations en personnes, ou par procureurs, au greffe de l'amirauté de France, ou aux greffes des amirautés particulières de son ressort; et à tous nègres ou mulâtres qui ne sont au service de personne, de faire pareilles déclarations, sous telles peines qu'il appartiendra.*

Paris, 16 avril 1777. (R. S.)

V. 9 août et 7 septembre 1777.

---

(1) V. a. d. c. 4 juin et 7 août 1775, 27 janvier 1777, 27 octobre 1787. V. aussi 17 octobre et 29 décembre 1676, 30 janvier 1677, 8 juillet 1679, 8 août 1680, 13 août 1682, 5 juillet 1685, 2 décembre 1704.

AVRIL 1777. 589

N° 652. — DÉCLARATION *qui ordonne la vente des deux hôtels qui servoient de logement aux deux compagnies des mousquetaires, sous la condition que l'hôtel sis faubourg Saint-Germain sera adjugé de préférence à ceux qui se soumettront à y construire un marché.*

Versailles, le 19 avril 1777. Reg. en parl. le 20 juin 1777. (R. S.)

V. 15 décembre 1775.

N° 653. — ARRÊT *du conseil portant règlement pour le logement des gardes françoises, et attribution aux prévôts et échevins de toute contestation à ce sujet* (1).

Versailles, 19 avril 1777. (R. S.)

N° 654. — DÉCLARATION *portant règlement pour les professions de la pharmacie et de l'épicerie à Paris* (2).

Versailles, 25 avril 1777. Reg. au parl. le 13 mai. (R. S. C.)

Louis, etc. Par l'article 3 de notre édit du mois d'août dernier, nous nous sommes réservé de nous expliquer particulièrement sur ce qui concerne la pharmacie ; nous avons considéré qu'étant une des branches de la médecine, elle exigeoit des études et des connoissances approfondies, et qu'il seroit utile d'encourager une classe de nos sujets à s'en occuper uniquement, pour parvenir à porter cette science au degré de perfection dont elle est susceptible dans les différentes parties qu'elle embrasse et qu'elle réunit : nous avons également porté notre attention sur ce qui pouvoit intéresser le commerce de l'épicerie ; nous avons eu pour but de prévenir le danger qui peut résulter du débit médicinal des compositions chimiques, galéniques ou pharmaceutiques, entrantes au corps humain, confié à des marchands qui ont été jusqu'à présent autorisés à en faire commerce, sans être obligés d'en connoître les propriétés. L'emploi

---

(1) V. 14 janvier 1667, 26 juillet 1670, 28 février 1705, 2 septembre 1710, 15 mai 1722, 21 décembre 1764, 30 novembre 1770 et 21 avril 1775.

(2) En vigueur ; V. loi 17 avril, 22 juillet 1791, art. 6 et 7 ; Merlin, v° drogue ; arrêt de cass. 19 février 1807 ; et art. 4 et 5 selon Mars, 1-711 ; art. 1, 3, 9, 10, selon ord. pol., 7 février 1801.

V. loi du 19 ventôse an XI, art. 35, 36 ; et 21 germinal même année ; art. 35 ; 18 février 1805 ; ord. pol. 5 janvier 1804 ; ord. du 20 mars 1826. Sur le collège de pharm. V. ord. pol. 25 avril 1783.

V. a. d. p. 25 juillet 1748, et les édits y énoncés.

des poisons étant en usage dans quelques arts, et la vente en étant commune entre l'épicerie et la pharmacie, nous avons jugé nécessaire d'ordonner de nouveau l'exécution de nos ordonnances sur cet objet, et de fixer entre les deux professions des limites qui nous ont paru devoir prévenir toutes contestations, et opérer la sûreté dans le débit des médicaments, dont la composition ne peut être trop attentivement exécutée et surveillée. A ces causes, etc.

1. Les maîtres apothicaires de Paris, et ceux qui, sous le titre de privilégiés, exerçoient la pharmacie dans ladite ville et faubourgs, seront et demeureront réunis, pour ne former à l'avenir qu'une seule et même corporation, sous la dénomination de collège de pharmacie, et pourront seuls avoir laboratoire et officine ouverte; nous réservant de leur donner des statuts sur les mémoires qui nous seront remis pour régler la police intérieure des membres dudit collège.

2. Lesdits privilégiés, titulaires de charges, et qui à ce titre sont réunis, ne pourront se qualifier de maîtres en pharmacie, et avoir laboratoire et officine à Paris, que tant qu'ils posséderont et exerceront personnellement leurs charges; toute location ou cession de privilège étant et demeurant interdite à l'avenir, sous quelque prétexte et à quelque titre que ce soit.

3. Tous ceux qui, à l'époque de la présente déclaration, autres néanmoins que les maîtres et privilégiés compris en l'article 1er, prétendroient avoir droit de tenir laboratoire et officine ouverte pour exercer la pharmacie ou chimie dans ladite ville et faubourgs, seront tenus de produire leurs titres entre les mains du lieutenant général de police, dans un mois pour tout délai, à l'effet d'être agrégés et inscrits à la suite du tableau des maîtres en pharmacie, ce qui ne pourra avoir lieu qu'après qu'ils auront subi les examens prescrits par les statuts et règlements.

4. Les maîtres en pharmacie qui composeront le collège ne pourront à l'avenir cumuler le commerce de l'épicerie. Ils seront tenus de se renfermer dans la confection, préparation, manipulation et vente des drogues simples, et compositions médicinales, sans que, sous prétexte des sucres, miels, huiles et autres objets qu'ils emploient, ils puissent en exposer en vente, à peine d'amende et de confiscation. Permettons néanmoins à ceux d'entre eux qui, à l'époque de la présente déclaration, exerçoient les deux professions, de les continuer leur vie durant, en se soumettant aux règlements concernant la pharmacie.

5. Les épiciers continueront d'avoir le droit et faculté de faire le commerce en gros des drogues simples, sans qu'ils puissent en vendre et débiter au poids médicinal, mais seulement au poids de commerce : leur permettons néanmoins de vendre en détail et au poids médicinal, la manne, la casse, la rhubarbe et le séné, ainsi que les bois et racines, le tout en nature, sans préparation, manipulation ni mixtion, sous peine de cinq cents livres d'amende pour la première fois, et de plus grande peine en cas de récidive. Voulons que les maîtres en pharmacie puissent tirer directement de l'étranger les drogues simples à leur usage, et pour la consommation de leur officine seulement.

6. Défendons aux épiciers et à toutes autres personnes, de fabriquer, vendre et débiter aucuns sels, compositions ou préparations entrantes au corps humain en forme de médicaments, ni de faire aucune mixtion de drogues simples pour administrer en forme de médecine, sous peine de cinq cents livres d'amende, et de plus grande s'il y échoit. Voulons qu'ils soient tenus de représenter toutes leurs drogues, lors des visites que les doyen et docteurs de la faculté de médecine, accompagnés des gardes de l'épicerie, feront chez eux ; à l'effet, s'il s'en trouve de détériorées, d'en être dressé procès verbal, signé desdits docteurs et gardes, pour y être pourvu ainsi qu'il appartiendra.

7. Pourront, les prévôts de la pharmacie, se transporter dans les lieux où ils auront avis qu'il se fabrique et débite sans permission ou autorisation des drogues ou compositions chimiques, galéniques, pharmaceutiques ou médicinales, en se faisant toutefois assister d'un commissaire, qui dressera procès verbal de ladite visite, pour, en cas de contravention, y être pourvu ainsi qu'il appartiendra.

8. Ne pourront les communautés séculières ou régulières, même les hôpitaux et religieux mendiants, avoir de pharmacie, si ce n'est pour leur usage particulier intérieur ; leur défendons de vendre et débiter aucunes drogues simples ou composées, à peine de cinq cents livres d'amende.

9. Renouvelons, en tant que de besoin, les dispositions de notre édit du mois de juillet 1682 ; en conséquence, défendons très expressément, et sous les peines y portées, à tous maîtres en pharmacie, à tous épiciers et à tous autres, de distribuer l'arsenic, le réalgar, le sublimé, et autres drogues réputées poisons, si ce n'est à des personnes connues et domiciliées, auxquelles telles drogues sont nécessaires pour leur profession, lesquelles écri-

ront de suite et sans aucun blanc, sur un registre à ce destiné et paraphé à cet effet par le lieutenant général de police, leurs noms, qualités et demeures, l'année, le mois, le jour et la quantité qu'ils auront prise desdites drogues, ainsi que l'objet de leur emploi.

10. A l'égard des personnes étrangères ou inconnues ou qui ne sauront pas écrire, il ne leur sera délivré aucunes desdites drogues, si elles ne sont accompagnées de personnes domiciliées et connues, qui inscriront et signeront sur le registre comme il est prescrit ci-dessus. Seront au surplus, tous poisons et drogues dangereuses, tenus et gardés en lieux sûrs et séparés, sous la clef du maître seul, sans que les femmes, enfants, domestiques, garçons ou apprentis en puissent disposer, vendre ou débiter, sous les mêmes peines.

V. sur les deux art. ci-dessus les art. 34 et 35, loi du 21 germinal an XI.

11. Permettons aux maîtres en pharmacie de continuer, comme par le passé, à faire dans leurs laboratoires particuliers des cours d'études et démonstrations, même d'établir des cours publics d'études et démonstrations gratuites, pour l'instruction de leurs élèves dans leur laboratoire et jardin, sis rue de l'Abalètre, à l'effet de quoi ils présenteront chaque année au lieutenant général de police le nombre suffisant de maîtres pour faire lesdits cours à jours et heures fixes, et indiqués.

Si donnons en mandement à nos amés et féaux conseillers, les gens tenant notre cour de parlement à Paris, etc.

N° 655. — ARRÊT *du conseil, qui ordonne qu'à l'avenir les toiles de Nankin, provenant tant de l'étranger que du commerce de l'Inde, paieront les mêmes droits, et seront assujetties aux mêmes formalités que les toiles de coton blanches, venant aussi tant de l'étranger que de l'Inde, conformément aux règlements rendus pour ces dernières.*

Versailles, 25 avril 1777. (R. S.)

N° 656. — ARRÊT *du conseil qui ordonne qu'il sera envoyé annuellement dans les provinces de l'Ile-de-France, Picardie, etc., cent boîtes de remèdes disposés à l'usage des enfants, pour être distribués gratuitement aux nourrissons des pauvres habitants de Paris élevés dans la campagne.*

Versailles, 25 avril 1777. (R. S. C.)

V. a. d. c. 9 février 1776, 21 juillet 1784 — loi du 19 ventôse et 19 germinal an XI ; décret du 19 février 1807.

N° 657. — DÉCLARATION *portant qu'en cas de partage d'opinions en matière de révision, l'opinion conforme à l'arrêt contre lequel il y aura une proposition d'erreur, prévaudra.*

Versailles, 30 avril 1777. (Merlin, v° *partage d'opinions.*)

N° 658. — DÉCLARATION *portant que les pourvus d'offices, de substituts des procureurs généraux, dans les conseils supérieurs, de sénéchaux et lieutenants d'iceux, de lieutenants d'amirauté et de procureurs du roi dans les juridictions ordinaires et siéges d'amirauté, ne pourront à l'avenir être reçus dans l'exercice de leurs fonctions s'ils ne sont gradués et âgés de 25 ans accomplis, et après avoir rempli les formalités prescrites par l'article 18 de l'édit de janvier 1766, sur la discipline des conseils supérieurs.*

Versailles, 30 avril 1777. (M. S. M.)

N° 659. — LETTRES PATENTES *en forme d'édit, par lesquelles le roi donne à Monsieur les domaines de Falaise et d'Orbec, etc., en remplacement des domaines de Saint-Silvain-le-Thuit et Alcon en Cotentin, et déclare que dans la cession faite à ce prince du duché d'Anjou et du comté du Maine par l'édit d'avril 1771, sont comprises les parties qui avoient été démembrées pour former le duché de Vendôme.*

Versailles, avril 1777. Reg. parl. le 13 mai 1777. (R. S.)

V. édit de décembre 1774.

N° 660. — ÉDIT *portant rétablissement de la juridiction sur le fait des aides et tailles à Bar-sur-Seine, créée par édit de septembre 1720.*

Versailles, avril 1777. Reg. en parl. le 17 juin 1777. (R. S.)

N° 661. — ÉDIT *portant suppression des communautés d'arts et métiers ci-devant établies dans les villes du ressort du parlement de Paris, et création de nouvelles communautés dans celles desdites villes dont l'état arrêté au conseil est annexé au présent édit* (1).

Versailles, avril 1777. Reg. en parl. le 20 juin 1777. (R. S.)

---

(1) V. édit février 1776; décl. du 25 janvier 1781; décl. 1ᵉʳ mai; arrêt du conseil du 25 novembre 1782; autre du 15 janvier 1783.

N° 662. — ÉDIT *portant création de deux offices de notaires à la résidence, l'une de Sèvres, l'autre de Villepreux, dépendant du bailliage de Versailles.*

Versailles, avril 1777. Reg. en parl. le 20 juin 1777. (R. S.)

V. lett. pat. du 18 mars 1776.

N° 663. — ÉDIT *portant création d'une charge de lieutenant de robe longue de la capitainerie de Fontainebleau.*

Versailles, avril 1777. Reg. en parl. le 22 juin 1777. (R. S.)

V. art. 27 ad. de juin 1601, art. 16 ad. de juillet 1607, et art. 32; ord. d'août 1679.

N° 664. — LETTRES PATENTES *concernant les droits à percevoir par les premiers et principaux commis au greffe du parlement.*

Versailles, 1er mai 1777. Reg. en parl. le 12 mai 1777. (R. S.)

V. 27 juin 1764. — Décret du 16 février 1807, 12 juillet 1808, 18 juin 1811; ord. octobre 1825.

Tarif des droits à percevoir par les premiers et principaux commis au greffe du parlement pour le service de la chambre de la Tournelle.

Toutes distributions de procès criminels, informations à décréter, interrogatoires, récolements, confrontations, procès verbaux, exoines, monitoires, lettres de grâce, de commutation de peines, de relief, de laps de temps, de rappel de ban, de galères et autres, au parquet, 6 liv.; *idem* à la chambre, 6 liv.; toutes redistributions desdits procès, procédures extraordinaires et lettres, au parquet, 6 liv.; *idem* à la chambre, 6 liv.; apprêts de procès et procédures extraordinaires, à MM. les gens du roi, 6 liv.; pour chaque exécutoire qui sera décerné aux greffiers, tant du Châtelet de Paris que des bailliages, sénéchaussées et autres juridictions du ressort du parlement, pour les grosses des procès et procédures extraordinaires, non compris le parchemin, 3 liv.; *idem* aux messagers, pour l'apport au greffe des procès et procédures extraordinaires, conduite et reconduite des prisonniers, non compris le parchemin, 3 liv.; renvoi des procès et procédures extraordinaires, pièces de conviction et autres dans les différents greffes du ressort, 3 liv.; pour chaque certificat délivré, soit aux parties, soit aux procureurs, y compris le papier timbré, 3 liv.; extrait de pièces secrètes, non compris le papier timbré, par chaque rôle en expédition de notaire, 1 liv. 10 s.; tous actes de reprises, de désaveu, de soumission, et tous autres reçus au greffe, par placard, 3 liv.; par chaque rôle, 1 liv.; dépôt au greffe des procès, procédures extraordinaires, pièces de conviction et autres, 3 liv.

Arrêts sur rapport. — Tous arrêts sur requête, sur vu de charges, sur instances appointées à mettre au conseil, par placard, 6 liv.; par chaque rôle, 1 liv. Tous arrêts sur défauts, faute de comparoir et autres, par placard, 6 liv.; par chaque rôle, 1 liv.

Arrêts d'audience. — Tous arrêts par défauts, contradictoires, d'appointement, d'appointé à mettre et autres, par placard, 3 liv.; par chaque rôle, 1 liv.; si la cause a tenu une ou plusieurs audiences, pour la première audience, 12 liv.; pour chacune des autres, 6 liv.

Délibérés. — Pour chaque délibéré ordonné à l'audience, 6 liv.; redistribution de délibéré et d'appointé à mettre, 6 liv.

Arrêts sur procès. — Tous arrêts rendus sur procès de grand criminel instruits, soit à la requête de partie civile, soit dans les justices des seigneurs ou domaines engagés, soit enfin dans les bailliages, sénéchaussées, châtellenies et prévôtés royales, et dont les délits auront été commis dans l'étendue des domaines engagés ou de seigneurs, par placard, 6 liv.; par chaque rôle, 1 liv.; par chaque interrogatoire d'accusé à la chambre, 3 liv.; duplicata de requête de parties et expéditions d'instructions à partie civile, par chaque rôle en expédition de notaire, non compris le papier timbré, 1 liv. 10 s.; droits de recherche des procès et autres pièces et procédures, 3 liv.

Tarif des droits à percevoir par le greffier-garde-sacs des affaires du petit criminel portées au parlement.

Distribution des informations et autres pièces au parquet, par chacune, 3 liv.; *idem* à la chambre, 3 liv.; apprêt d'informations et autres pièces à MM. les gens du roi pour le jugement des causes, par chacune, 1 liv.; exécutoires à délivrer, tant aux greffiers pour les grosses de procédures, qu'aux messagers pour l'apport d'icelles au greffe et autres, par chacun, non compris le parchemin, 2 liv. 10 s.; acte de dépôt au greffe de pièces pouvant servir à conviction, ou en être tiré des inductions, 1 liv. 10 s.; communication de pièces sans déplacer, par chacune, 1 liv. 10 s.; certificats à délivrer aux parties, y compris le papier timbré, par chacune, 1 liv. 10 s.; recherches, par chacune, 3 liv.; extraits des pièces secrètes et expédition par rôle de demi-grosse, y compris le papier timbré, 1 liv.; renvoi de pièces et procédures dans les greffes et tribunaux, 3 liv.; remise aux parties des informations converties en enquêtes, et décharge d'icelles, 3 liv.; production principale, 1 s.; production en exécution d'arrêt, 2 l.; production en exécution d'ordonnance 2 s.; production de griefs, 5 s.; production de réponses à griefs, 3 s.; première distribution des procès et instances, 15 s.; redistribution des instances et procès, décharge et remise des sacs à MM. les rapporteurs, 3 liv.; produit de chaque défaut et acte de reprise, 5 s.; retrait des défauts et acte de reprise, par chacun, 6 s.; retrait des instances et procès, par chaque retrayant, 10 s.

Tarif des droits à percevoir par les commis à l'expédition des arrêts du parlement.

Pour chaque arrêt sur requête mis sur placard, 2 liv.; lorsqu'il est rôlé, par chacun rôle 15 s.; par chaque arrêt sur vu de charges appointé à mettre, ou instance mis sur placard, 2 liv.; lorsque cet arrêt est rôlé, pour chaque rôle 15 s.; par chaque arrêt d'audience mis sur placard 1 liv. 10 s.; lorsque cet arrêt est rôlé, par chacun rôle, 12 s.; sur appel d'une sentence rendue en une justice seigneuriale, par chacun rôle, 15 s.; par chaque acte de reprise ou de soumission mis sur le placard, 15 s.; lorsque ces actes sont rôlés, par chacun rôle, 15 s.; par chaque arrêt d'appointement de conclusions, 1 liv.; lorsque cet arrêt est rôlé par chacun rôle, 15 s.; par chaque exécutoire mis en placard, 15 s.; lorsqu'il est rôlé, par chacun rôle 15 s.

N° 665. — Traité *avec le prince de Nassau-Usingen, pour l'abolition réciproque du droit d'aubaine.*

Versailles, 7 mai 1777. Ratifié le 16; reg. à Paris, 30 juin 1777; de Lorr. 10 juillet 1777, Metz 20 juillet 1777. (R. S. Code corse. R. Lorr. Gaschon.)

N° 666. — Arrêt *du parlement qui fait défense de tenir aucuns marchés les jours de dimanche et fêtes, sauf à remettre au lendemain lesdites foires et marchés, à peine de cent livres d'amende et de plus grandes peines en cas de récidive* (1).

Paris, 7 mai 1777. (R. S.)

La cour ordonne que l'article 25 de l'ordonnance d'Orléans, l'article 58 de l'ordonnance de Blois, et l'arrêt du 14 décembre 1605, seront exécutés selon leur forme et teneur; ce faisant, fait défenses de tenir aucunes foires ni marchés dans la ville de

---

(1) V. ord. d'Orléans, art. 23; de Blois, art. 58; arrêt de Clermont, 14 dé

la Ferté-Bernard, ni dans aucun autre endroit les jours de dimanche et autres fêtes annuelles et solennelles, sauf à être, lesdites foires et marchés remises au lendemain desdits jours fériés, à peine de cent livres d'amende contre chacun des contrevenants, et de plus grande peine en cas de récidive, suivant l'exigence des cas ; enjoint aux officiers de la justice de la Ferté-Bernard, de tenir la main à l'exécution du présent arrêt, et d'en certifier le procureur général du roi ; ordonne que le présent arrêt sera imprimé, publié et affiché par tout où besoin sera, notamment dans la ville de la Ferté-Bernard.

N° 667. — DÉCLARATION *qui réunit à Paris, en un seul et même corps, les orfèvres, tireurs d'or, batteurs d'or et d'argent; et à Lyon, les orfèvres, tireurs, écacheurs, fileurs, batteurs d'or et d'argent, et paillonneurs, en une seule et même communauté.*

Versailles, 9 mai 1777. Reg. en la cour des monnoies le 19 juillet 1777. (R. S.)

N° 668. — ARRÊT (1) *du parlement sur la police des champs.*

Paris, 9 mai 1777. (R. S.)

N° 669. — RÈGLEMENT *portant que les cinquante plus anciens lieutenants de vaisseau auront rang de lieutenant colonel* (2).

Versailles, 10 mai 1777. (R. S. ord. mil.)

Sur ce qui a été représenté à sa majesté, que depuis la suppression du grade de capitaine de frégate, il n'y a plus dans la marine de grade correspondant à celui de lieutenant colonel ; et sa majesté voulant prévoir les embarras et les difficultés qui en pourroient résulter dans les cas d'un service commun entre les officiers de la marine et ceux de terre, elle a accordé le rang de

---

cembre 1655; arrêt de Paris, 14 août 1778; 8, 10 avril, 10 juin, 12 août 1780, 27 avril et 21 août 1781. — Loi du 10 thermidor an VI; arrêt du 7 thermidor an VII; loi du 18 germinal an X. — Loi du 9 novembre 1814; ord. de pol. du 7 juin 1814.

(1) Spécial pour Saumur. V. arrêt général du 12 novembre 1778.

(2) V. Ord. du 18 avril 1816, rapportée par une autre du 31 octobre 1819, art. 37.

lieutenant colonel aux cinquante plus anciens lieutenants de ses vaisseaux, auxquels il sera expédié les lettres nécessaires à cet effet: voulant, sa majesté, qu'ils marchent avec les lieutenants colonels de ses troupes, suivant la date de leurs lettres.

Mande et ordonne, sa majesté, à monseigneur le duc de Penthièvre, amiral de France, aux vice-amiraux, aux officiers généraux de terre et de marine, et à tous autres, ses officiers, qu'il appartiendra, de tenir la main à l'exécution de la présente ordonnance.

FIN DU DEUXIÈME VOLUME DU RÈGNE DE LOUIS XVI.

ERRATA DU PREMIER VOLUME.

Page 1. *Ligne* 8, 1824, *lisez* 1814.
113. *Ligne* 17, *ajoutez* ord. 27 septembre 1776, art. 20.
138. 31 janvier 1775, acte de protection de la confrérie du Saint-Sépulcre, signé par le roi. *V.* Guyot, v° *Chevalier*, p. 423.
169. *Ligne dernière*, ord. 18 juin 1823.
253. *Id. V.* sur la peinture déc. du 15 mars 1777.
311. Les numéros 361 et 362 seront donnés dans les suppléments.
311. N° 363, reg. à Pondichéry, 27 juin 1777.
312. *Ligne dernière*, priviléges suspendus, 13 août 1769, rétablis 14 avril 1783, abolis 2 mai 1790.
318. n° 394, renouvelé et abrogé 24 décembre 1802.
326. N° 453 *bis*, lettres patentes qui établissent des missions pour le Malabar, Versailles, mars 1776. (a. m. ss. m. s. m.)
531. *Ligne dernière*, mode de fabricat. ord., 18 juin 1817.
552. N° 452, en vigueur.

DU SECOND VOLUME.

8. *Ligne dernière*, Berrian, *lisez* Berriat.
44. N° 483. *V.* Recueil des juifs portugais, et Beugnot sur l'état des juifs Occident.
272. N° 572, Renaud, *lisez* Renouard.

www.ingramcontent.com/pod-product-compliance
Lightning Source LLC
Chambersburg PA
CBHW052034230426
43671CB00011B/1643